Oskar E. Busch

Peru

Die schönsten Wanderungen und Trekkingrouten

62 Ein- und Mehrtagestouren in den Anden

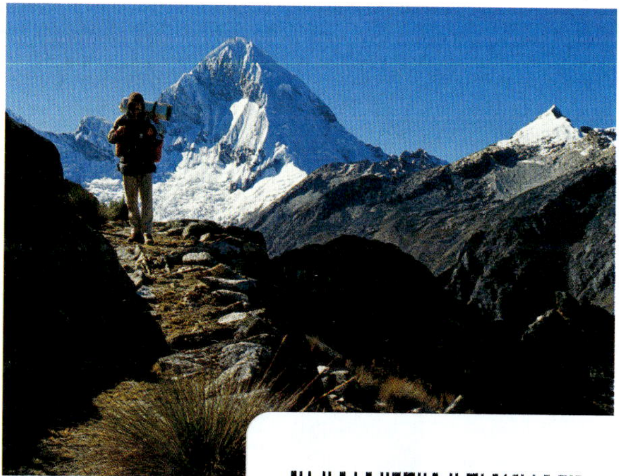

BERGVERLAG ROTHER GMBH • MÜNCHEN

ROTHER WANDERFÜHRER

Abruzzen
Achensee
Adlerweg
Ahrsteig
Albsteig
Algarve
Allgäu 1, 2, 3, 4
Allgäuer Alpen
AlpeAdriaTrail

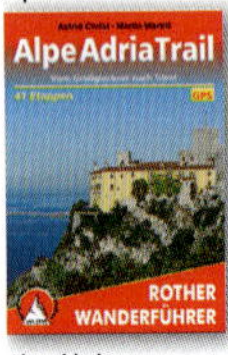

Altmühltal
Altmühltal-Panoramaweg
Andalusien Süd
Annapurna Treks
Antholz - Gsies
Aostatal
Appenzellerland
Apulien
Ardennen
Arlberg - Paznaun
Arnoweg
Asturien
Augsburg
Außerfern
Australien
Auvergne
Azoren
Baskenland
Bayerische Alpen Trekking
Bayerischer Wald
Berchtesgaden -Lienz
Berchtesgadener Land
Bergisches Land
Berlin
Bern
Berner Oberland Ost
Berner Oberland West
Bodensee Nord, Süd
Bodensee - Rätikon
Böhmerwald
Bolivien
Bozen - Kaltern
Brandnertal
Bregenzerwald
Bremen - Oldenburg
Brenta
Bretagne
Bulgarien
Burgund
Cevennen
Chalkidiki - Thassos
Champagne - Ardennen
Chiemgau
Chiemsee
Chur - Hinterrhein
Cilento
Cinque Terre
Comer See
Cornwall-Devon
Costa Blanca
Costa Brava
Costa Daurada
Côte d'Azur
Dachstein-Tauern Ost
Dachstein-Tauern West
Dänemark-Jütland
Dalmatien
Dauphiné Ost, West
Davos
Dolomiten 1, 2, 3, 4, 5, 6, 7, 8
Dolomiten-Höhenwege 1-3, 4-7, 8-10
Donausteig
E5 Konstanz - Verona
Ecuador
Eifel
Eifelsteig
Eisenwurzen
El Hierro
Elba
Elbsandsteingebirge
Elsass
Emmental
Ober-, Unterengadin
England Mitte, Nord, Ost, Süd
Erzgebirge
Fichtelgebirge
Fränkische Schweiz
Fränkischer Gebirgsweg
Frankfurt
Franziskusweg
Freiburg
Friaul-Julisch Venetien
Fuerteventura
Galicien
Gardaseeberge
Garhwal - Ladakh
Garmisch - Brixen
Gasteinertal
Genfer See
Georgien
Gesäuse
Glarnerland
Glockner-Region
Goldsteig
La Gomera
Gotthardweg
Gran Canaria
Grazer Hausberge
Grenzgänger-Weg
Gruyère - Diablerets
GTA
Hamburg
Harz
Haute Route
Hawaii
Hochkönig
Hochschwab
Hohenlohe
Hunsrück
Ibiza
Innsbruck
Irland
Isarwinkel
Island
Israel
Istrien
Jakobsweg - Camino Primitivo
Jakobsweg - Caminho Português
Jakobsweg - Camino del Norte
Französischer Jakobsweg Le Puy - Pyrenäen, Straßburg - Le Puy
Jakobsweg Marburg - Vézelay
Jakobswege Österreich
Jakobswege Schweiz
Spanischer Jakobsweg
Südfranzösischer Jakobsweg - Via Tolosana
Südwestdeutsche Jakobswege
Julische Alpen
Jura, Französischer
Jura, Schweizer
Kärntner Seen
Kalabrien
Kanadische Rocky Mountains
Karawanken
Karnischer Höhenweg
Karwendel
Kaunertal
Kitzbüheler Alpen
Kleinwalsertal
Korfu
Korsika
Korsika - GR 20

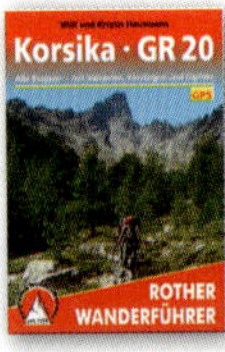

Korsika - Mare e Monti
Kraichgau
Kreta
Kurhessen
La Palma
La Réunion
Lahnwanderweg
Lago Maggiore
Languedoc-Roussillon
Lanzarote
Lappland
Lechweg
Lesbos - Chios
Limesweg
Lofoten
Lothringen
Lungau
Luxemburg - Saarland
Madeira
Mallorca
Malta - Gozo
Marken - Adriaküste
Marokko
Masuren
Maximiliansweg
Mecklenburgische Seenplatte
Menorca
Meran
Mont Blanc
Montafon
Montenegro
Mosel
Moselhöhenweg
Moselsteig
Mühlviertel
München
München - Venedig
Münsterland
Neanderlandsteig
Golf von Neapel
Neckarweg
Neuseeland
Neusiedler See
Niedere Tauern Ost
Niederlande
Niederrhein
Nockberge
Normandie
Norwegen Mitte, Süd, Jotunheimen
Nürnberg
Oberlausitz
Oberpfälzer Wald
Oberschwaben
Odenwald
Ötscher
Ötztal
Ötztal - Pitztal Trekking
Ossola-Täler
Ostfriesland
Ostseeküste
Ost-Steiermark
Osttirol Nord, Süd
Patagonien
Peaks of the Balkans
Peloponnes
Peru
Pfälzer Weinsteig
Pfälzerwald
Pfaffenwinkel
Picardie
Picos de Europa
Piemont Nord, Süd
Pinzgau
Pitztal
Portugal Nord
Provence
Pyrenäen 1, 2, 3, 4
Pyrenäen - GR 11
Regensburg
Rheinhessen
Rheinsteig
Rhodos
Rhön
Riesengebirge
Rom - Latium
Route de Ländle
Rügen

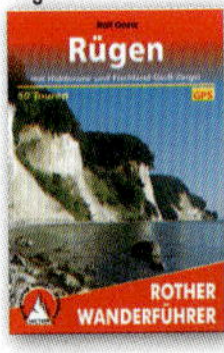

Ruhrgebiet
Rumänien - Südkarpaten
Saar-Hunsrück-Steig
Salzalpensteig
Salzburg
Salzburg - Triest
Salzkammergut Ost, West
Sardinien
Sauerland
Savoyen
Schaffhausen
Schottland
Schwabenkinder-Wege Oberschwaben, Schweiz - Liechtenstein, Vorarlberg
Schwäbische Alb Ost
Schwäbische Alb West
Schwarzwald Fernwanderwege
Schwarzwald Mehrtagestouren Mitte/Nord, Süd/Mitte
Schwarzwald Nord, Süd
Schweden Mitte, Süd
Seealpen
Seefeld
Sierra de Gredos
Sierra de Guadarrama
Sizilien
Spessart
Steigerwald
Steirisches Weinland
Sterzing
Stubai - Wipptal
Trekking im Stubai
Stuttgart
Südafrika West
Surselva
Sylt, Amrum, Föhr
Tannheimer Tal
Tasmanien
Hohe Tatra
Tauern-Höhenweg
Hohe Tauern Nord
Tauferer Ahrntal
Taunus
Tegernsee
Teneriffa
Tessin
Teutoburger Wald
Thüringen Mitte/Nord
Thüringer Wald
Tiroler Höhenweg
Toskana Nord, Süd
Türkische Riviera
Uckermark
Umbrien
Ungarn West
Usedom
Vanoise
Veltlin
Vía de la Plata
Via Francigena
Via Gebennensis
Vierwaldstätter See
Vinschgau
Vizentiner Alpen
Vogelsberg
Vogesen
Vogesen Mehrtagestouren
Vogesen-Durchquerung
Vogtland
Wachau
Waldviertel
Wales
Oberwallis
Unterwallis
Walliser Alpen
Weinviertel
Welterbesteig Wachau
Weserbergland
Westerwald
Westerwald-Steig
Wien
Wien - Lago Maggiore
Wiener Alpenbogen
Wiener Hausberge Nord, Süd
Wilder Kaiser
Zillertal
Trekking im Zillertal
Zürichsee
Zugspitze
Zypern

Vorwort

Kein anderes lateinamerikanisches Land besitzt solch eine Vielfalt an unterschiedlichsten Landschaften wie Peru. Die Palette der geografischen Gegensätze vereint alle Klimazonen der Erde. Sie reicht von der 2800 km langen wüstenhaften Pazifikküste, die vom kalten, fischreichen Humboldtstrom geprägt ist, zu den nahen, bis in fast 6800 Meter Höhe ragenden Andengipfeln, den endlosen Weiten des rauen Altiplano mit einer durchschnittlichen Höhe von 4000 Metern, der angrenzenden trockenen Hochwüste im Süden des Landes, die mit eisbepackten, teilweise noch aktiven Vulkanen gespickt ist, einige ebenfalls über 6000 Meter hoch, bis hinab ins feuchtheiße Tiefland des Amazonasbeckens, das zwei Drittel der Landesfläche Perus bedeckt.
Eine Reihe von Superlativen ergeben sich aus der kontrastreichen Topografie Perus: Das höchste vergletscherte Gebirge der Tropen, der größte zusammenhängende tropische Gletscher, der höchstgelegene schiffbare See der Erde (15-mal größer als der Bodensee) und die beiden tiefsten Canyons der Erde finden sich hier. Außerdem haben einige Hauptquellflüsse des Amazonas, des größten Flusssystems der Erde, in den peruanischen Anden ihren Ursprung.
Die Hauptanziehungspunkte für die meisten Peru-Reisenden sind die vielen sagenumwobenen Kulturdenkmäler der Inka und die prächtigen Bauten der spanischen Kolonialzeit. Dabei überschneiden sich ständig Gegenwart und Vergangenheit. Viele Touristen kehren jedoch ebenso begeistert von der grandiosen Landschaft zurück. Und alles ist zusätzlich mit einer vielfältigen exotischen Flora und Fauna, farbenprächtigen Märkten der Indigenas und der köstlichen peruanischen Küche gewürzt – in einem Land, in dem alle Sinne auf ihre Kosten kommen. Jeder Ausflug zu einem von Mythen umrankten Inkabauwerk führt durch eine der großartigsten und faszinierendsten Landschaften der Welt. Wer wird dabei nicht ins Staunen und Schwärmen geraten und wen wird es nicht reizen, einmal durch unbekannte Hochgebirge zu streifen, gar einen Fünf- oder Sechstausender zu besteigen (es sind keine Genehmigungen erforderlich oder hohe Gebühren zu entrichten), durch Hochwüsten zu wandern oder vielleicht eine Bootsfahrt auf dem Amazonas zu wagen ...
Doch um den Schutz der einzigartigen Gebirgsregionen ist es leider miserabel bestellt. Es gibt in Peru zwar elf Nationalparks sowie einige Schutzgebiete, doch im Hochland der peruanischen Anden nur einen einzigen. Die wirtschaftlichen Interessen aller bisherigen Regierungen gestehen dem Bergbau Priorität zu und so wurden und werden weiterhin viele schützenswerte Gebiete zerstört.
Durch die immens raschen Entwicklungen im Land (Bevölkerungswachstum, Straßenbau, neue Minen) und dem Wandel der örtlichen Verhältnisse können sich bei den beschriebenen Touren laufend Veränderungen ergeben. Deshalb bitte beim Wandern entdeckte Abweichungen dem Verlag mitteilen!

Frühjahr 2019 | Oskar E. Busch

Inhaltsverzeichnis

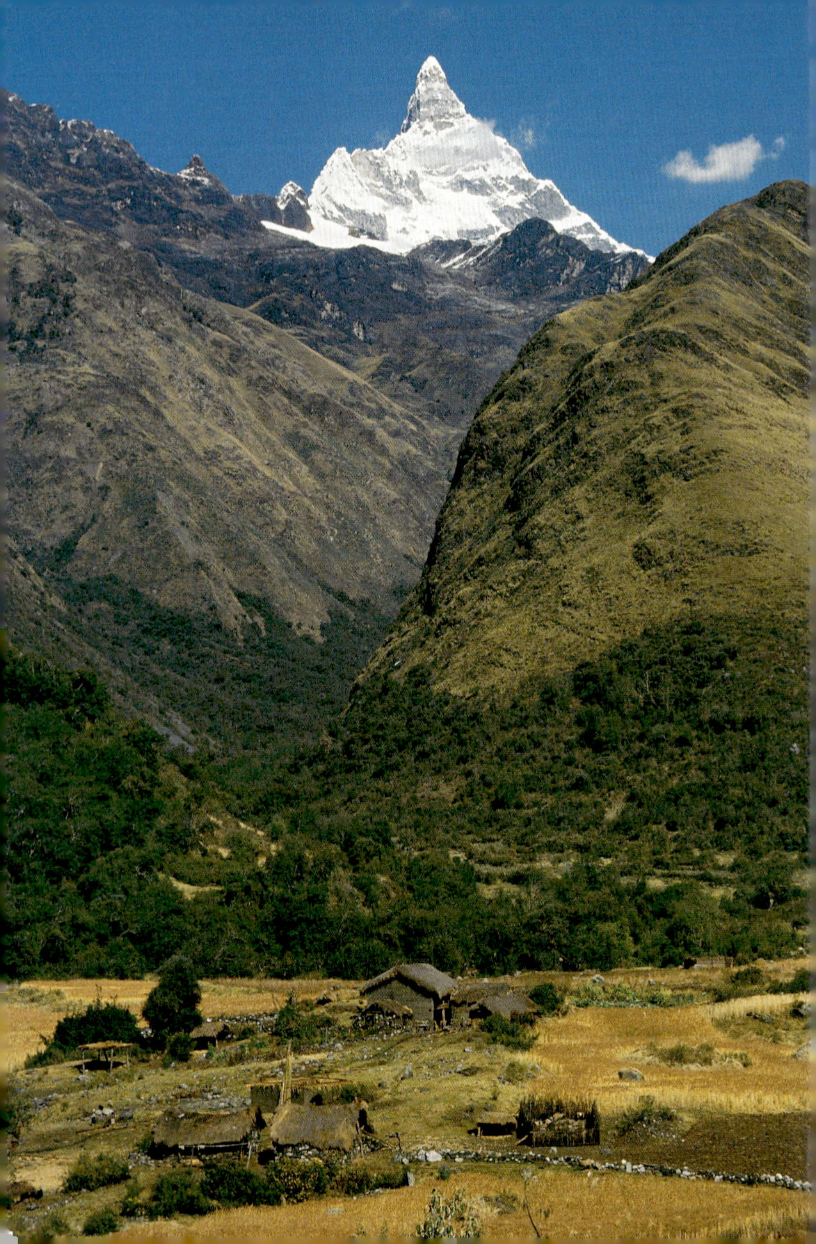

Huaripampa mit dem Ostgipfel des Nevado Chacraraju (Tour 1).

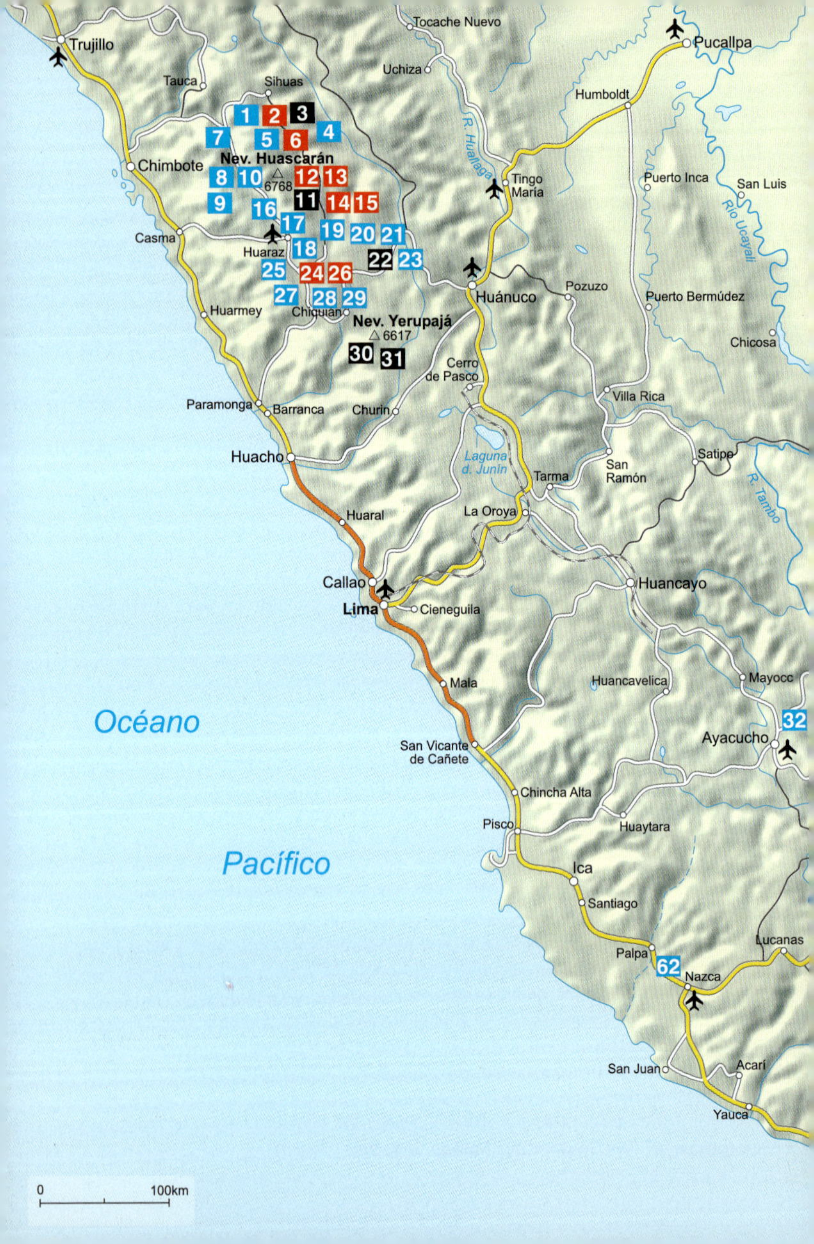

Trujillo
Tauca
Sihuas
Tocache Nuevo
Uchiza
Pucallpa
Humboldt
Chimbote
Nev. Huascarán
6768
1
2
3
4
5
6
7
8
9
10
11
12
13
14
15
16
17
18
19
20
21
22
23
24
25
26
27
28
29
30
31
32
62
R. Huallaga
Tingo María
Puerto Inca
San Luis
Río Ucayali
Casma
Huaraz
Huánuco
Pozuzo
Puerto Bermúdez
Huarmey
Chiquián
Nev. Yerupajá
6617
Chicosa
Cerro de Pasco
Villa Rica
Paramonga
Barranca
Churín
Huacho
Laguna d. Junín
Tarma
San Ramón
Satipo
R. Tambo
Huaral
La Oroya
Callao
Lima
Cieneguila
Huancayo
Mala
Huancavelica
Mayocc
Océano
Pacífico
San Vicente de Cañete
Ayacucho
Chincha Alta
Pisco
Huaytara
Ica
Santiago
Palpa
Nazca
Lucanas
San Juan
Acarí
Yauca
0
100km

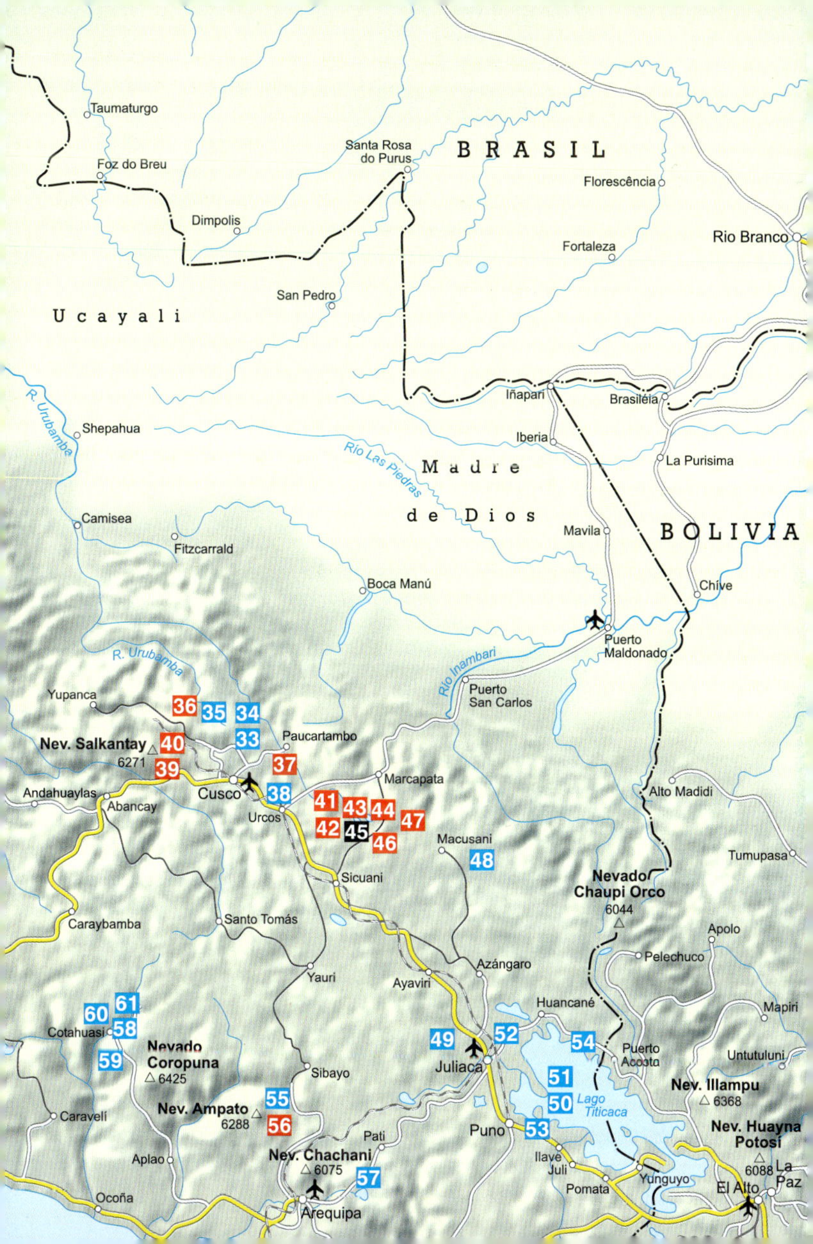
BRASIL
Taumaturgo
Foz do Breu
Santa Rosa do Purus
Dimpolis
Florescência
Rio Branco
Fortaleza
San Pedro
Ucayali
Iñapari
Brasiléia
R. Urubamba
Shepahua
Iberia
Río Las Piedras
La Purisima
Madre de Dios
Camisea
Fitzcarrald
Mavila
BOLIVIA
Boca Manú
Chíve
Puerto Maldonado
R. Urubamba
Río Inambari
Puerto San Carlos
Yupanca
36
35
34
33
Paucartambo
Nev. Salkantay
6271
40
39
37
Cusco
38
Marcapata
Alto Madidi
Andahuaylas
Abancay
Urcos
41
43
44
47
42
45
46
Macusani
48
Tumupasa
Sicuani
Nevado Chaupi Orco
6044
Caraybamba
Santo Tomás
Apolo
Pelechuco
Azángaro
Yauri
Ayaviri
Huancané
Mapiri
60
61
58
Cotahuasi
59
Nevado Coropuna
6425
49
52
54
Juliaca
Puerto Acosta
Ututuluni
Sibayo
51
Nev. Illampu
6368
55
Nev. Ampato
6288
56
50
Lago Titicaca
Caravelí
Puno
53
Nev. Huayna Potosí
6088
Pati
Aplao
Nev. Chachani
6075
57
Ilave
Juli
Yunguyo
Pomata
La Paz
El Alto
Ocoña
Arequipa

Allgemeine Hinweise

Zum Wanderführer

In der Kopfzeile jeder Tour ist die Gehzeit in Stunden bzw. Tagen angezeigt. Bei Wanderungen, deren Ausgangspunkt nur zu Fuß zu erreichen ist oder von deren Endpunkt noch eine zusätzliche Gehstrecke zum nächsten Ort mit Verkehrsanbindung zurückzulegen ist, sind die insgesamt benötigten Trekkingtage angegeben (ausgenommen reine Verbindungswege zwischen zwei Touren oder Abstecher).
Ein wesentliches Hilfsmittel unterwegs sind Kenntnisse der spanischen Sprache, denn außerhalb der Touristenhochburgen spricht kaum jemand Englisch oder gar Deutsch. Am Ende dieses Wanderführers findet sich daher ein kleines spanisch-deutsches Wörterbuch mit wanderspezifischen Begriffen.

Anforderungen

Der grundsätzliche Unterschied zwischen den Anforderungen von Touren in Peru und in den Alpen liegt in der Infrastruktur sowie in den geografischen und klimatischen Bedingungen. So muss z.B. für fast alle mehrtägigen Trekkingtouren nicht nur ausreichend Proviant, sondern auch ein Zelt mitgeführt werden, denn es gibt in den peruanischen Anden bislang nur vier Unterkunftshütten, allesamt in der Nördlichen Cordillera Blanca. Entsprechende Kondition und Belastbarkeit sind daher wesentliche Voraussetzungen.
Ein weiterer wesentlicher Unterschied ist die extreme Höhe: Schon die Ausgangspunkte liegen in der Regel 2000 Meter höher als in den Alpen und oft

Symbole

🚌	mit Bahn / Bus erreichbar	🚙	Jeep/Taxi
🍴	Einkehr-/Versorgungsmöglichkeit unterwegs	†	Gipfel
		)(	Pass, Sattel
👪	für Kinder geeignet	)(	Brücke
	Ort mit Einkehrmöglichkeit		Kirche, Kapelle
	bewirtschaftete Hütte/Refugio, Gasthaus, Kiosk	∴	archäologische Stätte
			Aussichtsplatz/Mirador
	unbewirtschaftete Hütte/Refugio		Abzweig
Δ	Zeltplatz		Wasserfall
	Bahnanschluss		Thermalquellen
	Busanschluss	⚓	Schiffsanlegestelle

sind Pässe mit rund 5000 Metern Höhe zu bewältigen. Die tatsächlich zurückgelegte Distanz einer Etappe wird wegen der gewaltigen Höhenunterschiede manchmal in keinem Verhältnis zur gelaufenen Zeit stehen. Die technischen Anforderungen der hier beschriebenen Touren sind hingegen nicht höher als auf heimischen Wanderwegen. Die Orientierung kann Probleme bereiten, denn Wegweiser gibt es bislang nur auf den viel begangenen Routen in der Cordillera Blanca. Aber bei längeren Touren ist ja in der Regel ein ortskundiger Arriero dabei.
Um die technischen Schwierigkeiten einer Route (unabhängig von den konditionellen Anforderungen) besser einschätzen zu können, sind die Touren mit verschiedenen Farben markiert:

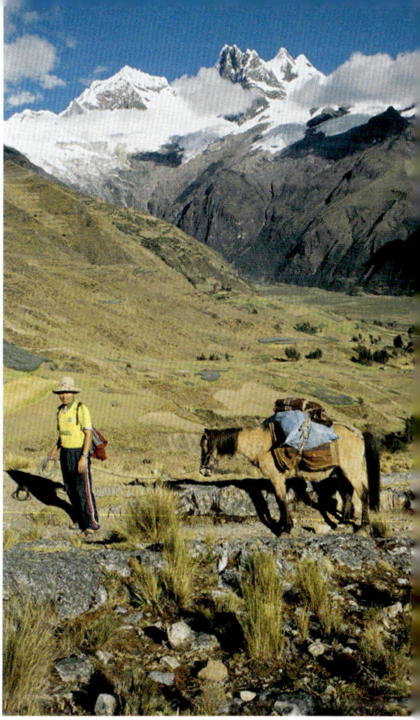

Der Arriero Antonio Yupanqui vor der vielgipfeligen Pucajirca-Gruppe (Tour 2).

Leicht Einfache Touren für Wanderer. Die Wege sind überwiegend alte Handelsrouten, manche zur befahrbaren Piste ausgebaut, nur mäßig steil und in der Regel nicht schwer zu finden. Daher sind sie auch bei Schlechtwetter relativ gefahrlos zu nutzen und können auch von ungeübteren Wanderern mit ausreichender Kondition problemlos begangen werden.

Mittel Mittelschwere Touren für geübte, trittsichere und ausdauernde Bergwanderer. Die Wege setzen teilweise guten Orientierungssinn voraus, weisen längere Anstiege und mitunter steile Aufschwünge auf und sind oft schmal, gelegentlich auch etwas ausgesetzt.

Schwierig Touren für alpin erfahrene, trittsichere, schwindelfreie und konditionsstarke Bergwanderer. Die längeren, häufig sehr schmalen und über weite Abschnitte sehr steil angelegten Pfade befinden sich meist in alpinem Gelände in großer Höhe mit ausgesetzten Passagen und erfordern somit sehr gute Kondition und eine den Verhältnissen angepasste Ausrüstung.

Gefahren

In der Regel wird eine Reise ins Hochland von Peru zwischen Mai und September stattfinden. Das ist die Trockenzeit und somit die stabilste (aber auch die kälteste) Periode. Mit Wetterumschwüngen ist trotzdem immer zu rechnen. Aufgrund der Nähe zum Äquator ist es nur 12 Stunden hell, die tägliche Gehzeit sollte also wenn möglich auf 6–7 Stunden begrenzt sein, damit man nicht in die Dunkelheit gerät.
Eines muss auch klar sein: In entlegenen Gebieten auf medizinische Soforthilfe zu hoffen ist illusorisch, eine »Bergrettung« wie in den Alpen gibt es nicht (siehe auch »Sicherheit« Seite 14).

Höhenkrankheit (Soroche)

Ein häufiges Problem auf einer Peru-Rundreise ist die Zeitknappheit. Nach einem aufreibenden, vielstündigen Flug und der Ankunft in Lima auf Meereshöhe mit 7 Stunden Zeitunterschied und in einer anderen Klimazone steht meistens gleich am nächsten Morgen der kurze Flug nach Cuzco auf dem Programm. Cuzco liegt schon auf 3400 m, der Titicacasee auf 3800 m Höhe! Auf zu rasch begonnenen Trekkingtouren, die meist natürlich noch wesentlich höher führen, oder gar bei Bergbesteigungen, kann mangelnde Höhenanpassung zu ernsthaften gesundheitlichen Problemen führen. Das Thema Akklimatisation wird häufig unterschätzt. Jede einfache Wanderung in ungewohnt großen Höhen ist natürlich auch anstrengender, aber niemand

Arequipa: Die Kathedrale an der Plaza de Armas mit Blick auf den Vulkan Misti.

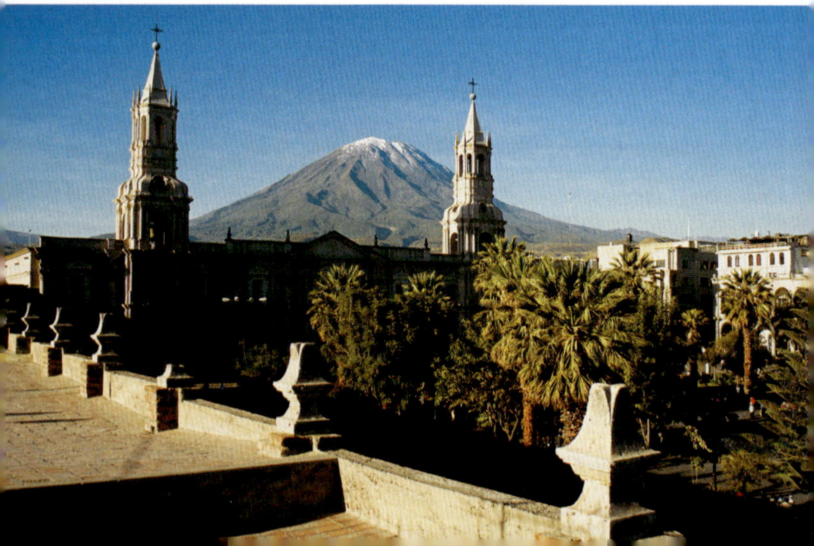

Die Top-Touren in Peru

Santa Cruz – Llaganuco

Die populärste Tour in der Cordillera Blanca mit den schönsten Gipfeln (Tour 1, 5 Tage).

Umrundung Alpamayo und Pucajirca

Lange, beschwerliche Runde mit grandioser Andenszenerie (Tour 3, 10 Tage).

Laguna Parón

Auf bequeme Weise zum schönsten See inmitten der Eiswelt der Cordillera Blanca (Tour 4, 2.00 Std.).

Camposanto Yungay

Die weitläufige Gedenkstätte des zerstörten Städtchens Yungay am Fuß des Huascarán (Tour 8, 1.30 Std.).

Puya Raimondii

Die seltenen Pflanzenwunder am Jarpococha (Tour 29, 2 Tage).

Huayhuash-Umrundung

Hart, anstrengend, aber die wildesten Eisgipfel Perus an herrlichen Seen (Tour 30, 10 Tage).

Raura-Durchquerung

Stilles, kaum besuchtes Gebirge im Schatten der Huayhuash mit großer Minenstadt (Tour 31, 7 Tage).

Maras

Leicht erreichbares Dorf vor überwältigender Andenkulisse (Tour 35, 2.45 Std.).

»Korridor« durch die Vilcanota

Nur für Wagemutige, überwiegend weglos bis auf 5300 m Höhe durch die unberührte Vilcanota (Tour 45, 7 Tage).

Taquile

Gemütliche Wanderung um die stille Insel im Titicacasee (Tour 50, 2.00 Std.).

braucht vor der Höhe Angst zu haben, wenn die Grundregeln beachtet werden: Langsam in größere Höhen vordringen und bei auftretenden Symptomen der Höhenkrankheit (*soroche*) wie Kopfschmerzen, Schwindelgefühl, Übelkeit sofort tiefer steigen!

Die Schneegrenze liegt etwa in Mont-Blanc-Gipfelhöhe (4810 m); so können auch normal begehbare Pässe auf technisch einfachen Wanderungen zur Gefahr werden: Auf 5500 m Höhe ist der Sauerstoff-Partialdruck nur noch halb so hoch wie auf Meeresniveau und fällt mit zunehmender Höhe noch weiter ab.

Die Einheimischen schwören zur Vorbeugung gegen die Höhenkrankheit auf *mate de coca* (Tee aus Kokablättern). Ein paar Tage Aufenthalt in Cuzco oder Huaraz zu Beginn einer Reise werden dem Körper jedenfalls gut tun. Zudem ist es sowieso zu empfehlen, während einer Südamerikareise etwas von der »*mañana*-Mentalität« der Einheimischen anzunehmen, einfach gelassener mit der Zeit umzugehen.

Hygiene

Aufgeräumt werden muss vor allem mit der immer noch grassierenden Furcht vor »Atahualpas Rache«. Die hygienischen Bedingungen in der Gastronomie sind wesentlich besser geworden, niemand braucht mehr Angst vor Ungekochtem oder Salat zu haben, selbst Speiseeis kann bedenkenlos

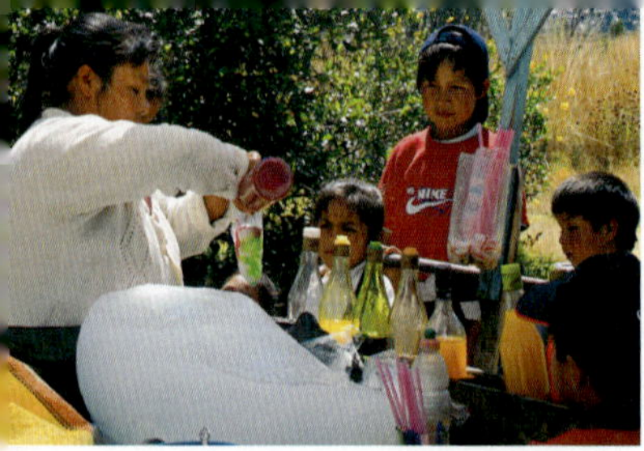

Geraspeltes Natureis vom Gletscher des Nev. Huandoy, gesüßt mit diversen Sirups, auf dem Camposanto de Yungay (Tour 8).

probiert werden. Durch diese längst unbegründeten Sorgen bringt sich der Reisende nämlich selbst um das Kennenlernen der exzellenten peruanischen Küche.
Toiletten hingegen sind bis heute häufig ein Übel und vor allem für Frauen sehr gewöhnungsbedürftig.

Sicherheit
Die Kriminalitätsrate ist gegenüber früheren Jahren merklich zurückgegangen. Die Peruaner haben längst erkannt, dass der Tourismus eine unerschöpfliche Einnahmequelle bietet, sich die Touristen auch auf viel simplere Weise schröpfen lassen und dass deren Sicherheitsbedürfnis absoluten Vorrang hat. So gibt es im ganzen Land in den Touristenhochburgen eine eigene vielköpfige Touristenpolizei, die ständig präsent ist. Taschendiebstahl kommt vor, aber auch nicht häufiger als in unseren Breiten. Unachtsamkeit ist das wesentliche Kriterium. Ein arglos auf dem Gasthaustisch herumliegender teurer Fotoapparat wird natürlich Begehrlichkeiten wecken.
Auf allen meinen Wanderungen, oft in entlegensten Gebieten, manchmal alleine und ohne Arriero (Viehtreiber), erlebte ich nie eine bedrohliche Situation. Ganz im Gegenteil, unglaublich gastfreundliche und hilfsbereite Indigenas, manchmal natürlich auch neugierige, bestimmen die Erinnerungen. Bei angestiegenem Alkoholpegel, auf *fiestas* beispielsweise, sollte ihnen jedoch besser aus dem Weg gegangen werden.
Sehr unangenehm dagegen können Begegnungen mit den häufig extrem aggressiven Hunden sein. Aber meist reicht schon das Andeuten, einen Stein aufheben und nach ihnen werfen zu wollen, und sie weichen zurück. Sollte man dennoch gebissen werden, so schnell wie möglich einen Arzt aufsuchen, Tollwutgefahr!

Gehzeiten
Die Zeitangaben enthalten die reine Gehzeit ohne Pausen. Selbstverständlich sind Gehzeiten individuell sehr unterschiedlich und von Faktoren wie Höhenlage bzw. Akklimatisation, Gewicht des Rucksacks, Zustand der Wege, Wetter usw. abhängig. Die im Buch enthaltenen Zeitangaben sind daher in erster Linie als Anhaltspunkt zu verstehen.
Ebenso kann natürlich auch die Tageseinteilung bei mehrtägigen Wanderungen je nach Kondition bzw. gewünschter Streckenlänge fast überall nach Belieben geändert werden. Ist ein Arriero dabei, wird er den Lagerplatz bestimmen, damit die Tragtiere nachts grasen können.

Einkehr und Unterkunft

In den peruanischen Anden gibt es bislang vier Unterkunftshütten, die alle erst in jüngster Zeit in der nördlichen Cordillera Blanca entstanden sind, und somit entfallen auch die komfortablen Einkehrmöglichkeiten, wie sie das engmaschige AV-Hüttennetz in den Alpen bietet. In den Ausgangsorten finden sich manchmal schlichte Unterkünfte.

Es muss zwar die gesamte Verpflegung für die Tour mitgenommen werden, doch der Hunger verringert sich in großen Höhen merklich. Sauberes Trinkwasser findet man in den Bergen überall (solange es noch Gletscher gibt), wenn nicht gerade unterhalb einer weidenden Viehherde der Bach angezapft wird. Wer einen empfindlichen Magen hat, kann das Wasser desinfizieren oder filtern – sofern es nicht ohnedies abgekocht wird.

Die Rucksäcke werden in der Regel von den Pferden oder Mulis des begleitenden Arriero getragen.

Zelten kann man überall, wo es einem gefällt (eingeschränkt im Nationalpark Huascarán, dort sind die Plätze oft ausgewiesen). Doch sollten selbstverständlich in der Nähe lebende Indigenas um Erlaubnis gefragt werden. Es gibt kaum Wälder, also kein Brennholz; Lagerfeuerromantik entfällt somit. Die in den Gebirgen lebenden Indigenas benützen getrockneten Viehdung als Brennmaterial, Wanderer sollten einen Gaskocher dabeihaben.

Zu Einkehr- und Übernachtungsmöglichkeiten insbesondere bei mehrtägigen Treks finden sich entsprechende Hinweise bei den jeweiligen Touren.

Camping-Stillleben am Susucocha in der Nähe des Tapush-Passes in der Cordillera Huayhuash (Tour 30).

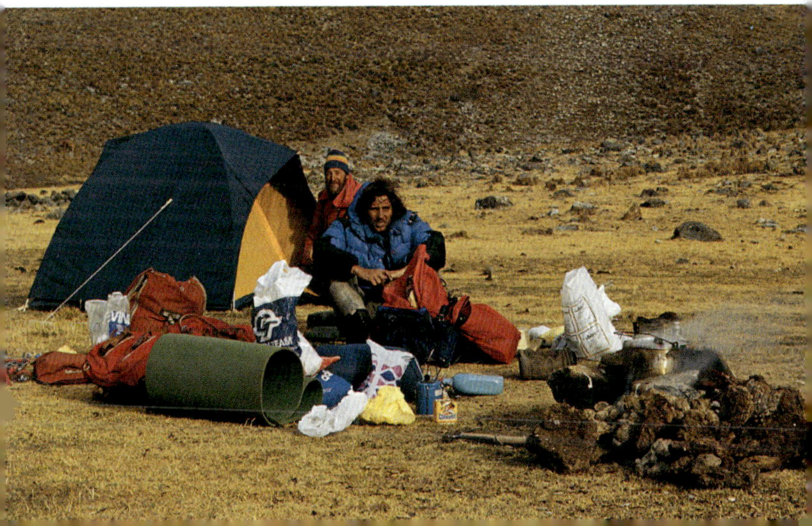

Wissenswertes über Peru

Geografie

Peru ist gut dreieinhalbmal größer als Deutschland. Im Norden grenzt das Land an Ecuador und Kolumbien, im Osten an Brasilien, im Südosten an Bolivien und im Süden an Chile. Die natürliche Westgrenze bildet die 2800 km lange Pazifikküste. Gut die Hälfte des drittgrößten Landes Südamerikas ist (noch) von Urwald bedeckt, dem Einzugsgebiet vieler Quellflüsse des Amazonasstroms. 30 % der Landesfläche sind Hochland und Gebirge und nur gut 10 % bilden den schmalen wüstenhaften Küstenstreifen am Pazifischen Ozean.

Bevölkerung

Das rasante Anwachsen der Bevölkerung hat die Einwohnerzahlen in den letzten 40 Jahren auf gegenwärtig fast 32 Millionen Menschen verdoppelt. Mehr als 60 % leben mittlerweile in den Städten, alleine im Moloch Lima etwa 12 Millionen, eine Vervierfachung gegenüber 1980. Entsprechend weiträumig umzingeln Elendsviertel in unsäglichen Verhältnissen die Städte. Beschönigend werden sie *pueblos jovenes* genannt, »junge Dörfer«. Über 40 % der peruanischen Bevölkerung sind Indigenas, fast ebenso viele Mestizen, den Rest bilden Weiße, Schwarze, Mulatten und Asiaten.
Die Landessprache ist Spanisch (*castellano*), seit 1975 ist auch Quechua wieder offiziell zugelassen, das einst Staatssprache des Inkareiches war und auch heute noch von gut einem Viertel der Peruaner gesprochen wird. Im Bereich des Titicacasees leben noch etwa eine halbe Million Aymará mit gleichnamiger Sprache. Außerhalb touristischer Gebiete wird kaum Englisch gesprochen.

Wirtschaft

Wegen der anhaltenden Landflucht in die Großstädte geraten die Landwirtschaft und damit die Versorgung der Bevölkerung immer mehr ins Hintertreffen. Die Landwirtschaft war einst vor der Fischerei wichtigster Wirtschaftsfaktor des Andenstaates. Die peruanischen Küstengewässer gehören dank des kalten Humboldtstroms zu den fischreichsten Meeresregionen der Erde, haben aber in den letzten Jahren durch Überfischung stark gelitten.
Peru besitzt reiche Bodenschätze, die Konzessionen für den Abbau sind in den letzten Jahren zunehmend an ausländische Bergbaufirmen verkauft worden. 2010 war schon ein Drittel des peruanischen Bergbaus in den Händen chinesischer Unternehmen. Das bedeutet, dass ein Großteil der eigentlich schutzwürdigen Hochgebirgsregionen Perus mehr und mehr der Ausbeutung von Bodenschätzen geopfert wird.

Geschichte und Politik

Peru ist in 25 Departamentos aufgeteilt, diese wiederum in Provinzen und Distrikte. Regiert wird das Land seit 1980 durch einen alle fünf Jahre demokratisch gewählten Präsidenten.

In präkolumbianischer Zeit war Peru Teil des gewaltigen Inkareiches, dessen Ausdehnung vom heutigen südlichen Kolumbien bis nach Chile und den Norden Argentiniens reichte. 1532 wurde das Inkareich von den Spaniern endgültig erobert.

Bis vor knapp 200 Jahren war das Land (gemeinsam mit Bolivien) spanisches Vizekönigreich. Die Unabhängigkeit von Spanien erlangte Peru am 28. Juli 1821. Danach folgten Jahrzehnte des Umbruchs, die Abschaffung der Sklaverei und der Salpeterkrieg zusammen mit Bolivien gegen Chile, der das Land drei südliche Provinzen kostete. 1968 wurde eine Landreform begonnen und mittlerweile weitgegend umgesetzt. Bis 1980 war eine Militärregierung an der Macht.

Anschließend wurde in den fünf Jahren Amtszeit (von 1985 bis 1990) des Präsidenten Alan García die noch junge Demokratie durch eine Misswirtschaft unvorstellbaren Ausmaßes destabilisiert. Das war auch der Nährboden für die Entstehung und Ausbreitung des *Sendero luminoso*, des »Leuchtenden Pfades«, einer Guerillabewegung, die große Landesteile in Anarchie und Gewalt stürzte, den gerade aufkeimenden Tourismus für ein Jahrzehnt zum Erliegen brachte und das Land regelrecht ausblutete. Bis zum

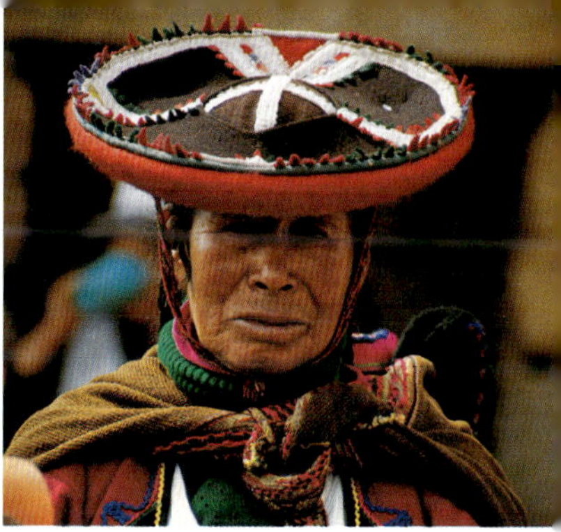

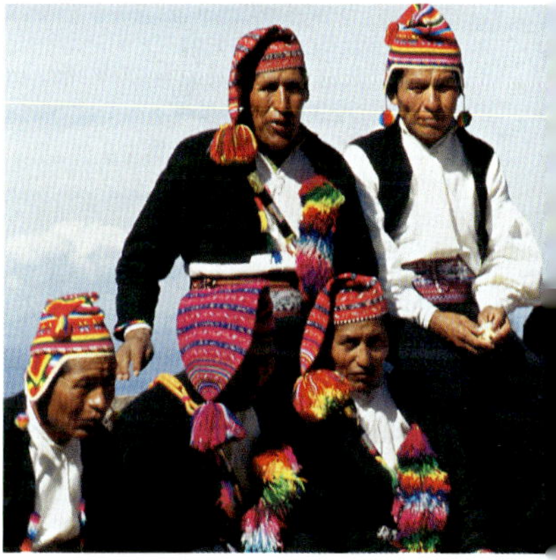

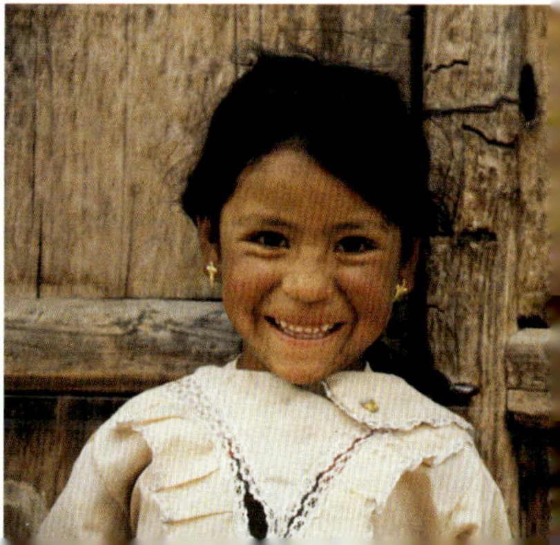

Ende des Jahrtausends forderte die Gewalt des *Sendero luminoso* und die Gegengewalt des Militärs fast 70.000 Todesopfer.
Dem von 1990 bis 2000 regierenden Alberto Fujimori gelang es, den »Leuchtenden Pfad« zu zerstören, jedoch nur mit massiven Menschenrechtsverletzungen. 2009 wurde Fujimori deshalb zu 25 Jahren Gefängnis verurteilt.
2001 wurde mit Alejandro Toledo erstmals ein Präsident mit indianischen Wurzeln gewählt, doch außer nicht eingelöster Wahlkampfversprechen hinterließ er keine Spuren. Die Wirtschaft wuchs zwar, die Situation der indianischen Bevölkerung verbesserte sich aber nicht.
2006 wurde Alan Garciá, der nach Jahren des Exils wieder zurück in die Landespolitik wollte, erneut für fünf Jahre zum Präsidenten Perus gewählt. Die Vergehen während seiner Amtszeit waren verjährt und der überwiegend jungen Bevölkerung unbekannt oder waren vergessen worden.
2011 wurde dann der Ex-Militarist und Rechtspopulist Ollanta Humala zum Präsidenten gewählt, auf ihn folgte 2016 Pedro Kuczynski (mit deutscher Abstammung). Dieser musste sich aber schon im Dezember 2017 wegen Korruption und Bestechung einem Amtsenthebungsverfahren stellen. Dem entkam er noch (im Gegenzug dafür begnadigte er Alberto Fujimori, der im Jahr darauf aber wieder verhaftet wurde), aber nicht mehr einem weiteren schon drei Monate später. Er musste zurücktreten und am 24.3.2018 übernahm der bisherige Vizepräsident Martin Vizcarra die Amtsgeschäfte. Alle drei Vorgänger werden von der Justiz wegen Korruption verfolgt.
Tag der Amtseinführung des Präsidenten ist der 28. Juli, der Unabhängigkeitstag und zugleich Nationalfeiertag ist. An den Tagen davor und danach herrscht eine Art Ausnahmezustand im Land. Alle Peruaner scheinen auf Reisen zu sein. Busfahrten und Flüge sind in den Tagen um den Nationalfeiertag restlos ausgebucht, freie Unterkünfte sind nur schwer und nur zu drastisch erhöhten Preisen zu finden.

Klima

Peru weist eine Geografie mit sehr unterschiedlichen Landschaftsformen und extremen Höhenunterschieden auf, somit ist das Land auch von klimatischen Gegensätzen geprägt. 30 % der Landesfläche sind Hochland und Gebirge, mehr als die Hälfte (noch) von Urwald bedeckt, dem Einzugsgebiet des Amazonasstroms, der Süden hingegen von trockener Hochwüste gekennzeichnet, ebenso das schmale Band der Pazifikküste.
Entscheidenden Einfluss auf das Klima an der gesamten Westküste Südamerikas hat der kalte, dafür fischreiche Humboldtstrom. Fällt an der gesamten peruanischen Küste so gut wie nie Regen (Ausnahme »El niño« etwa im Sieben-Jahres-Rhythmus), ist das übrige Land in eine Trocken- und eine Regenzeit aufgeteilt. Im Hochland dauert die Trockenzeit und somit auch die beste Reisezeit von Mai bis Oktober, im Tiefland ist es genau umgekehrt. Die

Temperaturen ergeben sich mehr durch die jeweilige Höhenlage als durch den Landschaftstyp.
Im Hochland sind extreme Temperaturunterschiede von 40 °C und mehr zwischen Tag und Nacht üblich. Ab durchschnittlich 4300 m Höhe muss vor allem in der Trockenzeit mit nächtlichem Frost gerechnet werden, und im Süden des Landes, beispielsweise in den Hochlagen der Cordillera Vilcanota, aber auch in der Hochwüste können die Temperaturen bis auf –20 °C abfallen! Am kältesten wird es während der Trockenzeit im Juli und August. Da erfrieren in den ärmsten Regionen (insbesondere im Departamento Puno) bis heute jährlich zahllose Menschen, vor allem Kinder.

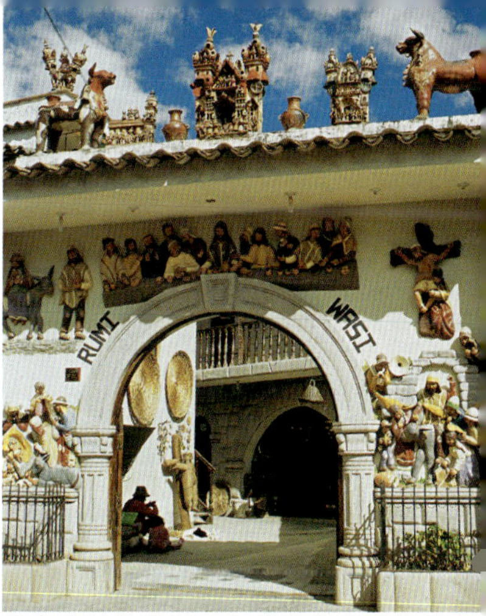

Kunsthandwerkliche Hochburg Quinua bei Ayacucho (Tour 32).

Tag- und Nachtlänge sind wegen der Äquatornähe ziemlich gleich. Auch Sommer und Winter wie in Europa gibt es nicht, sondern eine Trocken- und eine Regenzeit.

Umweltschutz

Der Schutz der Natur ist den Peruanern (wie vielen Südamerikanern) noch weitgehend gleichgültig. Durch den gestiegenen Wohlstand wird jedoch auch mehr Müll produziert. Jeglicher Abfall, vor allem leere Plastikflaschen, markieren die Landstraßen und zunehmend auch die Natur. Ein Umweltbewusstsein oder gar eine Umwelterziehung ist kaum vorhanden. Selbst im einzigen Nationalpark in den Bergen Perus hat die Verschmutzung enorm zugenommen, obwohl die Eintrittsgelder ja eigentlich dem Schutz der Natur und der Sauberhaltung dienen sollen. Aber für uns Gringos sollte es auf Wanderungen eine Selbstverständlichkeit sein, den anfallenden Müll wieder mitzunehmen.

Religion

Die meisten Peruaner sind strenggläubig (meist auch sehr abergläubisch) und begegnen jedem Gotteshaus mit Respekt und Ehrfurcht, während sich manche Gringos oft recht taktlos verhalten, z.B. was die Bekleidung betrifft. Über 70 % der Bevölkerung Perus bekennen sich zum christlichen Glauben, jedoch mit abnehmender Tendenz. Viele Hochlandindigenas fahren »zweigleisig«: Mehr als der katholischen Kirche vertrauen sie ihren Berggöttern, den Apus. Starken Zulauf erfahren zunehmend die vielen Sekten.

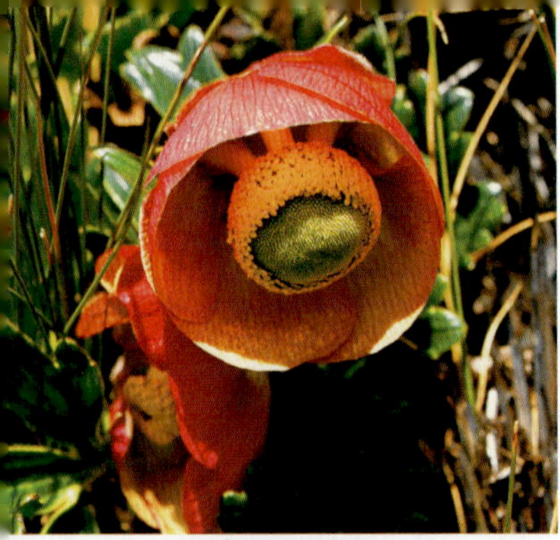

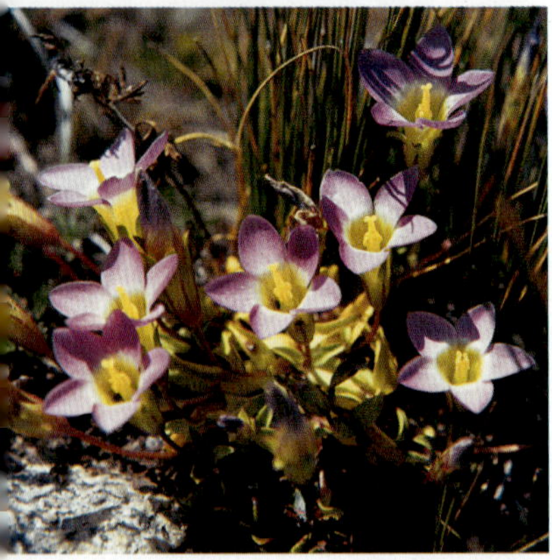

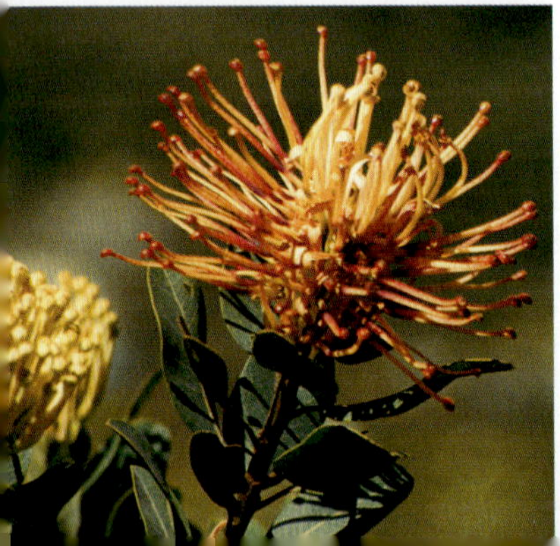

Die peruanischen Anden

Die gewaltige Kette der Anden ist das längste zusammenhängende Gebirge der Erde. Es erstreckt sich auf 8000 km Länge von Kolumbien bis Feuerland und bildet nicht nur das Rückgrat Südamerikas, sondern auch die kontinentale Wasserscheide. Fast alle in den Anden entspringenden Flüsse beginnen hier ihre über 4000 Kilometer weite Reise zum Atlantik, obwohl der Pazifische Ozean im Norden Perus meist nur 100 Kilometer entfernt ist. Die höchsten Gipfel der Kordilleren und gleichzeitig des gesamten amerikanischen Doppelkontinents befinden sich im argentinisch-chilenischen Grenzgebiet (auf der Höhe von Santiago und Mendoza) und erreichen mit dem 6959 m hohen Aconcagua (oft auch mit 6962 m angegeben) ihren höchsten Punkt. Der Peru-Atacamagraben, an der Küstenlinie des Pazifiks von Südperu bis Nordchile verlaufend, hat eine Tiefe von mehr als 8000 Metern und somit eine noch größere Tiefe, als die höchsten Gipfel der Anden hoch sind. Das bedeutet den größten absoluten Höhenunterschied auf der Erde auf so kurzer Entfernung.

Bis zur Südspitze des Kontinents (in Chile und Argentinien) nehmen die Berghöhen ab und erreichen nur noch maximal 3000 Meter Höhe.

53 Gipfel mit über 6000 Meter Höhe befinden sich in den peruanischen Anden und stellen somit auch einen der landschaftlich großartigsten Ab-

Tropische Blütenpracht in der Cordillera Blanca.

schnitte Südamerikas dar. Das Hochland nimmt fast 30 % der Landesfläche ein; im Norden sind es zusammenhängende Gebirgszüge mit den höchsten Bergen des Landes im Tropengürtel der Erde, während der wüstenhafte Süden von Vulkanen geprägt ist. So ist natürlich auch die Vegetation sehr unterschiedlich. Während die tropische Cordillera Blanca eine für diese großen Höhen unerwartete Pflanzenfülle bis zur Schneegrenze in fast 5000 Meter hervorbringt, in der unter den leuchtenden Eisgipfeln sogar Kolibris von Blüte zu Blüte schwirren, ist der Süden des Landes von Trockenheit gekennzeichnet. Fels und Sand dominieren das Landschaftsbild der kargen Hochwüste, in der nur das gelbe Ichu-Gras, Kakteen und gelegentlich die grünen, aber knochenharten Llareta-Moospolster eine farbliche Abwechslung bieten. Deutlich erkennbar ist der Gletscherrückgang, seit 1970 um 22 %.
Zur Aufwertung zu einem Nationalpark hat es in den peruanischen Anden leider nur der über 4000 m hoch liegende Bereich der Cordillera Blanca, der Huascarán-Nationalpark, geschafft.

Tierwelt

Die Kameliden (Lamas, Alpakas, Vicuñas und Guanacos) kommen im nördlichen Landesteil nur spärlich vor; ihre Heimat ist hauptsächlich der Altiplano. Lamas und Alpakas sind Züchtungen und stammen vom Guanaco ab. Das Vicuña – das kleinste der Kameliden – ließ sich nicht domestizieren. Die grazilen Tiere haben die kostbarste Wolle der Welt und waren deshalb Ende der 1980er-Jahre nahezu verschwunden, obwohl sie unter 4000 Meter kaum anzutreffen sind. Erst strenge Schutzmaßnahmen und die Schaffung von Schutzgebieten verhinderten die Ausrottung.

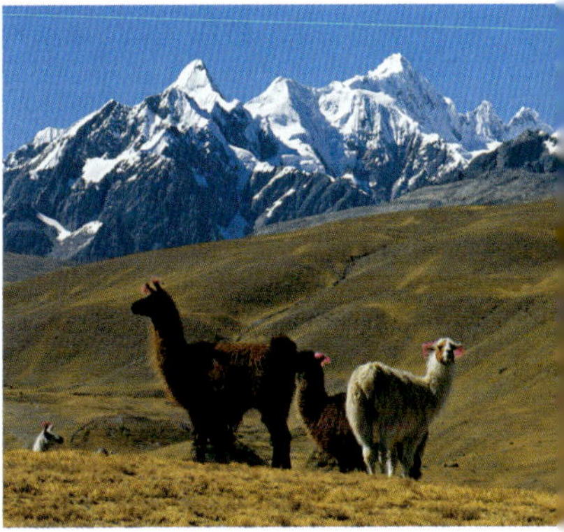

Die »Innenseite«, die Westseite der Nevados Colque Cruz. Tagsüber trifft man hier überall auf weidende Lamas.

Dem Andenfuchs begegnet man schon häufiger; Rotwild (Taruco und das kleinere Venado) hingegen immer seltener. Der Puma hat offiziell ein Verbreitungsgebiet über die gesamten Kordilleren von Alaska bis Feuerland, kommt aber fast nur noch in Patagonien vor. Auch der Brillenbär musste sich in die entlegensten und unzugänglichsten Gebirgszonen zurückziehen.
Sogar das Symboltier der Anden, der Kondor, ist leider ebenfalls immer seltener zu beobachten. Dafür ist in felsigen Hochlagen noch häufig das Vizcacha zu sehen, ein kaninchengroßer, flinker Verwandter der Chinchillas.

Reisen und Wandern in Peru

Öffentliche Verkehrsmittel

In den letzten Jahren sind in fast allen größeren Ortschaften Busbahnhöfe entstanden, die den Überblick über die Reiseziele und das Angebot der vielen Busunternehmen erheblich erleichtern. Das Straßennetz wird immer umspannender, alle Fernverbindungsstraßen sind mittlerweile fast durchgehend asphaltiert, garantieren dennoch in der Regenzeit aufgrund häufiger Erdrutsche und auch Erdbeben nicht immer ein zügiges Vorankommen.
Es gibt noch 2000 Kilometer Eisenbahnstrecke in Peru, die hohen Preise machen eine Bahnfahrt für die Einheimischen aber unerschwinglich. (Bis zur Privatisierung 1998 war die Eisenbahn das preiswerteste Verkehrsmittel.) Züge verkehren noch zwischen Cuzco und Puno, Cuzco und Machu Picchu, Puno, Juliaca und Arequipa sowie gelegentlich zwischen Lima und Huancayo und zwischen Huancayo und Huancavelica. Größere Städte sind mit einem Inlandsflugnetz verbunden, das von einer Vielzahl an Fluggesellschaften betrieben wird. Einziger internationaler Flughafen ist Lima.
Es gibt nahezu überall preiswerte Colectivos (Sammeltaxis), meist Kleinbusse. Auch Taxifahren ist günstig, den Preis zum Ziel jedoch vorher aushandeln! Taxifahrer sind auch stets die besten Informationsquellen.

Zu Fuß unterwegs

Jeder kann überall im peruanischen Hochland seine eigene Wunschroute laufen, ohne auf kommerziell ausgerichtete Trekking-Organisationen angewiesen zu sein. Fast alle Touren führen über alte Handelswege, die teilweise zu befahrbaren Pisten ausgebaut wurden. Es bedarf auch keinerlei Genehmigungen für Wanderungen oder Bergbesteigungen (Ausnahme: Huascarán-Nationalpark).
In den touristischen Hauptorten Cuzco und Huaraz gibt es natürlich unzählige Agenturen, die dem Wanderer ihre Dienste mal mehr, mal weniger professionell verkaufen wollen. Doch in nahezu allen Ausgangsorten für die Touren bieten ortskundige Arrieros ihre Begleitung mit Lasttieren an, denn für sie ist es eine willkommene Verdienstmöglichkeit. So braucht niemand seinen schweren Rucksack selbst zu schleppen. In der Regel wird der Arriero mit warmem Essen mitverpflegt. Meist bekommt er einen Vorschuss ausbezahlt, um sich seinen individuellen Proviant nach eigenen Vorlieben besorgen zu können. Pro Tag erhält ein Arriero durchschnittlich etwa 20 €.
Die Wege der beschriebenen Touren führen an den Fuß fast aller 53 Sechstausender in Peru. Auf den Anmarschwegen und Etappen bis ca. 3300 m Höhe kann es tagsüber brütend heiß werden, ab ca. 4300 m Höhe muss mit Schneeschauern und nächtlichen Minustemperaturen gerechnet werden. Ein Zelt und ein guter Schlafsack sind deshalb für solche Unternehmungen

das A und O. Wer nachts wegen Kälte nicht schlafen kann, verliert rasch seine Energie. Am kältesten wird es im Hochland trotz der Nähe zum Äquator in der Trockenzeit zwischen Mai und September, die auch Reisesaison ist (siehe auch »Klima« auf Seite 18).

Eintritt wird nur im Nationalpark Huascarán verlangt und der ist zum 1.1.2018 erheblich gestiegen: 150 Soles (etwa 40 Euro) für 21 Tage; 30 Soles für einen Tag. (Leider wird das Geld kaum zum Schutz der Landschaft verwendet, was die rapide zunehmende Verschmutzung belegt.) In jedem Gebirge in allen Landesteilen wird den Touristen seit ein paar Jahren eine unterschiedlich hohe Gebühr abgeknöpft, ohne dass das Geld zum Schutz des Gebietes verwendet würde oder es der örtlichen Bevölkerung zugutekäme.

Karten

Für die meisten Landesteile gibt es Landkarten des IGN (Instituto Geográfico Nacional; früher: Militar) im Maßstab 1:100.000. Von der Cordillera Vilcabamba und von grenznahen Gebieten sind keine bzw. nur Karten mit zu kleinem Maßstab erhältlich. Die IGN-Karten sind zwar teilweise ziemlich alt, aber zur Orientierung auf Wanderungen unentbehrlich.

- Instituto Geográfico Nacional, Avenida Aramburú 1190, San Isidro, Lima, Tel. +51 (0) 1/475 30 30, www.ign.gob.pe.
- Für die Cordillera Blanca (Nord und Süd je 1:100.000) und die Cordillera Huayhuash (1:50.000) gibt es Alpenvereinskarten, zu beziehen z.B. über den Deutschen Alpenverein (www.dav-shop.de) oder Reisebuchhandlungen.
- Für die Region rund um Cuzco und den Inka-Trail ist zudem noch die Karte »Cuzco & Peru South«, International Travel Maps, ISBN 978-1-55341-547-3, im Maßstab 1:110.000 erhältlich.

Geld

Die Währung ist der Nuevo Sol (»Neue Sonne«), der Wechselkurs schwankt zwischen ca. 3,30 und 4 Soles für einen Euro (abhängig vom Dollar-Kurs). Euros können überall gewechselt werden; in jeder Stadt gibt es Wechselstuben (Casa de Cambio), bei denen das umständliche und zeitraubende Prozedere der Banken entfällt. Es kursiert auch immer mal Falschgeld im Land. Peru ist als preiswert zu bezeichnen. So kostet z.B. die 400-km-Busfahrt von Lima nach Huaraz rund 10 €. Und wer auf überteuerte und meist für den amerikanisch-europäischen Geschmack gestutzte Touristen-Küche verzichten kann, wird um ein Vielfaches preiswerter und auch besser essen; Peru hat nämlich eine der besten und vielfältigsten Küchen der Welt. Menüs gibt es ab ca. 1 Euro.

Einreise

Für Peru ist ein noch mindestens sechs Monate gültiger Reisepass erforderlich; bei der Einreise erhält man eine Aufenthaltsgenehmigung für 90 Tage, die bei Bedarf verlängert werden kann. Impfungen sind derzeit keine vorgeschrieben.

Telefonieren

- Von Deutschland nach Peru: 0051, die Null der Ortsvorwahl entfällt.
- Von Peru nach Deutschland: 0049, die Null der Ortsvorwahl entfällt.

Wichtige Adressen und Telefonnummern

- Peruanische Botschaft in Deutschland, Mohrenstraße 42, 10117 Berlin, Tel. 0049 (0) 30/206 41 03, www.botschaft-peru.de
- Deutsche Botschaft in Peru, Avenida Arequipa 4210, Lima (Miraflores),

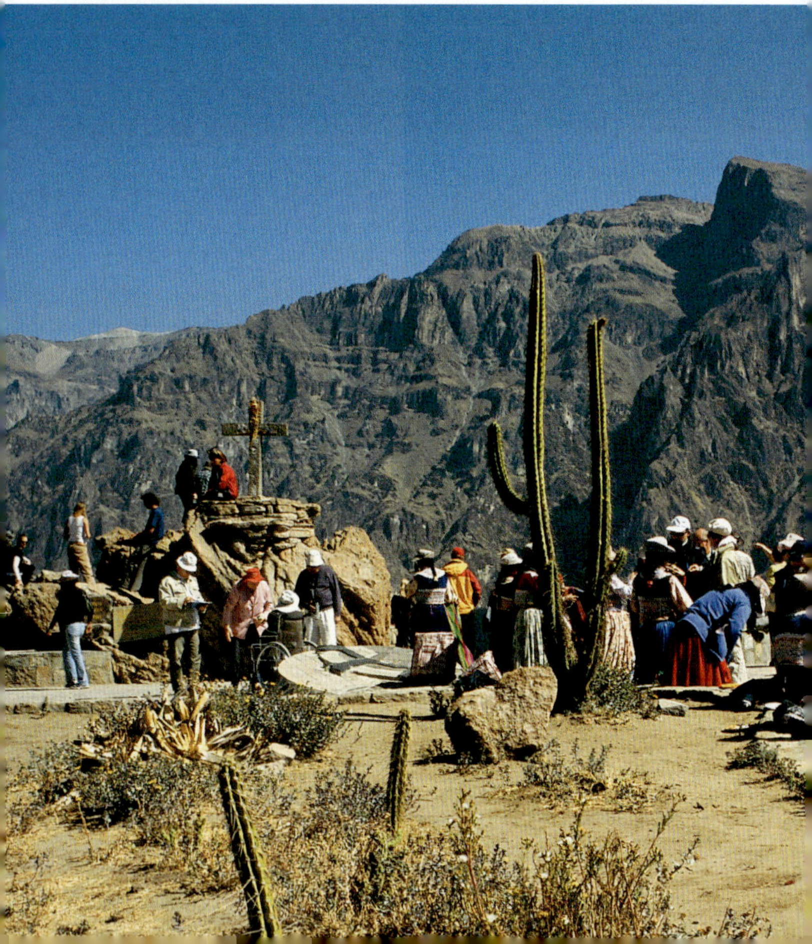

Tel. 0051 (0) 1/203 59 40, www.lima.diplo.de

- Notrufnummern
  Polizei, allgemeiner Notruf: 105; Feuerwehr: 116
- Touristische Informationen (unter anderen): www.peruline.de; http://visit-peru.com (englisch und spanisch); www.andeantravelweb.com (englisch)

Täglicher Jahrmarktrummel am Cruz del Conde. Dutzende Busse bringen am Morgen Tagestouristen aus Arequipa; Kondore sind jedoch nur noch ganz selten zu sehen (Tour 55).

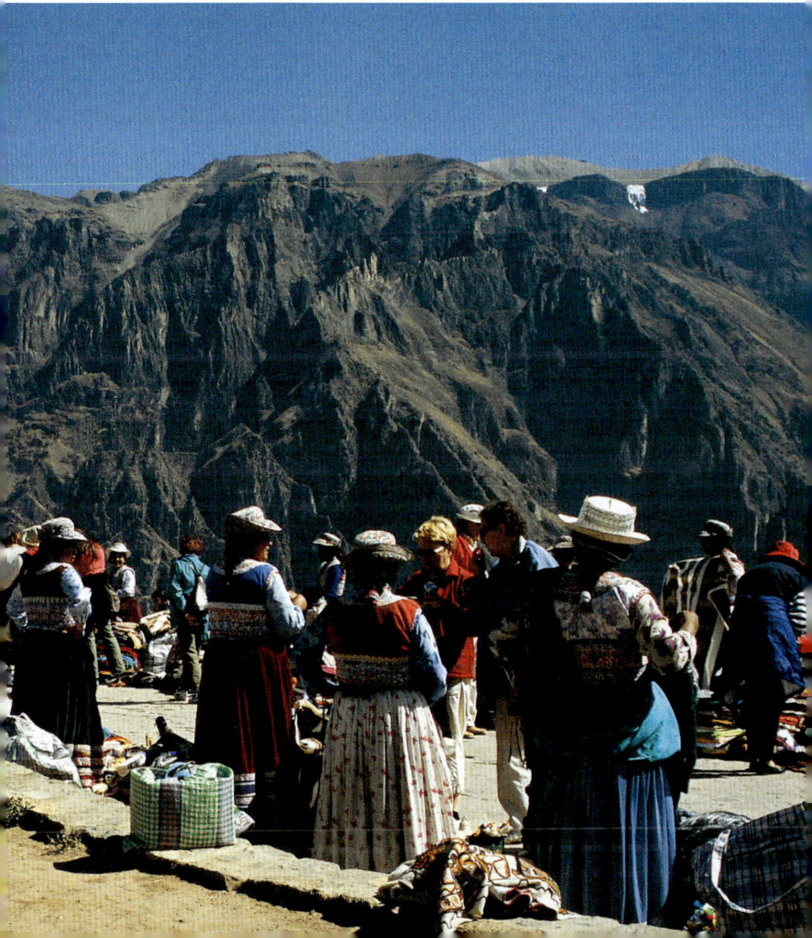

Cordillera Blanca

Die Weiße Kordillere ist das bekannteste und populärste Hochgebirge Perus. 30 Gipfel über 6000 Meter Höhe, das sind mehr als die Hälfte aller Sechstausender Perus, unter ihnen der höchste Berg des Landes, der doppelgipfelige Nevado Huascarán, 6768 m und 6664 m, weitere 30 Berge über 5700 m Höhe und nicht zuletzt das »Aushängeschild« der Cordillera Blanca, der Nevado Alpamayo, haben in den letzten Jahrzehnten zu einem regelrechten Trekking- und Bergsteigerboom geführt (mit Unterbrechung in den 1990er-Jahren aus politischen Gründen), wie es nur wenige Gebirgsregionen der Erde erlebt haben. Für viele ist die Cordillera Blanca mit ihrer großartigen Gipfelwelt, den türkisfarbenen Gletscherseen, ihren malerischen Tälern und der einmaligen tropischen Pflanzenfülle und Blütenvielfalt das schönste Hochgebirge der Anden. Zum beliebtesten und meistbesuchten Bergsteiger- und Trekkingziel Perus, ja ganz Südamerikas hat sich diese Bilderbuchlandschaft jedenfalls entwickelt.

Die Cordillera Blanca im nördlichen Peru ist das höchste vergletscherte Gebirge der Tropen und liegt zwischen dem achteinhalbten und zehnten Grad südlicher Breite, wie vergleichsweise etwa die Insel Bali oder die südlichen Seychellen. Es gibt zwar auch vergletscherte Berge in anderen Ländern des tropischen Klimagürtels der Erde, wie z.B. in Ecuador, Kolumbien, Ostafrika und früher sogar auf Neuguinea, aber nirgendwo sonst erreichen sie Höhe und Ausdehnung wie in der Weißen Kordillere. Auf 180 km Länge und meist kaum mehr als 20 km Breite erstreckt sich der Gebirgszug von Nordnordwest nach Südsüdost im Departamento Ancash. Obwohl die Entfernung zum Pazifik kaum 100 km beträgt, zum Atlantischen Ozean aber mehr als 4000 km, bildet die Cordillera Blanca die kontinentale Wasserscheide. Der in über 4000 m Höhe liegende Bereich wurde 1975 zum Nationalpark erklärt, das sind 3400 km² und entspricht mehr als der sechsfachen Fläche des Bodensees.

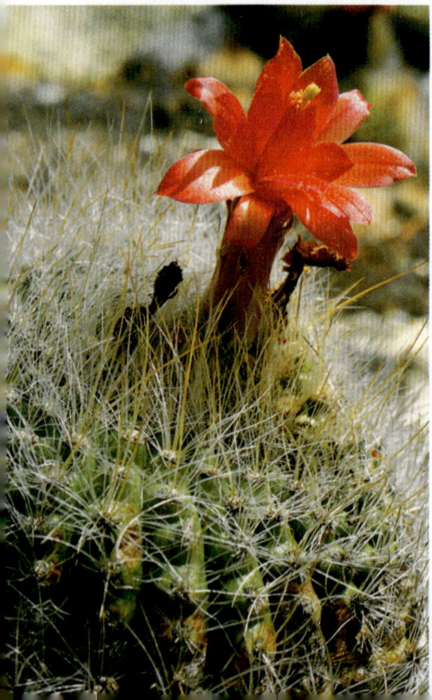

Blühender Matucana-Kaktus in der Cordillera Blanca.

Zentraler Ort im Santa-Tal, das sich zwischen Cordillera Blanca und Cordillera Negra von Süd nach Nord erstreckt, ist Huaraz auf 3090 m Höhe, 400 Straßenkilometer nördlich von Lima. Seit 2007 wird der Flughafen Anta im Santa-Tal wieder einmal täglich mit kleinen Maschinen von Lima aus angeflogen. Das Tal beginnt am Ursprung des Río Santa auf 4020 m, der nördlichste Ort Caraz liegt auf nur noch 2290 m Höhe.

Alle Ortschaften im Santa-Tal sind von Huaraz aus tagsüber mit ständig pendelnden, meistens allerdings extrem vollgepferchten Kleinbussen erreichbar. Die Busse ins nördliche Santa-Tal fahren an der Brücke über den Río Quilcay ab. Die Abfahrtsstelle nach Süden bis Catac ändert sich ständig. Nachfolgend die wichtigsten **Entfernungen ab Huaraz** (von Nord nach Süd):

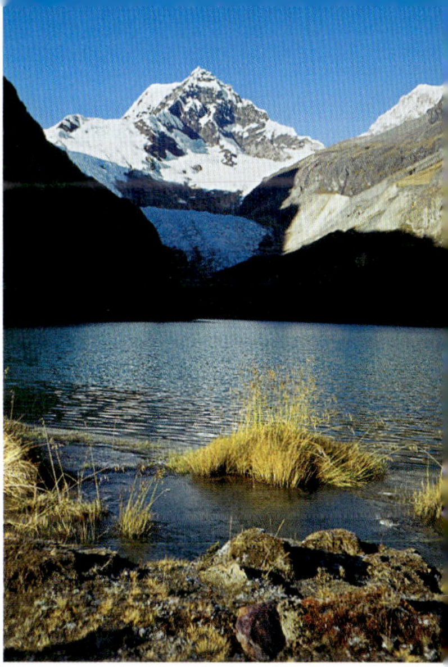

Der Pucaranracocha am Ende der Viñoyapampa mit dem gleichnamigen, 6156 m hohen Berg.

Km 70	Caraz	(→ Laguna Parón 30 km, Cashapampa 28 km)
Km 57	Yungay	(→ Llanganuco 25 km)
Km 52	Ranrahirca	
Km 50	Mancos	(→ Musho 6 km)
Km 37	Carhuaz	(→ Quebrada Ulta)
Km 30	Marcará	(→ Chancos 4 km, Vicos 7 km, Quebrada Honda)
Km 26	Flughafen Anta	
Km 15	Paltay	(→ Collon 6 km, Quebrada Ishinca)
Km 7	Monterrey	(→ Thermalbad)
Km 0	**Huaraz**	(→ Laguna Llaca 26 km, Pitec 20 km)
Km 7	Puente Pariac	(→ Macashca 5 km)
Km 18	Puente Bedoya	(→ Olleros 2 km)
Km 25	Recuay	
Km 30	Ticapampa	
Km 35	Catac	(→ Chavín 74 km, Quebrada Queshque 20 km)
Km 43	Río Pachacoto	(→ Puya Raimondii 18 km)
Km 81	Gonococha	(→ Chiquián 31 km, Cordillera Huayhuash; Pazifikküste)

In der Nördlichen Cordillera Blanca sind bisher vier bewirtschaftete Unterkunftshütten entstanden, die von den Salesianern Don Boscos zusammen mit Peruanern gebaut wurden und betreut werden:

- Refugio Perú, 4665 m, an der Moräne zum Nevado Pisco Aufstieg mit 80 Betten (erbaut 1996).
- Refugio Ishinca, 4390 m, am Ishinca-Talende mit 60 Betten (1998).
- Refugio Don Bosco, 4700 m, am Fuß der Moräne zum Huascarán-Aufstieg (2001).
- Refugio Contrahierbas, 4180 m, an der Nordseite des Nevado Contrahierbas mit 60 Betten (2013).

- In Huaraz existiert auch eine »Asociación de Guías de Montaña del Perú«, kurz »Casa de Guías« genannt, eine Bergführer-Vereinigung, Parque Ginebra 28 G, nahe der Plaza de Armas, www.casadeguias.com.pe.
- Verwaltung des Huascarán-Nationalparks: Huaraz, Jiron Federico Sal y Rosas 555; Tel. +51 (43) 42 20 86; www.sernanp.gob.pe. Hier erhält man auch das Eintrittsticket (Preise siehe S. 23).
- Flugrettung Yungay am Fuße des Nevado Huascarán, Tel. +51 (43) 49 33 33; der Hubschrauber ist in Lima stationiert.
- Weitere Informationen: www.huaraz.com (auch englisch).

Nördliche Cordillera Blanca (Tour 1–17)

In der Nördlichen Cordillera Blanca konzentrieren sich die höchsten und bekanntesten Berge Perus. Dadurch sind hier auch die ersten Trekking- und Wanderrouten auf den alten Handelswegen der Einheimischen entstanden, die zum Teil mittlerweile zu Straßen über die höchsten Pässe ausgebaut sind, auch im Nationalpark Huascarán. Türkisfarbene Hochgebirgsseen, eingezwängt in enge Schluchten und zwischen den schönsten Eisgipfeln, kennzeichnen die Nördliche Cordillera Blanca – alles in einer in dieser Höhenlage unerwarteten Blütenpracht. Es ist das populärste Wander- und Bergsteigergebiet von ganz Peru.

Mittlere Cordillera Blanca (Tour 18–25)

Die Täler oberhalb von Huaraz: In nordöstlicher Richtung von Huaraz streben fünf kaum besuchte (abgesehen von der Laguna Llaca) schöne Täler strahlenförmig zu den Eisbergen der mittleren Cordillera Blanca, alle geschmückt mit einem herrlichen Gebirgssee an ihrem Kopfende. Mittlerweile sind durch die enorm angewachsene Besiedlung auch befahrbare Pisten bis zu den Tälern entstanden. Wenn man von Huaraz nach Osten auf die nahen Hausberge der Cordillera Blanca blickt, fällt es schwer zu glauben, dass die Taleingänge fast 1000 m höher liegen! Bis zum Dorf Llupa, 9 km von Huaraz, fahren Colectivos. Die Rundhütten von Pitec, 3850 m (20 Straßenkilometer, 13 km Fußweg von Huaraz) vor dem Quilcayhuanca-Tal sind

Knoten- und Ausgangspunkt für die Täler, aber nur zu Fuß oder mit einem Taxi zu erreichen.
Alle fünf Hochtäler sind Sacktäler; keine Pässe ermöglichen an ihren Enden eine Verknüpfung zu einer Rundtour wie in der Nördlichen Cordillera Blanca. So sind die Hin- und Rückwege ins jeweilige Tal identisch. Eine Ausnahme bilden das Quilcayhuanca- und das Cohup-Tal; sie lassen sich an ihrem Talende über einen allerdings überwiegend weglosen Übergang in fast 5200 m Höhe mit grandioser Aussicht verbinden (siehe Tour 22).

Südliche Cordillera Blanca (Tour 26–29)

Die Südliche Cordillera Blanca weist nicht mehr die engen, tiefen Schluchten wie der nördliche Bereich auf, auch keine Gipfel über 6000 m Höhe. Sie ist deshalb viel weniger besucht, bietet aber mit den seltenen Puya-Raimondii-Pflanzen eine zusätzliche Attraktion und auf der ausgedehnten flacheren Westseite der Berge umfassende Panoramaaussichten auf nahezu die gesamte Cordillera Blanca.

Pucaventana (»Rotes Fenster«): Eine leichte Wanderung mit herrlicher Aussicht oberhalb von Huaraz (Tour 18).

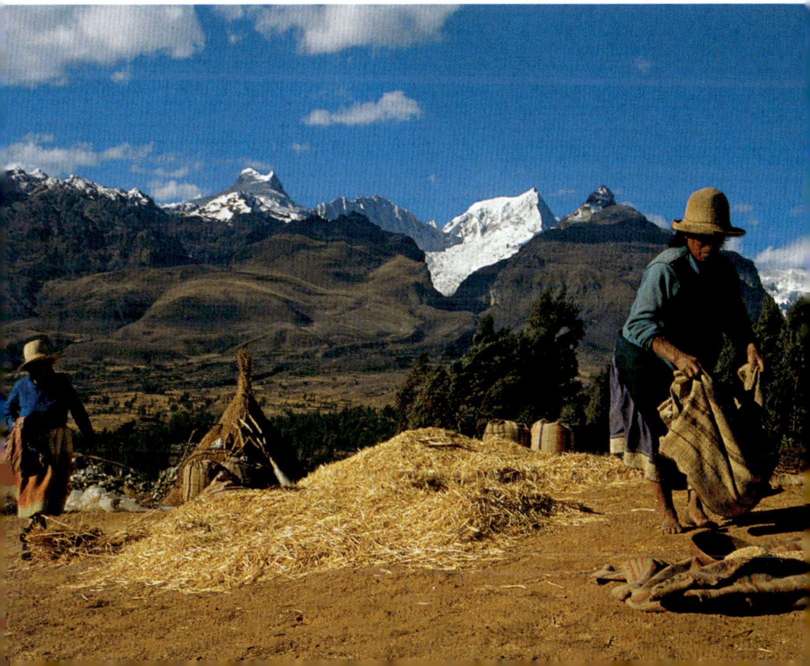

TOP

1

Santa-Cruz-Tal – Lagunas Llanganuco

5 Tage

Die populärste Wanderung in der Cordillera Blanca

Der Talschluss der Quebrada Santa Cruz bildet einen der schönsten Plätze in der gesamten Cordillera Blanca, ist sie doch von einigen der bekanntesten und formschönsten Eisberge des Gebirges eingerahmt, wie dem Nevado Taulliraju, dem Nevado Alpamayo, dem Nevado Quitaraju und dem Nevado Paria. Das Ende der Rundtour bilden die beiden türkisfarbenen Lagunas von Llanganuco, ein beliebtes Tagesausflugsziel unter dem Nordgipfel des Nevado Huascarán. Dazwischen liegen zwei Pässe mit über 4700 m Höhe, wobei die fantastische Aussicht vom zweiten häufig nur noch aus dem fahrenden Auto bewundert wird, denn nach knapp zwei Drittel der Tour – kurz hinter Colcabamba – trifft der Weg auf die Straße nach Yungay, wo für die meisten (organisierten) Wandergruppen das Trekking schon beendet ist.

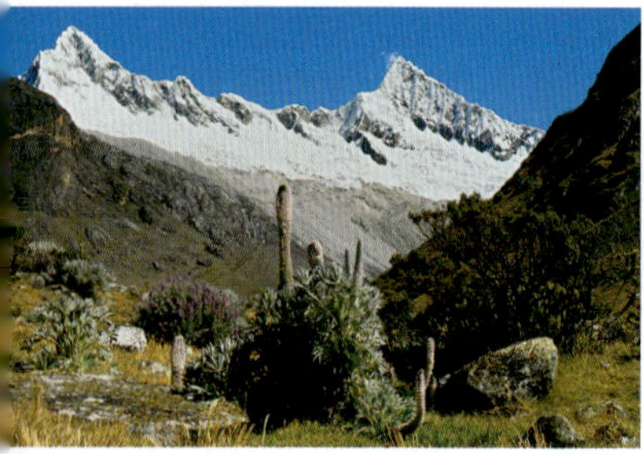

Ausgangspunkt: Cashapampa, 2900 m. Von Caraz im Santa-Tal (70 km nördlich von Huaraz) mit Colectivo oder Taxi nach Cashapampa am Eingang zur Quebrada Santa Cruz (28 km, knapp 1 Std.). Die Tour ist auch in entgegengesetzter Richtung durchführbar, dann fährt man von Yungay mit einem Colectivo zu den Llanganuco-Seen, 3836 m.

Tayapflanzen und Lupinen schmücken das obere Santa-Cruz-Tal.

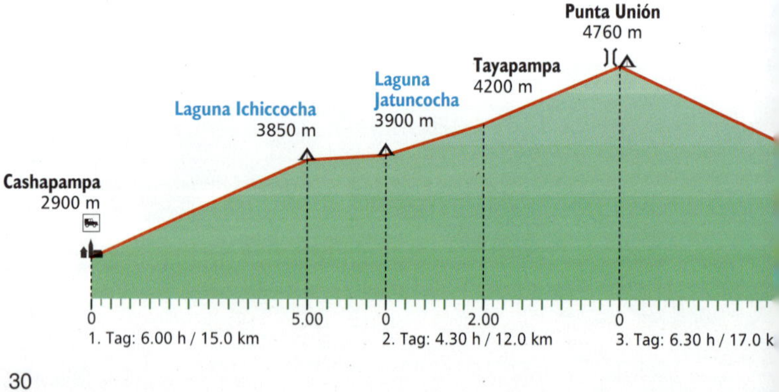

Endpunkt: Lagunas Llanganuco; siehe Ausgangspunkt.
Höhenunterschied: Knapp 3300 m Aufstieg, 2350 m Abstieg.
Anforderungen: Technisch leicht, aber zwei hohe Pässe.
Einkehr: Läden in Cashapampa – letzte Möglichkeit, Lebensmittel und Getränke einzukaufen. Wasser unterwegs ausreichend vorhanden.
Unterkunft: Einfache alte Pension in Colcabamba mit Mahlzeiten für Übernachtungsgäste, in Yanama am Ende der Variantenroute, sonst im Zelt.
Variante: Eine Verkürzung des Treks um ein bis zwei Tage ist möglich, indem man von Colcabamba in 2 Std. nach Yanama geht, dort gibt es Unterkünfte und Busanschluss. Genauere Beschreibung siehe S. 37.
Tipp: Individual-Wanderer können in Cashapampa ohne Weiteres selbst einen Arriero mit Tragtier anheuern.
Karten: AV-Karte Cordillera Blanca Nord; IGN-Karten 18-h Corongo und 19-h Carhuaz (alle 1:100.000).

1. Tag: Cashapampa – Jatuncocha (6.00 Std., 15 km, 1000 Hm Aufstieg)
Von den Häusern geht es durch einen schattigen Eukalyptushain zum hölzernen Eingangstor der anfangs engen **Santa-Cruz-Schlucht**. Der Weg verläuft immer rechts des Baches ständig ansteigend, an kleineren Wasserfällen vorbei, und schon nach gut 2 Std. wird zum ersten Mal der Blick auf den Nevado Taulliraju, 5830 m, frei, der den schönen Talschluss der Quebrada Santa Cruz am Punta-Unión-Pass bildet und von nun an ständig im Blickfeld bleibt. Nach 11 km ist der erste der beiden Seen im breiter werdenden Tal erreicht. Der **Ichiccocha** auf 3850 m ist fast vollständig von Schilf bewachsen; im Bereich des zweiten Sees, des **Jatuncocha**, 3900 m, gibt es gute Lagermöglichkeiten.

2. Tag: Jatuncocha – Punta Unión (4.30 Std., 12 km, 860 Hm Aufstieg)
Jetzt folgt der herrlichste Teil der gesamten Wanderung, deshalb ist es empfehlenswert, diese Etappe kürzer zu halten und nicht weiter als bis in die Nähe des Passes oder kurz dahinter zu laufen, zumal überall Lagerplätze mit

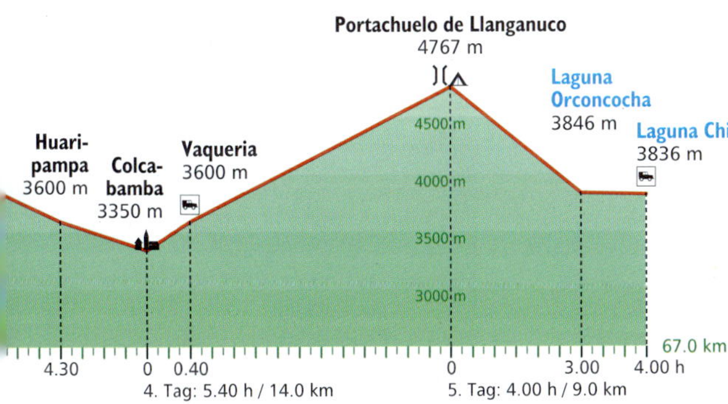

fantastischer Sicht auf die nahen Eisberge zum Verweilen einladen. Schon nach 5 km öffnet sich das Tal zur Tayapampa, von der nach Norden das kurze Arhuaycocha-Tal zur gleichnamigen Laguna, zum Nevado Alpamayo, 5947 m, und Nevado Quitaraju, 6036 m, führt; Bergsteiger mit Ambitionen auf die »Ferrari-Route« durch die berühmte Südwestwand des Alpamayo

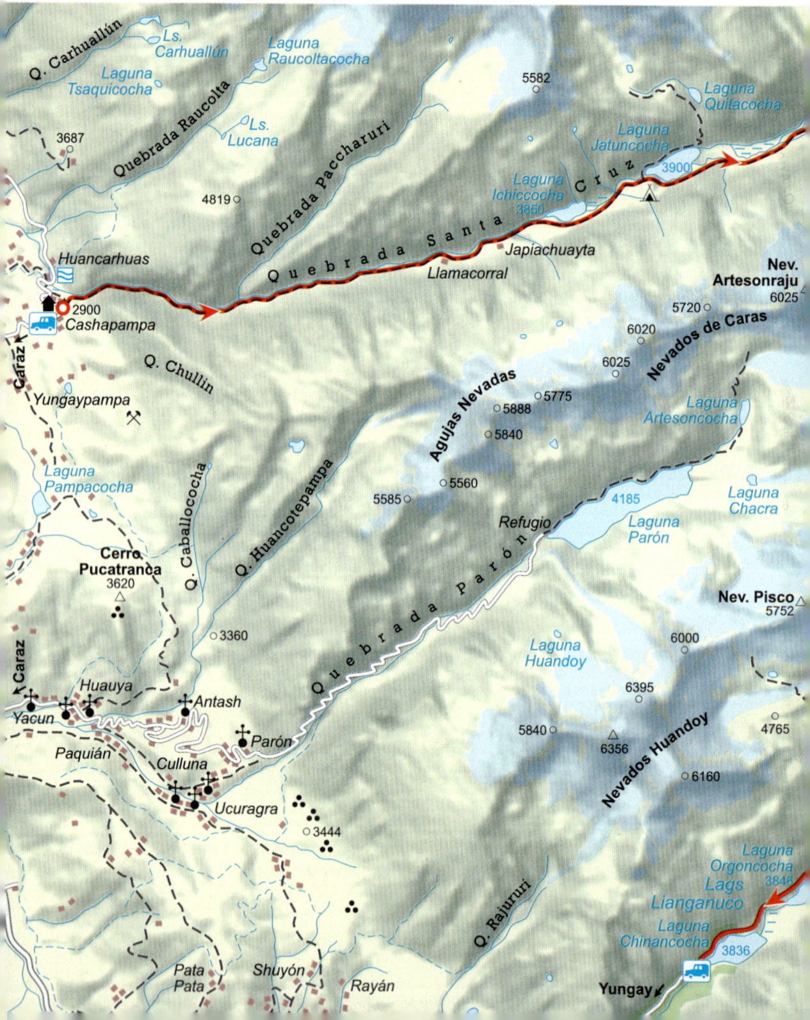

zweigen hier ab. Nur 1 km weiter folgt die ebenfalls kurze Quebrada Arteson, die nach Süden einen freien Blick auf den spitzen Nevado Paria (Parón), 5600 m, bereithält. Diese gesamte, nur an ihren Rändern trockene **Taya-pampa** auf 4200 m ist eine großartige Talebene mit freien Blicken auf einige der berühmten Eisberge der nördlichen Cordillera Blanca. Danach kann auf

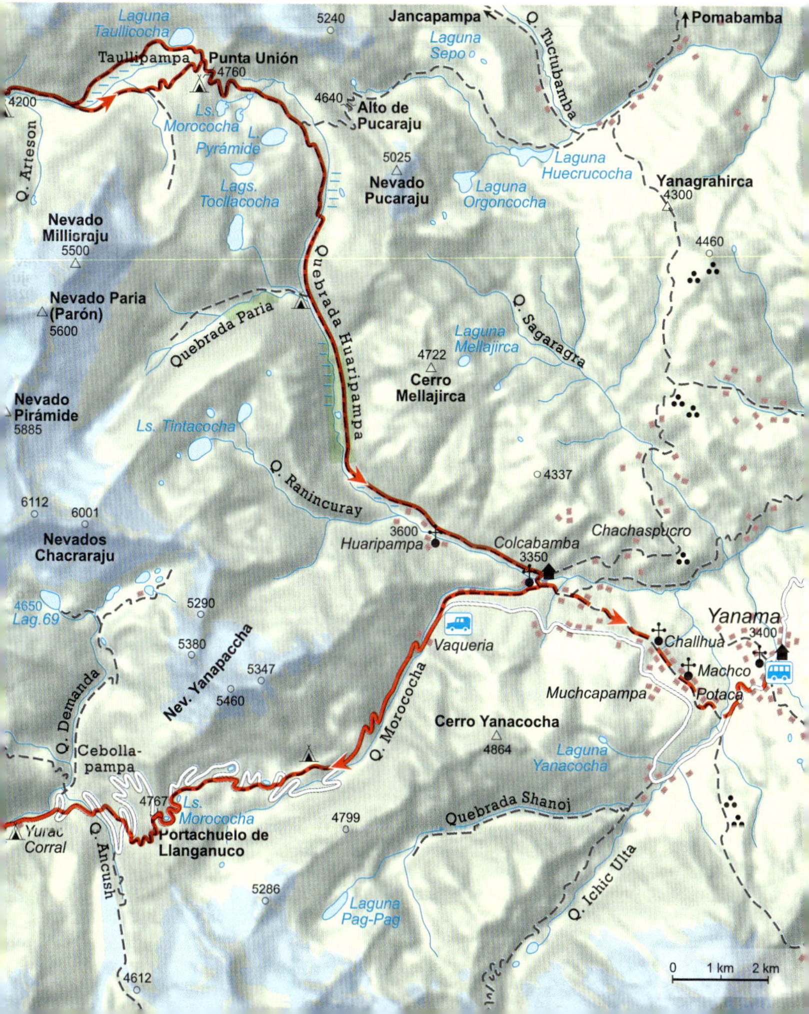

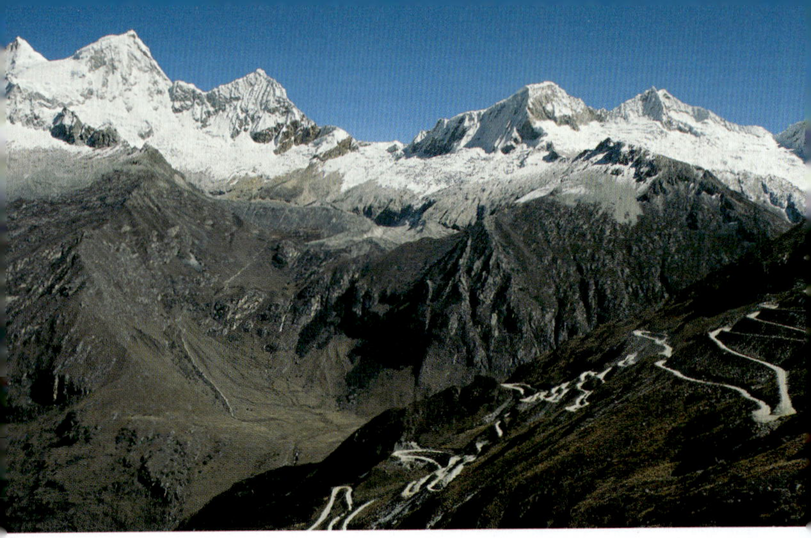

Llanganuco-Passstraße; links die Huandoy-Gruppe, rechts die beiden Pisco-Gipfel.

die linke Talseite gewechselt werden, sofern man zur Laguna Taullicocha gehen möchte. Ansonsten rechts bleiben, wo sich der Anstieg auf den Punta-Unión-Pass mit Blick auf den kleinen Taullicocha links und in Gehrichtung stets auf den Nevado Taulliraju hochzieht. Der Bereich unterhalb des tiefgrünen Sees wird **Taullipampa** genannt. Bei guter Sicht wird auch der Rückblick immer fantastischer, vor allem auf die Ostflanke des Quitaraju. Bei schlechtem Wetter ist die Felspforte der **Punta Unión** in 4760 m Höhe ein ungemütlicher und zugiger Ort.

3. Tag: Punta-Unión-Pass – Colcabamba (6.30 Std., 17 km, gut 1400 Hm Abstieg)

Der beginnende Abstieg verläuft auf natürlichen Felstreppen unterhalb eines halben Dutzends kleiner Gebirgsseen, die vom Wegverlauf nicht einsehbar sind, aber in ihrem Bereich gute Lagermöglichkeiten bieten. Rasch senkt sich der Weg ins Ende des Huaripampa-Tales, dem wir bis zum Schluss folgen. Schon nach etwa 5 km, auf 4200 m Höhe, zweigt am Talgrund nach Osten der Anstieg auf den Pass Alto de Pucaraju ab, der zur Ostseite der Cordillera Blanca führt (siehe Tour 3). In dem kniehohen Ichu-Gras kann es bei schlechtem Wetter schon mal etwas problematisch werden, den korrekten Wegverlauf zu finden, obwohl ab und zu sogar Wegweiser aufgestellt sind. Selbst Toilettenhäuschen tauchen auf, aber manchmal sind sie so verdreckt, dass sie unbenutzbar sind ... Nach weiteren 4 km folgen ein kleiner Talknick und die nach

Westen abzweigende kurze **Quebrada Paria**. Hier gibt es schöne Lagerplätze und auch Blicke auf die Nordostflanke des bizarren Nevado Chacraraju. Der Weg wechselt über eine Brücke auf die andere Flussseite.
Jetzt folgt ein herrlicher Wegabschnitt in einem der letzten Quenuawäldchen. Das Tal senkt sich zusehends, aber der Weg bleibt oberhalb des Flusses. Dann werden weidende Kühe, Schafe und Ziegen häufiger und auch Begegnungen mit Einheimischen, denn nach der nächsten Talbiegung kommen bald die Häuser von **Huaripampa** in Reichweite, wo etwas weiter am Talgrund mittlerweile eine große neue Kirche steht. Auch von hier bietet sich wieder ein einzigartiger Blick auf den 6001 m hohen und wie ein drohender Zeigefinger in den Himmel ragenden Ostgipfel des Nevado Chacraraju (s. Foto Seite 6).
Die Besiedelung des Tales schreitet unaufhaltsam voran. Wo vor zwanzig, dreißig Jahren nichts außer ein paar versprengten, grasbedeckten Lehmhütten am Talgrund stand, folgt das Dorf Chachaspucro mit vielen Häusern, einer Schule und einer Kirche am steilen Nordhang des auslaufenden Huaripampa-Tales! Dieser Weg führt weiter in einem großen Bogen nach Norden Richtung Pomabamba. Wir müssen rechts hinunter über die Brücke nach **Colcabamba**, 3350 m, wo es immer noch die alte, ehrwürdige Unterkunft bei der restaurierten Kirche gibt.
Ab hier ist der Weg befahrbar ausgebaut und die meisten Wanderer beenden deshalb hier auch die Tour und werden ein Stück weiter, bei Vaqueria von den Fahrzeugen der organisierten Tourenanbieter abgeholt.
Von hier ist in gut zwei Gehstunden Yanama erreichbar; siehe Variante S. 37.

4. Tag: Colcabamba – Portachuelo de Llanganuco (Fußweg 5.40 Std., 14 km, Straße etwa 20 km, 1420 Hm Aufstieg)
Nach den Häusern von Colcabamba folgt ein kleiner Anstieg, dann geht es nach rechts auf die Straße bis zu den Häusern von **Vaqueria** (2 km). Wenn auch die überwiegende Zahl der Wanderer hier den Trek beendet, es lohnt allemal, die Tour bis zu den Llanganuco-Seen zu Fuß zu vollenden, denn vor dem Bau der Straße war dies nicht nur selbstverständlich, sondern es wäre vor allem auch schade, die grandiose Aussicht vom nächsten Pass nur aus einem fahrenden Auto zu erleben.
Die nächsten 4 km folgt man der nicht asphaltierten Straße im **Morococha-Tal** bis auf genau 4000 m Höhe, kurz bevor die ausholenden Serpentinen der Straße beginnen und der Fußweg rechts in westliche Richtung ansteigt. Der Fußweg stößt zwar immer wieder auf die Straßenkehren, aber hier gibt es keinen nennenswerten Autoverkehr. Fast während des gesamten Anstieges beherrscht die Nordostflanke des 6354 m hohen Nevado Chopicalqui den Blick in Gehrichtung und es liegen immer wieder kleinere Gebirgsseen am Weg, über denen genau im Norden der mehrgipfelige Nevado Yanapaccha steht. Die letzten und höchstgelegenen Seen kurz vor dem Pass sind die **Morocochas** auf 4600 m, von dort erfolgt der letzte steile, direkte Anstieg.

Der 4767 m hohe **Portachuelo de Llanganuco** gewährt einen fantastischen Ausblick in südwestliche Richtung auf den höchsten Berg von Peru, den 6768 m hohen Nevado Huascarán und seinen 6664 m hohen Nordgipfel, nur von der Garganta, dem 6000 m hohen Sattel getrennt und gerade mal 5 km Luftlinie entfernt. Auf der Nordseite des Llanganuco-Tales strecken sich die vier Huandoy-Gipfel gen Himmel und direkt vom Pass zieht sich die Nordflanke des Nevado Chopicalqui nach Süden hoch. Während des Abstiegs werden noch die beiden Pisco-Gipfel sowie der bizarre Nevado Chacraraju sichtbar. (Bis Anfang der 1980er-Jahre hat der Ausbau vom Handelsweg zur befahrbaren Straße gedauert; siehe Foto Seite 34.)

5. Tag: Portachuelo de Llanganuco – Lagunas de Llanganuco (Fußweg 4.00 Std., 9 km, Straße etwa 15 km, 900 Hm Abstieg)
Die Passstraße holt in zahllosen Kehren nach Norden aus, der Fußweg hingegen senkt sich direkt vom Pass steil durch die von Blüten übersäten Hänge bis zu den letzten engen Kurven der Straße. (Ich habe schon mehrfach Wetten zwischen Fahrer und Beifahrer von Bussen und Lkw erlebt, wer schneller unten ist – gewonnen hat immer der zu Fuß hinabrennende Beifahrer; es sind 8 Straßenkilometer und nur ca. 2 km zu Fuß). In der weit ausholenden südlichsten Kurve der Straße, fast am Talboden, zweigt nach Süden der Anmarschweg für Gipfelbesteigungsaspiranten zum Chopicalqui ab.
Für den Abstieg sollte man sich genügend Zeit nehmen, denn die Ausblicke auf die Eisberge sind einfach fantastisch. In der letzten Straßenkehre vor dem flachen Llanganuco-Tal führt ein Wanderweg in die **Quebrada Demanda** zu einigen Lagunas unter die Steilflanken des Nevado Chacraraju und ein weiterer Weg zum Basislager des Nevado Pisco. Am Talgrund angekommen folgt der ausgewiesene Lagerplatz Yurac Corral. Die Straße und somit jetzt auch der Fußweg wechseln auf die nördliche Talseite und verlaufen auf den letzten 6 km am rechten Ufer der beiden türkisfarbenen **Lagunas Llanganuco**, Orconcocha, 3846 m, und Chinancocha, 3836 m, die zwischen dem Nordgipfel des Huascarán und dem Südgipfel des Huandoy-Massivs eingezwängt sind.
Tagesausflugsbusse fahren meist nur bis zum Westufer des ersten Sees, 25 km und 1400 Hm von Yungay. Hier lässt sich immer eine Fahrgelegenheit hinunter ins Santa-Tal erwischen, wobei aber auch der weitere Fußweg abwärts zwischen den himmelstürmenden Felswänden in der engen Quebrada Llanganuco mit seiner Vegetationsfülle absolut empfehlenswert ist. Bei km 18, bergauf von Yungay aus gemessen, sind Schranke und Kontrollhäuschen der Nationalparkgrenze erreicht. Hier liegt das kleine Dorf Huamac chico mit seiner rosa getünchten Kirche und freiem Blick auf die Huandoy-Gipfel. Auch der Rückblick auf die beiden Huascarán-Gipfel wird immer umfassender und schließlich kommt das mittlerweile fast schon gänzlich überwachsene Trümmerfeld des zerstörten alten Yungay unten im Santa-Tal dazu (siehe Tour 8).

Variante: Von Colcabamba nach Yanama

Wer in Colcabamba am dritten Tag die Wanderung beenden möchte und lieber nach Yungay/Huaraz zurückfahren will, kann gemütlich in gut 2 Std. weiter nach Yanama laufen, dort einkehren, übernachten und/oder mit dem von Pomabamba kommenden Bus (täglich gegen Mittag) über den Llanganuco-Pass zurück nach Huaraz fahren.

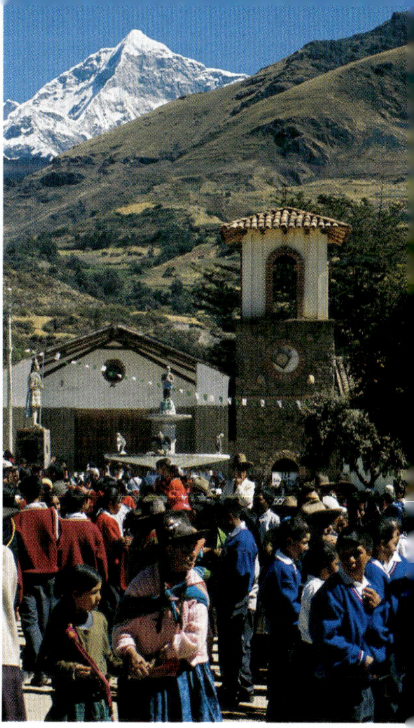

Yanama mit dem Nevado Chopicalqui.

In Colcabamba peilt man nicht die Straße im rechten Winkel nach Westen an, die zwar nach Yanama führt, aber eine riesige Schleife zieht und mindestens 5 km zusätzlichen Marsch bedeuten würde, sondern geht geradeaus etwas ansteigend Richtung Osten, von wo das weite Tal und die Häuser von Yanama schon zu sehen sind. Es ist ein außerordentlich schöner Panoramaweg mit Aussicht auf die grünen Ausläufer der Ostseite der Cordillera Blanca und mit noch eindrucksvollerem Rückblick ins Huaripampa-Tal mit seinen Eisgipfeln. Nach gut halbstündiger Wanderung ist man in **Challhua**, 3560 m, mit seinem stillen, grünen Dorfplatz und freiem Blick nach Süden auf den gestreckten Nevado Contrahierbas, 6036 m.

Am Ortsende, nach der blau getünchten Schule, zweigt der Fußweg links ab, unverfehlbar an üppigem Strauchwerk, in dem sich vereinzelt Passionsblumen hochranken, an Häusern von Campesinos und einem neueren Kirchenbau vorbei, schließlich hinunter zum Fluss über die Brücke und auf der anderen Seite wieder hoch. Noch knapp 2 km auf der staubigen Straße und **Yanama** auf 3400 m Höhe ist erreicht. Gleich am Ortsrand befindet sich die einfache, aber schön gelegene Unterkunft Hostal Pina (bis vor wenigen Jahren die einzige) und im Ortskern nahe dem zentralen Hauptplatz die neue, sehr angenehme Yanama Lodge.

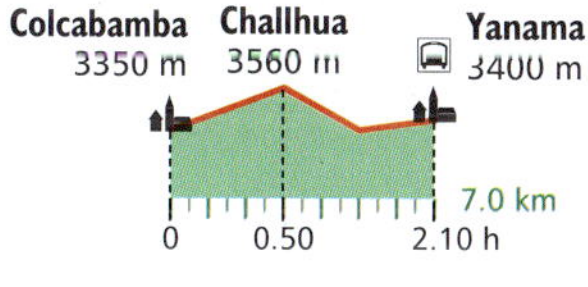

2 Zum Alpamayo-Basislager

5 Tage

Der klassische Blick auf die Pyramide des »schönsten Berges der Welt«

Seit der Alpamayo 1966 zum »schönsten Berg der Welt« gekürt wurde, ist er zur lockenden Werbung für die gesamte Weiße Kordillere geworden, obwohl er nicht zu ihren höchsten Bergen zählt. Der Nordgrat auf seinen 5947 m hohen Gipfel bildete lange Jahre die Normalbesteigungsroute, bis sie in der Gunst der Bergsteiger von der »Ferrari-Route« durch die Riffelfirnwand seiner Südwestseite abgelöst wurde – die andere »Schauseite« des Alpamayo und wegen des kürzeren Anmarschweges durchs Santa-Cruz-Tal mittlerweile bevorzugt. Die hier beschriebene Tour ist der längste Anmarschweg zu einem der namhaften Berge in der Cordillera Blanca, doch die perfekte Pyramidenform, die den Alpamayo so berühmt werden ließ, ist nur vom äußersten Talschluss der Quebrada Alpamayo zu bewundern. Er liegt zwischen den Gipfeln der Santa-Cruz- und der Pucajirca-Gruppe. Der westliche Talbeginn, die Quebrada de los Cedros, mündet zwar östlich von Huaylas ins nördliche Santa-Tal, ist aber so eng und unzugänglich, dass sie nur durch einen »Seiteneingang« erreichbar ist. Die Tour bietet unterwegs noch weitere andine Hochgenüsse, wie die herrlichen Blicke auf das Dreigestirn der Gipfel des Nevado Santa Cruz.

Ausgangspunkt: Cashapampa, 2900 m, siehe Tour 1.
Endpunkt: Basislager am Alpamayo, 4500 m. Zurück geht es entweder auf demselben Weg (2–3 Tage) nach Cashapampa oder man verlängert den Trek mit Tour 3 bis Pomabamba (4–5 Tage). Dort besteht Busanschluss.

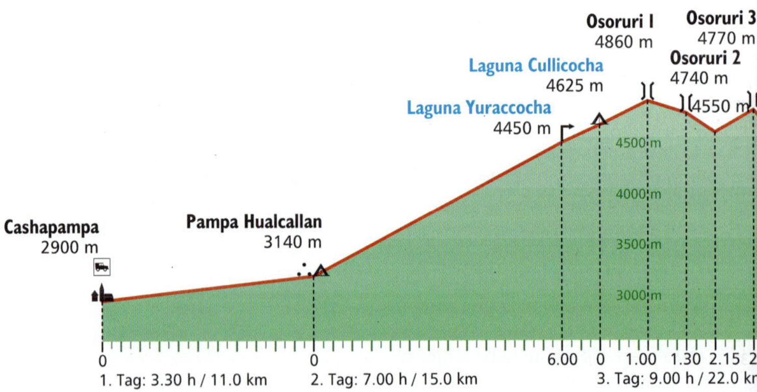

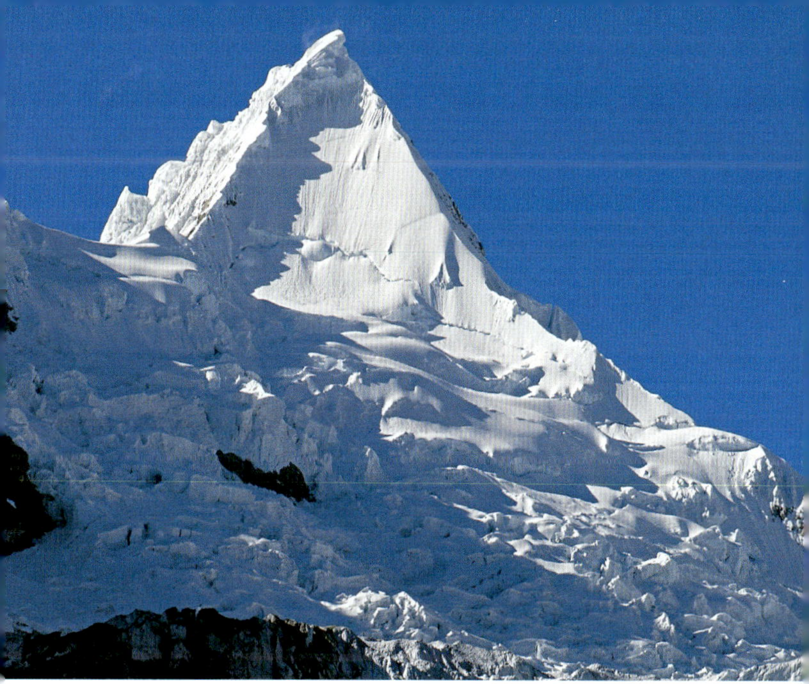

Der Nevado Alpamayo mit seinem stark überwechteten Nordgrat.

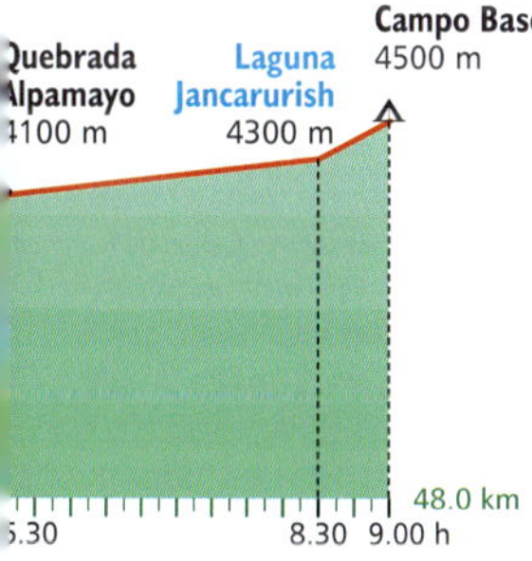

Höhenunterschied: Bis zum Basislager ca. 2600 m Aufstieg und 1000 m Abstieg.
Anforderungen: Die Tour sollte nur körperlich fit und bestens akklimatisiert unternommen werden. Ein zermürbender Pass in 4850 m Höhe mit vorherigem Anstieg von 2000 Hm ist zu überwinden, der auf dem Rückweg nochmals ansteht! Das obere Alpamayo-Tal kann daher zur »Mausefalle« werden. Rein technisch ist die Route aber eher einfach.
Einkehr: Nur Lebensmittel und Getränke in Cashapampa, unterwegs keine. Kein Wasser bis zur Laguna Cullicocha!
Unterkunft: Im Zelt.
Variante: Abstecher zur Laguna Yuraccocha, siehe unten.
Karten: AV-Karte Cordillera Blanca Nord, IGN-Karte 18-h Corongo (je 1:100.000).

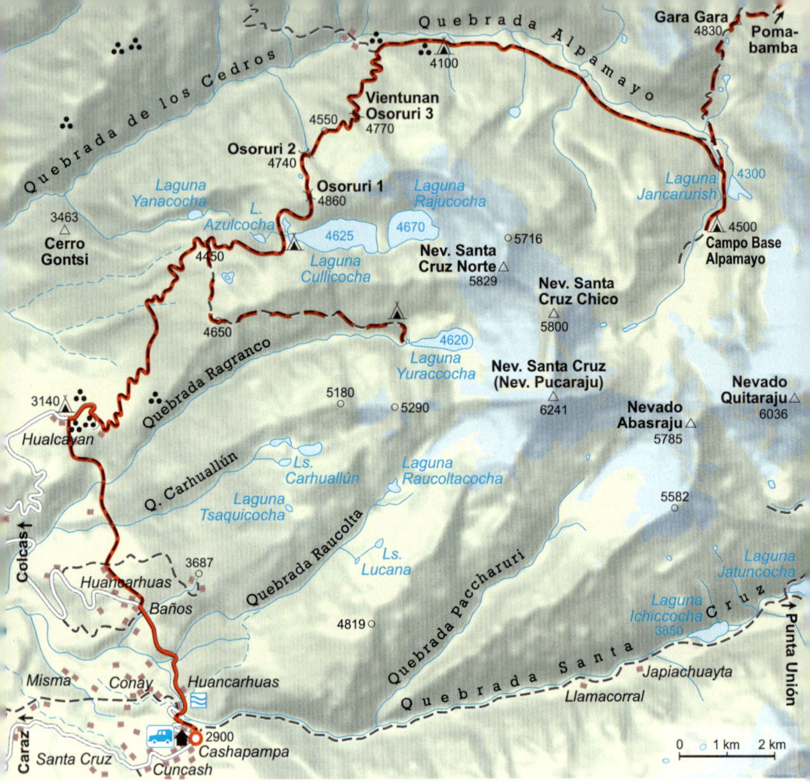

1. Tag: Cashapampa – Pampa Hualcallan (Hualcayan) (3.30 Std., 11 km, 240 Hm Anstieg)

Von Cashapampa folgt man zunächst noch der Straße 4 km nach Norden zu den Häusern von Huancarhuas. Schon gut 1 km nach dem Start wird der Fluss, der aus der Santa-Cruz-Schlucht kommt, überquert. Kurz danach folgen die Thermalbäder **Baños Huancarhuas**, nach Westen ziehen sich die Häuser von Conay. Nach den Häusern von Huancarhuas mit dem gestreckten Schulgebäude senkt sich die Piste hinunter ins Santa-Tal nach Colcas, der Wanderweg beginnt etwas anzusteigen. Eukalyptushaine wechseln sich mit Agaven ab. Ein Bach muss überwunden werden und nach etwa 8 km gelangt man auf einen staubigen, am Hang verlaufenden Weg, wo dann ein Bach aus der unpassierbaren **Quebrada Ragranco** schießt. (Bis zur Laguna Cullicocha das letzte Wasser!) Der sandige Weg macht einen kleinen Linksbogen, führt aber bis zur **Pampa Hualcayan** weiterhin nach Norden. In

3140 m Höhe stehen die Reste von drei verfallenen prä-inkaischen, 4 m hohen **Grabtürmen**. Ein vierter befindet sich 50 m weiter westlich, von wo auch eine Piste von Colcas hochführt, und weitere am Nordrand der Ebene. Hier gibt es auch gute Lagermöglichkeiten.

2. Tag: Pampa Hualcayan – Laguna Cullicocha (7.00 Std., 15 km, 1500 Hm Anstieg)
Unmittelbar bei den Grabtürmen beginnt der lange, schweißtreibende Anstieg durch die steilen Serpentinen in den häufig durch Erdrutsche zerstörten Berghängen in nordöstliche Richtung. So können manche Wegpassagen ziemlich heikel und für Tragtiere problematisch sein. Mit zunehmender Höhe wird es aber grüner, Buschwerk und blühende Kakteen säumen öfter den Pfad und die Tiefblicke ins nördliche Santa-Tal sowie auf die im Westen liegende Cordillera Negra werden zunehmend schöner. Ab 3800 m Höhe folgt ein gut 2 km langer, weniger steil ansteigender Abschnitt, bevor der Weg auf 4200 m einen Knick nach Osten macht, in felsiger werdendem Gelände auch besser wird, und in 4450 m Höhe in rechtem Winkel nach Süden ein lohnender Abstecher zur **Laguna Yuraccocha** abzweigt.

Variante: Abstecher zur Laguna Yuraccocha (halber Tag zusätzlich, 7 km Hinweg, 200 Hm)
Nach gut 2 km in südliche Richtung auf teilweise sandigen Hängen etwas bergauf und bergab wandernd, folgen auf 4650 m Höhe ein Übergang und ein erneuter Richtungswechsel um 90 Grad; dann geht es schnurgerade ohne weitere Steigung hoch über der unzugänglichen Ragranco-Schlucht nach Osten. Ab hier bietet sich ein grandioser Blick auf die Westflanke der nahen drei Gipfel des Nevado Santa Cruz; von links der Santa Cruz Norte, 5829 m, der Santa Cruz Chico, 5800 m, und der prächtige Hauptgipfel, der 6241 m hohe Nevado Santa Cruz Grande (s. Foto S.1).
Nach etwa zwei Dritteln des Weges wird die Moräne am Talschluss erkennbar, hinter der sich der See verbirgt. Der Weg senkt sich zum feuchten Talgrund, durchzieht die nasse Wiese und teilt sich an der Moräne. Der rechte führt hinauf zu den verfallenen Häusern eines aufgegebenen INGEMMET-Camps (Instituto Geológico, Minero y Metalurgico), der linke zum Nordufer der türkisfarbenen **Laguna Yuraccocha**, 4620 m. Seine Ufer sind aber nicht zum Zelten geeignet. Besser 1 Std. vorher am Weg vor dem Knick nach Norden campieren.

Ab der Abzweigung zur Laguna Yuraccocha steigt der eigentliche Weg noch weiterhin nach Osten an. Nach links hinunter öffnet sich ein bewaldeter Abgrund, in dem zwischen unzugänglichen und schroffen Felswänden ein kleiner dunkelblauer See funkelt, der Azulcocha. Gut 2 km nach der Abzweigung wechselt die Wegrichtung erneut nach Norden und kurz darauf, nach einer felsigen Wegecke, ist plötzlich von einem Schritt auf den anderen der

Blick frei auf einen weiteren Höhepunkt des Anmarschweges: Über glatt geschliffenem Fels tost der regulierte Abfluss der Laguna Cullicocha durch einen Tunnel und stürzt dann fast 200 m tief in den Azulcocha hinab. Darüber erhebt sich der 5829 m hohe Nevado Santa Cruz Norte. Auf felsigem Weg mit nur noch geringfügiger Steigung folgt man dem Kanal in einem Bogen ans Westufer der 4625 m hoch gelegenen **Laguna Cullicocha**, hinter der sich ein weiterer See verbirgt, die Laguna Rajucocha, 4670 m. Deren Wasserspiegel ist von Menschenhand gesenkt worden, damit in den See stürzende Eismassen keine Flutwelle auslösen können, die zum Überlaufen führen würde. Zeltplätze sind rar, das Kampieren ist nur am westlichen Ufer der Laguna Cullicocha möglich, wo Gestein eine künstliche Halbinsel bildet, oder am Abflusstunnel des Sees zwischen den Felsen.

3. Tag: Laguna Cullicocha – Drillingspass/Osoruri – Alpamayo-Talende/ Basislager (9.00 Std., 22 km, 860 Hm Anstieg, 980 Hm Abstieg)
Die gesamte Umgebung des Cullicocha ist von Gletscherschliff gekennzeichnet. Zahllose aufgeschichtete Steinmanderl weisen den Weiterweg zunächst nach Norden, dann wieder nach Osten und zum ersten Pass schließlich wieder nach Norden. Der erste der drei folgenden Übergänge des **Drillingspasses** nach 2,5 km auf 4860 m Höhe in die Quebrada de los Cedros ist der höchste Punkt der Tour. Auf den nächsten 2 km fällt der Weg ab und hat bei Punkt 4740 m einen Bergrücken erreicht, der das Alpamayo-Tal von der Südseite her abschirmt. Noch folgt nicht der endgültige Abstieg, sondern erst einmal gut 200 m Höhenverlust auf der Querung dieses abfallenden Bergrückens in nordöstliche Richtung; nach erneutem Anstieg bis auf 4770 m (8 km vom Cullicocha) fällt der Weg schließlich dann nach Norden ins Alpamayo-Tal ab.
Der Weg schlängelt sich steil bis auf 4100 m zum Fluss hinab auf die andere Talseite zu den Häusern, aber wir biegen noch oberhalb des Talbodens nach rechts (Osten) ab. Gut 2 km bleibt der Weg noch am oberen Talrand und kommt erst nach dem Überqueren eines von Norden herabfließenden Baches zu zwei bewohnten Hütten bei einem mächtigen Baum ins Tal, wo auch eine Quelle aus dem Boden sprudelt (gute Kampiermöglichkeit). In diesem Bereich des Tales gibt es einige **archäologische Fundstätten**, die bis vor 30 Jahren sogar gut erhaltene Mumien verbargen. Die lange **Quebrada de los Cedros** war einst dicht mit Zedern bewachsen (daher auch der Name), sie wurden aber für die Herstellung von Holzkohle und für Brenn- und Bauholz gerodet.
Der hier breiter gewordene obere Bereich des Tales heißt nun **Quebrada Alpamayo**. Der lange, aber gute Restweg bleibt oberhalb des Flusses und passiert weitere Gehöfte. Auf der anderen Talseite tauchen Terrassenfelder auf, das Tal schwenkt ganz allmählich nach Südosten und beginnt ebenso behutsam anzusteigen; dann wird bei gutem Wetter erstmals die Pyramide des Nevado Alpamayo über den steilen Hängen des Tales sichtbar. Schließlich taucht am Talende nach einem Knick nach Süden die mächtige Moräne un-

terhalb des kaskadenartigen und stark zerrissenen Gletschers des Alpamayo auf, der darüber thront. Hinter der Moräne verbirgt sich die **Laguna Jancarurish**, 4300 m. (Auf diese »Wegekreuzung« stößt von Norden der Abstiegsweg der grandiosen Pucajirca-Umrundung, siehe Tour 3.)

Einen Blick in den milchiggrünen Gletschersee bietet der Weiterweg, weil unterhalb der Moräne der Bach überquert wird, der aus dem südlichen Seitental herabfließt, in dem das Basislager des Alpamayo liegt, und dann am Westrand der Moräne hochgestiegen werden muss. Danach wendet sich der Weg weiter ansteigend links des Baches nach Süden in das Trogtal hinauf, das nach Osten von einem Felsberg begrenzt wird und die Sicht auf den nahen Alpamayo versperrt. Dafür entschädigt vorerst der freie Blick auf die Nordostseite der Santa-Cruz-Gipfel und ihren linken Nachbarberg, den 5785 m hohen Nevado Abasraju.

Das weiträumige **Basislager** am »schönsten Berg der Welt« in 4500 m Höhe (s. Foto Seite 48) besteht aus flachen, teils versandeten Wiesen, die von aus Steinplatten zusammengefügten Sitzgelegenheiten und Tischen eingefasst sind. Für den berühmten Blick auf den 5947 m hohen Alpamayo als perfekte Eispyramide mit seinem wild zerklüfteten Gletscher muss man allerdings um den von hier den Blick versperrenden Felsberg talaufwärts laufen und dann links, also nach Osten, auf dem Bergkamm hochklettern. Wem das zu mühsam ist, der kann auch einen freien Blick von den nach Westen das Lager abschirmenden Berghängen erhaschen, wenn man weit genug hochsteigt.

Tiefblicke hinab ins nördliche Santa-Tal und auf die Cordillera Negra während des langen, harten Aufstieges zum Cullicocha.

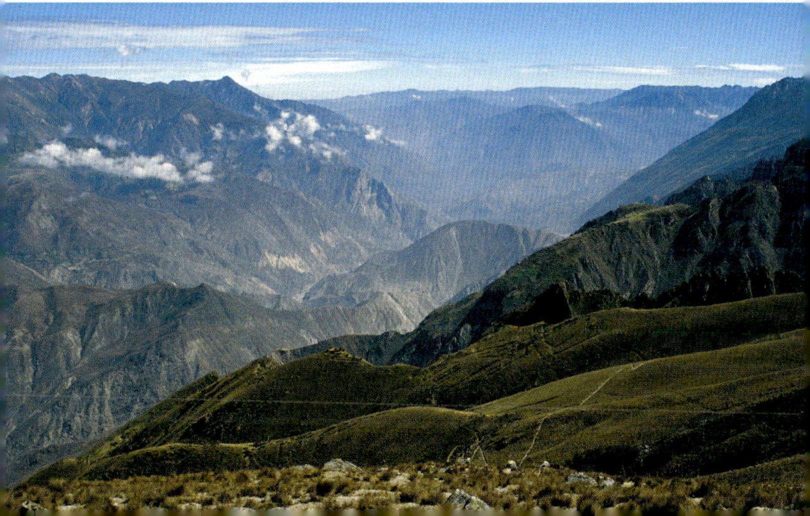

TOP

3 Umrundung des Alpamayo und der Pucajirca-Gruppe

10 Tage

Die ausgedehnteste Tour in der Weißen Kordillere

Die Kombination der ersten Tage von Tour 1 und der Route von Tour 2 machen etwa die Hälfte dieser herrlichen Hochgebirgswanderung rund um die namhaftesten Eisberge der nördlichen Cordillera Blanca aus. Die zusätzliche Teilstrecke zieht fast einen kompletten Kreis um die spitzen Eisgipfel der Pucajirca-Gruppe vom Punta-Unión-Pass an die grüne Ostseite des Gebirges und stößt schließlich am Ende des oberen Alpamayo-Tales auf den Weg von Tour 2. Diese Rundtour beinhaltet fünf zusätzliche Pässe, gewährt dafür aber Aussichten, die zu den eindrucksvollsten der gesamten Cordillera Blanca gehören.

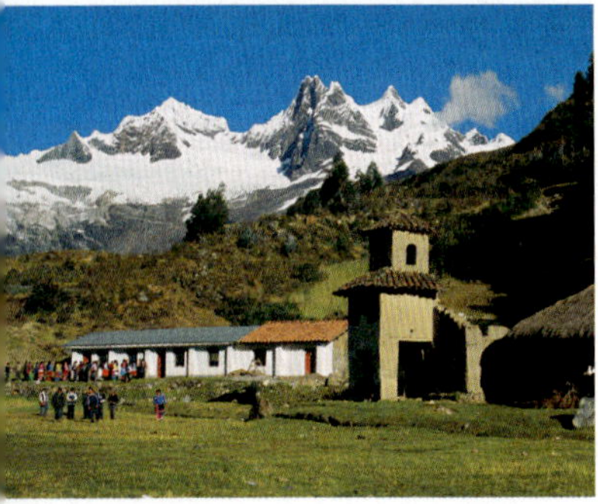

Jancapampa mit dem Schulgebäude.

Ausgangspunkt: Cashapampa, 2900 m, siehe Tour 1.
Endpunkt: Wieder in Cashapampa.
Höhenunterschied: Insgesamt mehr als 6000 m; gesamte Strecke gut 140 km (ohne Abstecher).
Anforderungen: Dieses Zusatz- und Verbindungsstück zu den ersten beiden Touren erfordert ebenfalls absolute Fitness und gute Höhenverträglichkeit. Es sind insgesamt etwa 10–12 Tage Gehzeit zu veranschlagen und 7 Pässe zu bewältigen, zwei davon über 4800 m hoch. Außer im Jancapampa-Tal trifft man kaum auf Menschen und Ansiedlungen. Der Gara-Gara-Pass erfordert Trittsicherheit, ansonsten keine besonderen technischen Schwierigkeiten.
Einkehr: Läden in Cashapampa – letzte Möglichkeit, Lebensmittel und Getränke einzukaufen. Wasser ist unterwegs ausreichend vorhanden (ausgenommen am Ende der Runde beim Abstieg vom Cullicocha, siehe Tour 2).
Unterkunft: Im Zelt.
Varianten: Abstecher zur Laguna Yuraccocha (7 km einfach, 200 Hm; siehe Tour 2); Abstecher zur Laguna Pucacocha, siehe unten.
Hinweis: Wegbeschreibungen, Karten und Höhenprofil für die ersten beiden sowie die letzten drei Tage siehe Tour 1 und Tour 2.
Karten: AV-Karte Cordillera Blanca Nord und IGN-Karte 18-h Corongo (beide 1:100.000).

1. Tag: Punta-Unión-Pass – Pass Alto de Pucaraju – Huecracocha

(9.00 Std., 14 km, 440 Hm Aufstieg, 1250 Hm Abstieg)

Schon während des Abstieges vom Punta Unión an seine Ostseite in den äußersten nördlichen Talschluss des **Huaripampa-Tales** sind nicht nur die kleinen Seen rechts oberhalb des Wegverlaufes sichtbar, sondern auf der gegenüberliegenden Talseite ist auch eine Kerbe auf dem Bergrücken erkennbar, die den 4640 m hohen Übergang Alto de Pucaraju zur Ostseite der Cordillera Blanca markiert, und ebenso sein Zickzack-Weg hinauf. Der Talgrund bei den Tümpeln kann ein einziges Morastgebiet sein (häufige Niederschläge zwischen den beiden hohen, nur 3,5 km Luftlinie auseinanderliegenden Pässen), so windet sich auch nach der Überquerung des Baches auf 4200 m Höhe der steile Weg am Rande eines kleinen Quenuawäldchens zeitweise in einem Bachverlauf hoch.

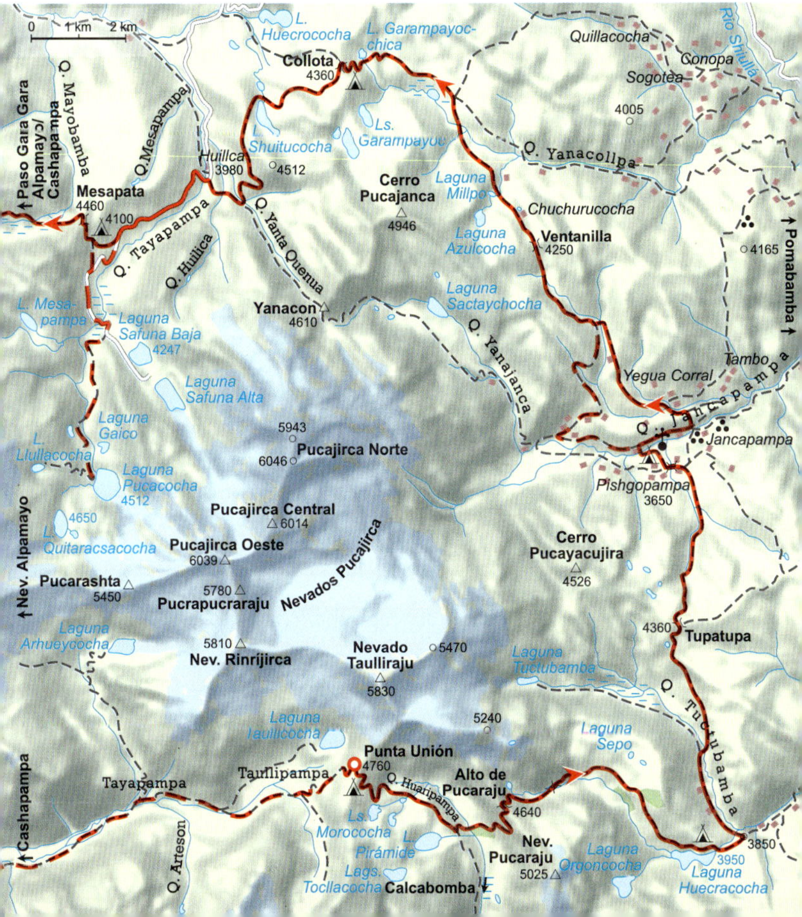

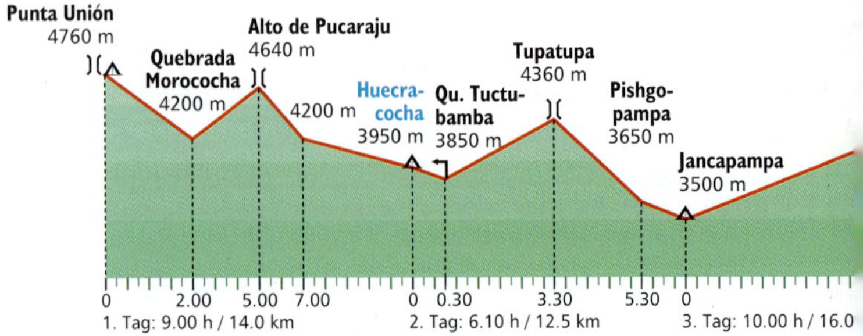

Der Weg wird steiniger, die Umgebung grüner, ein kleiner Wasserfall wird passiert und auf einem Geröllhang steuert der Weg auf die großartige Südflanke des 5830 m hohen Taulliraju zu, der direkt über dem Pass aufragt. Der **Alto de Pucaraju** ist die kontinentale Wasserscheide. Die Sicht ist um ein Vielfaches umfassender als auf dem Punta-Unión-Pass. Alle Gipfel über dem Santa-Cruz-Tal – außer dem verdeckten Alpamayo – stehen Spalier und nach Süden reicht der Blick von der Respekt einflößenden Nordseite des Nevado Chacraraju bis zu Huascarán, Chopicalqui, Ulta und Hualcan, ebenso auf die grüne Ostseite des Gebirges und den folgenden Weiterweg.

Der Abstieg von dieser Aussichtskanzel erfolgt jäh und sehr steil über enge Serpentinen, die von Lupinenbüschen gesäumt sind. Rasch schwindet der Hochgebirgscharakter, frisches Grün gibt in den nächsten Tagen den Ton an. Ein kleiner smaragdgrüner See funkelt auf halbem Weg. Der Pfad senkt sich zunächst zur rechten Talseite, doch unten angekommen wird der Bach überquert. Der gesamte Weiterweg verläuft jetzt auf der linken, nördlichen Talseite und bleibt fast kontinuierlich auf gleicher Höhe, während sich der Fluss immer weiter senkt. Erst nach einem Talknick nach Südosten beginnt auch der Weg abzufallen und nach einer erneuten Biegung, jetzt wieder nach Osten, ist der Weg an der **Laguna Huecracocha** auf 3950 m zur Piste mutiert. Am Ende des Sees und weiter talauswärts gibt es Zeltmöglichkeiten.

2. Tag: Laguna Huecracocha – Jancapampa (6.10 Std., 12,5 km, 510 Hm Aufstieg, 960 Hm Abstieg)

Von der Laguna fällt der Weg rechts des Abflusses noch weiter ab. Bewohnte Hütten stehen im Tal, und auf Höhe des nach Norden abzweigenden Tuctubamba-Tales wechselt der Weg über eine Brücke auf die andere Bachseite und auch die Laufrichtung nach Norden. (Auch hier gibt es überall Zeltmöglichkeiten.) Das Tal selbst zieht sich in einem Linksbogen nach Westen, doch der Weiterweg wechselt auf die östliche Seite des Baches, dann geradeaus nach Norden durch einen kleinen Quenua-Urwald weiter ansteigend bis zum

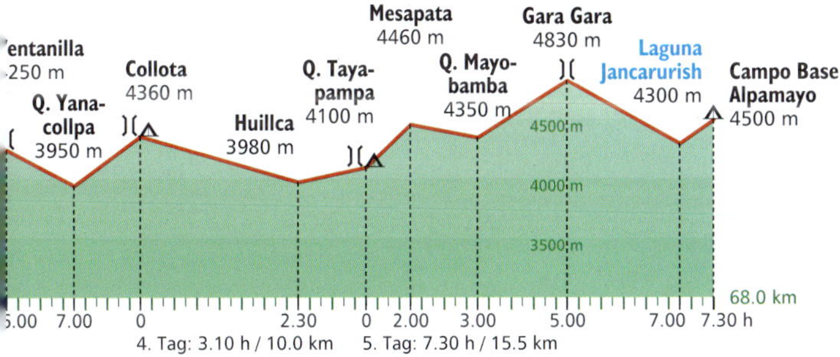

Tupatupa-Pass in 4360 m Höhe. Bei guter Sicht zeigt sich in einer Gebirgslücke im Westen ganz nahe noch einmal der Taulliraju. Manchmal verästelt sich der Abstiegsweg, aber alle Pfade haben die Häuser von Pishgopampa zum Ziel. Von dort geht es noch mal steil abfallend ins Jancapampa-Tal, wo eine kleine Ansiedlung mit Schulhaus entstanden ist. Hier führt eine Brücke über den Fluss auf die nördliche Talseite, wo der logische Weiterweg nach Norden schon während des Abstieges nach Jancapampa zu erkennen ist. Die Campesinos sind sehr freundlich, Gringos sind hier seltene Gäste. Das Tal ist bei den Häusern noch sehr eng, verbreitert sich aber nach Westen bis unter die steil abfallenden Flanken der Pucajirca-Berge zu einem weiträumigen Kessel mit Viehwirtschaft auf 3550 m Höhe, der Jancapampa. Die schroffen Gipfel der nahen Eisberge darüber geben von hier ein traumhaft schönes Panorama ab. Das Städtchen Pomabamba (Busanschluss) ist nur 13 km entfernt.

Collota-Pass; Blick zurück auf den Anmarschweg im Südosten.

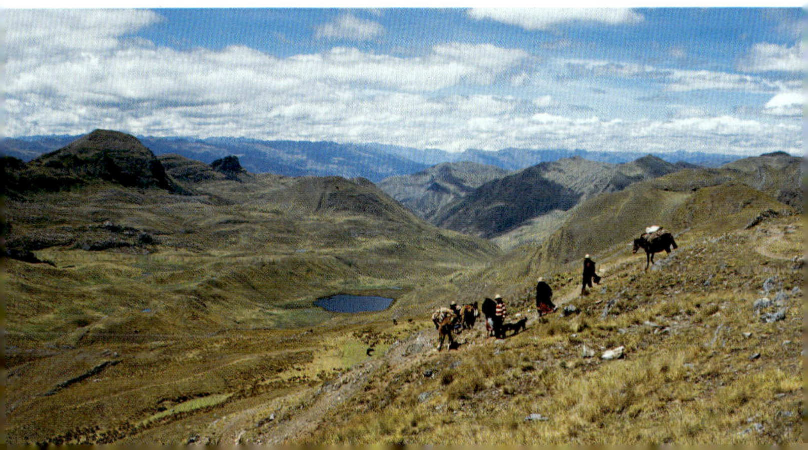

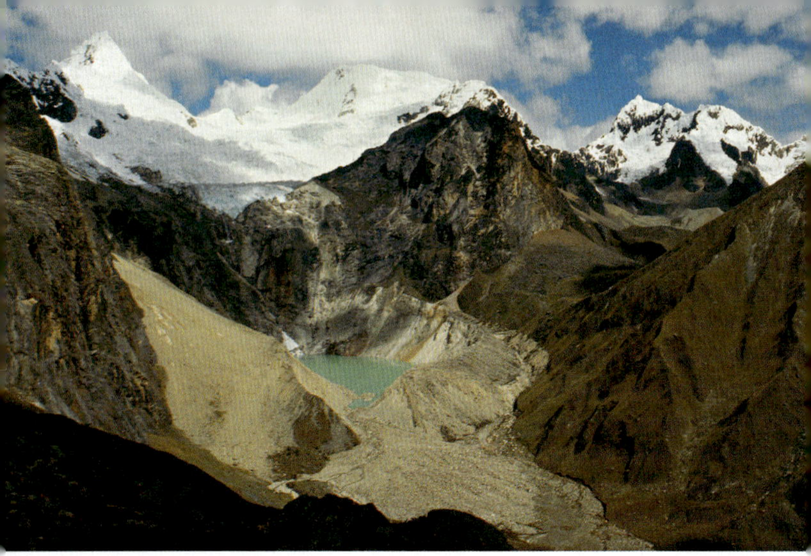

Blick während des Abstiegs vom Gara-Gara-Pass. Links der Alpamayo, rechts hinten das weitläufige Basislager, unten die Laguna Jancarurish.

3. Tag: Jancapampa – Collota-Pass (10.00 Std., 16 km, 1160 Hm Aufstieg, 300 Abstieg)
Der Weiterweg steigt zunächst etwas talauswärts durch kultiviertes Agrarland mit einzelnen Häusern über dem Jancapampa-Tal an, schwenkt aber rasch zurück Richtung Norden an den absoluten nordöstlichen Rand der Weißen Kordillere. Auf knapp 4000 m wechselt der Weg auf die linke Bachseite, macht auch einen leichten Knick nach links und wechselt erneut die Bachseite, wo es etwas sumpfig und unübersichtlich wird. Von den drei optischen Möglichkeiten des Überganges in 4250 m Höhe (Ventanilla) sind der mittlere und der rechte passierbar. Sie laufen auf der anderen Seite wieder zusammen. Noch höhere Berge in alle Richtungen vereiteln jedoch vorläufig jegliche Sicht auf die nahen Eisgipfel.
Der Abstieg verläuft zunächst in einer kurzen und engen Schlucht, stößt auf einen kleinen See und führt hoch über einem Abgrund links um eine Felsecke, wo rechts unten das Yanacollpa-Tal hinaus nach Pomabamba zieht. Dann senkt sich der Weg in das verbreiterte obere **Yanacollpa-Tal** zu einem kleinen, von Schilf und Sumpf umgebenen See mit einem einzelnen bewohnten Haus, Chuchurucocha, hinab; dahinter wird ein schon etwas höher gelegener weiterer See erkennbar. Nach dem Haus überquert man den Bach in einer Furt und geht dann die grünen Hügel hinauf und nicht allzu

sehr ansteigend auf gutem Weg in nordwestliche Richtung auf den 4360 m hohen **Collota-Pass** zu, mit dem kleinen See vorher. Der Übergang liegt schon nördlich der Pucajirca-Berge, deren nahe Eisgipfel sind im Süden zu sehen. Im Nordosten steht der Nevado Champara, 5740 m, in der nördlichsten Berggruppe der Cordillera Blanca. Lagerplätze bieten sich beim Abstieg überall an.

4. Tag: Collota-Pass – Abzweigung Quebrada Tayapampa (3.10 Std., 10 km, 120 Hm Aufstieg, 380 Hm Abstieg)
Der Abstieg nach links mausert sich zu einem herrlichen Panoramaweg, der sogar Sicht in die Nordostflanke des Alpamayo gewährt, einschließlich der Nevados Jankarurish, Tayapampa und Pilanco. Zwischen den beiden letztgenannten erfolgt später der Übergang ins Alpamayo-Tal. Bei einem halben Dutzend kleiner Seen überquert man einen Bach, in Gehrichtung wird unten die breite Huillcapampa mit der zu den beiden Lagunas Safuna führenden Piste sichtbar, die in weitem Bogen nach Norden von Pomabamba herführt. (Die Straße wurde von INGEMMET zur Abflussregulierung gebaut.)
Es muss ein Nebenarm des aus dem Tayapampa-Tal fließenden Río Collota auf der weiten Grasebene überquert werden und bei einem einzelnen Haus, **Huillca**, stößt man dann auf die Straße, die hier auf einer Brücke über den Hauptflussarm wechselt. Die nächsten 4 Wegkilometer folgen der Piste talaufwärts zu einem Talbecken, der **Mesapampa** in 4200 m, aus dem der Weiterweg nach Norden auf den nächsten Pass führt. Ein idealer Lagerplatz, denn von hier ist auch ein wunderschöner kurzer Abstecher nach Süden zur Laguna Pucacocha möglich (siehe unten), oder zur Moräne vor den Lagunas Safuna (auf der Straße bleibend). Gewaltige Felsbrocken liegen vor der teilweise sumpfigen Wiese, sogar Höhlen als Unterschlupf gibt es hier; bei dem häufig nassen Wetter an solchen Bergknotenpunkten nicht zu verachten.

Variante: Abstecher zum Pucacocha (2.00 Std. und 5 km Hinweg, 300 Hm)
Man folgt der Straße zu den Lagunas Safuna ohne nennenswerte Steigung noch etwa 2 km nach Süden bis zu einer Brücke, wo der Weg einen kurzen Knick nach rechts macht und dann südwärts in den engen Tayapampa-Talschluss hochführt. Nun geht es links des herabfließenden Baches an kleineren Wasserfällen vorbei, mit herrlichen Blumenteppichen aus den Kerzen der Taya, einer fast bis zur Schulter reichenden Lupinenart. Der Bach wird weiter oben nochmal überquert; der Weg wird steiler und links stürzt ein weiterer Wasserfall in die enge Schlucht, eingezwängt und umzingelt von Alpamayo, Jankarurish und Tayapampa an ihrem Westrand, im Osten und Südosten von den Pucajirca-Gipfeln. Links unten liegt nach einer weiteren Steigung die kleine Laguna Keiko (auch Geico). Die enge Schlucht ist von einer Blütenpracht geziert wie sonst kaum irgendwo in der Cordillera Blanca. Über dem Abfluss des nahen **Pucacocha** führt der Weg noch weiter zu ein paar

verfallenen Häusern am See hoch. Die Gletscher der Pucajirca-Gipfel hängen bis zum 4512 m hohen Wasserspiegel des eingezwängten Sees, und in südwestlicher Richtung, hinter der nächsten noch höheren Moräne, verbirgt sich die Laguna Quitaracsacocha, 4650 m, direkt unter der Nordostflanke des Alpamayo. Sein Gipfel ist vom Pucacocha nur 3 km Luftlinie entfernt, das obere Santa-Cruz-Tal nur 7 km!

5. Tag: Quebrada Tayapampa – Mayobamba-Tal – Alpamayo-Basislager

(7.30 Std., 15,5 km, 1090 Hm Aufstieg, 690 Hm Abstieg)
Ohne den Abstecher zum Pucacocha wird die Straße schon 1 km vorher verlassen und nach rechts (Norden) die **Cerros Mesapampa** zu ihrem Scheitelpunkt auf 4460 m hochgestiegen, wo das gesamte Panorama der nahen Eisgipfel zu sehen ist – bei gutem Wetter ein grandioser Aussichtsbalkon.

Auf gutem Pfad senkt sich der Weiterweg in westliche Richtung 100 Hm hinab ins feuchte **Mayobamba-Tal** und es sollte so bald wie möglich der Bach an geeigneter Stelle überquert werden. Auf der anderen Talseite verläuft der Weg etwas höher, um den Sumpfflächen auszuweichen. Der wenig begangene Pfad zieht durch einen feuchten Geröllhang, wird dann steiniger, wo am Talende ein Kar zwischen Nevado Tayapampa links und Nevado Pilanco rechts sichtbar wird, über dem der Übergang ins Alpamayo-Tal liegt. Viele Steinmännchen bestätigen ständig die Richtigkeit des Wegeverlaufs, wenn er auch nicht immer eindeutig erscheint. Am besten zunächst mehr links halten und kurz oben vor dem Kar noch mal nach rechts zu mehreren kleinen Tümpeln, von wo es ein letztes Mal den steilen Geröllhang hoch geht. Die nördlichsten drei Pucajirca-Gipfel werden wieder sichtbar.

Der 4830 m hohe **Gara-Gara-Pass** ist eine zugige Pforte direkt unter den Südhängen des Pilanco, nach Süden sind nun die Blicke auf die drei Santa-Cruz-Gipfel, den Abasraju und Quitaraju frei geworden.

Zunächst geht es steil den Geröllhang hinab, der bei zwei kleineren Seen mit sandigem Ufer ausläuft. Wo das Geröll danach zunehmend von dichtem Ichu-Gras abgelöst wird, liegt ein tiefblauer See. Dann erst wird hinter einer Felsbarriere der Alpamayo mit seinem gewaltigen Eisbruch und der darunter liegenden, milchig-grünen Laguna Jankarurish mit der umgebenden mächtigen Moräne sichtbar. Das weite Gelände, das sich rechts daneben vor dem Nevado Abasraju, 5785 m, ausbreitet, ist das **Alpamayo-Basislager**. Beim weiteren Abstieg durch hüfthohes Ichu-Gras hält man sich möglichst rechts, wo immer wieder Steinmännchen zum Bach hinunterweisen. Den Bach überquert man am besten noch weiter oben beim Zusammenfluss der Bäche aus der **Laguna Jancarurish**, 4300 m, und vom Alpamayo-Basislager vor der Stirnseite der mächtigen Moräne. Von hier bietet sich auch ein herrlich freier Blick auf den Alpamayo (siehe auch Tour 2).

Pucacocha, umzingelt von Eis und Fels.

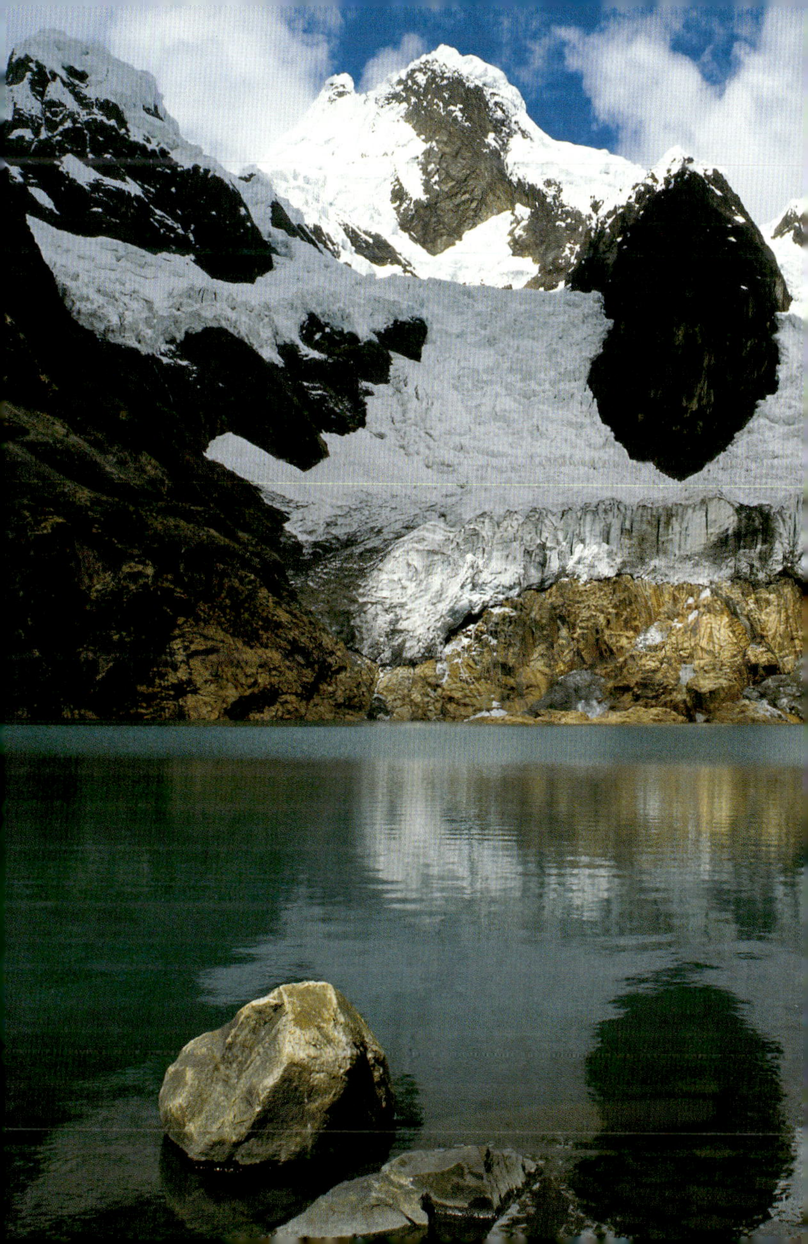

TOP 4 Laguna Parón

2.00 Std.

Der größte und schönste Gebirgssee in der Weißen Kordillere

In der Regel ist der Besuch ein Tagesausflug im Taxi mit insgesamt 60 km Hin- und Rückfahrt und jeweils 1900 m Höhenunterschied! Vom sommerlich warmen Caraz bis in die eisigen Höhen der Anden in einer guten Stunde Autofahrt. Zumindest die obere Hälfte der Rückfahrtstrecke stellt auch eine großartige Wanderung in hochandiner Gebirgswelt mit üppiger Vegetation dar, und am Rande von Caraz vor der Rückkehr gibt es einige einladende Recreos, landestypische Ausflugslokale mit regionaler Küche.

Ausgangspunkt: Laguna Parón, Südwestufer, 4185 m. Auffahrt mit Taxi ca. 1,5 Std. ab Caraz, Details siehe unten.
Höhenunterschied: Keiner.
Anforderungen: Einfache Wanderung.
Einkehr: Am Weg keine (das Refugio am Ausgangspunkt steht nur fallweise für Nächtigungen zur Verfügung).

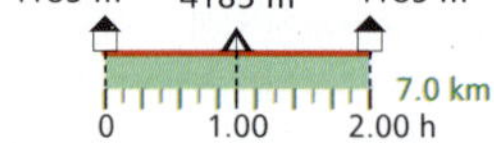

Variante: Vom Nordostende der Laguna Parón hoch über dem Artesoncocha auf 5000 m zur makellosen Eiswand des Artesonraju; 3,5 km/2.30 Std. (Hinweg).
Tipp: Auch der obere Teil der Zufahrtsstraße lohnt als Wanderung. Mit Glück findet sich dann eine Mitfahrgelegenheit für den restlichen Rückweg.
Karten: AV-Karte Cordillera Blanca Nord und IGN-Karten 18-h Corongo, 19-h Carhuaz (alle 1:100.000).

Die herrliche türkisfarbene Laguna lässt sich schon in Huaraz auf vielen Postkarten und Postern bewundern und viele Besucher entschließen sich erst nach dem Besuch des Sees zu einer Trekkingtour, weil dieser Ausflug auf bequeme Weise die Schönheit der Cordillera Blanca vermittelt. Ein Blick auf die Landkarte zeigt, dass die Santa-Cruz-Llanganuco-Wanderung (siehe Tour 1) die Laguna Parón mit ihren sie wie ein Hufeisen einschließenden Eisbergen fast umrundet.
Taxis stehen in der Umgebung des Marktes von Caraz. Der Fahrpreis liegt bei 25 US-Dollar, unabhängig von der Zahl der Fahrgäste. Die Straße zur Laguna Parón ist immer in erstaunlich gutem Zustand, wenn auch nicht asphaltiert. Rasch gewinnen die Straßenschleifen an Höhe, auf 30 km fast 2000 Hm in gut 1 Std.! Auch die menschlichen Ansiedlungen an den Straßen wachsen immer weiter die

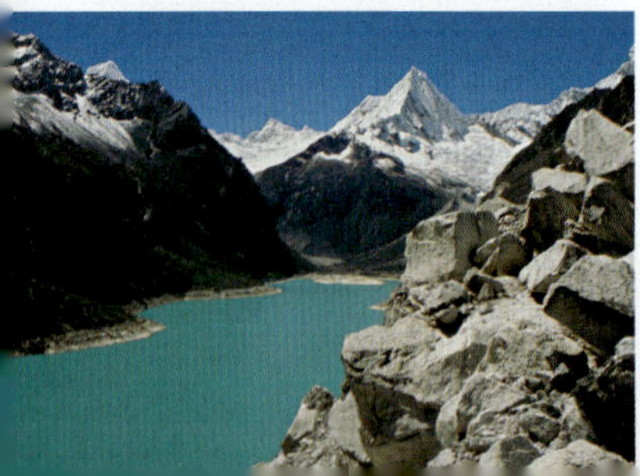

Laguna Parón.

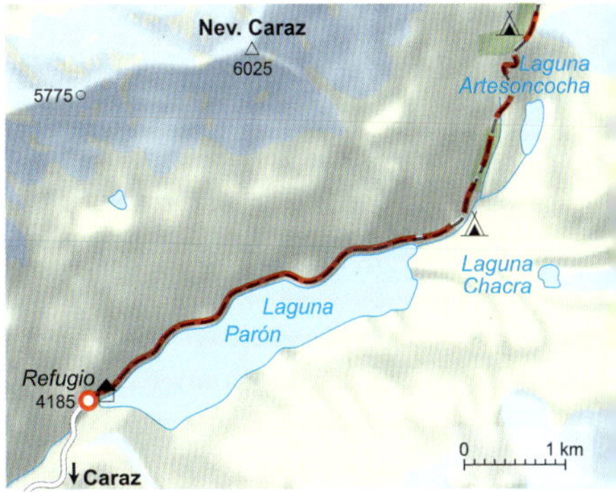

Straße hinauf. Rechts über der Quebrada des Río Parón, dem Abfluss des Sees, wird die 5840 m hohe südwestliche Spitze des vielgipfeligen Huandoy-Massivs sichtbar, kurz darauf ist die enge Schlucht mit den bis 1000 m hohen Granitwänden erreicht. Links über den Felsen stehen die knapp 6000 m hohen Eisnadeln der Agujas Nevadas.
Ist das Ufer des größten Sees in der Cordillera Blanca erreicht, wird erstmal sprachlose Bewunderung für die großartige Hochgebirgsszenerie aufkommen. In einer fantastischen Türkisfärbung erstrahlt die 3,3 km lange und bis zu 600 m breite Lagune und über dem anderen See-Ende prangt die formvollendete 5885 m hohe Pirámide Garcilaso.
Auf den zweiten Blick wird auch bewusst, welch ein Gefährdungspotenzial der See hatte. Die gewaltigen Felsblöcke am rechten Ufer liegen auf der Moräne des hier endenden Gletschers des Nevado Huandoy. Ein Erdrutsch hätte verheerende Folgen gehabt, weil dann der See übergelaufen wäre und entsprechende Verwüstungen angerichtet hätte, wie schon so oft in der Cordillera Blanca geschehen. Deshalb ist der Abfluss des Sees schon früh reguliert worden und 1992 wurde der Wasserspiegel des Sees sogar um 15 m auf 4185 m Höhe abgesenkt. 41 m unter dem früheren Wasserspiegel wurde ein 1243 m langer Abflusstunnel gegraben und mit einem entsprechenden Regelwerk versehen, das weitere 30 m Absenkung ermöglicht. Das ist auch der Grund, warum eine Straße hier hochführt. Das Haus war ursprünglich die Unterkunft für die Arbeiter und zeitweise war und ist das Refugio auch für Übernachtungen freigegeben. Es zahlt sich aus, entweder links die Hänge oder rechts auf die Felsblöcke der Moräne hochzusteigen, denn dann wird der Blick auf die anderen, den See umzingelnden Eisgipfel freier.
Noch vor 25 Jahren war keines der Ufer passierbar, dann wurde am Nordufer der **Laguna Parón** ein gut begehbarer Pfad geschaffen. Die kurze Wanderung zum nordöstlichen Ende des Sees ist lohnend (ca. 1 Std.), dort gibt es schöne Zeltplätze. Der weiterführende Pfad auf dem Moränenkamm über dem rechts tief unten eingezwängten Artesoncocha führt zur Südwand des Nevado Artesonraju, 6025 m. Einige Gedenktafeln für junge, tödlich verunglückte Bergsteiger sollen ausdrücklich vor Unterschätzung der Eiswand des Nevado Artesonraju warnen! Weiter oben (auf dem Pfad zum Artesonraju) gibt es unterhalb der Moräne in einem kleinen Quenuawäldchen ebenfalls noch gute Lagerplätze.

5 Quebrada Yanapaccha (Demanda)

2 Tage

Herrlicher Blick auf den höchsten Berg von Peru

Eine einfache Wanderung von den Lagunas Llanganuco zur Südseite des Nevado Chacraraju mit einer Handvoll kleiner Seen sowie vor allem schönen Rückblicken auf die Ostseite der beiden Huascarán-Gipfel.

Ausgangspunkt: Lagunas Llanganuco/Laguna Chinancocha, 3836 m (oder Laguna Orconcocha, 3846 m). Anfahrt von Yungay im Santa-Tal (57 km nördlich von Huaraz) mit Colectivo oder Bus.

Höhenunterschied: 820 m.
Anforderungen: Leichte Wanderung.
Einkehr: Keine.
Karten: AV-Karte Cordillera Blanca Nord und IGN-Karte 19-h Carhuaz (1:100.000).

1. Tag: Lag. Chinancocha – Laguna 69 (4.45 Std., 11 km, 820 Hm Aufstieg)
Man läuft auf der Straße an den beiden türkisfarbenen **Llanganuco-Seen** ohne Steigung an den Nordufern entlang und vom Ende des zweiten Sees noch 3 km bis zur ersten Haarnadelkurve der Straße, die sich ab hier nach rechts auf den Llanganuco-Pass zu winden beginnt. Dort geht es zum Bach hinunter, der aus dem **Yanapaccha-Tal** kommt. (Doch überquert wird er nur, wenn man zum Pisco-Basislager möchte.)
Der gute Weg folgt dem Bachlauf auf seiner rechten Seite in einen Talkessel mit üppiger Blütenpracht. Nachdem zwei Wasserfälle passiert sind, die von den Yanapaccha-Bergen herunterstürzen, scheint eine Felswand, über der sich schon der Nevado Chacraraju zeigt und ebenfalls ein Wasserfall in Kaskaden herabstürzt, den Weg blockieren zu wollen, aber ein kleiner Rechtsbogen und einige Serpentinen höher taucht schon der erste **kleine See** auf. Das Tal öffnet sich erneut und die Rückblicke auf die Ostseite der beiden Huascarán-Gipfel werden immer schöner, auch die Südflanke des Chacraraju rückt näher, ebenso sind die beiden linken Nachbargipfel des Nevado Pisco zu sehen. Das breite, teilweise sumpfige Tal wird vom Bach durchschnitten und bietet schöne Lagerplätze.
Am Ende des Tales in 4400 m Höhe teilt sich der Weg. Nach Nordwesten führt er zu einem ehemaligen INGEMMET-Camp und von dort weiter zur **Laguna 69** auf 4650 m – dem Ziel dieser Tour – direkt unter dem

Quebrada Yanapaccha mit Nevado Chacraraju.

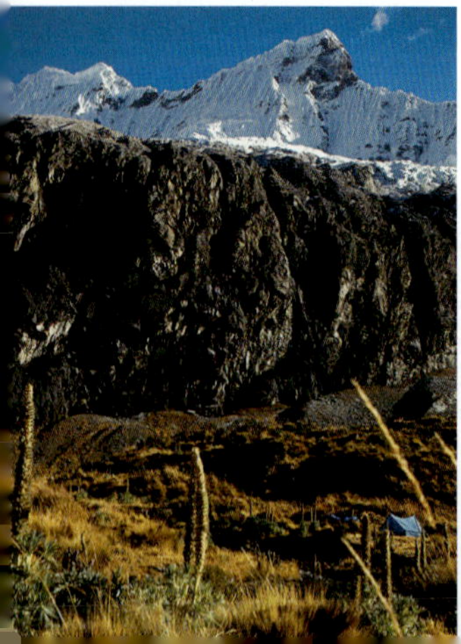

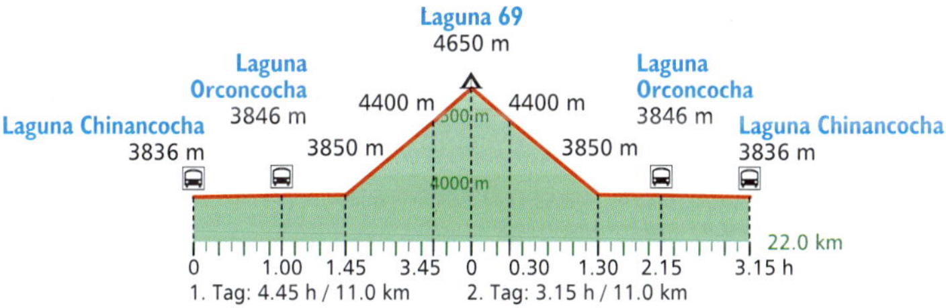

Westgipfel des Nevado Chacraraju, 6112 m; der andere Weg nach Nordosten zu einer verwahrlosten Hütte eines früheren Camps, hinter der sich am Talschluss in 4600 m Höhe einige weitere kleine Gebirgsseen verbergen.

2. Tag: Laguna 69 – Lag. Chinancocha (3.15 Std., 11 km, 820 Hm Abstieg) Zurück zu den Lagunas Llanganuco geht es auf demselben Weg.

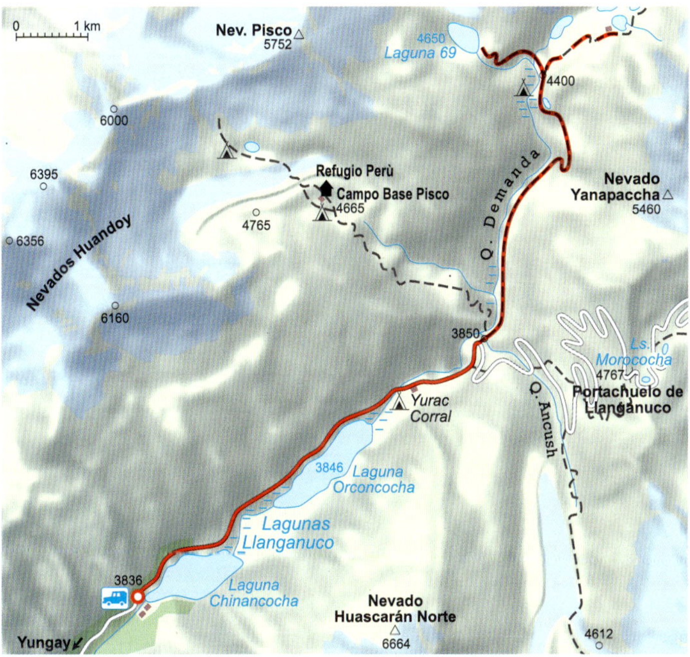

6 Zum Basislager des Nevado Pisco

2 Tage

Auch ohne Gipfelbesteigung ein lohnender Aussichtsplatz

Diese Tour ist der Anmarschweg zum meistbestiegenen Gipfel in der Cordillera Blanca, weil er trotz seiner Höhe von 5752 m als leichtester hoher Eisgipfel gilt und eine grandiose Aussicht auf nahezu alle namhaften Berge der nördlichen Cordillera Blanca bietet. Am Basislager steht das Refugio Perú, die erste Unterkunftshütte in den peruanischen Anden, in 4665 m Höhe.

Ausgangspunkt: Laguna Chinancocha, 3836 m, bzw. Laguna Orconcocha, 3846 m. Anfahrt von Yungay siehe Tour 5.
Höhenunterschied: 830 m.
Anforderungen: Eher leichte Bergwanderung.
Einkehr: Refugio Perú.
Unterkunft: Refugio Perú.

Hinweis: Auch wenn der Nevado Pisco als »leichter« Eisgipfel gilt, ist seine Besteigung erfahrenen Bergsteigern vorbehalten. Es geht über eine zermürbende Moräne und einen Gletscher mit Spalten; komplette Hochtourenausrüstung nötig.
Karten: AV-Karte Cordillera Blanca Nord und IGN-Karte 19-h Carhuaz (1:100.000).

1. Tag: Laguna Chinancocha – Pisco-Basislager (4.45 Std., 9 km, 830 Hm Aufstieg)

Die ersten Kilometer an den **Llanganuco-Seen** entlang bis zur ersten Kurve der Passstraße sind mit der vorherigen Tour identisch, nur dass jetzt der **Yanapaccha-Bach** überquert wird und sich der Weg sogleich nach links den Hang hochzieht. Der viel begangene Weg verläuft auf einer gedachten Achse vom Nevado Chopicalqui im Südosten direkt zum Fuße des Nevado Pisco im Nordwesten. Rechts zurück ist das gestreckte Massiv des 5460 m hohen Nevado Yanapaccha zu sehen. Einzelne knorrige Quenuabäume stehen am ständig ansteigenden Weg, von dem die Rückblicke auf Huascarán und Chopicalqui immer freier werden. Auch das Ziel wird bald sichtbar, nach einem felsigen Wegaufschwung ist schon der obere Talschluss mit der gewaltigen Schuttmoräne unterhalb von Huandoy und

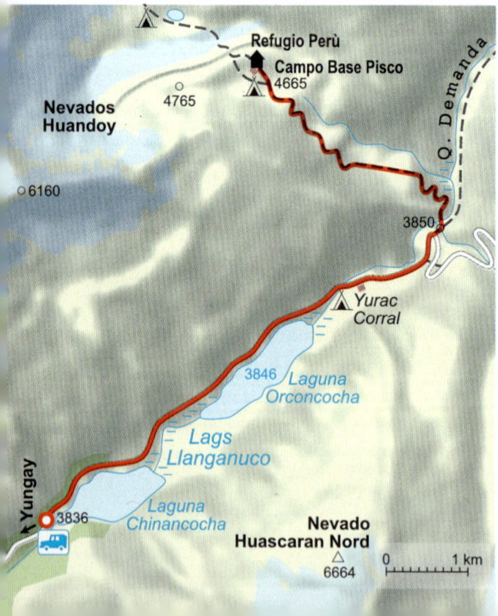

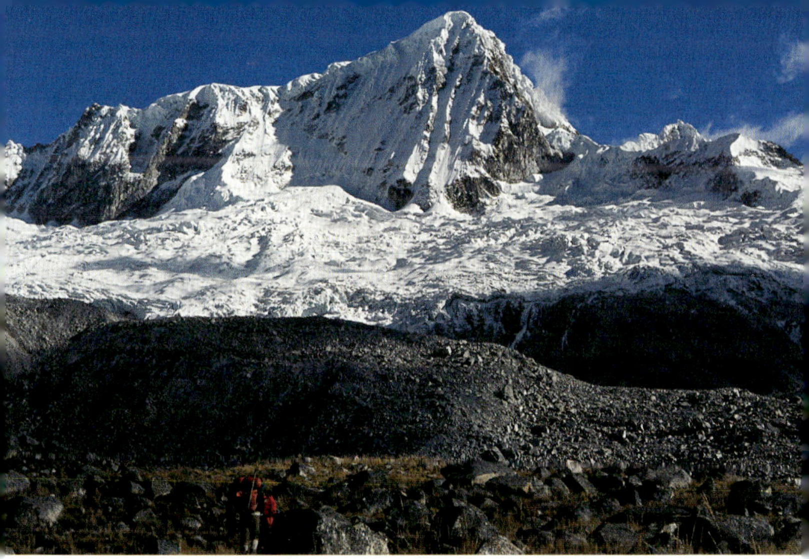

Nevado Pisco.

Pisco zu sehen. Nahe dem Bachbeginn befindet sich links des Moränenrückens das **Pisco-Basislager** sowie die erste in den peruanischen Anden entstandene Unterkunftshütte in 4665 m Höhe, das **Refugio Perú**. Sie wurde 1996 gemeinsam von Italienern und Peruanern gebaut, ist bewirtschaftet und bietet 80 Schlafplätze.
Für Aspiranten auf den Pisco-Gipfel besteht nach der mühsamen Überschreitung der Moräne am Rande des Gletschers eine weitere, aber wenig einladende Lagermöglichkeit.

2. Tag: Basislager – Lag. Chinancocha (4.15 Std., 9 km, 830 Hm Abstieg)
Der Rückweg ist mit dem Hinweg identisch.

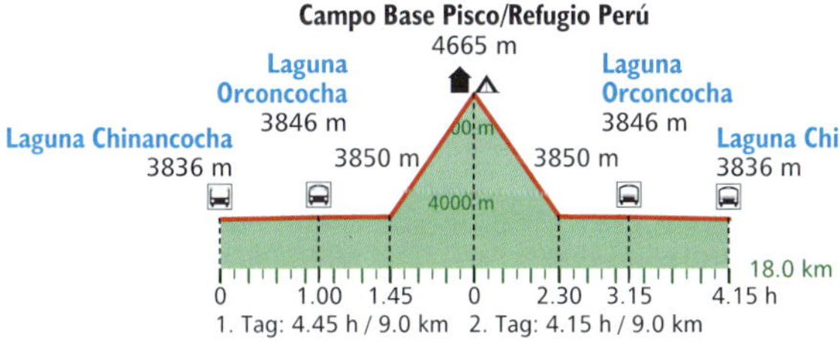

7 Von Huata in der nördlichen Cordillera Negra nach Caraz

3.00 Std.

Bezaubernde Blicke auf die nördlichen Eisgipfel der Cordillera Blanca

In der Regel wird man von Caraz mit dem Bus oder Colectivo nach Huata hochfahren und abwärts laufen, weil es bequemer und einfacher ist. Das verschlafene Dorf selbst mit seiner großen mit Palmen bestandenen Plaza bietet außer den herrlichen Blicken ins Santa-Tal und auf die Eisgipfel keinen Reiz. Touristen sind hier äußerst seltene Besucher und so gibt es zwar einen Kramerladen, aber keine Einkehrmöglichkeiten, ebensowenig Unterkünfte zum Übernachten. Die erste Hälfte des schönen Abstiegs dauert etwa 1,5 Stunden, bis er wieder auf die Straße nach Caraz stößt.

Huata mit Blick auf den Nevado Santa Cruz Grande.

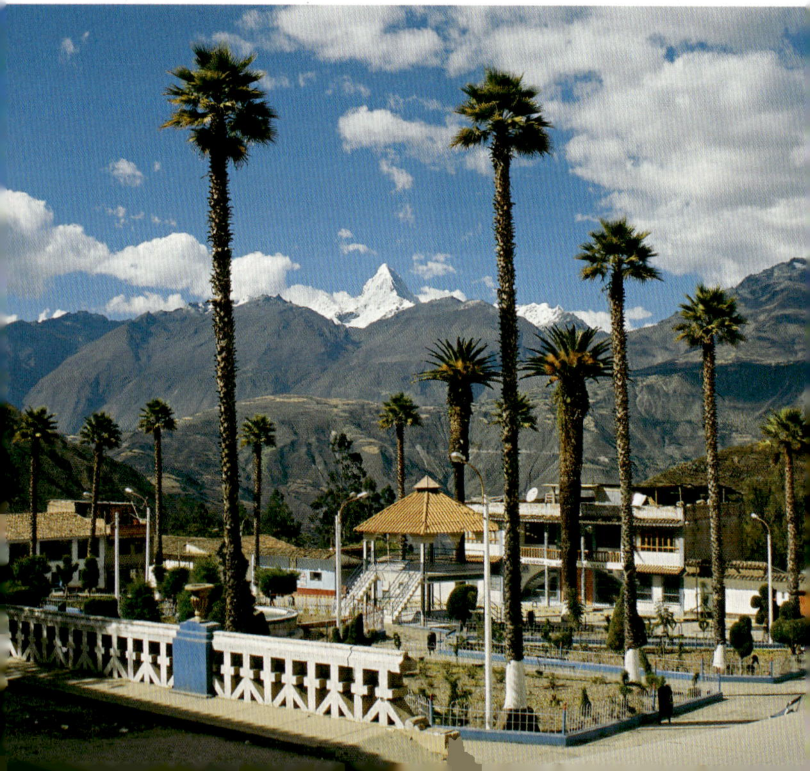

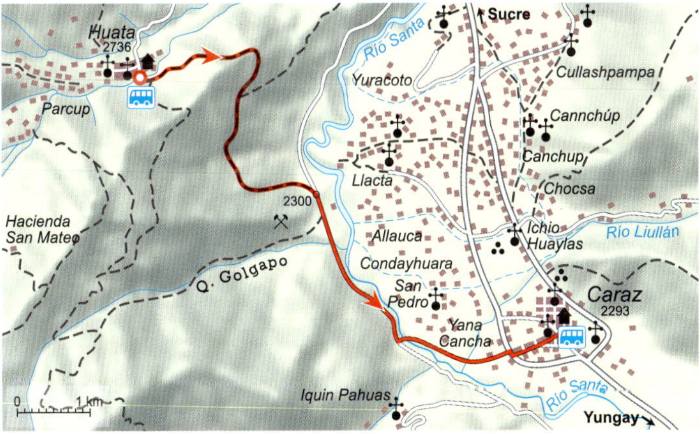

Ausgangspunkt: Huata, 2736 m. Anfahrt am Vormittag gegen 11.00 Uhr mit dem Bus/Colectivo vom Markt in Caraz (70 km nördlich von Huaraz).
Höhenunterschied: 440 m.
Anforderungen: Leichte Wanderung.
Einkehr: In Caraz, in Huata nur Kramerladen, unterwegs keine.
Karten: AV-Karte Cordillera Blanca Nord und IGN-Karte 19-h Carhuaz (1:100.000).

Die Umgebung des kleinen Dorfes Huata an den Osthängen der Cordillera Negra lädt zum Wandern ein. Die freundlichen Campesinos freuen sich über die seltenen Besucher. Die Straße und die Wege sind mit hohen, schnell wachsenden Eukalyptusbäumen bepflanzt. Die Blicke reichen zum Nevado Santa Cruz, zu den Agujas Nevadas und an manchen Stellen bis zum Huandoy in der Cordillera Blanca auf der gegenüberliegenden Seite des Santa-Tales. Der Kleinbus, der gegen 11.00 Uhr vom Markt in Caraz nach Huata und auch noch höher fährt, muss auf der Straße eine weit ausholende Schleife nach Norden ziehen und so ist die Anfahrt um ein Drittel länger als der Fußweg zurück.
Bevor die Straße **Huata** nach Norden verlässt, zieht sich der schöne und stetig abfallende Fußweg nach rechts (Richtung Osten) an von Agaven und gelb blühenden Ginstersträuchern gesäumten Feldern entlang, an Getreidedreschplätzen vorbei und durch üppiges Grün hinab Richtung nördliches Santa-Tal. Nach etwa 2 km macht er einen Knick nach Süden, um sich dann nach weiteren 3 km zur **Straße** zu senken, auf der man den Rest der Strecke nach **Caraz** zurücklegt.

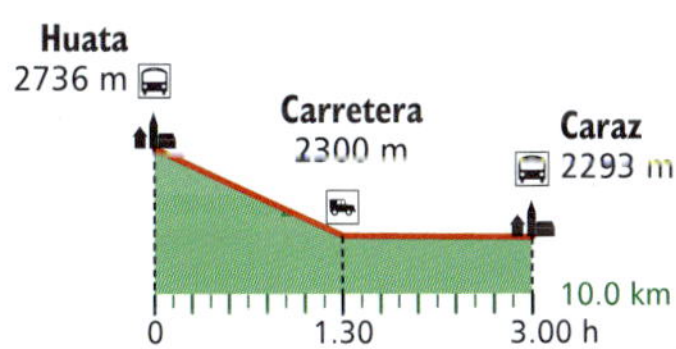

TOP 8

Die nationale Gedenkstätte des verschütteten Yungay

1.30 Std.

Ein von der Landkarte verschwundenes Städtchen

Ein Erdbeben mit der Stärke 7,8 auf der nach oben offenen Richterskala erschütterte am 31. Mai 1970 den Norden Perus und löste eine der verheerendsten Naturkatastrophen seit Menschengedenken aus. Durch das starke Beben brach vom Huascarán-Nordgipfel eine gewaltige Fels- und Eislawine los, stürzte mit rasender Geschwindigkeit zu Tal und begrub das Städtchen Yungay und seine 20.000 Einwohner unter einer fünf Meter dicken Mure. Von dem einst schönsten Ort im gesamten Santa-Tal blieb einzig der Friedhofshügel mit seiner großen Christusstatue verschont und nur die wenigen Menschen, die sich zu diesem Zeitpunkt dort oben aufhielten, überlebten. Yungay wurde buchstäblich von der Landkarte gelöscht. Auch im knapp 60 km entfernten Huaraz starb ein Drittel seiner Bewohner, im gesamten Santa-Tal waren 70.000 Menschenleben zu beklagen und eine Million wurden obdachlos. Yungay wurde nur zwei Kilometer weiter nördlich neu aufgebaut. Erst 1995, ein Vierteljahrhundert später, ist das Areal des einstigen Städtchens zum »Camposanto de Yungay«, zur nationalen Gedenkstätte ernannt worden.

Ausgangspunkt: Eingangstorbogen zum Camposanto de Yungay, 2500 m, an der Hauptstraße knapp 2 km südlich vom neu gebauten Ort Yungay im Santa-Tal. Regelmäßige Busanbindung.
Höhenunterschied: Keiner.

Anforderungen: Gemütlicher, aber auch bedrückender Spaziergang.
Einkehr: Im neuen Yungay.
Hinweis: Die Eintrittskarte beinhaltet einen Lageplan des Geländes.
Karten: Siehe Tour 7.

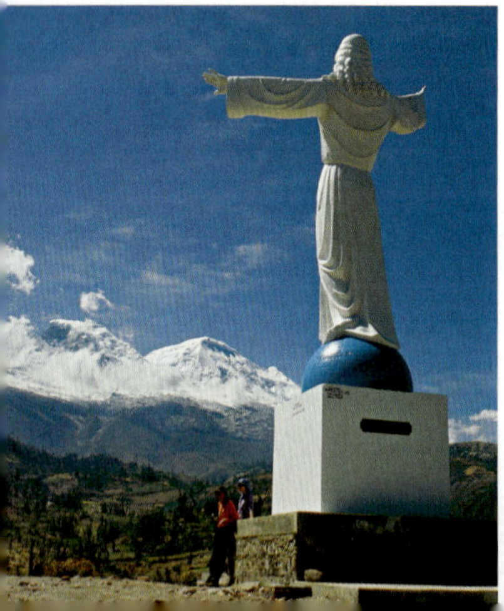

Direkt an der vielbefahrenen Straße durch das Santa-Tal, knapp 2 km südlich des neu entstandenen Yungay, befindet sich der Zugang zum einstigen Ort. Hier stehen ein paar Informationstafeln mit historischen Fotos des ehemaligen Yungay; es wird auch ein geringfügiges Eintrittsgeld verlangt (5 Soles).
Vor einem Rundgang ist es ratsam, auf den Friedhofshügel mit seiner unversehrt gebliebenen großen Christusstatue zu steigen, um sich einen Gesamtüberblick auf das Gelände der verschütteten Stadt zu verschaffen.

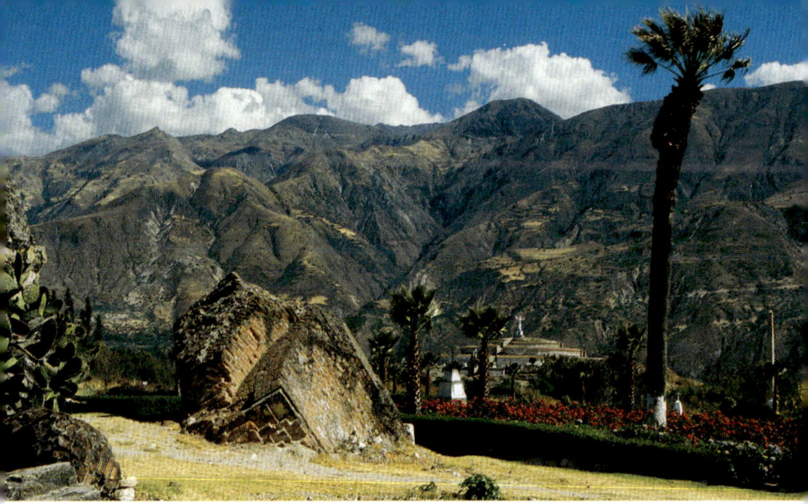

Reste der Kathedrale an der einstigen Plaza de Armas, wo nur noch die Palmen stehen. Im Hintergrund der Friedhofshügel vor der Cordillera Negra.

Vom Eingang führt der Weg geradeaus zur einstigen Plaza de Armas, dem Hauptplatz mit vier stehen gebliebenen Palmen, spärlichen Resten der Kathedrale und einem halb verschütteten, zerquetschten Omnibus als makabrem Denkmal – immer den Unheilsbringer Huascarán im Blickfeld. Dieser Bereich ist inzwischen großzügig mit Rosen- und Hortensienrabatten verschönert, mit etlichen Palmen aufgelockert und erscheint nun wie eine schmucke kleine Parkanlage. Weiter hinten steht die rekonstruierte Fassade der einstigen Kirche (sollte mal ein Aussichtsturm werden) und an den Randflächen der Gedenkstätte stecken Grabkreuze, die von Angehörigen am Platz ihrer verschütteten Häuser errichtet wurden. Überall in der Umgebung liegen teils hausgroße Gesteinsbrocken verstreut, die den Schreckenstag in Erinnerung halten, doch die Aufforstung und das frisch sprießende Grün allerorts tilgen ihn optisch immer mehr.

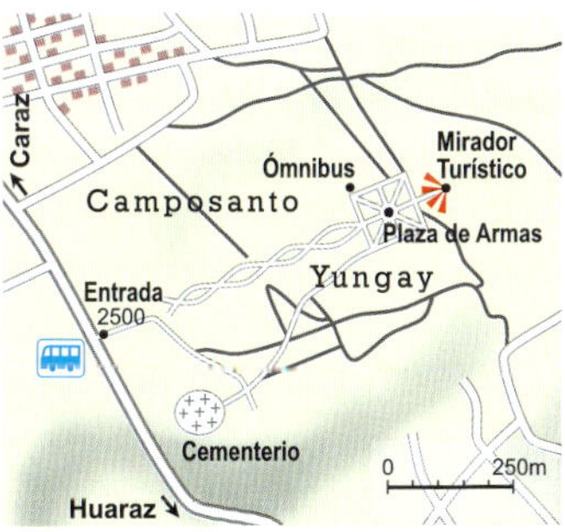

In ein paar Jahrhunderten haben hier vielleicht Archäologen ein breites Betätigungsfeld, denn die Stadt ist mit all ihren Opfern unter der meterdicken Murenschicht für immer beerdigt.

9 Zum Dorf Matacoto in der Cordillera Negra

3.00 Std.

Trotz trauriger Umgebung schöne Blicke auf den höchsten Berg Perus

Die todbringende Mure, die Yungay verschüttete, blockierte zusätzlich auch den Río Santa und schwappte noch fast 100 Meter die Hänge der Cordillera Negra bis zum Dorf Matacoto hinauf, wo Restspuren noch immer zu erkennen sind. In diesem Talabschnitt gibt es auch einen der größten Höhenunterschiede auf der Erde auf so kurze Entfernung. Der Río Santa fließt hier in nur noch 2380 m Höhe, der Gipfel des höchsten Berges von Peru misst 6768 m; nur 15 km Luftlinie entfernt, aber fast 4400 m Höhenunterschied! Das von der Sonne verwöhnte kleine, beschauliche Dorf an den Hängen der mittleren Cordillera Negra und der Weg dorthin bieten prächtige Blicke auf die Gipfel der Nevados Huascarán und Huandoy.

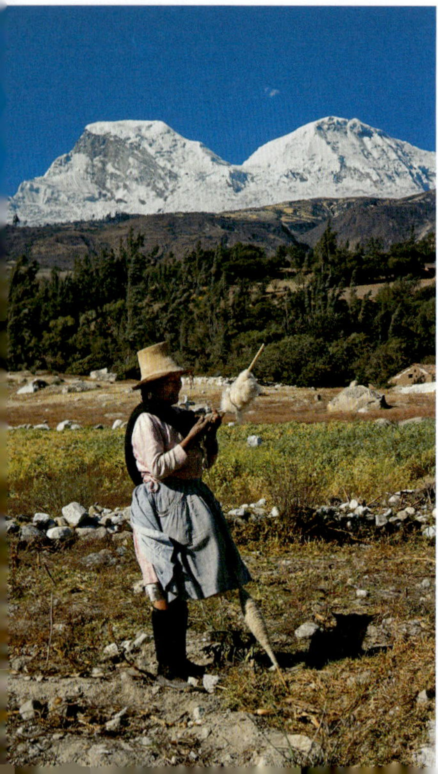

Ausgangspunkt: Kapelle San Roque de Huarascucho, 2500 m, in der Mitte zwischen den 5 km auseinanderliegenden Orten Ranrahirca und Yungay (55 km nördlich von Huaraz). Alle 15 Min. verkehren lokale Busse zwischen Huaraz und Caraz.
Höhenunterschied: 120 Hm.
Anforderungen: Leichte Wanderung auf staubiger Piste, aber ohne Autoverkehr.
Einkehr: Laden in Matacoto.
Karten: AV-Karte Cordillera Blanca Nord und IGN-Karte 19-h Carhuaz (1:100.000).

Bei der Kapelle **San Roque de Huarascucho** unter dem Huascarán zweigt von der Hauptstraße nach Westen die Piste zum Dorf Matacoto an den Hängen der Cordillera Negra ab.
Die staubige Straße zieht durch Ackerland, das 1970 ebenfalls von der Mure verschüttet war

Nevado Huascarán, Nord- (links) und Südgipfel (rechts).

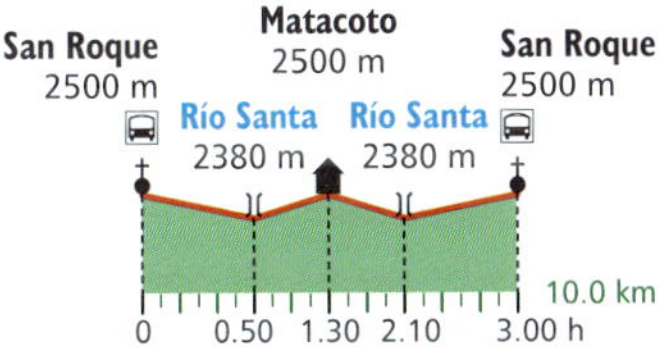

und ihr nach und nach wieder abgerungen wurde. Heute säumen sie erneut blühende Ginsterbüsche und Schatten spendende Eukalyptusbäume.

An der Brücke über den **Río Santa** ist schon mehr als die Hälfte der Gehstrecke geschafft, und immer mächtiger werden die beiden Huascarán-Gipfel angesichts der geringen Distanz und des gewaltigen Höhenunterschieds. Ein paar Windungen die teilweise ziemlich dicht bewaldeten Hänge hinauf und schon ist das fast versteckt liegende Dorf **Matacoto** erreicht.

Leider haben tumbe Ortsplaner die einst hübsche, mit Palmen bestandene Plaza kaputtmodernisiert! Deshalb wirkt das Dorf jetzt wie ausgestorben. Kein Mensch verweilt mehr auf dem den ganzen Tag der sengenden Sonne ausgesetzten Platz ohne seine Schatten spendenden Bäume und Sträucher und setzt sich auf die »modernen« neuen Betonbänke, die nicht einmal eine Rückenlehne haben.

Zurück zur Hauptstraße geht es auf demselben Weg.

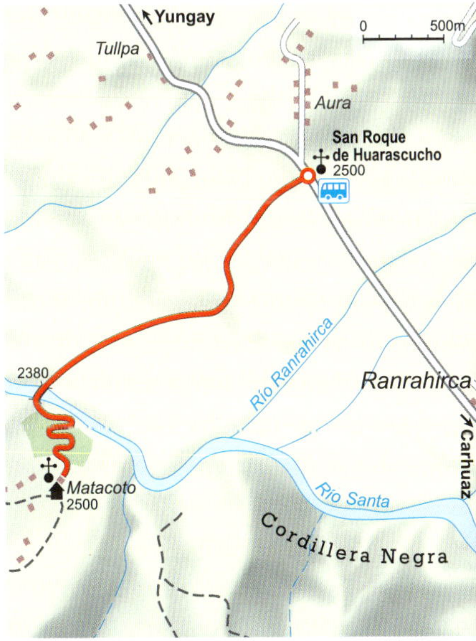

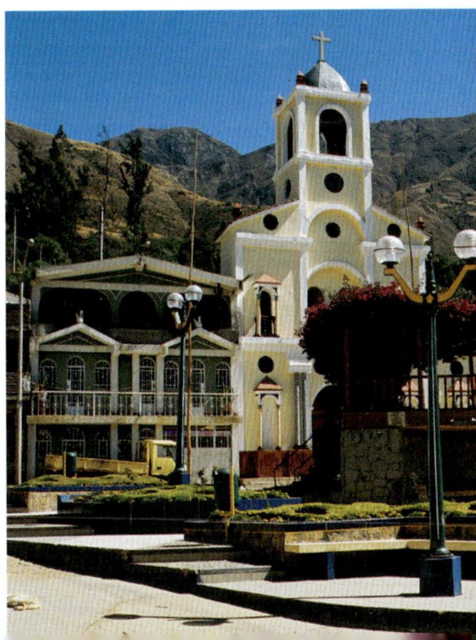

Matacoto.

10 Von Mancos nach Musho

2.30 Std.

Zum Startpunkt für den Aufstieg auf den Nevado Huascarán

Nur knapp zwei Kilometer südlich von Ranrahirca folgt schon die nächste Ortschaft an der Straße durchs Santa-Tal. In Mancos mit seinem (immer noch) wunderschönen Hauptplatz zweigt der Anmarschweg zum Huascarán ab. Die Normalbesteigungsroute auf den höchsten Berg Perus erfolgt von Westen über den Weiler Musho 3020 m, weiter zum Moränenlager (seit 2001 gibt es dort das Refugio Don Bosco Huascarán auf 4675 m) und die Garganta, dem 6010 m hohen Sattel zwischen Nord- und Südgipfel.

Ausgangspunkt: Mancos, 2530 m, im Santa-Tal 50 km nördlich von Huaraz (Busverbindung).
Endpunkt: Musho. Zurück per Mitfahrgelegenheit oder zu Fuß.
Höhenunterschied: 500 m.
Anforderungen: Befahrbare Piste.

Einkehr: In Mancos.
Tipp: Wenn sich in Mancos eine Mitfahrgelegenheit bietet, wird man die immerhin 500 Höhenmeter bis Musho fahren und zurück laufen.
Karten: AV-Karte Cordillera Blanca Nord und IGN-Karte 19-h Carhuaz (1:100.000).

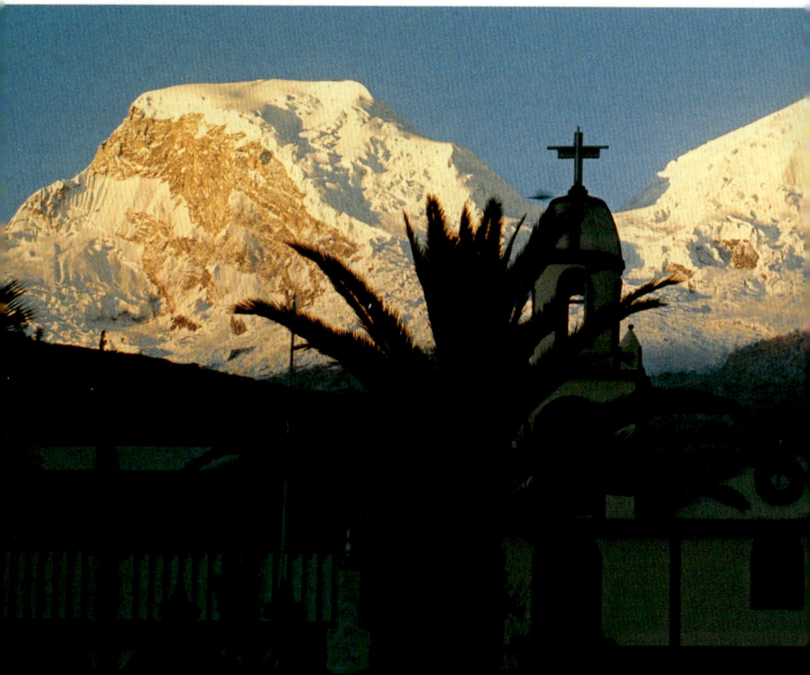

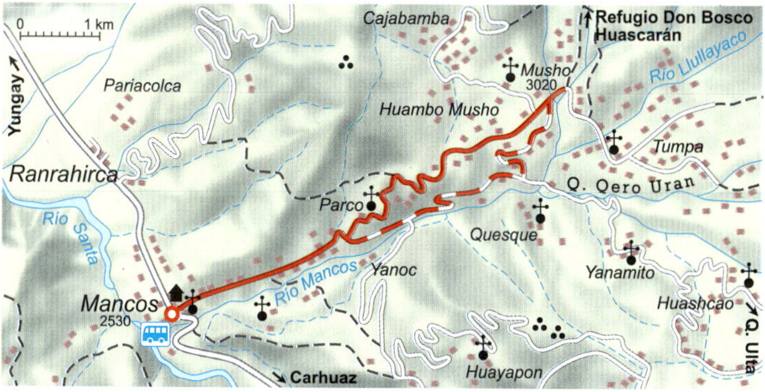

Die Piste ab **Mancos** verläuft zunächst in schnurgerader Richtung nach Osten durch landwirtschaftlich genutztes Land mit sehr stark angewachsener Besiedelung auf den doppelgipfligen Huascarán zu. Nach etwa 2,7 km teilt sich die Straße, auf beiden ist Musho erreichbar.

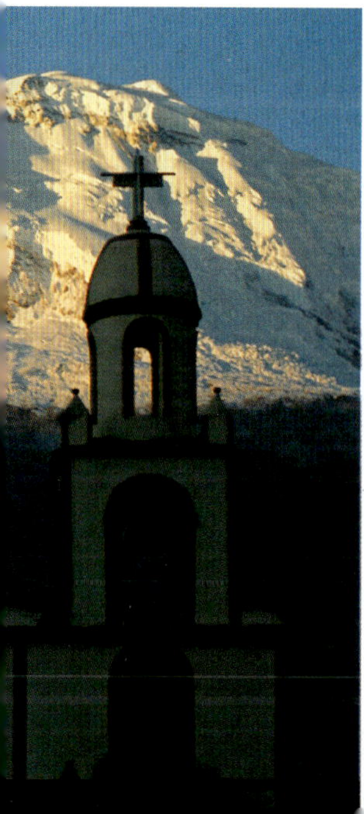

Die linke Abzweigung führt über das kleine Dörfchen **Parco** und dann in Kurven ansteigend weiter in Blickrichtung Garganta, dem Sattel zwischen den beiden hohen Huascarán-Gipfeln.

Von der vorerst weiterhin geradeaus verlaufenden Piste zweigt nach weiteren 2,5 km ebenfalls ein Abstecher nach Norden nach Musho ab; die Straße selbst verläuft ab der Abzweigung dann nach Osten ins Ulta-Tal.

Für den Rückweg nach Mancos bieten sich ebenfalls beide Möglichkeiten an, sofern man keine Mitfahrgelegenheit findet.

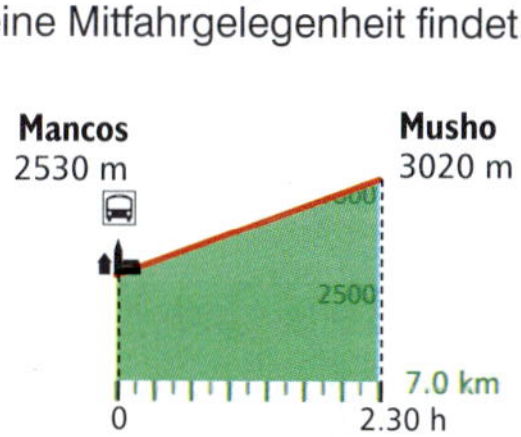

Nur 14 km Luftlinie entfernt sind die beiden Huascarán-Gipfel vom Ort Mancos.

11 Vom Ulta-Tal zum Auquiscocha

3 Tage

Durch dichten Bergurwald zu einem besonderen Gebirgssee

Unterhalb der Südflanke des Huascarán verläuft die inzwischen asphaltierte Straße durch das gesamte Ulta-Tal und Linienbusse verkehren durch einen Tunnel in 4680 m (bis 2013 sogar über den 4890 m hohen Ulta-Pass, auch Punta Olímpica) nach Chacas an die Ostseite der Weißen Kordillere. Die Wanderung durch das kurze, vom Ulta-Tal abzweigende Catay-Tal zur Laguna Auquiscocha in etwas mehr als 4300 m Höhe ist die einzige Tour in der Cordillera Blanca, die vom Talgrund bis fast zum Ziel durch dichten Bergurwald verläuft. Der Aufstieg ist deshalb teilweise recht mühsam, wird dafür aber mit der einzigartigen herrlichen Landschaft am See belohnt.

Ausgangspunkt: Shilla, 2910 m. Anfahrt ab Carhuaz (37 km nördlich von Huaraz). Die Verbindung durchs Ulta-Tal von Huaraz nach Chacas wird von einigen kleinen Busunternehmen aufrechterhalten. Außerdem pendeln von der großen Plaza in Carhuaz Kleinbusse bis Shilla, oder man lässt sich mit einem Taxi von Carhuaz aus ein Stück weiter bis zur Abzweigung vom Ulta-Tal ins kurze Catay-Tal auf 3450 m bringen, was zusätzliche 540 Höhenmeter einspart (18 km von Carhuaz).

Höhenunterschied: 1400 m (ab Carhuaz 1660 m, ab Abzweig Ulta-Tal 850 m).

Anforderungen: Anstrengend und sehr steil durch Bergurwald; für Lasttiere nicht begehbar.

Einkehr: Keine.

Karten: AV-Karte Cordillera Blanca Nord und IGN-Karte 19-h Carhuaz (Maßstab 1:100.000).

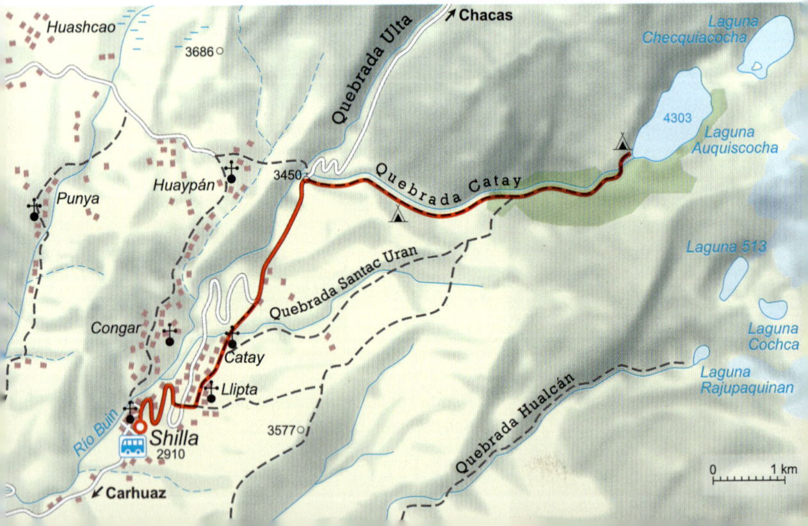

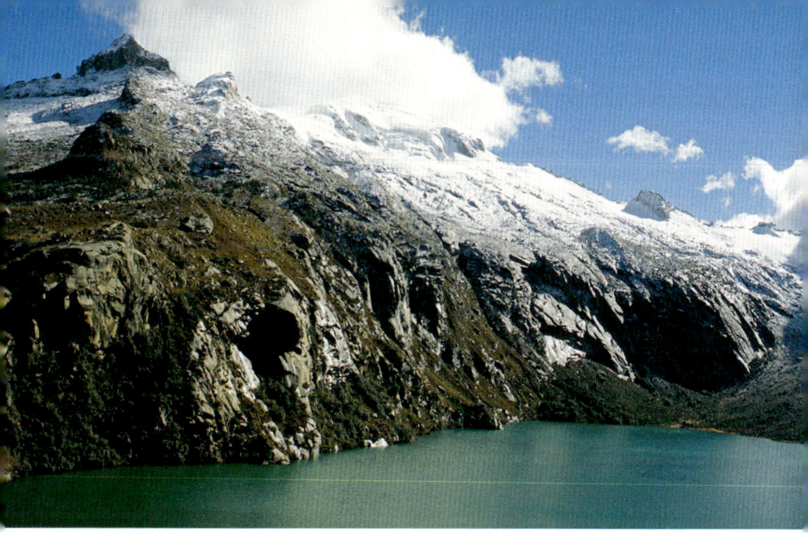

Auquiscocha, Blick auf das Nordwestufer.

1. Tag: Shilla – Quebrada Catay (5.00 Std., 11 km, 590 Hm Aufstieg)
Startet man die Wanderung in **Shilla**, zieht ein steil ansteigender Fußweg durch die nächsten Dörfer **Llipta** und **Catay** und vermeidet die Kehren der Straße. Nach der kleinen Adobekirche von Catay folgt man dann wieder der Straße bis in die vom Ulta-Tal rechts abzweigende kurze **Quebrada Catay**. Gleich am Anfang dieses Seitentales liegt links eine Forellenzucht. Der Fußweg bleibt rechts des Baches. In Gehrichtung ist der Gipfel des Nevado Hualcan sichtbar. Das Tal wird intensiv landwirtschaftlich genutzt, so sind auch immer wieder Campesinos mit ihrem Vieh unterwegs. Nach den letzten

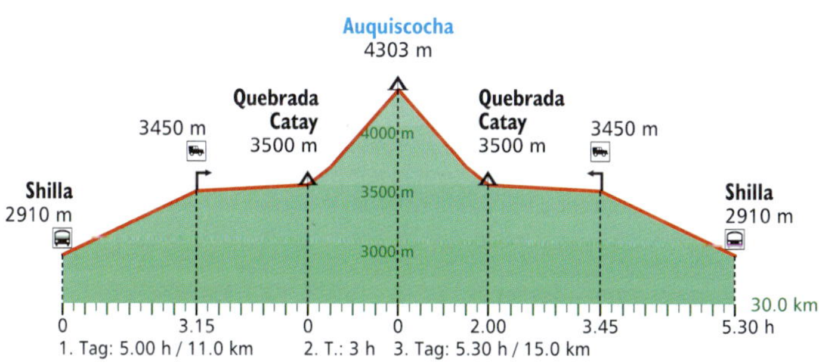

Äckern und Feldern öffnet sich ein Talkessel. Häufig sind hier auch Arbeiter anzutreffen, die die Endlosbaustelle »Bewässerungskanal« vom Auquiscocha durch den unwegsamen Urwald betreuen (4 km ab Straßenabzweigung).

2. Tag: Quebrada Catay – Auquiscocha (3.00 Std., 4 km, gut 800 Hm)
Gleich rechts nach dem gewaltigen hausgroßen Felsbrocken beginnt sich der Pfad im Zickzack in den Quenuawald hochzuziehen, bis er auf den Kanal stößt. Eine Weile verläuft der Weg direkt am Kanal, dann steil im Bergurwald hoch. Nach der Hälfte des Anstieges im Wald kommt eine kurze freie Passage mit Blick auf einen Wasserfall. Er ist der Abfluss der Laguna Auquiscocha an seiner Westseite und damit das Wegziel. Wenn man ans Seeufer will, ist das nämlich nur dort möglich.

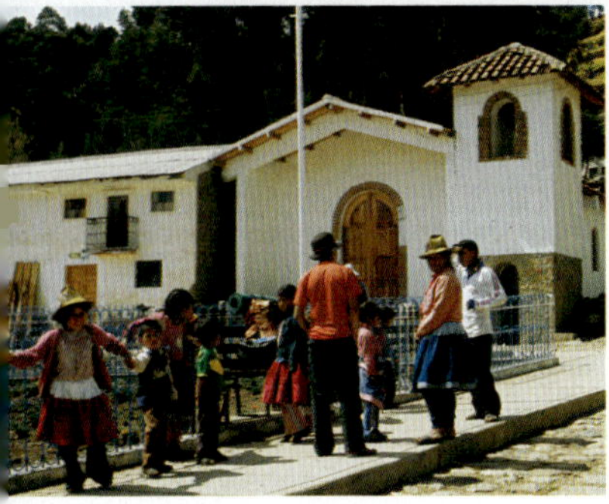

Llipta im Ulta-Tal.

Auch wenn die Richtung klar ist, muss man sich oft durch Gestrüpp und über umgestürzte Bäume kämpfen. Nachdem die ersten glatt geschliffenen größeren Felsflächen aufgetaucht sind, die zum Seeufer hinauf immer häufiger werden, lichtet sich der Wald und man sollte sich nach links orientieren. (Geradeaus hochsteigend gibt es noch lange einen Pfad, der weiterhin im Wald steil hoch über das Südufer des Sees führt, tolle Ausblicke bis zum Huascarán gewährt und sogar spärliche Zeltplätze bietet, aber kein Wasser.)
Man muss in Reichweite des über mehrere Stufen herabstürzenden Baches kommen und noch weiter hochwandern, denn nur direkt am seichten Abfluss des Sees kann man ihn durchwaten, um ans andere Ufer zu gelangen. Vorsicht! Der Bach durch die glitschige Furt wird nach ein paar Metern zum Wasserfall. Die Lagermöglichkeiten sind begrenzt, dafür bietet sich eine einzigartige Gebirgsszenerie. Die gesamte Umgebung des tiefgrünen **Auquiscocha** ist vom Gletscherschliff geprägt, besonders das Südufer, über dem die beiden 6000er-Gipfel des Nevado Hualcan aufragen. Oberhalb des Sees liegt 100 m höher der kleinere Chequiaccocha, über dem nordwestlich der 5286 m Nevado Chequiacraju steht, ein vom Wanderziel Auquiscocha gerne bestiegener Eisberg.

3. Tag: Auquiscocha – Shilla (5.15 Std., 15 km, 1400 Hm Abstieg)
Der Rückweg nach Shilla erfolgt auf dem Hinweg, wobei man auch noch eine weitere Nacht in der Quebrada Catay auf ca. 3500 m verbringen kann.

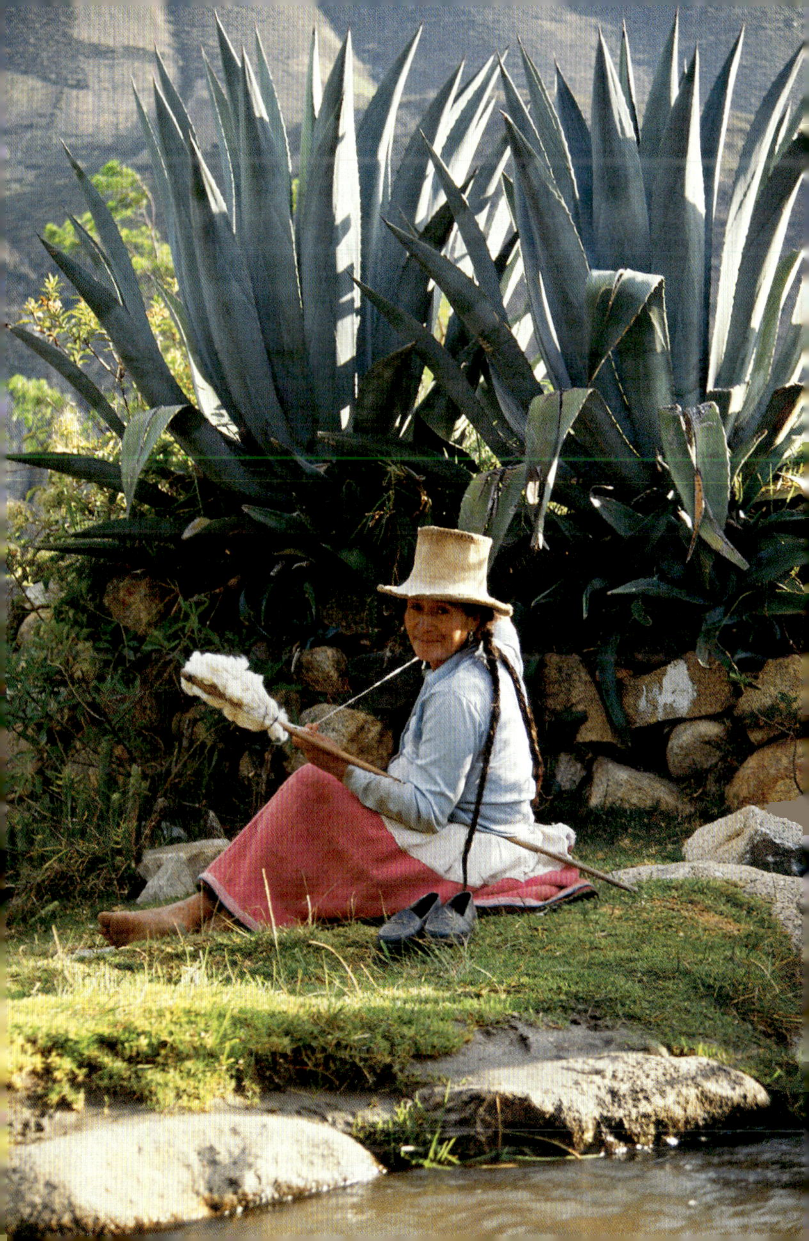

12 Durchs Ulta-Tal und über die Punta Yanayacu nach Yanama

3 Tage

Wenig begangene, schöne Tour zur Ostseite der Cordillera Blanca

Während des Hochwanderns vom Ulta-Talschluss zum 4850 m hohen Pass Punta Yanayacu bieten sich fantastische Blicke auf den Nevado Ulta und den Nevado Chopicalqui, dazu finden sich angenehme Lagerplätze. Die schattige oberste Passage der Westseite des Passes ist meist mit Altschnee bedeckt und kann daher etwas problematisch sein. Menschliche Behausungen gibt es trotz der Straße im hinteren Ulta-Tal noch nicht, folglich auch keine Tragtiere. Es besteht eine Busverbindung von Huaraz über Carhuaz nach Chacas. Diese Strecke ist mittlerweile durchgehend asphaltiert und überwindet den Ulta-Pass nicht mehr in 4890 m Höhe, sondern durch einen 200 m tiefer gelegenen Tunnel. Der Bau des Tunnels wurde schon Anfang der 1980er-Jahre begonnen, aber damals aus Kostengründen wieder eingestellt.

Ausgangspunkt: Ulta-Tal/Talschluss, 3950 m. Anfahrt von Carhuaz s. Tour 11.
Endpunkt: Yanama, 3400 m (Busanschluss).
Höhenunterschied: 900 m Aufstieg, 1450 m Abstieg (ab Shilla 1940 m Aufstieg).
Anforderungen: Großteils nicht schwierig, nur der Pass kann durch vereiste Altschneefelder problematisch sein.
Einkehr: Snacks an der Nationalparkgrenze; Lokale in Yanama. Unterwegs keine.
Unterkunft: Nur in Yanama, unterwegs im Zelt.
Karten: AV-Karte Cordillera Blanca Nord, IGN-Karte 19-h Carhuaz und 19-i Huari (alle 1:100.000).

1. Tag: Ulta-Tal/Talschluss – Laguna Yanayacu (3.00 Std., 6 km, 560 Hm Aufstieg)
Früher blieb einem gar nichts anderes übrig, als in Shilla loszulaufen, wenn man über den Ulta- oder Yanayacu-Pass wollte, heutzutage wird man erst

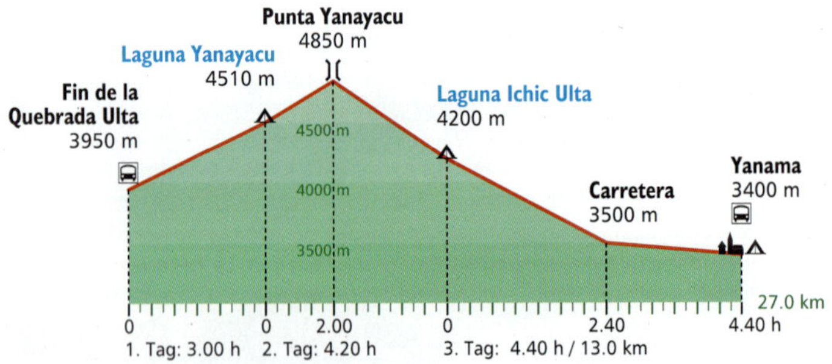

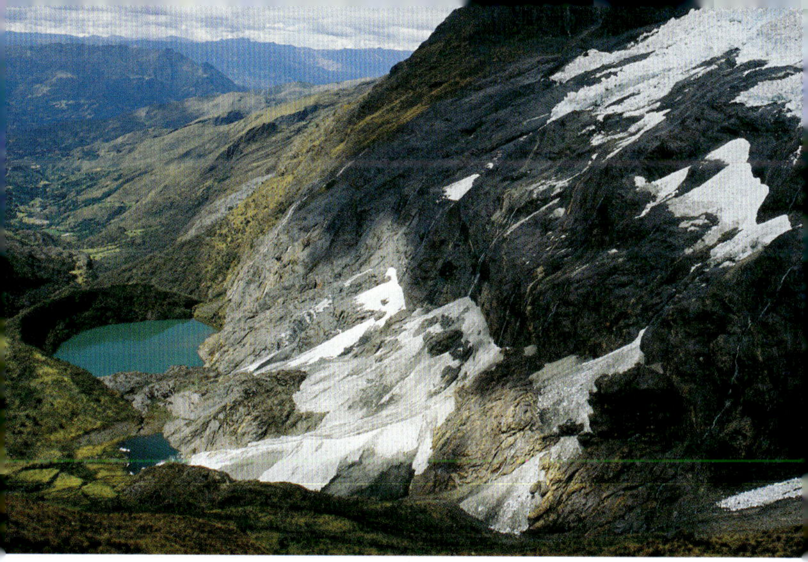

Quebrada Ichic Ulta und der gleichnamige See.

am Talschluss beginnen. 3 km nach dem Catay-Tal wird die Nationalparkgrenze mit Kontrollhäuschen in 3600 m Höhe passiert. In den frühen Morgenstunden sind hier schon geschäftstüchtige Frauen für die Busfahrgäste am Brutzeln. Nach weiteren 5 km zweigt erneut ein deutlich sichtbarer Zickzackweg rechts hinauf zum Huallacocha ab.
In der ersten Kurve zum ansteigenden Ulta-Pass (auch Punta Olímpica) überquert die Straße den Bach, der **Wanderweg** beginnt hier und führt weiter in nördliche Richtung und bleibt links des Baches. Es gibt hier weidende Kühe, aber keine Menschen. Der sich nun öffnende Talkessel, über dem Quenuabäume wachsen, ist in großen Bereichen sumpfig, deshalb am besten ganz links am Talrand höherwandern. In nordöstlicher Richtung ist über dem Tal das gestreckte Massiv des Nevado Contrahierbas, 6036 m, zu sehen und im Rückblick auf der linken Seite des Ulta-Tales der 5875 m hohe, spitze Nevado Ulta, hinter dem rechts mit zunehmender Höhe zusätzlich noch der eisgepanzerte Nevado Chugllaraju auftaucht – ein herrlicher Blick in diese Richtung, im Osten dagegen die Narben der Ulta-Passstraße in der Bergflanke.
Nach einem flacheren Wegabschnitt nimmt die Steigung in Richtung Laguna Yanayacu wieder zu. Links wird zuerst ein Nebengipfel, dann die Südseite des mächtigen Nevado Chopicalqui sichtbar. Blumen werden häufiger, der Chopicalqui wird komplett einsehbar, ebenso die Südostflanke des Huascarán, und dann, bevor der Weg die Richtung nach rechts zum Pass ändert,

liegt links die kleine grüne **Laguna Yanayacu** in 4510 m. Die Umgebung am Seeufer ist nicht nur wegen der freien Blicke auf die hohen Berge ein idealer Lagerplatz, sondern auch dank der lange anhaltenden Sonneneinstrahlung.

2. Tag: Laguna Yanayacu – Punta Yanayacu – Laguna Ichic Ulta (4.20 Std., 8 km, 340 Hm Anstieg, 650 Hm Abstieg)
Der Weg zieht sich nun steiler werdend nach Osten. An einem Geröllhang angekommen, der vom Pass herabzieht, kommen Zweifel auf. Rechts zieht sich ein teilweise befestigter Weg den Hang hoch, der aber trotzdem bald den Eindruck erweckt, nicht der richtige zu sein, und halb links windet sich ein anderer Pfad durchs Geröll höher. Beide sind recht anstrengend und letztendlich laufen sie im letzten Teilstück des Anstieges wieder zusammen. Die letzten Höhenmeter der Westseite des 4850 m hohen **Punta Yanayacu** sind meist dick mit hartem Altschnee bedeckt und können bis zur Scharte ziemlich rutschig sein.
Ab dem Pass weist der Weg zunächst etwas ausgesetzt ein Stück nach Norden, und der Blick reicht bis zum Chacraraju. Rechts unten streckt sich nach Nordosten das Ichic-Ulta-Tal (auch Keishu-Tal) hinaus bis nach Yanama. Am Kopfende des Tales liegen zwei kleine, ebenfalls schon von oben einsehbaren Seen. Der obere ist von einer hufeisenförmigen Moräne abgeschirmt, der größere liegt von dichter Vegetation umgeben etwas tiefer. Der jetzt wesentlich besser gewordene Weg windet sich vom Pass hinab und nach der Hälfte des Abstiegs kommt eine schöne Wiese mit fließend Wasser und herrlicher Aussicht, die einen alternativen Zeltplatz bietet.
In der Regel läuft man aber bis zum Talboden an den zweiten See, der **Laguna Ichic Ulta**, auf 4200 m Höhe hinab. Das Gletschereis des Nevado Contrahierbas reicht bis an sein Ufer mit den versteckten Lagerplätzen zwischen blühenden Sträuchern, die auch von neugierigen Rindviechern gern besucht werden.

3. Tag: Laguna Ichic Ulta – Yanama (4.40 Std., 800 Hm Abstieg, 13 km)
Das gestreckte Tal bildet die Schlussetappe der Tour. Ständig auf der linken Talseite geht es zunächst durch herrlichsten Quenuawald, wo mit viel Glück sogar noch Rotwild entdeckt werden kann. Schöne Blumen und Kakteen zieren den weiteren Weg und auf freien Abschnitten ist rechts über dem Tal der Contrahierbas zu sehen. Mit abnehmender Höhe wird es zunehmend wärmer und die landwirtschaftliche Nutzung des Tales nimmt zu. Ein von links aus der Quebrada Shanoj herabfließender Bach wird überquert und kurz darauf, in 3500 m Höhe, ist die weit ins Tal reichende große Schleife der Straße Llanganuco – Yanama erreicht. Rechts talauswärts noch 5 km und es folgen schon die ersten Häuser von Yanama; nach links ließe sich die Tour zum Portachuelo de Llanganuco oder zur Punta Unión fortsetzen (siehe Tour 1).

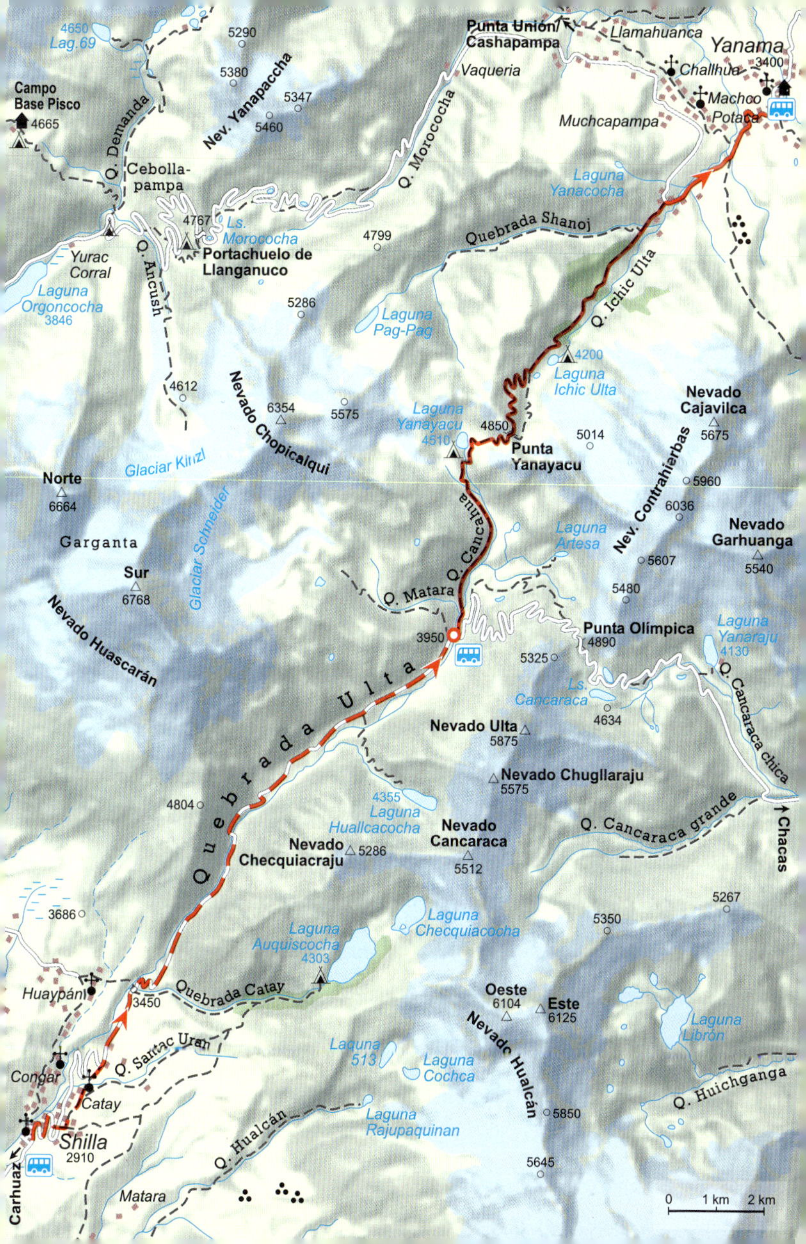

4650
Lag.69
Campo
Base Pisco
4665
Q. Demanda
Cebolla-
pampa
5290
5380
Nev. Yanapaccha
5347
5460
Punta Unión/
Cashapampa
Llamahuanca
Yanama
3400
Vaqueria
Challhua
Macho
Potaca
Muchcapampa
Q. Morococha
Laguna
Yanacocha
4767
Ls.
Morococha
Portachuelo de
Llanganuco
Yurac
Corral
Laguna
Orgoncocha
3846
Q. Ancush
4799
Quebrada Shanoj
5286
Laguna
Pag-Pag
Q. Ichic Ulta
4200
Laguna
Ichic Ulta
4612
Nevado Chopicalqui
6354
5575
Laguna
Yanayacu
4510
4850
Punta
Yanayacu
5014
Nevado
Cajavilca
5675
Glaciar Kinzl
Norte
6664
Garganta
Sur
6768
Glaciar Schneider
Q. Cancahua
Nev. Contrahierbas
5960
6036
Laguna
Artesa
Nevado
Garhuanga
5540
5607
5480
Q. Matara
Nevado Huascarán
3950
Punta Olímpica
4890
Laguna
Yanaraju
4130
5325
Ls.
Cancaraca
4634
Quebrada Ulta
Nevado Ulta
5875
Nevado Chugllaraju
5575
Q. Cancaraca chica
4804
4355
Laguna
Huallcacocha
Nevado
Cancaraca
5512
Q. Cancaraca grande
Chacas
Nevado
Checquiacraju
5286
3686
Laguna
Checquiacocha
5267
5350
Laguna
Auquiscocha
4303
Huaypán
3450
Quebrada Catay
Oeste
6104
Este
6125
Q. Santac Uran
Laguna
513
Laguna
Cochca
Nevado Hualcán
Laguna
Librón
Congar
Catay
Q. Huichganga
Shilla
2910
Q. Hualcán
Laguna
Rajupaquinan
5850
Carhuaz
Matara
5645
0
1 km
2 km

13 Zur Laguna Lejiacocha unterhalb des Nevado Copa

2 Tage

Zum Basislager des Nevado Copa

Diese Tour ist bedingt durch den großen Höhenunterschied eine recht anstrengende Wanderung bis zum Wandfuß des Nevado Copa am Lejiacocha (auch Legiacocha), dem Basislager für eine Besteigung des Nevado Copa Norte, 6173 m, oder Nevado Copa Sur, 6188 m. An der Südwestflanke des Berges ist der Gletscher schon so stark zurückgegangen, dass der Einstieg zu den beiden Gipfel stark steinschlaggefährdet ist!

Ausgangspunkt: Vicos, 3050 m. 6 km Anfahrt ab Marcará, 2750 m (30 km nördlich von Huaraz im Santa-Tal; oder Chancos, 2850 m (3 km ab Marcará). In Marcará, gleich nördlich des Flughafens Anta, gibt es immer Kleinbusse, die zu den Thermalbädern von Chancos pendeln, ebenso Taxis, Camionetas und Lkw bis Vicos.
Höhenunterschied: 1650 m (ab Vicos; ab Chancos 1860 m).
Anforderungen: Anstrengend, aber keine technischen Schwierigkeiten.
Einkehr: Nur in Marcará; am Weg keine.
Unterkunft: Im Zelt.
Variante: Beginn der Tour in Chancos (200 Hm mehr), Beschreibung unten.
Tipp: In Vicos kann man Arrieros anheuern.
Karten: AV-Karte Cordillera Blanca Nord, IGN-Karte 19-h Carhuaz und 19-i Huari (alle 1:100.000).

1. Tag: Vicos – Laguna Lejiacocha (6.00 Std., 11 km, 1650 Hm Aufstieg)
Startet man die Wanderung schon in Chancos, verlässt man die Straße, die weiter nach Vicos und ins Honda-Tal führt, schon nach 0,5 km. Der andere Weg verlässt die Straße in Vicos; beide treffen nach ca. 3 km (bzw. 4 km ab Chancos) wieder zusammen.
Auf der engen Gasse rechts neben der Kirche am Dorfplatz von **Vicos** führt der Weg zunächst hoch zu einem Eukalyptuswald, macht dann einen Bogen nach Norden und folgt einem tief eingegrabenen Bach, bis der Huascarán-Südgipfel über der Ebene sichtbar wird. Nun beginnt der steilere Wegabschnitt in östliche Richtung, anfangs durch Buschwerk und ein Quenuawäldchen und schließlich felsiger werdend in Serpentinen zur Südwestseite des Nevado Copa. Eine der wenigen Lagermöglichkeiten findet man noch vor dem von einer Moräne versteckten See bei

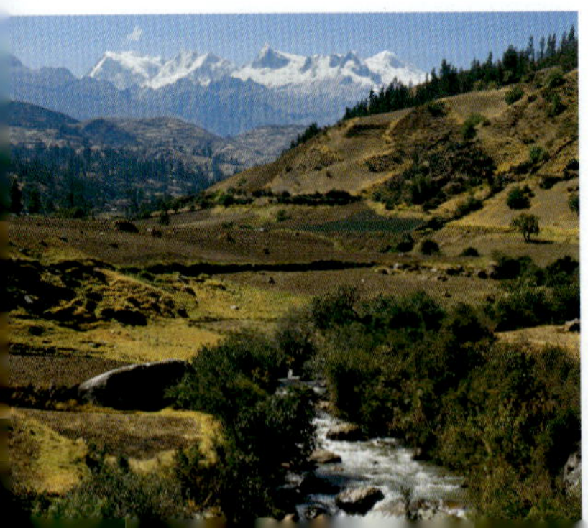

Blick zwischen Chancos und Vicos nach Süden auf einige der Hausberge von Huaraz.

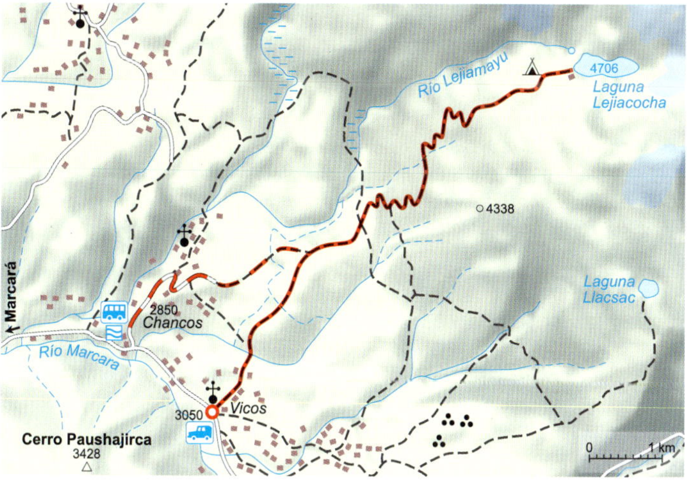

einem verfallenen INGEMMET-Camp. Am **Lejiacocha** selbst gibt es kaum geeignete Stellen, hinter der Moräne am Westufer verbirgt sich der betonierte Abfluss, und ebenso wenig bei den beiden etwas tiefer und westlicher gelegenen kleinen Seen. Über dem grünen Lejiacocha, 4706 m, erhebt sich in südöstlicher Richtung, praktisch als höchste Erhebung des verlängerten Südgrats des Nevado Copa Sur, der Nevado Paccharuri, 5315 m hoch.

2. Tag: Laguna Lejiacocha – Vicos (5.00 Std., 11 km, 1650 Hm Abstieg)
Der Rückweg erfolgt auf demselben Weg.

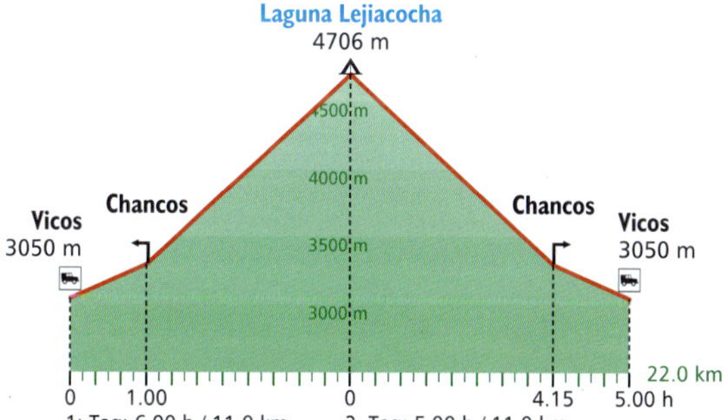

14 Durch das Honda-Tal nach Chacas

4 Tage

Durchs grüne (verletzte) Herz der Cordillera Blanca

Die Wanderung durch die lange Quebrada de Honda mit einem Abstecher zum eigentlichen Talende mit der herrlichen Viñoyapampa plus fünf Sechstausendern, aber auch sieben Minen – drei legalen, die schon vor der Gründung des Nationalparks existierten, sowie vier neueren illegalen, die im Nationalpark ihr Unwesen treiben dürfen –, und weiter bis nach Chacas ist eine Tour mit Kontrastprogramm: viel Grün und schöne bunte Blumen unter hohen Eisbergen, aber auch reger Lkw-Verkehr und ständige Sprengungen in ansonsten ruhiger Cordillera-Blanca-Landschaft.
In der Nationalparkverwaltung heißt es dazu, für Wanderungen bedürfe es einer Genehmigung der Gemeinde Vicos; andererseits, niemand könne den Zutritt zum Nationalpark verwehren. (Am besten mit einem LKW hochfahren, sich unsichtbar machen und niemanden interessiert es.)

Laguna Paccharuri.

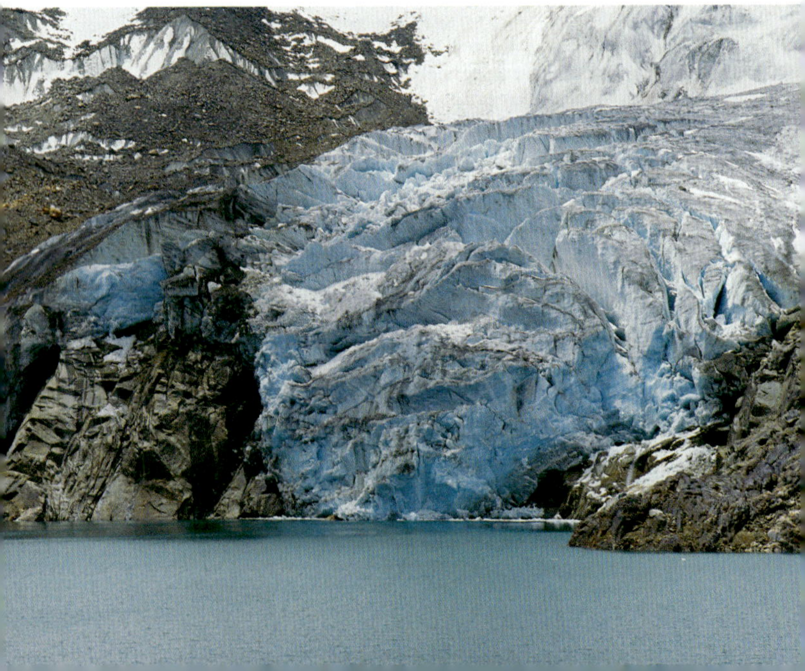

Ausgangspunkt: Vicos, 3050 m, siehe Tour 13. Eventuell kann man auch bis Rinconada mit einem Lkw mitfahren.
Endpunkt: Chacas, 3360 m. Busanbindung nach Huaraz.
Höhenunterschied: 2000 m Anstieg, 1700 m Abstieg (ohne Laguna Paccharuri).
Anforderungen: Je nach Routenwahl ein 4780 m oder 4750 m hoher Pass auf halber Strecke, sonst eher einfach.
Einkehr: In Chacas, unterwegs keine.
Unterkunft: Unterwegs im Zelt.
Varianten: 1. Abstecher zur Laguna Paccharuri, siehe unten.
2. Verkürzung der Tour um einen Tag durch Weglassen der Viñoyapampa und direkten Aufstieg auf den westlichen Honda-Pass, Beschreibung siehe ebenfalls unten.
Hinweis: Einmal täglich fährt frühmorgens ein Kleinbus von Chacas durch das Ulta-Tal nach Carhuaz und weiter bis Huaraz.
Tipp: In Vicos kann man Arrieros anheuern.
Karten: AV-Karte Cordillera Blanca Nord, IGN-Karte 19-h Carhuaz und 19-i Huari (alle 1:100.000).

1. Tag: Vicos – Rinconada (7.00 Std., 16 km, 850 Hm Anstieg)
Der Beginn der Wanderung folgt vorläufig nicht der Straße. Der abkürzende Fußweg verlässt das mittlerweile weitläufige Vicos nach Südosten. Gewaltige Felsbrocken, von Natursteinmauern und großen Agaven eingefasste Felder und unterbrechende Eukalyptushaine ergeben zusammen mit den Schafherden und farbenfroh gekleideten Indigenas ein heiteres Landschaftsbild vor dem Nevado Copa im Nordosten und dem Huascarán im Norden. Der Weg steigt ständig an, kommt nach 3 km auf eine Ebene mit hochgewachsenem Eukalyptuswald, steigt erneut etwas an und trifft dann wieder auf die Straße, wo nach 5 km in 3500 m Höhe die hohen Felswände des Taleingangs der **Quebrada Honda** erreicht sind. Von der Straße ist rückwärts deutlich die großflächige gewaltige Narbe der Goldmine der kanadischen Firma Barrick oberhalb von Jangas im Santa-Tal zu sehen.
Die Piste wechselt auf die rechte, südliche Flussseite zum **Portada de Honda**, 3600 m, dem Eingang ins Honda-Tal, wo ein paar bewohnte Häuser stehen und ein großes Gatter nicht »autorisierten« (ein beliebtes Wort in Lateinamerika) Fahrzeugen und Personen die Weiterfahrt und Ausländern den Zugang verwehren will. Von Wanderern wird so eine Genehmigung der Gemeindeverwaltung Vicos verlangt, weil das Talende Minengebiet ist. Im Nationalpark! Über dem vermeintlichen Talende taucht der 5340 m hohe Nevado Rataquenua (auch Nevado Portachuelo) als ständiger Blickfang auf. Vorläufig ohne nennenswerte Steigung ist nach 10 km das kurze, nach Norden abzweigende **Ruripaccha-Seitental** mit der Laguna Paccharuri erreicht.

Variante: Abstecher zur Laguna Paccharuri (3.00 Std. und 7 km Hinweg, 900 Hm)
Für diesen lohnenden Abstecher wechselt man wieder auf die nördliche Flussseite und der Weg (teilweise Straße) führt kurz darauf in zahlreichen engen Serpentinen den steilen Hang des nördlichen Seitentales hinauf. Der Weg geht links am Bach entlang, wechselt aber bald auf die rechte Seite und

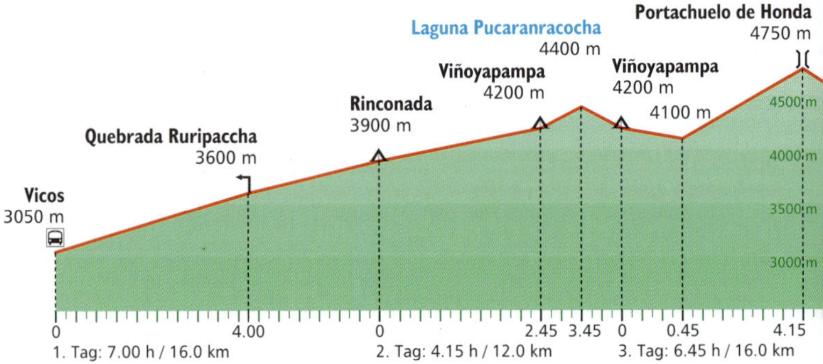

schlängelt sich dann durch die eng zusammenstehenden Felswände des kurzen Tales. Nach dem folgenden flachen, gut 2 km langen Talabschnitt, das einem trockenen, von Schotter bedeckten Flussbett gleicht, folgt noch einmal ein schon vorher sichtbarer Zick-Zack-Abschnitt des Weges wieder auf der linken Seite des Baches.

Nach einem erneuten flachen Stück zieht sich der Fußweg durch Waldabschnitte steil aufwärts zur stark überwachsenen Moräne. Vom Moränenkamm wird rechts unten ein kleiner ausgetrockneter See erkennbar; hoch darüber führt der Fußweg auf der linken Seite weiter, steigt noch mal ein wenig an und kommt zu einer schönen Wiese unterhalb des Nevado Copa Sur. Bei den hausgroßen Felsen unter der schwarzen Felswand finden sich schöne, geschützte Lagermöglichkeiten. In nordöstliche Richtung geht es über den Geröllhang zu einem ehemaligen Arbeitercamp. Hier wurde in den 1980er-Jahren ein Kanal zur Abflussregulierung gebaut. Die **Laguna Paccharuri** liegt noch ein paar Hundert Meter weiter in 4500 m Höhe. Der Gletscher des Nevado Paccharaju reicht bis ans Ufer des tiefblauen Sees (siehe Foto Seite 76).

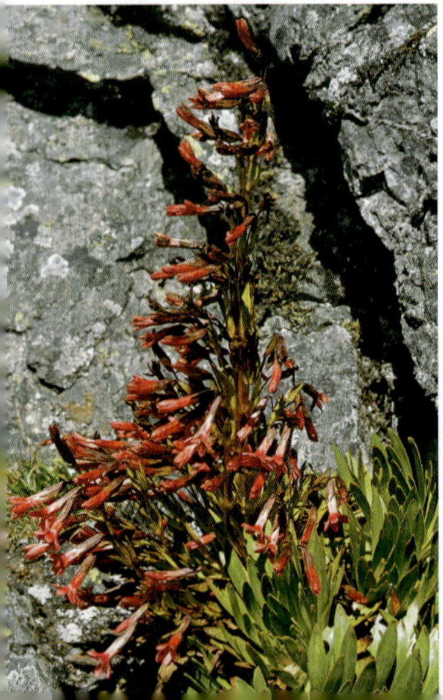

Zurück von diesem Abstecher, verläuft der Weiterweg ins obere Honda-Tal nur

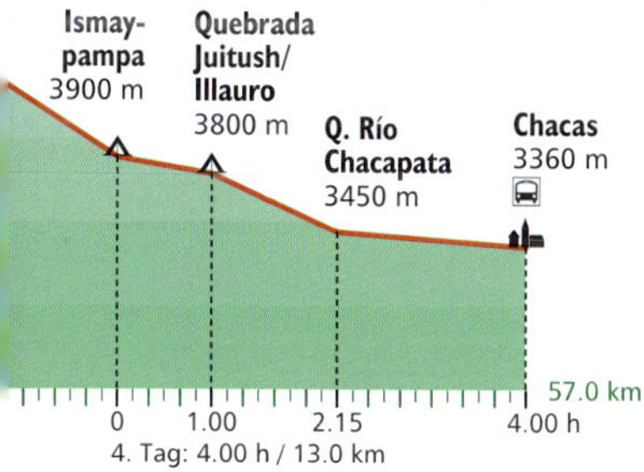

leicht ansteigend und kommt durch teils üppig wuchernde Vegetation zu einem ersten Wasserfall. Nach einem weiteren Wasserfall wechselt die Piste über den Fluss auf die nördliche Talseite und wendet sich anschließend nach Südosten. Dieser schöne Bereich des Honda-Tales in durchschnittlich 3900 m Höhe ist als »**Rinconada**« (Ecke, Winkel) bekannt. Hier wachsen viele Exemplare einer nur hier und im oberen Ulta-Tal vorkommenden 3 Meter hohen Puyapflanzenart mit kandelaberförmigen Blütenkerzen, und hier beginnt sich auch der direkte Weg links zum westlichen Honda-Pass hochzuschlängeln (ihn wird man wählen, wenn man die Viñoyapampa auslässt).

2. Tag: Rinconada – Viñoyapampa – Laguna Pucaranracocha – Viñoyapampa (4.15 Std., 12 km, 500 Hm Aufstieg, 200 Hm Abstieg)
Die weite Viñoyapampa und die Laguna Pucaranracocha sind zwar ein Abstecher vom Hauptweg, aber dieser eigentliche Honda-Talschluss und der Weg dorthin gehören zu den großartigsten Hochgebirgslandschaften der Cordillera Blanca und sollten in die Tour mit einbezogen werden. Die weiterführende Piste ist auch die Versorgungsader der Minen am Talschluss.
Der Fußweg wechselt wieder auf die Südseite des Baches, wo schöne Lagerplätze zu finden sind, aber auch Kühe weiden, kürzt die Kehren der Straße ab, steigt erstmals richtig an und stößt nach 2 km bei einem tosenden Wasserfall wieder auf die Straße. Auf Rückblicken ist die senkrecht abfallende Ostseite des Nevado Copa zu sehen. An der Straße folgt ein weiterer Zustieg zum westlichen Pass, 4780 m.
Kurz danach zweigt auf 4100 m eine Piste nach Süden hinauf zur **Mine Esparta** und **Mine Arequipa** unterhalb der Nordflanke des Nevado Tocllaraju ab, und wiederum knapp 4 km weiter in 4200 m folgt erneut eine abzweigende Piste hinauf zur **Mine Tomalamano** auf der nördlichen Talseite. Die Straße, also auch der Weiterweg, zieht sich in einem weiten Bogen nach Südosten bis zur **Mine Garrosa** oberhalb des Pucaranracocha und endet dort. Der Blick in Gehrichtung zur flachen, weitläufigen **Viñoyapampa** eröffnet ein herrliches Bergpanorama mit den Bergspitzen von Nevado Yanarangra, 5987 m, Nevado Putancuerno 5959 m und Nevado Chinchey, 6309 m und rechts kurz auf den Nevado Palcaraju, 6274 m. Die Pampa bietet überall gute Lagerplätze.

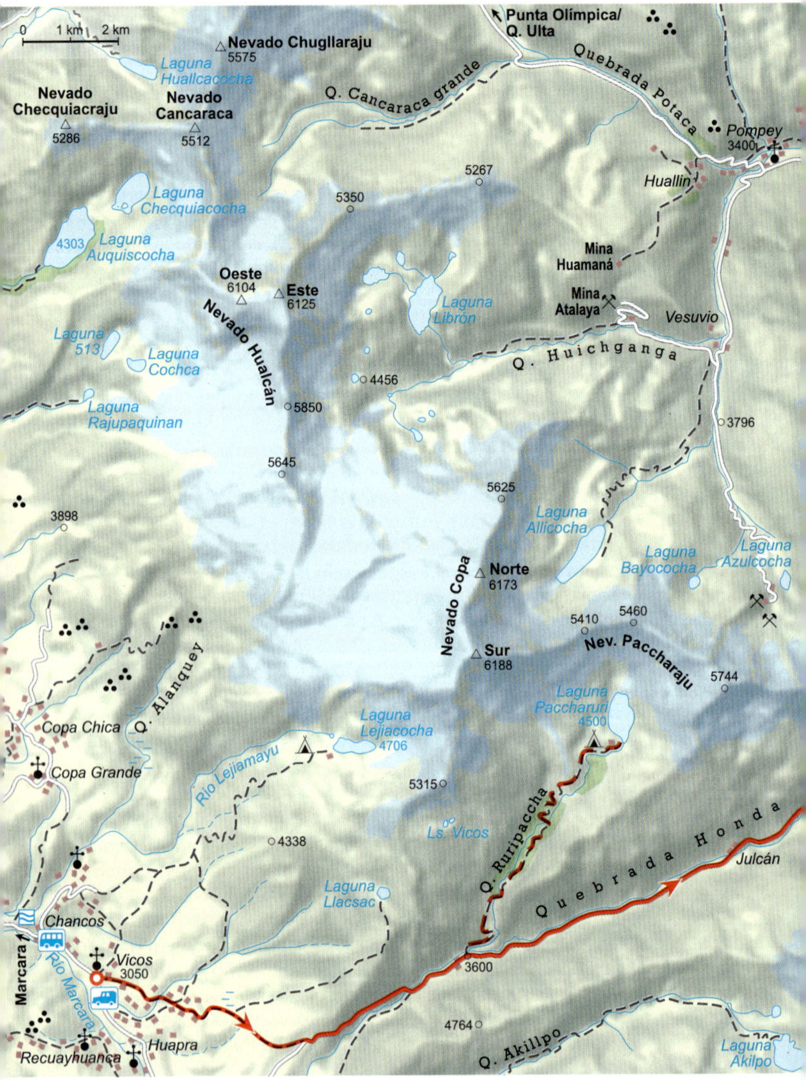

0 1 km 2 km
Nevado Chugllaraju 5575
Laguna Huallcacocha
Punta Olímpica/ Q. Ulta
Quebrada Potaca
Q. Cancaraca grande
Nevado Checquiacraju 5286
Nevado Cancaraca 5512
Pompey 3400
Huallin
5267
5350
Laguna Checquiacocha
4303
Laguna Auquiscocha
Mina Huamaná
Oeste 6104
Este 6125
Nevado Hualcán
Laguna Librón
Mina Atalaya
Vesuvio
Laguna 513
Laguna Cochca
Q. Huichganga
4456
Laguna Rajupaquinan
5850
3796
5645
5625
3898
Laguna Allicocha
Laguna Bayococha
Laguna Azulcocha
Nevado Copa
Norte 6173
5410
5460
Sur 6188
Nev. Paccharaju
5744
Q. Alanquey
Copa Chica
Laguna Paccharuri 4500
Laguna Lejiacocha 4706
Copa Grande
Río Lejiamayu
5315
Q. Ruripaccha
Ls. Vicos
Quebrada Honda
4338
Julcán
Laguna Llacsac
Chancos
Marcara
Río Marcara
Vicos 3050
3600
4764
Huapra
Recuayhuanca
Q. Akillpo
Laguna Akilpo

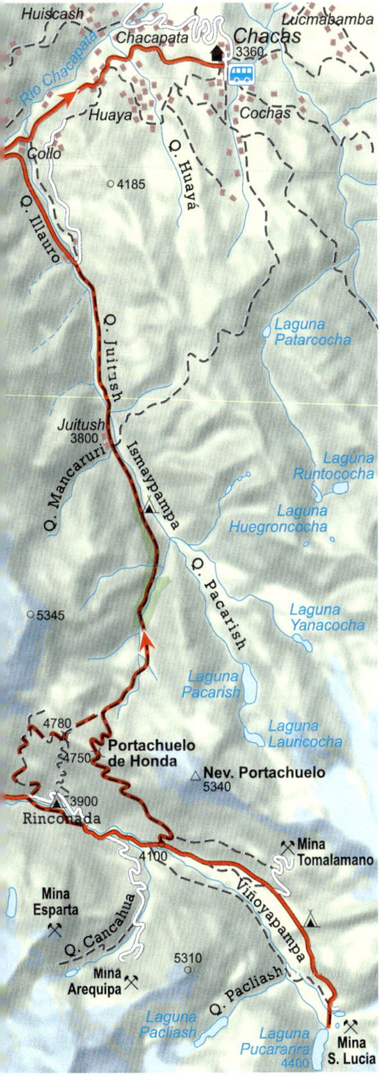

Die **Laguna Pucaranracocha** verbirgt sich hinter der Moräne mit dem deutlichen Einschnitt am Talschluss unterhalb der Eisgipfel im Süden. Die Straße kommt links der Moräne zu einer Schranke, hinter der die Baracken der Bergarbeiter der **Mine Santa Lucia** stehen. Zum 4400 m hoch gelegenen See geht es links des ausfließenden Baches die Moräne hoch, über dessen anderen Ende der Nevado Pucaranra, 6156 m, thront und seinen Gletscher bis nahe an den See schiebt. Über dem rechten Ufer ist der 6274 m hohe Nevado Palcaraju sichtbar, die anderen Gipfel bleiben von hier hinter dem steilen Ostufer der Laguna verborgen, zu nahe sind sie schon (siehe Foto Seite 27).

3. Tag: Viñoyapampa – Portachuelo de Honda – Ismaypampa/ Quebrada Juitush (6.45 Stunden, 16 km, 650 Hm Anstieg, 950 Hm Abstieg)

Um auf den **Honda-Pass** zu gelangen, gibt es **drei Zugangsmöglichkeiten:** Läuft man nicht bis zur Viñoyapampa, wird man natürlich die erste und allgemein übliche Anstiegsroute ab Rinconada nehmen. Vom Honda-Talschluss zurücklaufend – hier als Hauptroute beschrieben – wird man die dritte Variante wählen (siehe nächste Seite).

Der **westlichste (also erste) Anstieg** ist ein guter Weg in üppigem Grün, unterbrochen von Quenuabäumen, sogar Passionsblumen sind hier zu entdecken. Nach der Waldgrenze kommen einige Tüm-

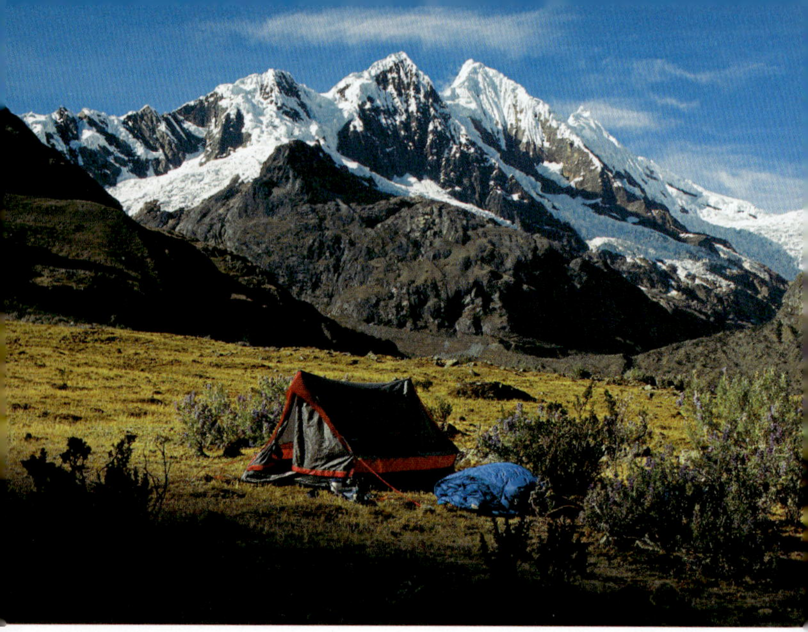

Viñoyapampa, das herrliche Talende der Quebrada Honda.

pel und an den steilen Feuchthängen ist mit viel Glück die früher hier häufig vorkommende herrliche Rima-Rima-Blume zu entdecken (siehe Foto Seite 20 oben). Im obersten Drittel des Anstieges, unterhalb des beginnenden Gerölls, teilt sich der Weg, doch beide führen zum Pass. Leicht ersteigbare Felsgipfel, die nur wenig höher sind als der 4780 m hohe Portachuelo de Honda, bieten freiere Aussicht auf die umliegenden Gipfel. Selbst in dieser Höhe wachsen noch Blumen.
Der zweite – mittlere – Zustieg zum westlichen Pass wird kaum benützt.

Der **dritte, also östliche Anstieg** auf den anderen, 4750 m hohen Honda-Pass beginnt in 4100 m Höhe bei km 30 genau gegenüber der Mine Esparta in weit ausholenden Zickzackkehren (soll anscheinend mal befahrbar gemacht werden). Nach etwa 3 km Aufstieg stößt man auf den von der Tomalamano-Mine kommenden Verbindungsweg zum Honda-Pass und die bisher breite Piste wird zum Pfad. An gewaltigen Felsquadern und einer Quenuabaumgruppe vorbei und nochmal etliche enge Haarnadelkurven höher ist man auf dem eigentlichen Anstiegsweg zum Pass. Der Weg zieht sich nun permanent höher und an einem kleinen Wasserfall auf ockerfarbenem

Fels vorbei, der schon zu Beginn des Anstieges von unten aufgefallen war. So stellt sich heraus, dass man eigentlich einen gewaltigen Umweg gegangen ist, aber der sehr steile Hang verwehrt eine direkte Abkürzung. Schließlich kommt ein von Steinen eingefasster, ziemlich verschmutzter Lagerplatz mit einer winzigen Quelle auf etwa 4500 m, genau auf gedachter Verlängerungslinie des Honda-Tales. Noch ein paar anstrengende Kehren geht es höher, die Weitblicke auf alle fünf hier stehenden Sechstausender sind genauso beeindruckend wie der Tiefblick hinaus in das lange Honda-Tal. Dieser etwas östlichere **Honda-Pass** ist eine enge, felsige Pforte in 4750 m Höhe (9 km von der Talabzweigung).

Der **Abstieg** vom **westlichen Pass** in die Quebrada Juitush, die weiter talauswärts dann Qu. Illauro heißt, beginnt in steil abfallenden Serpentinen, passiert einen kleinen sumpfigen Weiher, wechselt zweimal die Talseite über einen Bach und an kleinen Wasserfällen vorbei, welche die Gebirgslandschaft zusätzlich aufwerten, und anschließend ist rasch die erste Talebene erreicht.
Vom **östlichen Pass** geht es zunächst steil in Geröll abwärts, dann auf gutem Weg rasch wieder in saftiges Grün. Unter der schwarzen Felswand Richtung rechten Talrand scheint der Weg vor einem kleinen Wasserfall zu enden, zieht sich aber abrupt nach links den von Lupinen übersäten Hang ins Tal hinunter. Rechts über der ersten sumpfigen Wiese etwas weiter unten zieht sich ein Wäldchen fast senkrecht nach oben, an dessen vorderem Bereich ein Wasserfall in vielen Stufen von ganz oben bis zur Wiese stürzt. Am oberen Rand der großen Wiese vereinen sich die Wege von beiden Pässen.

Der Weg bleibt noch am linken Rand der Wiese, überquert dann den Bach nach rechts, wo sich der Weg am Rande des Quenuawäldchens an mehreren kleinen Wasserfällen vorbei zur nächsten größeren Weide senkt. Hier steht wieder eine größere Ansammlung von den seltenen Puyapflanzen. (7 km vom Pass). Nach weiteren 2 km muss man auf die linke Bachseite wechseln und sich dafür im Weitsprung üben oder den Bach durchwaten. Ab/bis hier ist der Weg zwar straßenähnlich ausgebaut, aber das Tal absolut unbesiedelt. Vor der **Ismaypampa** vereinigt sich das Tal mit dem kurzen Pacarish-Tal und verläuft danach in Nord-Süd-Richtung. Nach weiteren 4 km taucht zum ersten Mal ein großes Haus auf, neben dem ein Gatter die Straße versperrt; 3800 m. Erst ab hier trifft man auf eine spärliche Besiedelung.

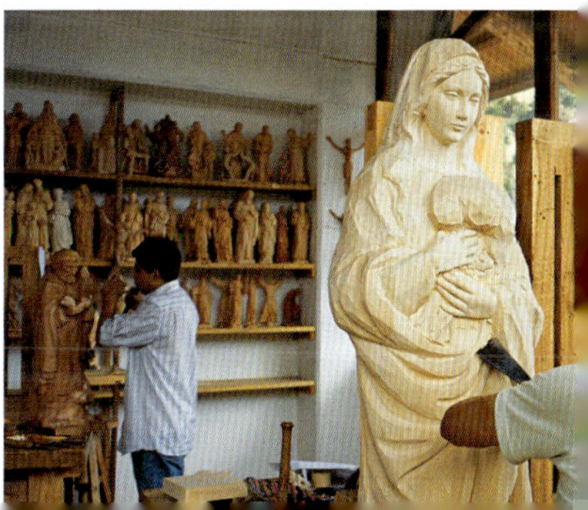

Chacas: In der Don-Bosco-Werkstätte.

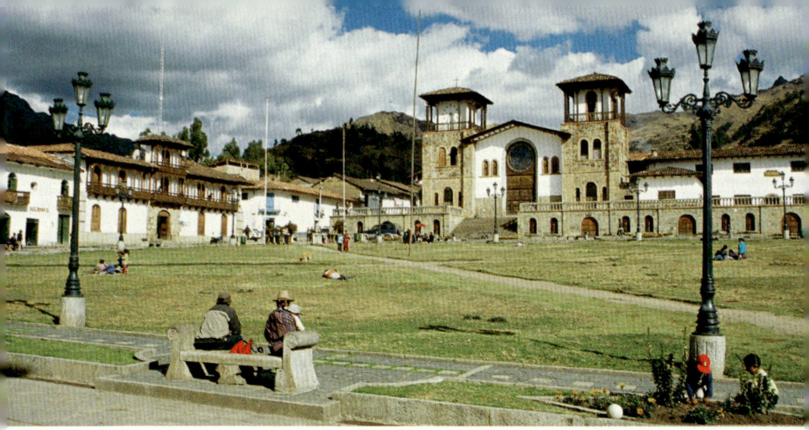

Chacas: Einer der ganz seltenen Fälle, wo die gesamte Plaza noch grün ist.

4. Tag: Ismaypampa/Quebrada Juitush – Quebrada Illauro – Chacas (4.00 Std, 13 km, 540 Hm Abstieg)
Noch sind es im jetzt Quebrada Illauro heißenden letzten Abschnitt des Tales scheinbar endlose Kilometer bis zur Haupverbindungsstraße vom Ulta-Pass nach Chacas. (Wer die Tour weiter nach Pompey und über die Punta Olímpico mit dem Ulta-Tal verknüpfen möchte, geht auf der linken Flussseite die aus dem Gebirge kommende Straße hoch; siehe Tour 15).

Von der Einmündung in den Hauptweg, 3450 m, sind es noch 6 km nach Chacas, hoch über dem **Chacapata-Tal** auf seiner Südseite.

Das 3360 m hoch gelegene **Chacas** ist einer der Hauptorte der Salesianer im Conchucos, der Ostseite der Cordillera Blanca. Die Salesianer engagieren sich weltweit in Kinder- und Jugendhilfe und unterhalten hier eine Ausbildungsstätte für etwa 80 Jugendliche in holzverarbeitenden Berufen. Es sind überwiegend junge Italiener, meist Südtiroler, die sich in einem freiwilligen Jahr um die Ausbildung und Versorgung der jungen Peruaner kümmern. Manch einer ist auch hängen geblieben und schon über 20 Jahre hier tätig. In Chacas gibt es das einzige Krankenhaus weit und breit und an der großen Plaza steht etwas erhöht die mächtige Kirche Virgen de la Asunción, in deren Sockel ein wunderbares Museum mit Keramiken aus der Recuay-Kultur untergebracht ist, mit einem gepflegten Verkaufsladen für die selbst gefertigten Möbel und Andenken aus Holz nebenan, sowie die einzige öffentliche Toilette (stets sauber!) in einem peruanischen Ort überhaupt! Flankiert wird die Kirche vom mit kostbaren Holzarbeiten ausgestatteten Rathaus und auf der anderen Seite der Plaza von einer Zeile schöner alter Häuser mit Holzbalkonen. Früher gab es hier nur zwei schäbige Unterkünfte, die dem schönen Ort nicht gerecht wurden; mittlerweile hat sich das geändert.

2 Tage

Verbindungsweg vom Honda-Tal in das Ulta-Tal

15

Mit dem höchsten Pass der Cordillera Blanca zwei Touren verknüpfen

Wenn auch ein Großteil der Wanderung auf der Verbindungsstraße zwischen Santa-Tal und dem sogenannten Conchucos, wie die Ostseite der Cordillera Blanca zwischen Chavín, San Marcos, Huari, San Luis und Chacas genannt wird, verläuft, ist doch schon alleine der Blick vom 4890 m hohen Ulta-Pass/Punta Olímpica diese Verknüpfung von Honda- und Ulta-Tal (Tour 14 und 12) zu einer Rundwanderung wert.

Ausgangspunkt: Im Tal des Río Chacapata an der Kreuzung der Straße von Chacas ins Ulta-Tal mit dem Weg vom Honda-Pass, 3450 m. Zustieg entweder von Chacas (6 km) oder mit Tour 14 (3 Tage) ab Vicos.
Endpunkt: Ulta-Tal, 3950 m. Weiter mit Tour 12 entweder nach Shilla (zu Fuß 1–2 Tage; evtl. findet sich eine Mitfahrgelegenheit) oder nach Yanama (2–3 Tage).
Höhenunterschied: 1450 m Anstieg und 940 m Abstieg.
Anforderungen: Anstrengend, aber immer auf gut begehbarer Piste und Wegen.
Einkehr: Keine.
Unterkunft: Im Zelt.
Karten: AV-Karte Cordillera Blanca Nord, IGN-Karte 19-i Huari (beide 1:100.000).

Am Ulta-Pass, dem höchsten Übergang in der Cordillera Blanca, mit Nevado Chopicalqui, links Huascarán-Süd.

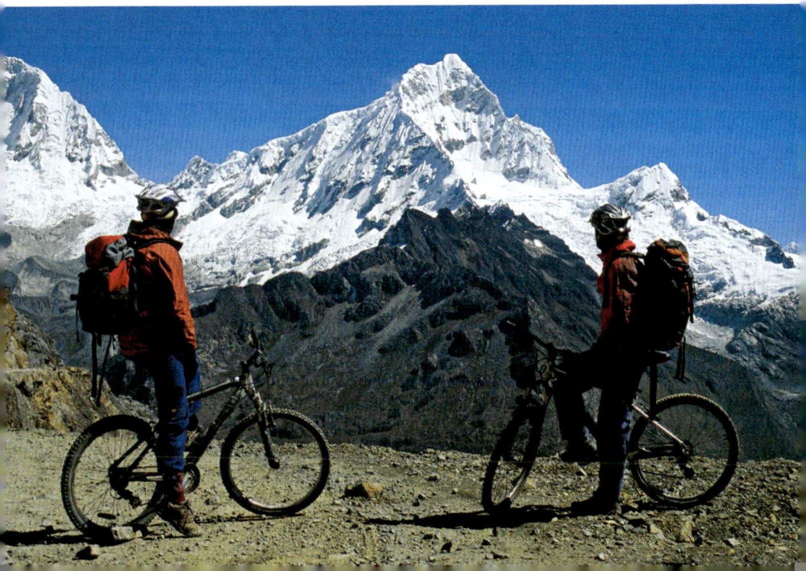

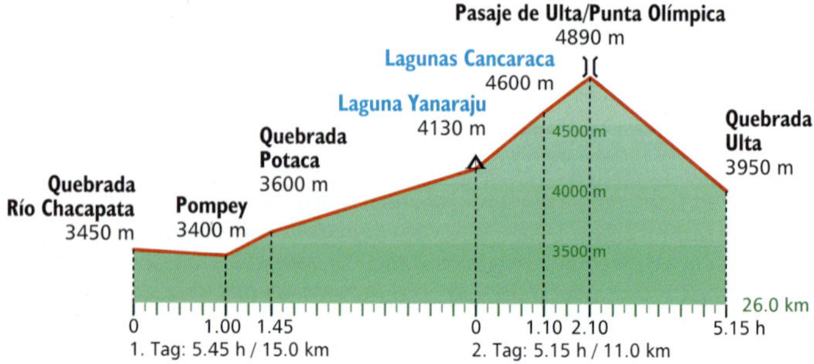

1. Tag: Chacapata-Tal – Laguna Yanaraju (5.45 Std., 15 km, 730 Hm Anstieg, 50 Hm Abstieg)

Vom Honda-Pass kommend stößt man etwa 3 km vor dem Ende der Quebrada Illauro auf die weit ins Tal reichende Straße nach Chacas und weiter zur Ostseite der Cordillera Blanca. An der Mündung des Illauro-Tales in das **Tal** des **Río Chacapata** macht die Piste eine 90°-Kehre nach Westen, stößt kurz darauf auf die Hauptstraße und noch 1 km weiter auf die Häuser von **Pompey**, 3400 m, eine sich immer weiter ausdehnende einstige Minensiedlung. Die nach Süden abzweigende Straße führt ins Huanchacpampa-Tal, wo sich in der Ansiedlung Vesuvio früher ein von Italienern gegründetes Schmelzwerk befand. Die Landschaft ringsum ist pittoresker Bergurwald.

Die Hauptstraße wechselt kurz auf die rechte Flussseite in die enge **Quebrada Potaca**, wo sie dann gleich wieder auf der linken Seite nach Nordwesten zum Ulta-Pass hochstrebt. Im oberen Bereich heißt das Tal dann Quebrada Cancaraca chica. Das ansteigende Tal bleibt lange grün, die Hänge sind bewaldet und manchmal ist der Nevado Contrahierbas in Gehrichtung zu sehen. Der Straße folgend ist die Wegführung unverfehlbar.

In 4130 m Höhe liegt rechts nahe der Straße hinter einer Moräne versteckt die **Laguna Yanaraju**, mit guten Lagermöglichkeiten.

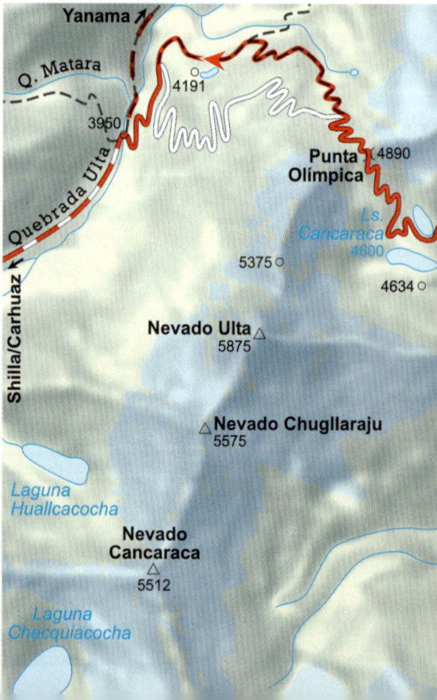

2. Tag: Laguna Yanaraju – Ulta-Tal (5.15 Std., Fußweg 11 km, 760 Hm Anstieg, 940 Hm Abstieg)
Nach der Laguna Yanaraju beginnt sich im obersten Bereich die Straße in vielen Kehren immer höher zu winden. Auf steilen Abkürzungen, dem alten Weg, gewinnt man dennoch rasch an Höhe. Hunderte rote Stengel eines Bärlappgewächses zieren ein kleines Hochmoor im Bereich der beiden kleinen **Cancaraca-Seen** in 4600 m. Das letzte Stück Aufstieg erfolgt in vegetationsloser, von Fels und Eis geprägter Hochgebirgsszenerie. Von der luftigen Pforte der **Punta Olímpica** (Ulta-Pass) in 4890 m Höhe, eine überwältigende Aussicht auf die Nordseite. Vor allem beeindruckt der Blick auf die Südseite des 6354 m hohen Nevado Chopicalqui mit seinen kühnen Graten; rechts daneben etwas zurückversetzt steht der Chacraraju und von weiter unten auf der Straße wird auch der Huascarán sichtbar. (Seit 2013 ist die Straße asphaltiert und führt in 4680 m Höhe durch einen Tunnel.)
Fast 1000 Hm tiefer liegt der Talschluss des Ulta-Tals und das nach Norden abbiegende breite Tal zur Punta Yanayacu. Von der letzten Kurve des oberen Bereichs der Passstraße (Anfang der 1980er-Jahre gebaut, 2011–2013 erneuert), senkt sich ein direkter Fußweg steil hinunter bis zur nördlichsten Kehre. Im **Ulta-Tal** angekommen sind es nach Süden bis hinaus nach Shilla (siehe Tour 12) 20 km und 1040 Hm Abstieg, aber mit etwas Glück ergibt sich auch eine Mitfahrgelegenheit. (Vom Ultapass bis Carhuaz sind es fast 40 km.) Nach Norden ließe sich Yanama in 2–3 Tagen erreichen (siehe ebenfalls Tour 12).

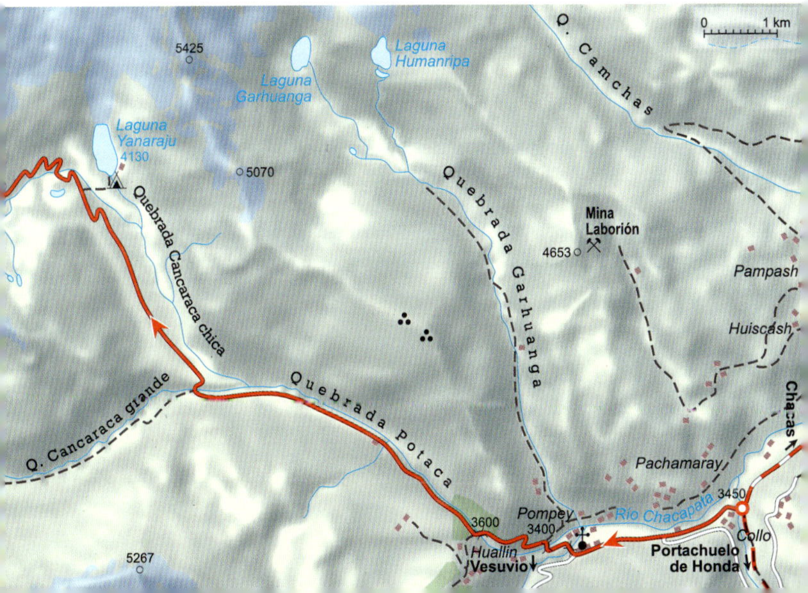

16 Vom Dorf Hualcan nach Carhuaz

2.00 Std.

Wanderung durch liebliche Landschaft unter dem Nevado Hualcan

Nach Hualcan auf genau 3000 Metern fährt in regelmäßigen Abständen ein Kleinbus (Colectivo), daher erfolgt die Beschreibung des Weges bergab nach Carhuaz. Der Besuch von Ortschaften, in die so gut wie nie Touristen kommen und die vor sich hindämmern, ist jedesmal ein besonderes Erlebnis. (Im März 2017 zerstörte ein Unwetter die unterste Brücke, daher muss der Bus bis zum Wiederaufbau einen erheblichen Umweg fahren.)

Ausgangspunkt: Hualcan, 3000 m. Regelmäßige Busverbindung (Colectivo) ab Carhuaz im Santa-Tal erreichbar.
Endpunkt: Carhuaz, 2650 m.
Höhenunterschied: 350 Hm Abstieg.
Anforderungen: Gemütliche Wanderung.
Einkehr: In Carhuaz, unterwegs keine.
Karten: AV-Karte Cordillera Blanca Nord, und IGN-Karte 19-h Carhuaz (1:100.000).

Gut 30 Min. dauert die Fahrt von der weitläufigen Plaza in Carhuaz auf holpriger Piste mit ständig aus- und einsteigenden Fahrgästen unterwegs, hinauf in das verschlafene Dorf **Hualcan**, wo die Straße endet. Dem gepflasterten ruhigen Dorfplatz mit seiner kleinen hellblau getünchten Kirche verleiht der darüber aufragende Nevado Hualcan ein schmuckes Aussehen.

Die Piste führt recht kurvenreich durch landwirtschaftlich genutztes Land abwärts. Die Südflanke des

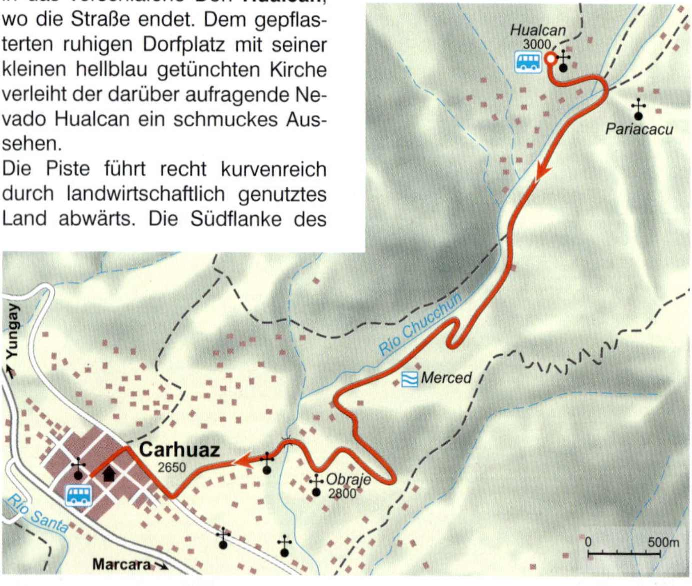

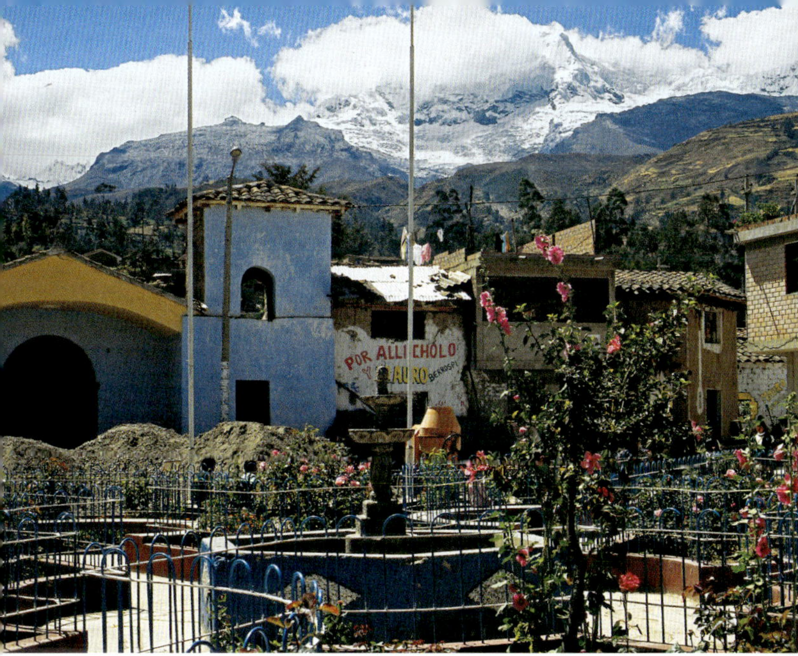

Das Dorf Hualcan vor dem gleichnamigen Sechstausender.

höchsten Berges von Peru, weiße kleine Häuser der Campesinos, Schatten spendende Eukalyptushaine, ein heiterer Bach und die von Agaven gesäumte Straße möchten fast den Eindruck einer längst vergangenen Zeit vermitteln, wenn die Stromleitungen nicht wären. Der Rückblick auf den Huascarán verschwindet, dafür wird der Nevado Hualcan wieder sichtbar. Nach einem Linksknick der abfallenden Straße entschwindet aber auch dieser aus dem Blickfeld. Beim Dorf **Obraje** mit großem Schulgebäude werden dann dafür im Süden die Eisberge Vallunaraju, Ranrapalca und Urus sichtbar. Der Ort wird weiter unten vom Bachbett des Río Chucchun mit gewaltigen Felsquadern durchschnitten, die Straßenbrücke besteht aus Holzbrettern. Durch die starke Bevölkerungszunahme ist die Besiedelung bis nach Carhuaz im Santa-Tal nahezu durchgehend. Am Ortsrand von Carhuaz führt die Straße am großen Ausflugslokal »Recreo Porvenir« vorbei und mündet nach ein paar Knicken wieder in die große Plaza von **Carhuaz**.

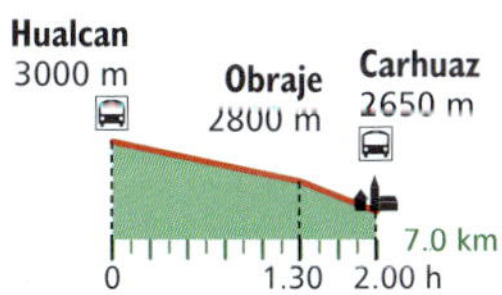

17 Quebrada Ishinca

3 Tage

Ein Bilderbuchtal mit guten Bergbesteigungsmöglichkeiten

Das kurze und leicht erreichbare Ishinca-Tal hat sich zu einem beliebten Ziel zum Akklimatisieren entwickelt – sowohl bei Wanderern, die längere und anstrengende Trekkingtouren vorhaben, als auch bei Bergsteigern, die die Besteigung eines anspruchsvollen Sechstausenders planen. Hier kann sich der Körper in herrlicher Gebirgslandschaft auf fast 4500 m Metern bequem an die Höhe gewöhnen. Am Talende auf 4390 m Höhe steht seit 1998 das Refugio Ishinca mit 60 Schlafplätzen, außerdem zwei häufig bestiegene »leichte« Fünftausender und ein Sechstausender.

Ausgangspunkt: Paltay, 2850 m, im Santa-Tal 15 km nördlich von Huaraz, oder Collon, 3200, wenn der Zustand der Straße die 6 km lange Taxifahrt dorthin zulässt.
Höhenunterschied: 1800 m (von Paltay zusätzlich 350 m).
Anforderungen: Unbeschwerliche Wanderung ohne technische Schwierigkeiten.
Einkehr: Refugio Ishinca.
Unterkunft: Refugio Ishinca. Vorher gibt es gute Lagermöglichkeiten.
Tipp: Arrieros und Tragtiere in Huillac.
Karten: AV-Karte Cordillera Blanca Süd; IGN-Karten 19-h Carhuaz und 19-i Huari (alle 1:100.000).

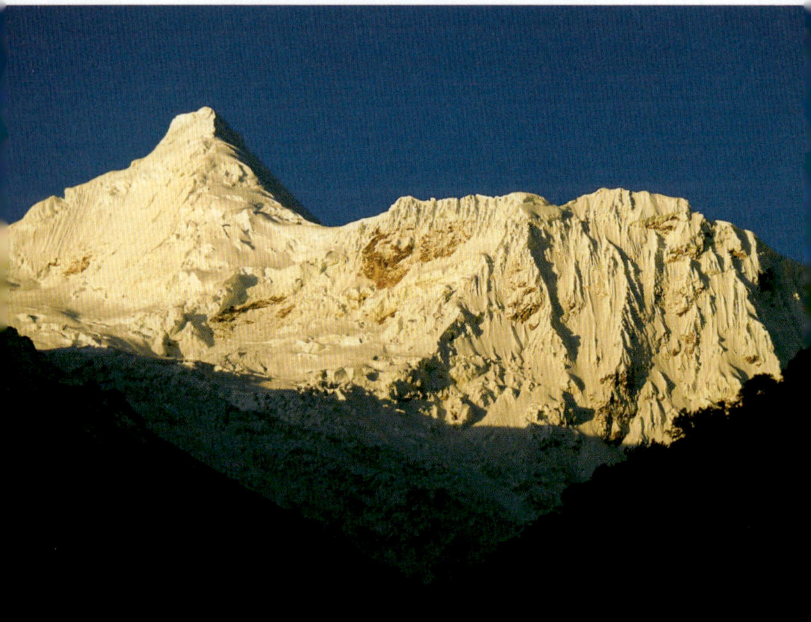

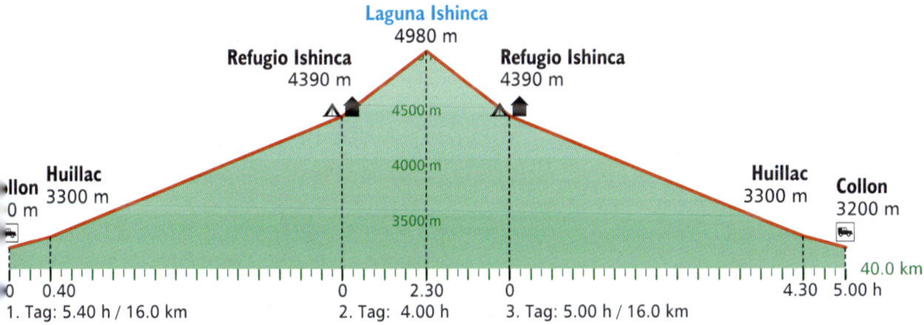

1. Tag: Collon – Refugio Ishinca (5.40 Std., 16 km, 1200 Hm Anstieg)
Bricht man zeitig in Huaraz auf, kann schon am Nachmittag desselbenTages das Zelt am Talschluss stehen oder ein Bett im Refugio Ishinca in Anspruch genommen werden. 15 km nördlich von Huaraz zweigt vor den Häusern von Paltay und noch vor der gleichnamigen Brücke die Piste nach Osten ins Ishinca-Tal ab. An der Südseite des Flüsschens Lucma (auch Río Paltay) steigt die nach heftigen Regengüssen oft in miserablem Zustand befindliche Straße nach Collon mit seinem erdbebengeschädigten und einsturzgefährdeten Kirchturm an. Die Anheuerstellen für Arrieros und Tragtiere befinden sich aber noch 2 km weiter talaufwärts bei den Gebäuden von **Huillac** und **Pashpa**.
Gleich nach den Häusern von Huillac wechselt der schöne Weg auf die nördliche Seite des Baches, an Getreidefeldern mit Mauern aus aufgeschichteten Natursteinen entlang, über denen sich im Südosten die nahen Hausberge von Huaraz zeigen. Mit zunehmender Höhe werden auch im Norden die Nevados Copa, Hualcan, Chopicalqui und Huascarán sichtbar und schon steuert der Weg auf den Taleinschnitt der Quebrada Ishinca zu. Die anfänglich enge Schlucht verbreitert sich zusehends und ihre Schönheit deutet sich an, obwohl vorerst nur der breite Eisrücken des Nevado Palcaraju, 6274 m, am Ende des kurzen Tales zu sehen ist. Über dicht wachsenden Quenuawäldchen, gigantischen Felstürmen und haushohen Felsquadern, wo sich zahllose Bergvizcachas tummeln, wird nach und nach der verheißungsvolle Blick auf den formschönen Nevado Tocllaraju frei, der über dem Talschluss thront und das Ishinca-Tal krönt. Bevor man zur Hütte kommt, finden sich sehr gute Lagerplätze.
Am äußersten Talende, das vom mäandernden Abfluss der hinter der Moräne verborgenen Lagunas Pacliash und Toclla durchzogen ist und an dessen Nordrand die **Ishinca-Hütte** steht, ist es nicht ratsam zu zelten, weil sich dort nachmittags gerne böige Fallwinde austoben und regelrechte Sandstürme entfachen.

Nevado Tocllaraju.

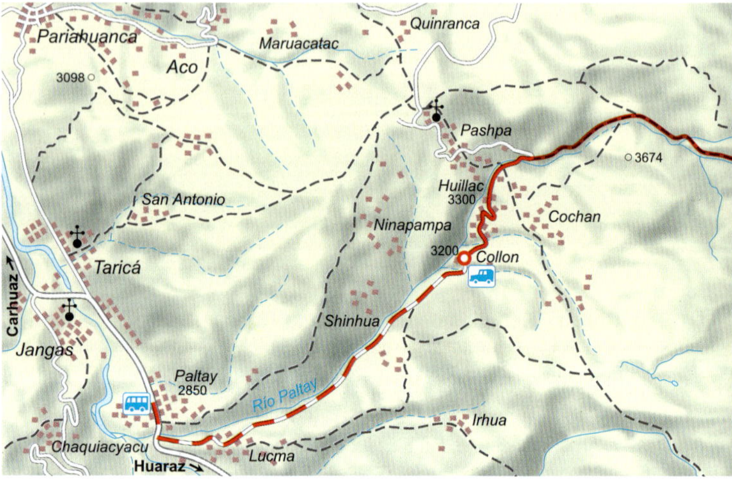

2. Tag: Refugio Ishinca – Laguna Ishinca – Refugio Ishinca (4.00 Std., 8 km, 600 Hm)

Vom Talschluss bieten sich zwei relativ leicht zu besteigende Fünftausender an: Am Nordrand des Tales der 5420 m hohe Ostgipfel der Nevado-Urus-Kette mit schöner Rundumaussicht, zu dessen Füßen auf der anderen Seite die milchiggrüne Laguna Akilpo liegt, über der sich der gleichnamige 5520 m hohe Berg neben dem 6032 m hohen Tocllaraju erhebt.

Auf der Südseite des Tales lockt nicht nur der Nevado Ishinca mit seinem 5530 m hohen Gipfel direkt unter der Nordflanke des Nevado Ranrapalca als Ziel, auch der Weg bis zum Einstieg an der Laguna Ishinca auf 4980 m ist ein lohnender Abstecher, denn diese herrliche Gebirgsszenerie bleibt vom Tal natürlich verwehrt. Ein sehr guter Weg zieht sich vom sandigen Talende zunächst etwa 30 m über dem Talboden Richtung Moräne unterhalb des Tocllaraju, nachdem vorher der Bach nach Süden überquert wurde. Dann steigt der Weg in südliche Richtung steil an und rasch wird der Nevado Ishinca links neben dem 6162 m hohen Ranrapalca sichtbar. Vor der mächtigen Moräne der grünen **Laguna Ishinca** breitet sich eine feuchte, mit roten Bärlappgewächsen bestandene Wiese vor der grandiosen Hochgebirgswelt aus. Der Weg führt bis zu einem ehemaligen INGEMMET-Camp, wo heute eine Biwakschachtel steht. Wer den Nevado Ishinca besteigen möchte, braucht nicht bis zur Laguna hochzugehen, sondern kann zwischen den beiden et-

Am Weg zur Laguna Ishinca mit Blick auf die nördliche Talseite mit dem Nev. Urus (links).

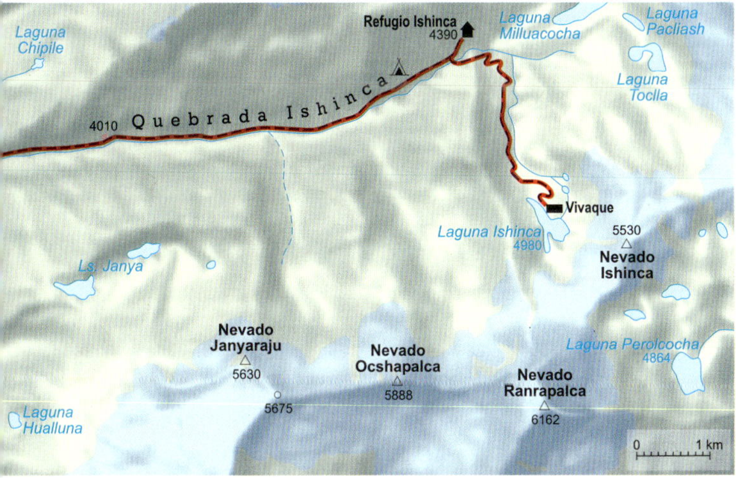

was tiefer gelegenen kleinen Seen links des Weges durchlaufen und in Geröll und Fels zur Eisgrenze gelangen, wo in der Regel immer die Aufstiegsspur zu erkennen ist. (Die Besteigung der Berge ist durch den enormen Gletscherrückgang nicht unbedingt einfacher geworden. Steinschlaggefahr!)
Der Rückweg ins **Ishinca-Tal** ist mit dem Hinweg identisch.

3. Tag: Refugio Ishinca – Collon (5.00 Std., 16 km, 1200 Hm Abstieg)
Zurück nach Collon geht es ebenfalls auf dem bekannten Weg.

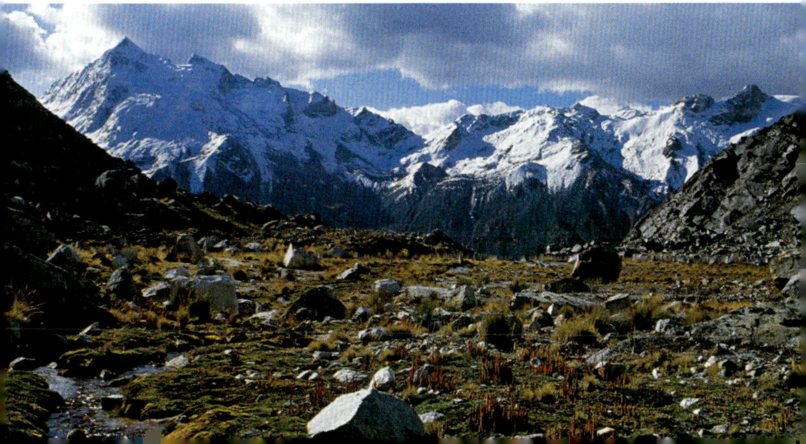

18 Mirador Rataquenua und Pucaventana

4.15 Std.

Aussichtshügel über Huaraz

Am Stadtrand von Huaraz windet sich eine Straße in ein paar Kehren zum Mirador Rataquenua hoch, einem Aussichtspunkt auf die Hausberge von Huaraz, die strahlenförmig nach Osten strebenden Täler, die nördliche Cordillera Blanca und natürlich Huaraz selbst. Der Mirador ist auch mit dem Taxi erreichbar.

Mirador Rataquenua mit Nevado Vallunaraju (links) und Nevado Ranrapalca.

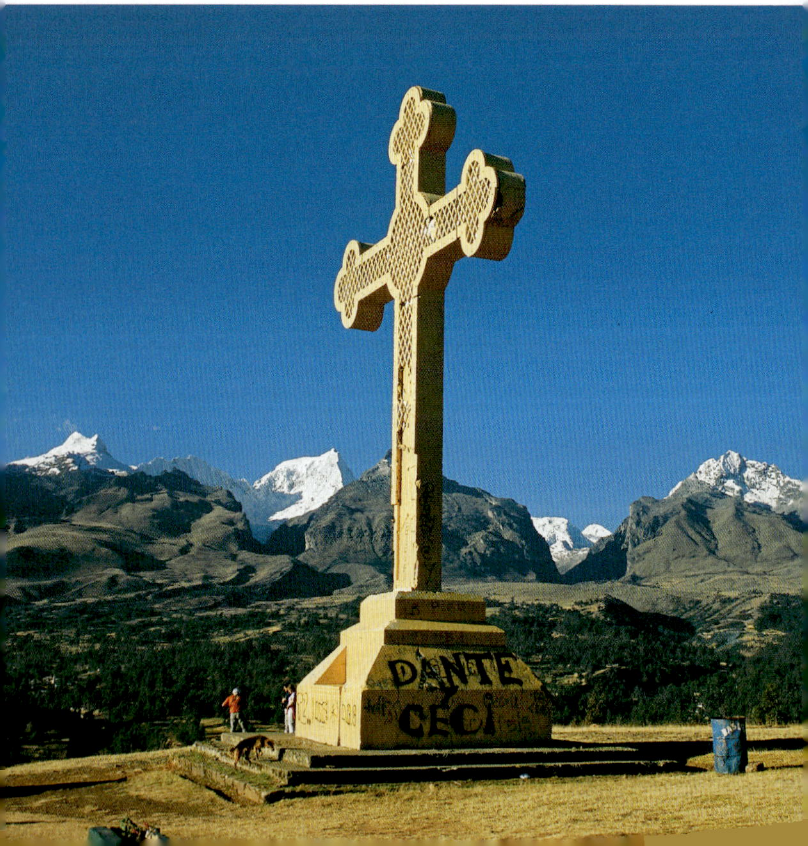

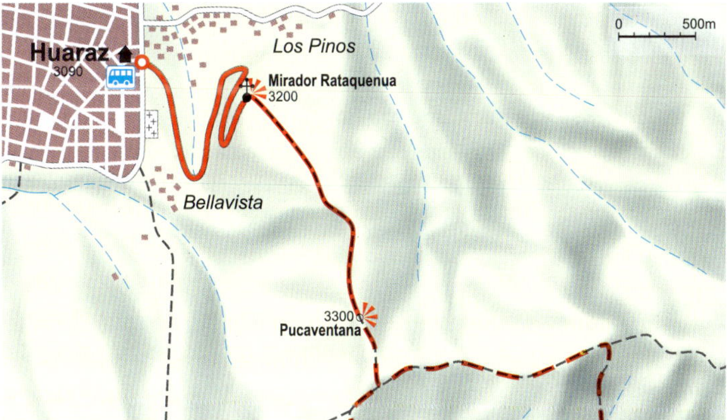

Ausgangspunkt: Friedhof in Huaraz, 3090 m.
Anforderungen: Leichte Tour.
Höhenunterschied: 210 m.
Einkehr: Nur in Huaraz (das einstige Ausflugslokal oben ist Ruine).
Varianten: Siehe unten.
Karten: AV-Karte Cord. Blanca Süd, IGN-Karte 20-h Huaraz (1:100.000).

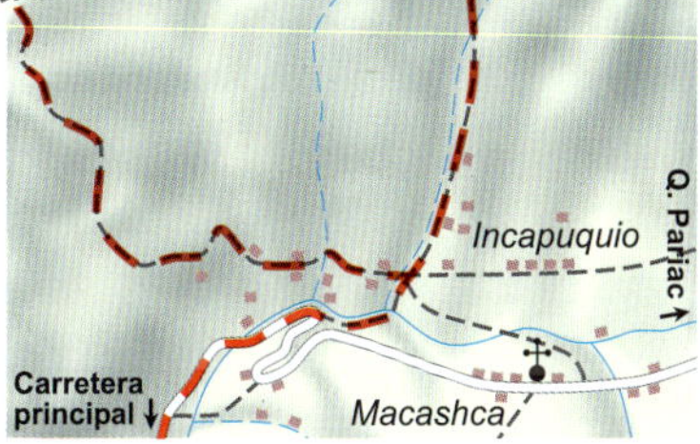

Im Südosten von **Huaraz** hinter dem **Friedhof** zieht sich die Piste in einigen Kehren zum Aussichtspunkt Rataquenua auf 3200 m. Zu Fuß lassen sich die weit ausholenden Serpentinen aussparen, dafür ist der Weg natürlich steiler. Der **Mirador Rataquenua** mit seinem großen Steinkreuz bietet einen herrlichen Ausblick, danach führt die Piste noch ein Stück weiter hoch, zum sogenannten **Pucaventana**, dem »Roten Fenster« (Foto S. 29). Dabei handelt es sich um weitläufige, stark erodierte Hänge aus rotbrauner Erde, die teilweise landwirtschaftlich genutzt werden oder örtlich großzügig aufgeforstet wurden. Mit jedem gewonnenen Höhenmeter wird die Aussicht zunehmend schöner. Deshalb kann sich hier jeder selbst eine kleine Rundwanderung zusammenstellen, sogar über den trennenden Bergrücken auf etwa 3550 m Höhe hinunter ins südliche Nachbartal, die Quebrada Pariac, nach **Macashca** wandern oder denselben Weg wieder zurückgehen.

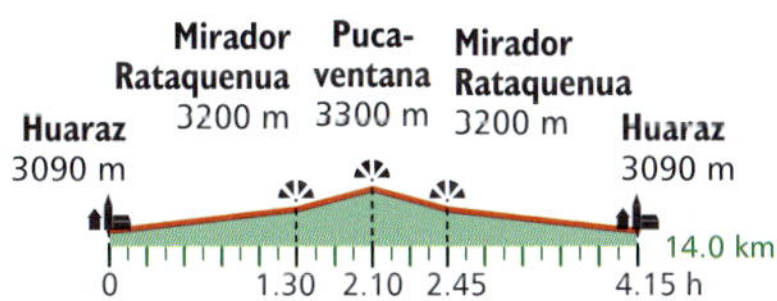

19 Laguna Llaca

7.00 Std.

Ein schöner See in einer Arena von hohen Eisbergen

Es ist das einzige der fünf Täler, das per Straße erreichbar ist, und so tummeln sich schon mal einige Radfahrer dort oben, die sich mit dem Auto hochbringen ließen. Wer das Tal mit seiner schönen Laguna unterhalb der steilen Eisberge, besonders der Riffelfirnwand des 5888 m hohen Nevado Ocshapalca, zu einer Wanderung nutzen und kampieren möchte, hat trotzdem seine Ruhe.

Ausgangspunkt: Beginn der Quebrada Llaca, 3800 m. Anfahrt ab Huaraz mit Taxi.
Höhenunterschied: 680 Hm.
Anforderungen: Leichte Wanderung.
Einkehr: Unterwegs keine.
Unterkunft: Ehemalige Bauhütte/Biwak an der Laguna Llaca, Zeltplätze findet man etwas vorher.
Karten: AV-Karte Cordillera Blanca Süd, IGN-Karten 19-i Huari und 20-h Huaraz.

Die Straße von Huaraz führt in einem weiten Bogen nach Norden an der archäologischen Stätte von **Wilkahuain**, einer 10 x 15 m großen Festungsanlage aus der Chavín-

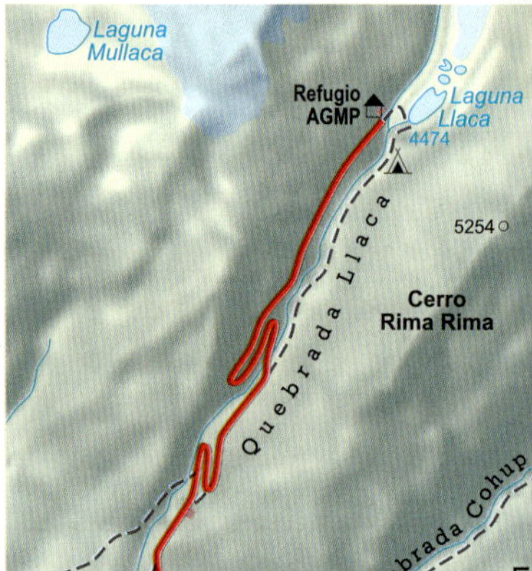
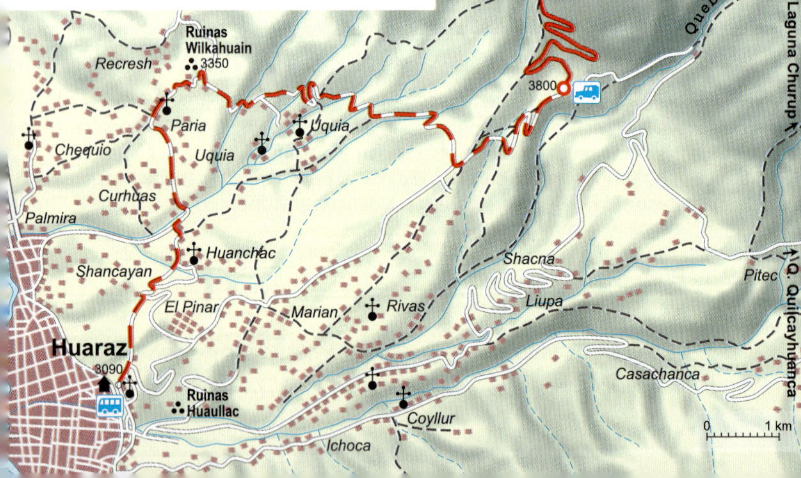

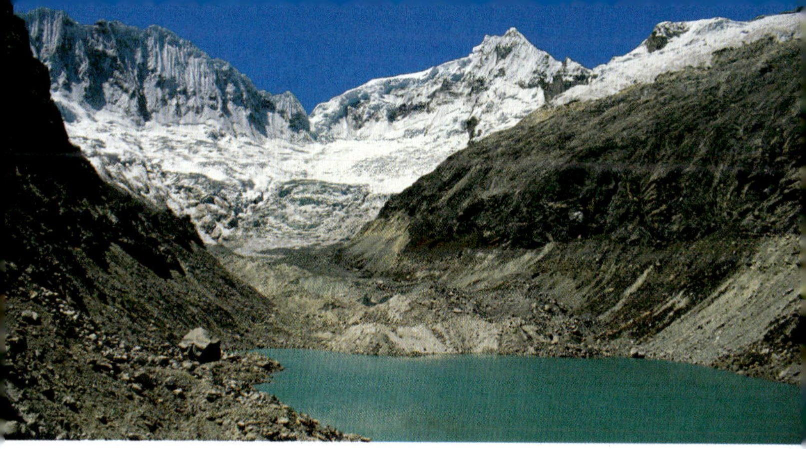

Laguna Llaca, dahinter links Nevado Ocshapalca und Nevado Ranrapalca.

Kultur vorbei. Bei km 14,5 zweigt der Fußweg in die **Quebrada Cohup** (oder Cojup) ab. Spätestens vom Taleingang der kurzen **Quebrada Llaca** auf 4000 m lohnt es sich, bis zum See zu Fuß zu laufen.
Nach den letzten Kehren verläuft die Straße die letzten 4 km auf der nördlichen Talseite. In der anfänglich engen Schlucht taucht zuerst die fast senkrechte Riffelfirnwand des Nevado Ocshapalca, 5888 m, auf und dann auch rechts daneben der Nevado Ranrapalca, 6162 m, nun von einer anderen Seite als in der Quebrada Ishinca. Unterhalb des schon sichtbaren Gletschers der beiden Eisriesen, der bis ans östliche Ufer reicht, liegt die **Laguna Llaca** in 4474 m Höhe versteckt. Am Ende der Straße steht eine ehemalige **Bauhütte**, die zur Übernachtung freigegeben ist. Der Wasserspiegel des grünen Sees ist künstlich gesenkt und durch einen Abfluss reguliert worden. Das Talende ist auch Ausgangspunkt für den gerne bestiegenen Nevado Vallunaraju, 5686 m, nordwestlich des Sees, einem der Hausberge von Huaraz. Lagerplätze gibt es schon, bevor der See erreicht ist.
Zurück geht es auf demselben Weg.

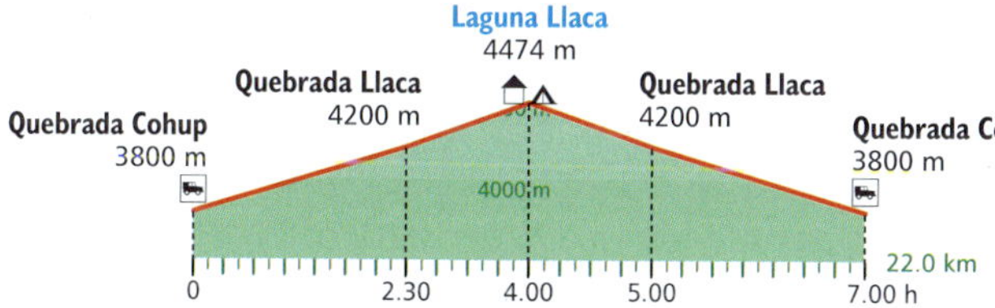

20 Quebrada Cohup

2 Tage

Ursprüngliches Tal mit tragischer Vergangenheit

Am 13.12.1941 war das Tal trauriger Schauplatz einer Naturkatastrophe, die in Huaraz 5000 Menschenleben kostete. Der Palcacocha am Talende auf 4560 m durchbrach seine Moräne, stürzte durchs Cohup-Tal, spülte einen zweiten See fort, und eine dadurch entstandene Mure und Schlammlawine stürzte ins Santa-Tal und zerstörte große Bereiche von Huaraz.

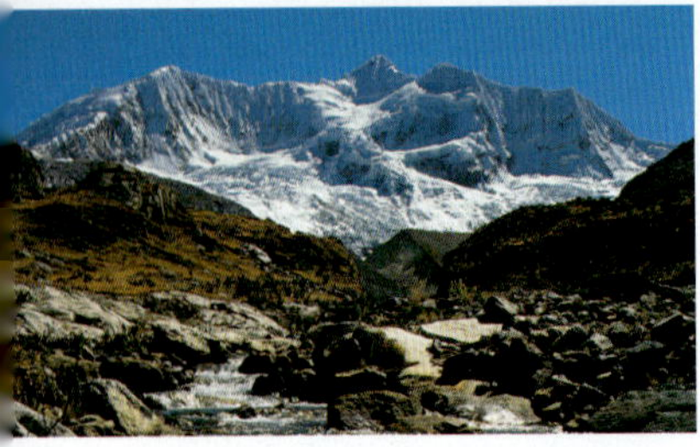

Ausgangspunkt: Pitec, 3850 m, oder Km 14,5 von Huaraz Richtung Laguna Llaca (siehe Tour 19); beides nur mit Taxi.
Höhenunterschied: 710 m.
Anforderungen: Leichte Wanderung.
Einkehr: Keine.
Unterkunft: Im Zelt.
Karten: AV-Karte Cordillera Blanca Süd, IGN-Karte 19-i Huari (1:100.000).

Das Talende der Quebrada Cohup.

1. Tag: Pitec – Ende Quebrada Cohup (6.15 Std., 18 km, 550 Hm Aufstieg)
Der rund 4000 m hoch gelegene Taleinschnitt des **Cohup-Tales** (auch Cojup) ist wahlweise zu Fuß von **Pitec** oder von der Straße Richtung Laguna Llaca (dorthin mit Taxi) erreichbar.
Der Schotterweg in der anfangs sehr engen Schlucht verläuft auf der rechten Flussseite, also südlichen Talseite. Am rechten hinteren Talende zeigt sich der Nevado Pucaranra. Nach etwa 5 km zieht sich der Weg durch einen flachen Talabschnitt, wo sich der fortgespülte See befand, und nach 8 km hat sich der Weg ganz zum Bach hinabgesenkt, der nach einigen haushohen Felsquadern an einer seichten Stelle durchwatet werden muss, um auf die nördliche Seite zu wechseln. Der Weg zieht sich durch von Flechten überzogenes

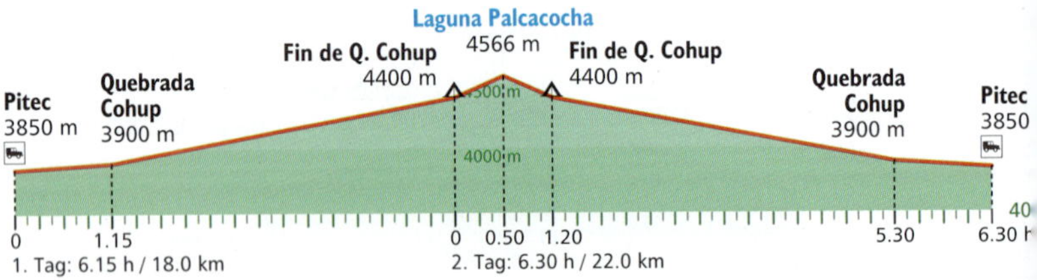

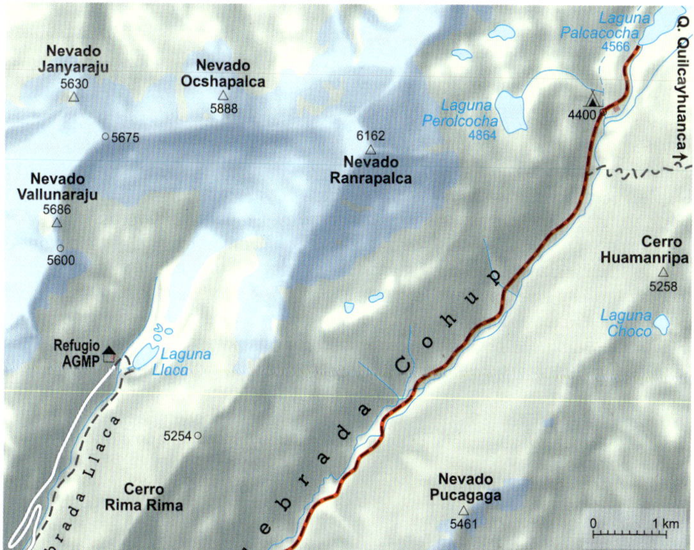

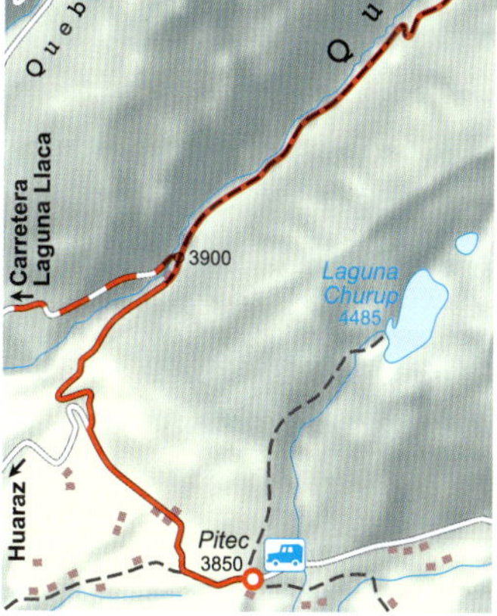

Buschwerk, überquert mehrere vom Ranrapalca herabstürzende schmale Bäche, steigt aber kaum mehr an. Das von Schotter übersäte Ende der **Quebrada Cohup** auf 4400 m bietet Zeltmöglichkeiten und wird von der breiten Südflanke des formschönen 6274 m hohen Nevado Palcaraju über der durchgeschnittenen Moräne vor dem Palcacocha dominiert. Der Pucaranra ist an den südlichen Talrand gedrängt. Links unterhalb der geteilten Moräne, wo sich der 4566 m hoch gelegene **Palcacocha** befindet, steht ein verfallenes Arbeitercamp.

2. Tag: Quebrada Cohup – Laguna Palcacocha – Pitec (6.30 Std., 22 km, 170 m Aufstieg, 720 m Abstieg)

Am zweiten Tag wandert man zunächst hinauf zur Laguna Palcacocha und dann auf dem Hinweg zurück bis Pitec.

21 Quebrada Quilcayhuanca

3 Tage

Ein Rückzugsgebiet des letzten Rotwildes in der Cordillera Blanca

Der Río Quilcay mündet unterhalb von Huaraz in den Río Santa. Sein Quellwasser kommt aus der Quebrada Cohup, der Laguna Churup, der Quebrada Shallap und eben aus dem Quilcayhuanca-Tal, dem er auch seinen Namen gegeben hat. Das wunderschöne, gestreckte Tal mit seiner üppigen Flora hat bei Bergsteigern an Bedeutung gewonnen, weil von seinem nahen Kopfende die Quebrada Cayesh abzweigt. Dort steht nämlich die gleichnamige bizarre 5721 m hohe Fels- und Eisnadel, die schon viele Spitzenkletterer angelockt hat. Das Quilcayhuanca-Tal ist an seinem Talschluss mit einem herrlichen See und einem darüber aufragenden Eisberg geschmückt und kann mit allen anderen Landschaftsjuwelen der Cordillera Blanca konkurrieren.

Ausgangspunkt: Pitec, 3850 m. Anfahrt aus Huaraz mit Taxi.
Höhenunterschied: 780 Hm.
Anforderungen: Leichte Wanderung.
Einkehr: Keine.
Unterkunft: Im Zelt.
Varianten: 1. Laguna Churup, 4465 m: Von Pitec führt ein Weg nach links (Norden) nach 3 km steilen Anstieges links des herabfließenden Baches zur 4485 m hoch gelegenen Laguna Churup unterhalb des gleichnamigen 5495 m hohen Berges (640 Hm).
2. Quebrada Cayesh: Vom Hauptweg bei P. 4100 m nach rechts, 10 km hin und zurück, 300 Hm, Beschreibung siehe unten.
Karten: AV-Karte Cordillera Blanca Süd, IGN-Karte 19-i Huari (beide 1:100.000).

1. Tag: Pitec – Quebrada Tullparaju (5.30 Std., 15 km, 400 Hm Aufstieg)
Bevor der Weg von **Pitec** geradeaus ins Quilcayhuanca-Tal führt, zweigt links der Pfad zur Laguna Churup ab (Variante).
Am Beginn des **Quilcayhuanca-Tales** stehen einige bewohnte Quechuahütten. Nach ein paar Hundert Metern versperrt ein Tor den Zugang zum Tal (wegen der Rinder; Menschen können drüberklettern). Die Schönheit des Talschlusses lässt sich schon erahnen, denn vom Weg, der ständig links des

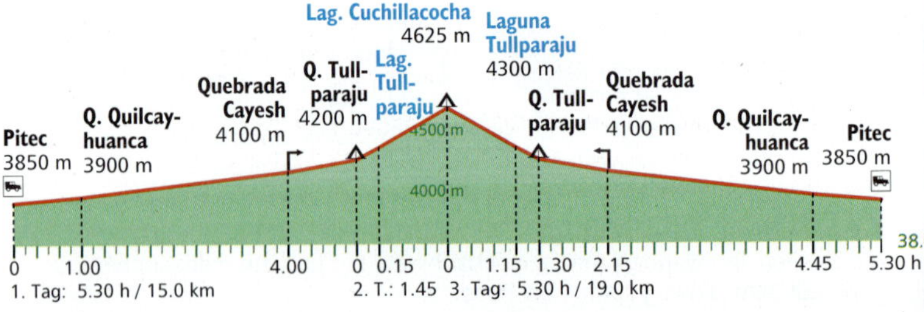

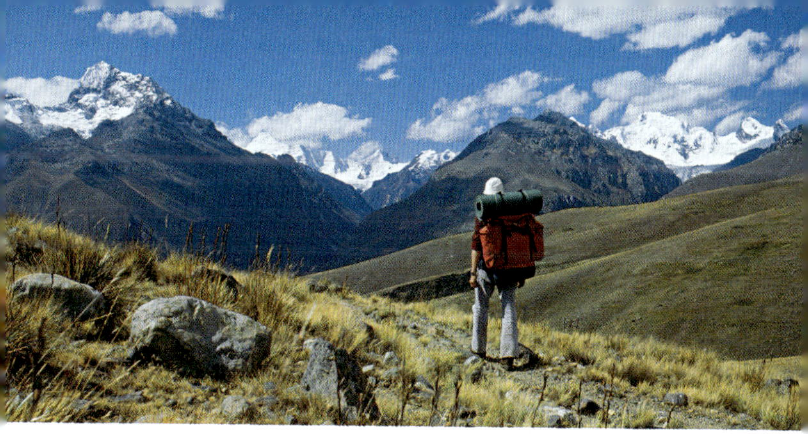

Quilcayhuanca- (Mitte) und Shallap-Tal (rechts); Blick vom Verbindungsweg zur Quebrada Rajucolta; links Nevado Churup.

Río Quilcay verläuft, ist schon der formschöne Nevado Tulparaju und rechts daneben der Nevado Andavite (auch Chopiraju) zu sehen. Die ersten 10 km des Tales weisen fast überhaupt keine Steigung auf, und es ist zu Beginn von saftigen, gelegentlich auch feuchten Wiesen mit weidenden Kühen und Pferden gekennzeichnet. Nach einem kurzen Anstieg, wo von beiden Talseiten Wasserfälle in Stufen herabstürzen, durch Sträucher und an riesigen Felsblöcken vorbei, passiert der Weg einen kleinen, fast zugewachsenen Teich. Jetzt tauchen im Nordosten auch der Nevado Pucaranra und der Nevado Chinchey auf und nach 11 km Wegstrecke zweigt nach rechts die kurze **Quebrada Cayesh** ab.

Variante: Abstecher in die Quebrada Cayesh: Dieses trichterförmige Seitental ist von einem niedrigen Hügel »versperrt«. Es prahlt anfangs mit breiten Wiesen, wird aber rasch schmaler und endet schon nach 5 km unterhalb der Moräne des 5424 m hohen Nevado Milporaju. Links daneben erhebt sich einer der kühnsten Berge der Cordillera Blanca, der 5721 m hohe Nevado Cayesh, und über dem rechten Talende der Nevado Maparaju, 5326 m. In den steilen Felswänden des Tales haben Kondore ihre Nistplätze.

Zurück am Hauptweg noch ein Stück die **Quebrada Tullparaju** hoch, wie das Ende des Quilcayhuanca-Tales heißt, und es wird auch die mächtige Eiswand des 5843 m hohen Nevado San Juan rückblickend über den Steilwänden des Cayesh-Tales sichtbar (Foto S. 107). Das schöne Ende des breiten Tales dominiert der Nevado Pucaranra, 6156 m, und je näher man der Laguna Tullparaju kommt, umso besser wird auch der lange verdeckt gewesene Nevado Tullparaju rechts neben ihm wieder sichtbar. Nach der Abzweigung des Cayesh-Tales ist der Weg kurz angestiegen, senkt sich aber wieder gemächlich in den Talkessel, den eine weite Wiese vor der den See abschirmenden Moräne abschließt. Die Talränder sind ziemlich dicht mit Sträuchern und Wald bewachsen, wo mit sehr viel Glück schon mal ein stattlicher Andenhirsch *Taruco* oder das kleinere *Venado* auftaucht. Überall bestehen beste Lagermöglichkeiten (ca. 3 km nach dem Abzweig der Qu. Cayesh).

2. Tag: Quebrada Tullparaju – Laguna Cuchillacocha (1.45 Std., 4 km, 430 Hm Anstieg)

Um vom Lagerplatz zum See zu gelangen, muss der Bach überquert werden; ihm ein Stück am rechten Ufer folgend und dann die Wiese durchschneidend, steigt man durch Gestrüpp an, kommt schließlich zum verfallenen Arbeitercamp und durch die schmale Öffnung der Stirnmoräne zum tunnelartigen Abfluss des Sees. Noch einige Schritte höher ist der Damm der grünblauen **Laguna Tullparaju** in 4300 m Höhe erreicht. Über dem herrlichen See steht der spitze 5787 m hohe Nevado Tullparaju, dessen Gletscher bis zum Wasserspiegel reicht, links schließt sich der Nevado Pucaranra an. Direkt am See bestehen kaum Lagermöglichkeiten, für die vielen Vizcachas hingegen ist die Moräne idealer Lebensraum.

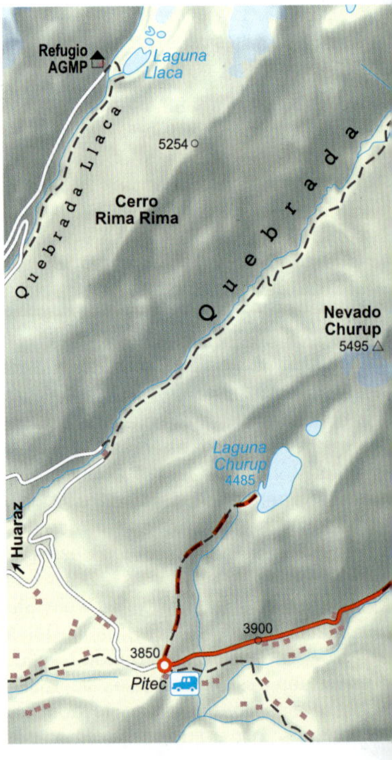

Weiter zur Laguna Cuchillacocha wird der Bach überquert und am linken Talrand unterhalb der Moräne die schon vorher gut sichtbaren Serpentinen hinaufgestiegen. Während des Anstieges bleiben der Nevado Tulparaju und sein bis zum See hinabziehender Gletscher sichtbar. Vor der **Laguna Cuchillacocha**, 4625 m, die hinter einem mächtigen Moränenwall verborgen ist, steht etwas unterhalb in einer Mulde ein Haus. Weglos, steil und am besten links haltend, gelangt man auf den Moränenkamm, von dem die dunkelgrüne Laguna zu sehen ist. Eisbrocken vom Gletscher des über dem See aufragenden Nevado Pucaranra treiben darin. Lagerplätze findet man etwas vorher.

3. Tag: Laguna Cuchillacocha – Pitec (5.30 Std., 19 km, 780 Hm Abstieg)
Am nächsten Tag geht es auf dem bekannten Weg zurück nach Pitec.

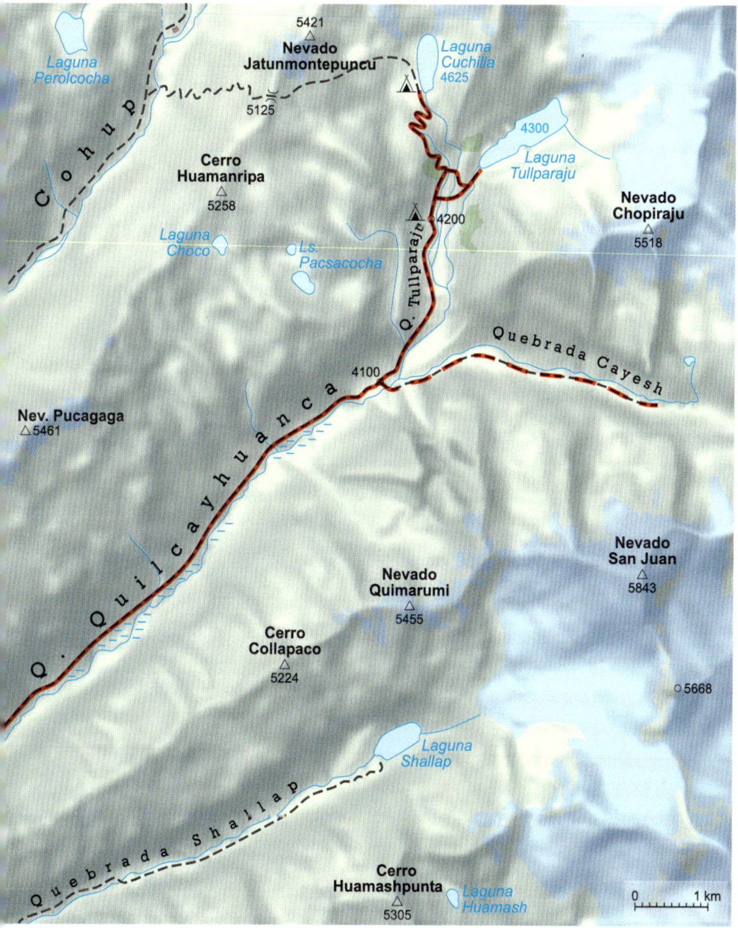

22 Übergang vom Quilcayhuanca-Tal ins Cohup-Tal

5.45 Std.

Weglose Verbindungsmöglichkeit der beiden Täler

»Weglos« soll nicht abschrecken. Die von Steinmännchen markierte Verbindung existiert, sie ist aber kein eigentlicher Weg, sondern eine weit über die Vegetationszone hinausreichende, eisfreie und nur gelegentlich gewählte Route in Fels und Geröll bis in 5125 m Höhe, dafür mit fantastischer Aussicht. Nur bei gutem Wetter empfehlenswert!

Ausgangspunkt: Laguna Cuchillacocha, 4625 m. Zustieg siehe Tour 21 (1–2 Tage).
Endpunkt: Quebrada Cohup, 4350 m, kurz vor der Laguna Palcacocha. Zurück nach Pitec bzw. Huaraz mit Tour 20 (1–2 Tage).
Höhenunterschied: 500 Hm Aufstieg, 780 m Abstieg.
Anforderungen: Hart und anstrengend, auch aufgrund der Höhe; Trittsicherheit erforderlich. Bei der Orientierung helfen Steinmännchen. Nur bei gutem Wetter!
Einkehr: Keine.
Karten: AV-Karte Cordillera Blanca Süd, IGN-Karte 19-i Huari (beide 1:100.000).

Man kehrt dem **Cuchillacocha** und den Eisbergen den Rücken und steigt zunächst in südwestliche Richtung weiter aufwärts. Nach einem weiteren kleinen See geht es noch mal steil auf einen 4950 m hohen Felsberg zu, unter dem wiederum **drei kleine Seen** liegen (ca. 4850 m), und der sich keine 2 km Luftlinie südwestlich des 5421 m hohen Jatunmontepuncu, ein dem Nevado Pucaranra vorgelagerter Berg, befindet. Hier gibt es letzte gute und aussichtsreiche Lagermöglichkeiten vor dem nahen Pucaranra und geradezu fantastisch ist der frei gewordene Blick über das Quilcayhuanca-Tal nach Südosten zum Nevado San Juan mit seinen beiden 5843 m und 5668 m hohen Eiskuppen und rechts daneben dem 6395 m hohen Nevado Huantsan, dem südlichsten Sechstausender der Cordillera Blanca.

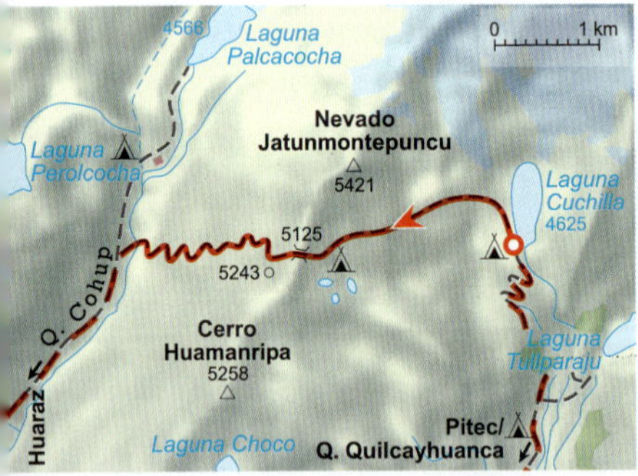

Zum nahen Kamm mit dem auffallend hellen Gestein unterhalb des Jatunmontepuncu-Gletschers weisen zwar aufgeschichtete Steinmännchen, aber der Abstieg auf der anderen Seite ins Cohup-Tal ist sehr problematisch. Stattdessen ist es besser, den Block- und Geröllhang etwas weiter westlich hochzusteigen, wo vor dem rotbraunen Felsgipfel, 5243 m, der

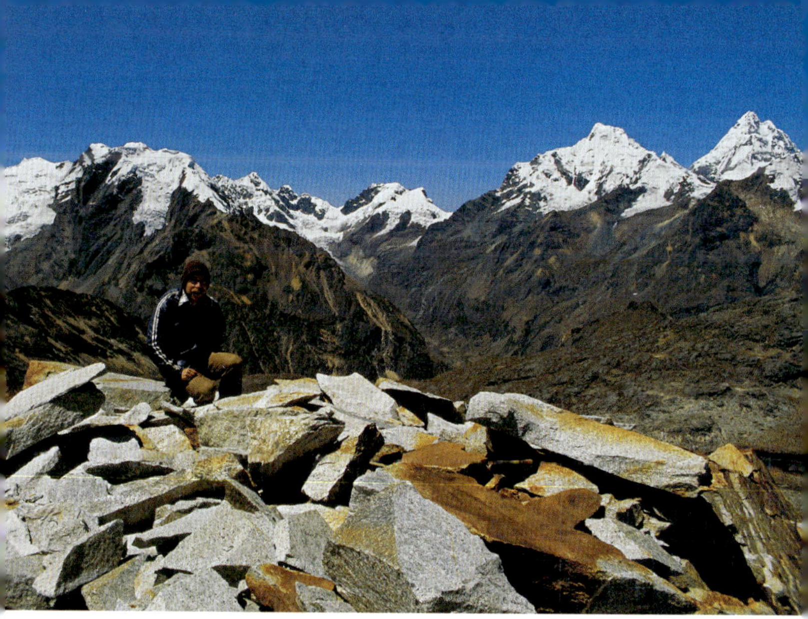

Der weglose Übergang am Jatunmontepuncu: Blick nach Südosten zum Nevado San Juan und Nevado Huantsan (rechts).

von Steinmännchen markierte Übergang ist. Kein Pfad führt dort hinauf, aber die vielen aufgeschichteten Steine beweisen die Benützung des Passes (4,5 km vom Cuchillacocha). Hunderte lockerer Felsplatten vor dem Felsberg bilden in 5125 m Höhe den weglosen Übergang ins Cohup-Tal. Nordwestlich ragt jetzt die imponierende Südostwand des Nevado Ranrapalca über dem oberen Cohup-Tal auf. Sein Gipfel ist nur 4 km Luftlinie entfernt und ihm zu Füßen liegt der von hier gut einsehbare See Perolcocha in 4864 m. Der rechte Nachbarberg, der 5530 m hohe Nevado Ishinca, wirkt geradezu verschwindend klein, zumal weitere Sechstausender den Rundblick bestimmen. (Am felsigen Übergang in dieser großen Höhe habe ich noch Venados gesehen!)

Der steile Abstieg beginnt genauso weglos in Fels, Geröll und Sand und endet schließlich über Grashänge am Talboden des oberen **Cohup-Tales**.

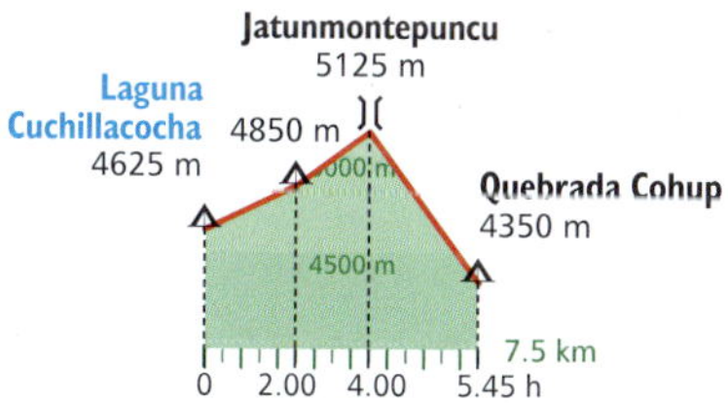

23 Quebrada Shallap

2 Tage

Beschauliches, aber schönes Tal

Das am wenigsten besuchte der fünf von Huaraz nach Osten strebenden Täler bietet keine spektakulären Blicke auf Eisberge, dafür aber nahezu Unberührtheit.

Ausgangspunkt: Pitec, 3850 m, oder Straßenende direkt am Taleingang. Anfahrt aus Huaraz mit Taxi.
Höhenunterschied: 470 m.
Anforderungen: Leicht.
Einkehr: Keine.
Unterkunft: Zelt.
Karten: AV-Karte Cordillera Blanca Süd; IGN-Karten 19-i Huari und 20-i Recuay (alle 1:100.000).

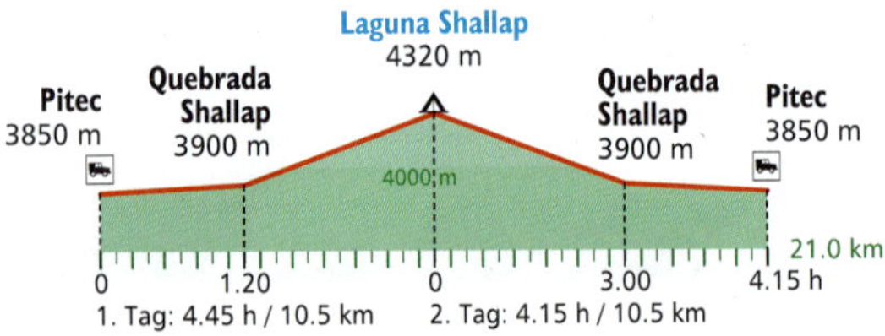

1. Tag: Pitec – Laguna Shallap (4.45 Std., 10,5 km, 470 Hm Aufstieg)
Entweder beginnt man die Wanderung in **Pitec** und läuft 2 km auf den Eingang des Quilcayhuanca-Tals zu und dann im rechten Winkel nach rechts abzweigend weitere 3 km zum Eingang der **Quebrada Shallap**, oder von der anderen, weiter südlich von Huaraz hochführenden Straße, die kurz vor dem Eingang zur Quebrada Shallap endet.
Der Weg in das zunächst sehr enge Tal folgt anfangs dem Bach auf seiner linken Seite, wechselt aber binnen kurzer Zeit zweimal die Uferseite und führt die letzten 6 km auf der rechten, südlichen Talseite. Das breiter gewordene Tal bietet schöne Wiesen und einige kleine Wasserfälle unterwegs, bis

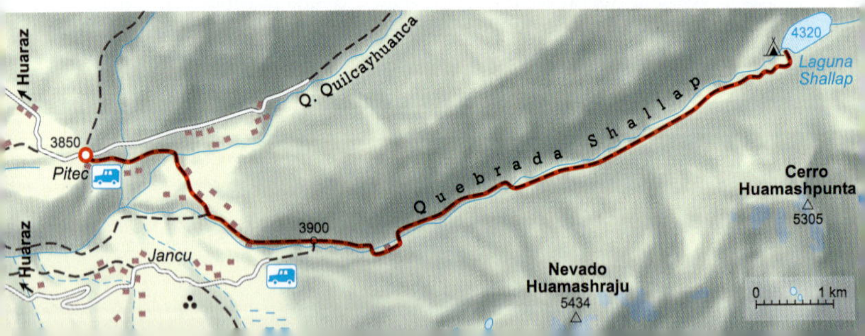

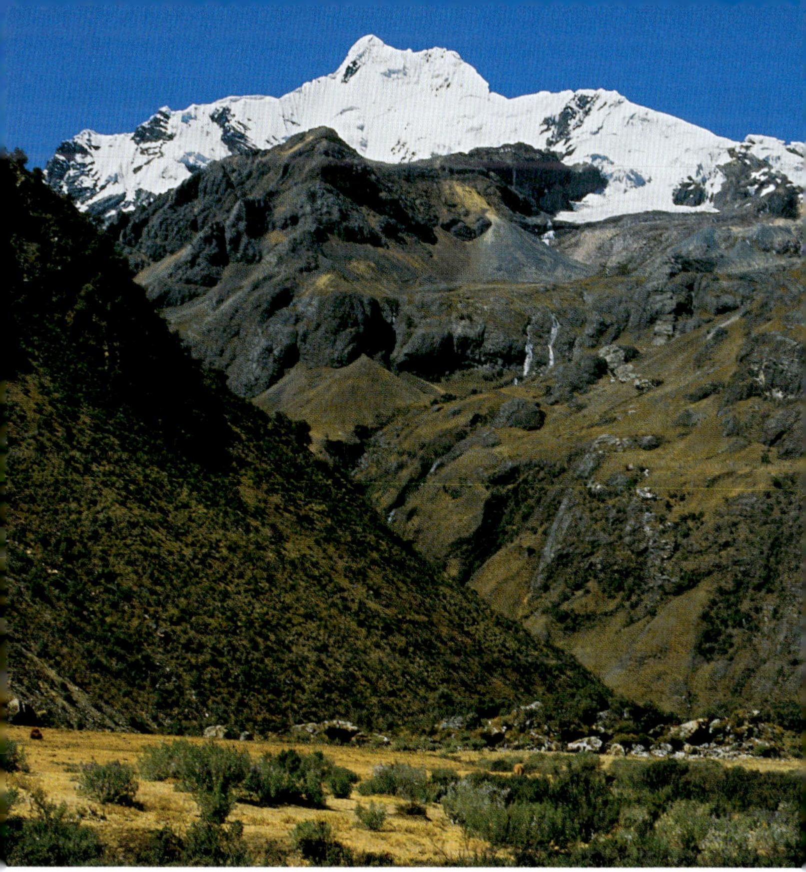

Abzweigung Quebrada Cayesh mit dem Nevado San Juan (aus dem Quilcayhuanca-Tal, siehe Tour 21).

man in Reichweite der **Laguna Shallap** in 4320 m Höhe ans Ende des Tales gelangt. Der See ist an seinem anderen Ende vom Eisbruch der Westseite des Nevado San Juan umgeben.

2. Tag: Pitec – Laguna Shallap (4.15 Std., 10,5 km, 470 Hm Abstieg)
Zurück nach Pitec oder zur Abzweigung der Straße nach Huaraz geht man auf dem Aufstiegsweg.

24 Ins Rajucolta-Tal zum Nevado Huantsan

3 Tage

Zum südlichsten und zweithöchsten 6000er der Cordillera Blanca

Der Nevado Huantsan steht in der Mitte der 180 km langen Gebirgskette der Cordillera Blanca östlich von Huaraz, stellt aber schon den südlichsten Sechstausender dar. Je nach Blickrichtung präsentiert er sich in den unterschiedlichsten Bergformen und dank seiner konkurrenzlosen Höhe in der Mittleren und Südlichen Cordillera Blanca ist er auch der beherrschende Gipfel. Von der Laguna Tambillo, auch Laguna Rajucolta genannt, am Ende des gleichnamigen Tales, kann bis an seinen Gletscher hochgestiegen werden.

Ausgangspunkt: Macashca, 3300 m, 6 km talaufwärts in der Qu. Pariac ab Puente Pariac (7 km südlich von Huaraz im Santa-Tal), erreichbar mit Taxi ab Huaraz.
Höhenunterschied: 1600 m.
Anforderungen: Meist leicht, das letzte Stück zur Laguna Awash ist hart.
Einkehr: Keine.
Unterkunft: Im Zelt.
Variante: Der Zustieg ins Rajucolta-Tal ist auch ab Pitec, 3850 m (siehe Tour 23), möglich (9 km).
Karten: AV-Karte Cordillera Blanca Süd, IGN-Karte 20-i Recuay (beide 1:100.000).

1. Tag: Macashca – Laguna Tambillo (7.00 Std., 19 km, 1050 Hm Aufstieg)
Mittlerweile ist der Weg durch die 7 km südlich von Huaraz nach Osten abzweigende Quebrada Pariac bis zur Laguna Tambillo am Nevado Huantsan zur befahrbaren Piste ausgebaut, aber spätestens ab dem Dorf **Macashca**, 3300 m, bei einem kleinen Stauwehr, lohnt es sich durch das wie ein lang gedehntes, liegendes »S« geformte Pariac-Tal zu wandern. Die kurzweilige Tour durch das besiedelte Tal beginnt auf der rechten, also südlichen Flussseite, wo sich die beiden spitzen Eisnadeln des Nevado Cashan über dem Tal zeigen. Meterhohe Opuntien, dichte Pampasgras-Stauden, aufgeforstete Eukalyptushaine und blühende Ginsterbüsche wechseln sich im Tal ab. So-

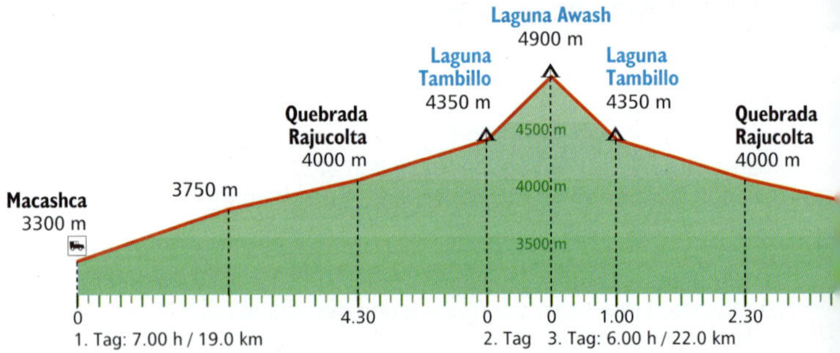

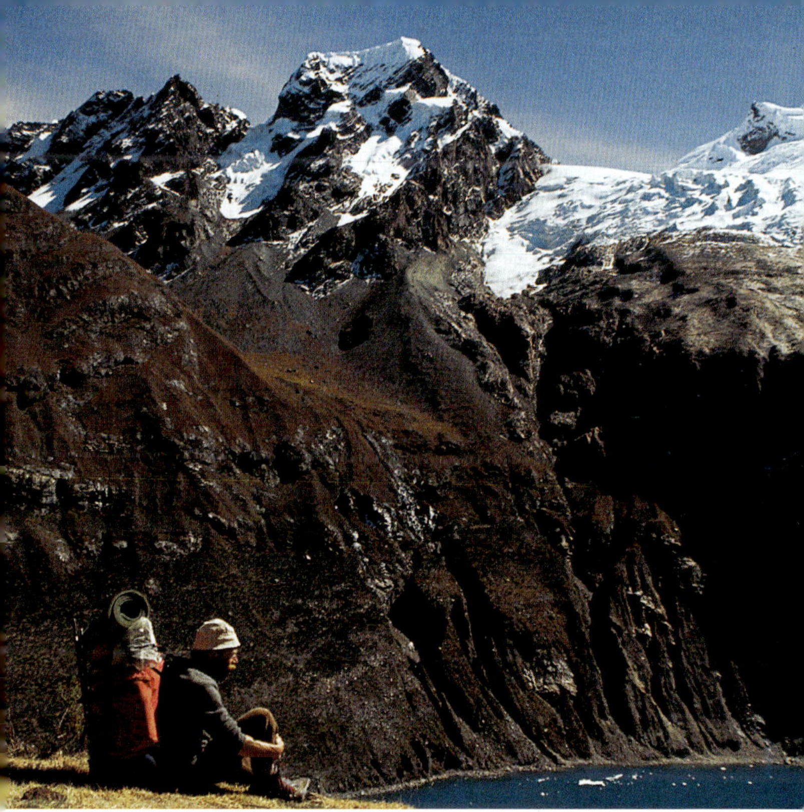

Oberhalb der Laguna Tambillo während des Anstiegs zur Laguna Awash mit Blick auf die Südseite des Nevado San Juan.

gar Kolibris schwirren dank des reichen Blütenangebotes umher. Die Piste quert 7 km hinter Macashca, in 3750 m Höhe, zur anderen Seite, wo sie bis zum Eingang der **Quebrada Rajucolta** bleibt. In 4000 m Höhe betritt man hinter einigen Häusern durch ein hölzernes Gatter die Schlucht, deren Talboden stellenweise von mächtigen Felstrümmern bedeckt und auf seiner Nordseite ziemlich stark bewaldet ist. Der Weg wechselt einige Male die Seite; sumpfige, mit Schilf bestandene Wiesen folgen, ein Wasserfall sprudelt auf Höhe des Nevado Cashan Ost von den Südhängen und die letzte große Wiese

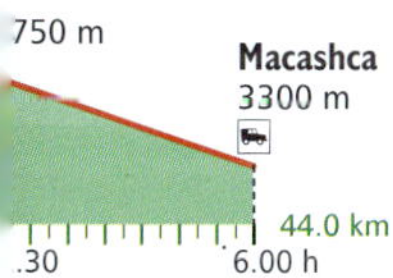

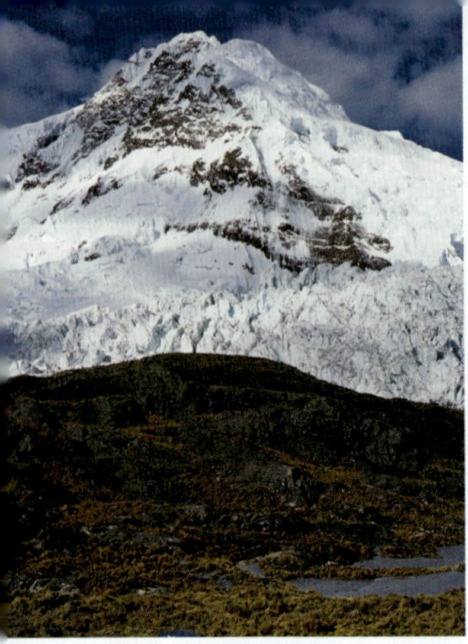

vor der Moräne wird vom der **Laguna Tambillo** entspringenden Bach durchflossen. Will man zum nördlichen Seeufer und die Moräne hochsteigen, bleibt man natürlich noch links des Baches, um anfänglich auf einem Pfad und schließlich weglos zum dicht bewachsenen Moränenkamm zu gelangen.
Über dem herrlichen See thront im wahrsten Sinne des Wortes der 6395 m hohe Nevado Huantsan, dessen Gletscher bis zum 4350 m hoch gelegenen See hinabreicht, in dem gelegentlich abgebrochene Eisschollen treiben.

Nevado Huantsan von der Laguna Awash.

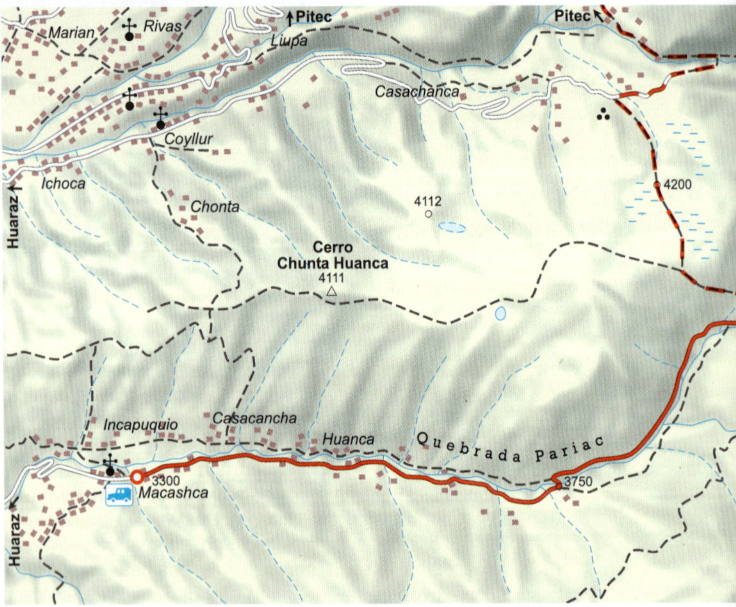

2. Tag: Laguna Tambillo – Lag. Awash (2.00 Std., 3 km, 600 Hm Aufstieg)
Möchte man dem Nevado Huantsan noch näher rücken, folgt man dem Abfluss des Sees auf seiner rechten Seite aufwärts bis zu einem früheren INGEMMET-Camp, von wo sich rechts ein nicht auf der AV-Karte eingezeichneter Weg steil zu ein paar kleineren Seen in 4800 m Höhe und zum Fuße des 5700 m hohen Nevado Rurec hochzieht. Mehrmals passiert der Weg herrliche Aussichtskanzeln hoch über dem Tambillo-See, von denen sich die gesamte Quebrada Rajuculto überblicken lässt (siehe Foto auf Seite 109).
Ist die Steigerei gemeistert, warten wunderschöne Lagerplätze direkt vor dem zerklüfteten Gletscher des Nevado Huantsan. Hier oben weiden noch Kühe! Noch etwas weiter höher in südöstlicher Richtung stößt man plötzlich auf die größere **Laguna Awash**, schon 4900 m hoch, von wo einige über 5000 m hohe Gipfel der Nevado-Rurec-Gruppe bestiegen werden können (allerdings nur mit entsprechender Bergausrüstung).

3. Tag: Laguna Awash – Macashca (6.00 Std., 22 km, 1600 Hm Abstieg)
Der Rückweg nach Macashca erfolgt auf dem Hinweg, alternativ kann man auch nach Pitec gehen.

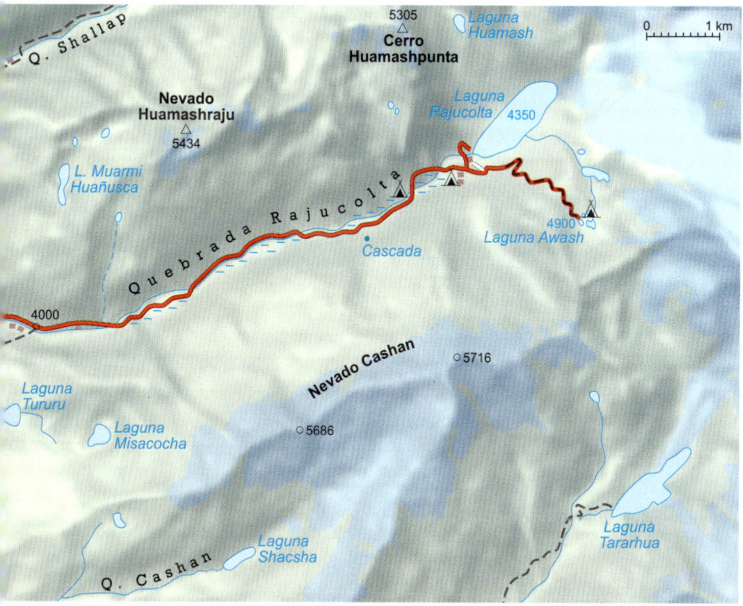

25 Wilcacocha

2.30 Std.

Fast unbekannte fantastische Aussicht auf die Cordillera Blanca

Da die Cordillera Negra sehr nahe und parallel zur Cordillera Blanca auf der Westseite des Río Santa verläuft und bis auf über 5000 m Höhe ansteigt, ist es nur logisch, dass sich überall, wo ein Anstieg in die Schwarze Kordillere möglich ist, herrlichste Aussichtsmöglichkeiten bieten müssen. Der kleine See Wilcacocha ist so ein Paradebeispiel, erfordert allerdings einen etwa eineinhalbstündigen ziemlich steilen Aufstieg.

Ausgangspunkt: Brücke über den Río Santa, 3150 m, 1,5 km südlich der Puente Pariac. Busverbindung ab Huaraz; am besten aber mit einem Taxi die gut 8 km von Huaraz, 3090 m, bis zur Brücke fahren.

Anforderungen: Sehr steiler, aber guter Weg.

Einkehr: Keine.

Höhenunterschied: 550 m.

Karte: AV-Karte Cordillera Blanca Süd (1:100.000).

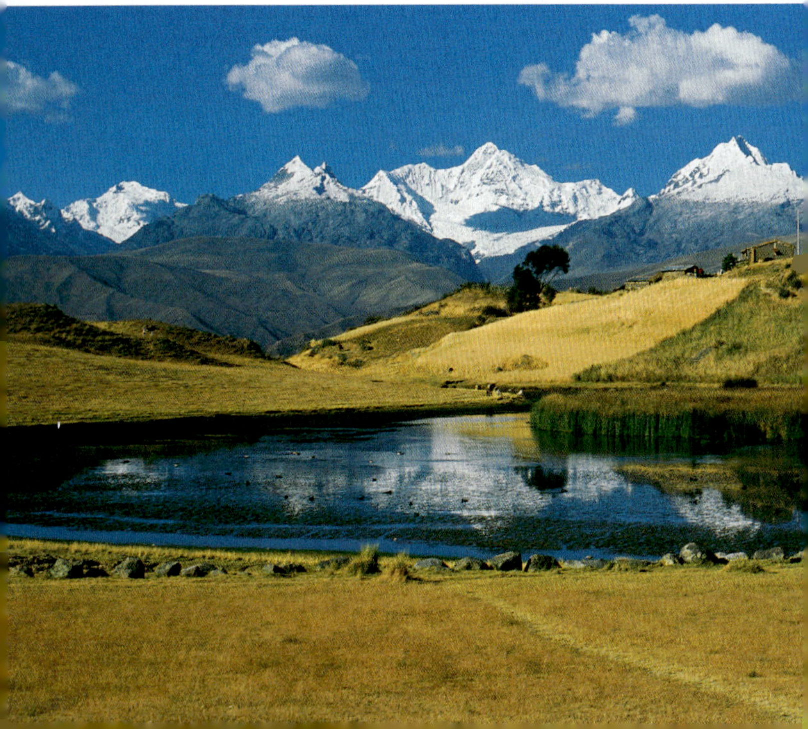

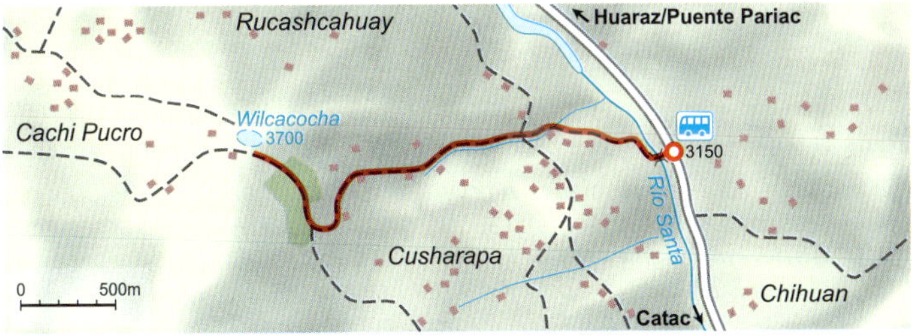

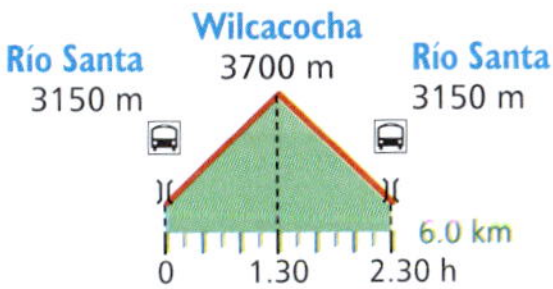

Vom Ausgangspunkt geht man auf der **Brücke** über den **Río Santa**. Dort beginnt sofort der steile, aber gute Pfad hinauf in die Hänge der Cordillera Negra. Nach ca. der Hälfte des Anstieges etwas rechts halten. Es stehen überall bewohnte Häuser und die freundlichen Einheimischen kennen das Ziel natürlich. Nach gut 1 Std. nimmt die Steigung ab, hohe Eukalyptusbäume wachsen hier, der Weg zieht sich an Häusern vorbei noch ein Stück nach rechts und schon ist der kleine **Wilcacocha** erreicht. Der Blick reicht im Norden bis zum Huascarán, aber dominiert wird die fantastische Aussicht von den nahen, auf der anderen Talseite stehenden Eisbergen der mittleren Cordillera Blanca, angeführt von dem nur 20 km Luftlinie entfernten 6395 m hohen Nevado Huantsan.
Zurück zur **Brücke** über den **Río Santa** wandert man auf demselben Weg.

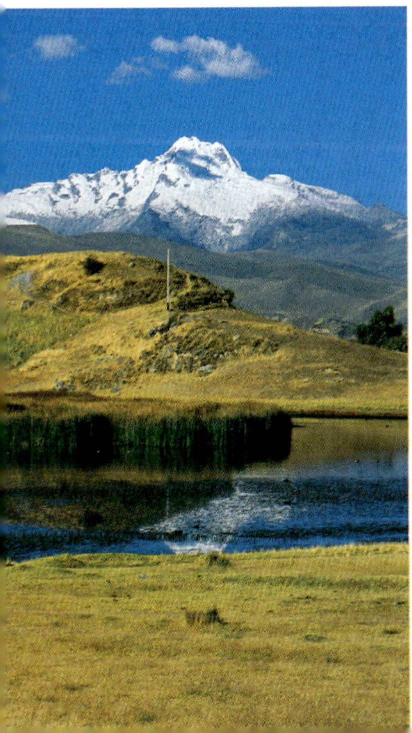

Die Laguna Wilcacocha mit traumhaft schönem Panoramablick über die Cordillera Blanca.

26 Chavín de Huántar

2 Tage

Zwei-Tages-Wanderung mit archäologischem Höhepunkt am Ziel

Für archäologisch Interessierte hält die Cordillera Blanca einen besonderen Leckerbissen bereit, der schon 1985 in die Liste der Weltkulturerbestätten der UNESCO aufgenommen wurde: Die Chavín-Kultur galt lange als die älteste Hochkultur Südamerikas, bis ihr mit der Entdeckung Carals in den 1990er-Jahren der Rang streitig gemacht wurde. Dennoch, ihre Entstehung geht bis 1200 v. Chr. zurück – die Anfänge der Töpferei und Steinarchitektur in Südamerika – und ihre Blütezeit lag zwischen 800 und 500 v. Chr.; in diesem Zeitraum war sie über weite Gebiete des heutigen Peru ausgebreitet. Alle später entstandenen Kulturen Südamerikas wurden von der Chavín-Kultur stark beeinflusst. Charakteristisches Merkmal dieser Epoche war der Kult und die religiöse Verehrung von Gottheiten, die einer Mischung aus Jaguar-, Schlangen- und Raubvögelköpfen glichen. Diese alte Kultur wurde nach einem Dorf am Ostrand der Weißen Kordillere benannt, bei der die großartige Tempelanlage gefunden wurde: Chavín de Huántar.

Die 110 km lange Fahrt von Huaraz quer durch das Gebirge mit einem lokalen Linienbus oder als organisierter Tagesausflug bietet zusätzlich ein großartiges Landschaftserlebnis. In Catac, dem südlichsten Ort im Santa-Tal und schon 3530 m hoch gelegen, verlässt der Bus die Hauptstraße. Stilvolle Begleitung bis zum zweitgrößten See der Cordillera Blanca, der 3980 m hoch gelegenen Laguna Querococha, bildet das eindrucksvolle Panorama der südlichen Gebirgskette mit dem von hier dominierenden Nevado Huantsan. Nach dem Scheitelpunkt der Fahrt in 4450 m Höhe durch den 480 Meter langen »Tunel de Cahuish« senkt sich die Straße mit atemberaubenden Weit- und Tiefblicken ins Tal des Río Mosna, einem Nebenfluss des Río Marañon. Scheinbar unerreichbar kleben an den steilsten und entlegensten Berghängen die Häuser der Campesinos inmitten eines unendlichen Meeres aus parzellierten Äckern und Feldern (siehe Foto Seite 118). Einige Autowracks im Abgrund verstärken den Nervenkitzel, den die Fahrt auf diesem Abschnitt bietet.

Die archäologische Anlage steht etwas südlich vor dem Ort Chavín de Huántar in 3140 m Höhe. Das Tal, der Ort und auch die Tempelanlage wurden im Januar 1945 von Schlammmassen, die eine Lawine am Nevado Huantsan ausgelöst hatte, überspült. Die Naturkatastrophe damals forderte 500 Menschenleben.

Das Zentrum der Tempelanlage von Chavín bildet ein 72 x 75 m großer und 13 m hoher Gebäudekomplex, der »El Castillo« (Burg, Schloss) genannt wird, obwohl es sich zweifelsfrei um eine Kultstätte, eine Tempelanlage handelt. Vor dem Portal stehen zwei Rundsäulen mit eingravierten Jaguar- und Raub-

vogelköpfen. Das Innere der untersten der in drei Plattformen gegliederten Anlage ist ein verzweigtes Labyrinth unterirdischer, enger Korridore mit kleinen Räumen und Nischen. Überall aus den Felsnischen glotzen jaguarähnliche steinerne Fratzen. Im Hintergrund einer versteckten und dunklen Kammer liegen mehrere Steinköpfe mit grinsenden, menschenähnlichen Zügen, etwa 40 cm im Durchmesser. In einem finsteren engen Gang steht der fast fünf Meter hohe »Lanzon«, eine aus Stein bearbeitete Skulptur mit erschreckendem Aussehen. Um den Kopf des Götzenbildnisses mit weit aufgerissenen Augen, einer wulstigen Nase und einem breiten Maul mit spitzen Raubtierzähnen winden sich Schlangen. Hände und Füße haben lange Krallen. Das flache Antlitz des Monolithen schaut nach Osten, was auf einen frühen Sonnenkult schließen lässt. Während der »Lanzon« noch an seinem ursprünglichen Platz steht, ruht der berühmteste Fund, die »Raimondi-Stele«, im archäologischen Nationalmuseum in Lima.
Selbstverständlich gibt es vom Santa-Tal nach Chavín auch einen berühmten Wanderweg, der nicht mit dem Straßenverlauf identisch ist, sondern 10 Kilometer nördlicher verläuft. Die Zwei-Tages-Tour hat eine reine Gehstrecke von gut 40 Kilometern und überwindet einen 4700 m hohen Gebirgspass.

In den unterirdischen Gängen des »El Castillo« in Chavín.

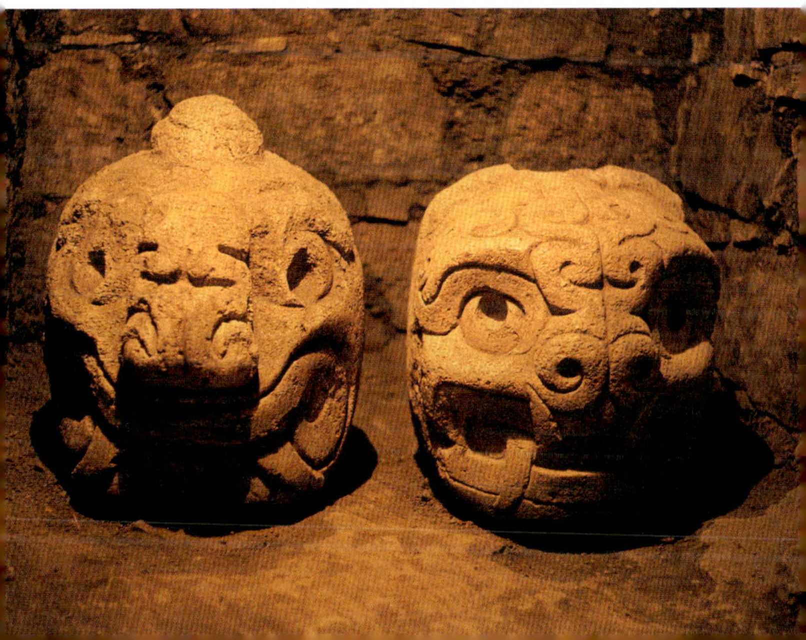

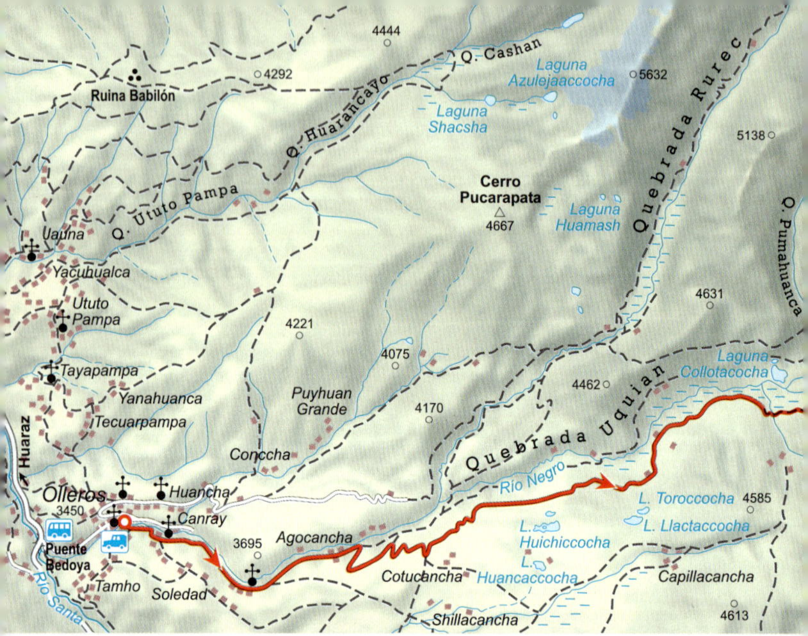

Ausgangspunkt: Olleros, 3450 m, 20 km südlich von Huaraz. Anfahrt entweder mit Taxi ab Huaraz direkt bis Olleros oder mit einem Bus zur Puente Bedoya, von dort sind es noch 2 km und 100 Hm zu Fuß.

Endpunkt: Chavín de Huántar, 3140 m. Dort besteht Busanbindung.

Höhenunterschied: 1250 Hm Anstieg und 1560 m Abstieg.

Anforderungen: Ausdauerndes Gehen, gute Akklimatisation; technisch einfach.

Einkehr: Chavín, unterwegs keine.

Unterkunft: Im Zelt.

Karten: AV-Karte Cordillera Blanca Süd, IGN-Karte 20-i Recuay (1:100.000).

1. Tag: Olleros – Quebrada Araranca (6.00 Std., 18 km, 700 Hm Aufstieg)

18 km südlich von Huaraz wechselt die Hauptverkehrsstraße durch das Santa-Tal die Flussseite. Die **Puente Bedoya** über den Río Santa ist auch die Abzweigung zum 2 km entfernten Dorf **Olleros** und somit Ausgangspunkt der Wanderung. Der Weg ist eine direkte West-Ost-Passage durch die Kordillere und wegen der Existenz von Chavín wahrscheinlich schon eine Verbindung seit der Vor-Inkazeit.

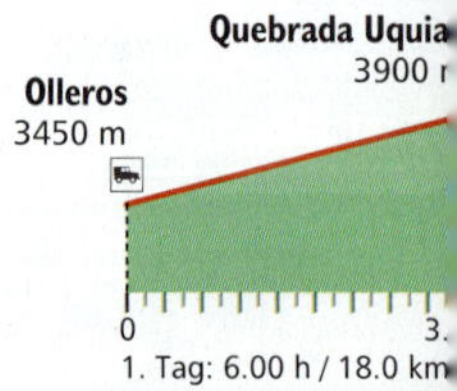

Das Dorf sieht kaum mal Besucher, obwohl es nur einen Katzensprung von der Hauptverkehrsader

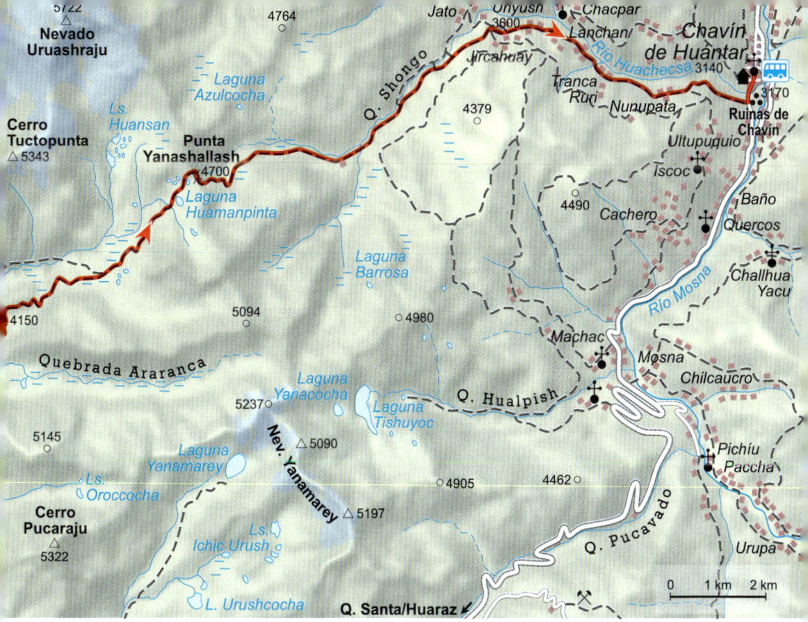

entfernt liegt. Selbst die Plaza, eigentlich der Lebensnerv jedes Ortes, ist verträumt und verschlafen.
Man geht zum Río Negro hinunter, überquert diesen auf der Brücke nach Süden und folgt dem zur Straße ausgebauten Weg nach Osten. Schon nach einem Kilometer kommt das nächste kleine Dorf mit einer Schule und einem Sportplatz, **Canray Chico**. Nach einer Flussbiegung wird der Nevado Shaqsha (auch Huantsan chico) mit seinen eng beieinander stehenden Gipfel-

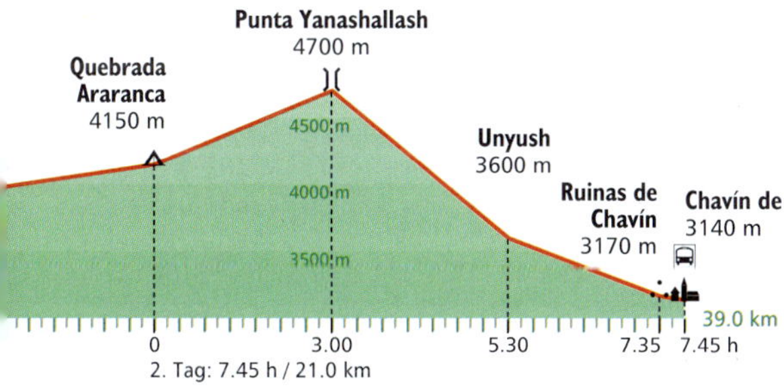

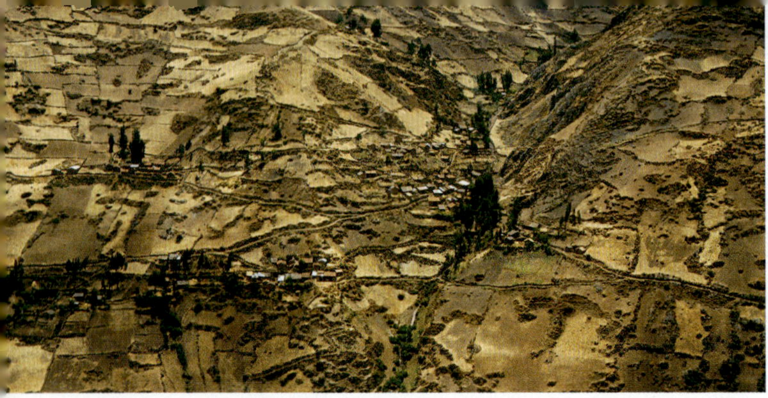

spitzen 5703 und 5697 m sichtbar. Beim Zusammenfluss von Río Negro und Río Rurec nach 9 km Wegstrecke (ab Olleros) zweigt nach Norden ein Weg in die **Quebrada Rurec ab**, in die man auch auf einem anderen Weg auf der Nordseite des Río Rurec gelangen kann. Von der südlich des Weiterweges gelegenen Pampa Cotucancha, einer mit kleinen Seen und herrlichen Aussichtsplätzen gespickten Hochebene (siehe Tour 28), kommt ein breiter Weg herab, überquert den Fluss und führt ebenfalls in die Quebrada Rurec.
Der Weiterweg nach Chavín zieht sich nun die nächsten 10 km durch weite Wiesen ohne nennenswerte Steigung auf zwei Hügel zu, die die Sicht auf den weiteren Wegverlauf nehmen. Der Talboden der **Quebrada Uquian** ist durchgehend sumpfig. Nach einem kleinen See überquert der Weg das von Südosten mündende **Araranca-Tal** und auf gleicher Höhe zweigt nach Norden das kurze Pumahuanca-Tal zum Gletscher des Nevado Uruashraju ab. Hier gibt es gute Lagerplätze.

2. Tag: Quebrada Araranca – Chavín de Huántar (7.45 Std., 21 km, 550 Hm Aufstieg, 1560 Hm Abstieg)
Erst ab hier beginnt der Weg über die Wiesen südlich des Nevado Uruashraju zur **Punta Yanashallash** hin mehr anzusteigen, verläuft auf den letzten 3 km hoch an den Hängen des Talendes und hat auf 4700 m Höhe den Scheitelpunkt der Wanderung und die Wasserscheide des Kontinents erreicht.
Der Abstieg erfolgt ziemlich steil auf der rechten Seite eines von der gegenüberliegenden Talseite herabfließenden Baches in die Quebrada Shongo bis auf 3700 m hinab, wo man bei einer kleinen Ansammlung von Häusern nach rechts talauswärts weiter ins Huachecsa-Tal absteigt. Der Weg führt auf der rechten Talseite noch 7 km direkt zu den **Ruinas de Chavín** in 3150 m; das Dorf **Chavín de Huántar** liegt an der erreichten Straße 1 km weiter nördlich.

Oben: Auf dem Weg nach Chavín de Huántar. Rechts: Die Tempelanlage.

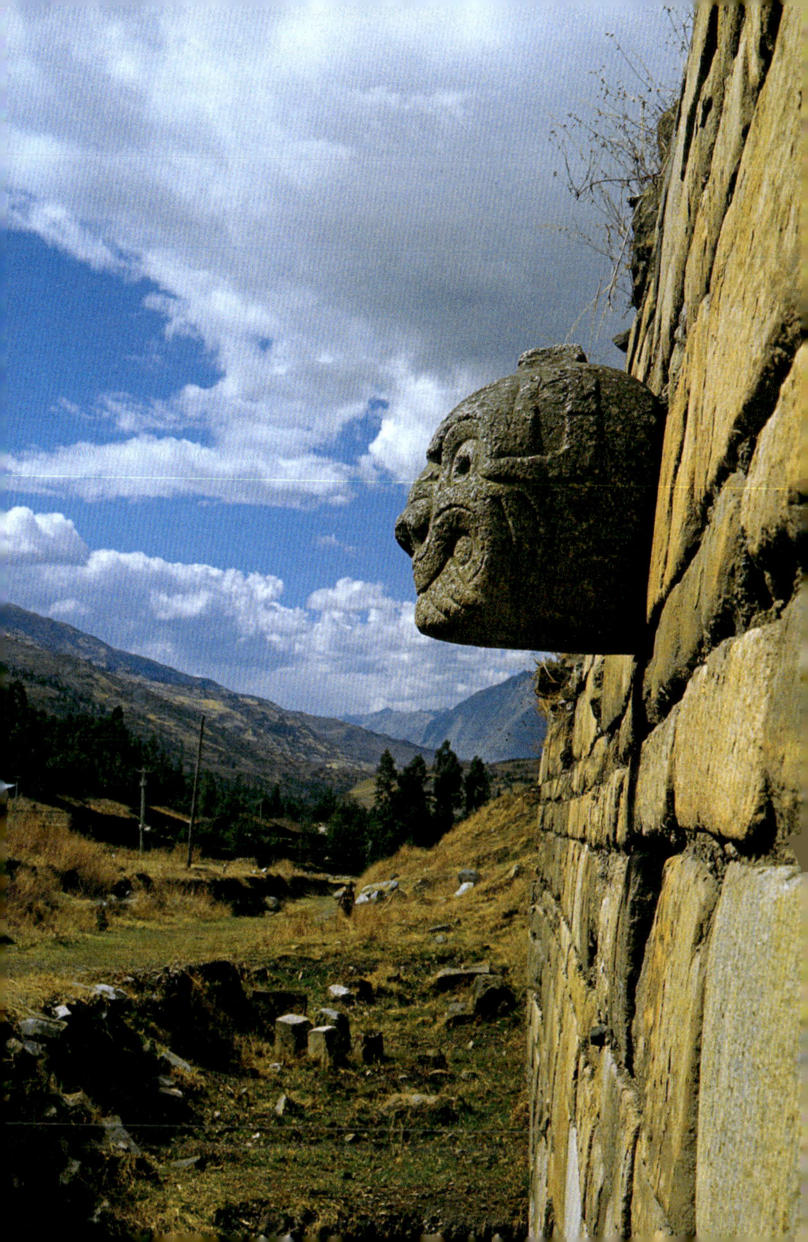

27 Von Catac nach Utcuyacu

2.30 Std.

Gemütliche Tour mit herrlichem Blick auf die Südliche Cordillera Blanca

Schöne Ausblicke auf die weißen Gipfel der Südlichen Cordillera Blanca ohne Anstrengung hält diese kurze, genüssliche Wanderung bereit, abseits vom Verkehr und trotzdem leicht erreichbar. Vor allem der höchste Berg dieses Gebirgsabschnitts, der Nevado Huantsan, zeigt aus dieser Richtung und größerer Entfernung seine tatsächliche kühne Form. Hans Kinzl, einer der Pioniere in der Erschließungsgeschichte der Weißen Kordillere, nannte ihn den »ungekrönten Monarchen der Cordillera Blanca«.

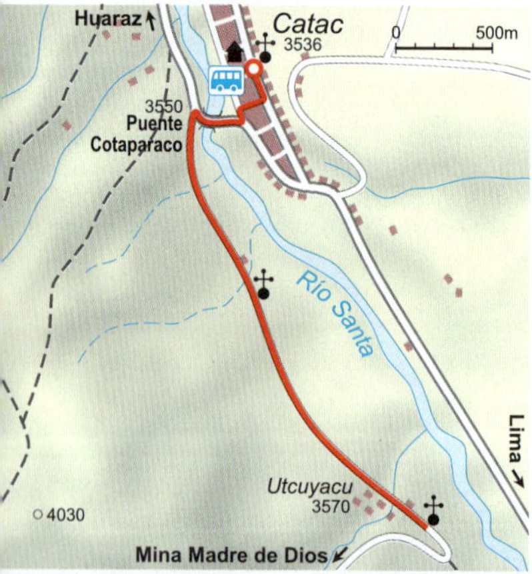

Ausgangspunkt: Catac, 3536 m, an der Brücke über den Río Santa, 35 km südlich Huaraz. Anfahrt mit Kleinbus über Recuay und Ticapampa alle 30 Min. (Abfahrtsorte in Huaraz ändern sich laufend.)
Anforderungen: Gemütlicher Spaziergang.
Höhenunterschied: 20 m.
Einkehr: In Catac, unterwegs keine.
Karte: AV-Karte Cordillera Blanca Süd.

Catac ist der südlichste Ort im Santa-Tal, der mit öffentlichen Nahverkehrsmitteln erreichbar ist; die Endhaltestelle der Busse befindet sich an der Plaza. (Die Hauptstraße weiter nach Süden durch das Tal des Río Santa verläuft ab hier auf seiner Ostseite.)

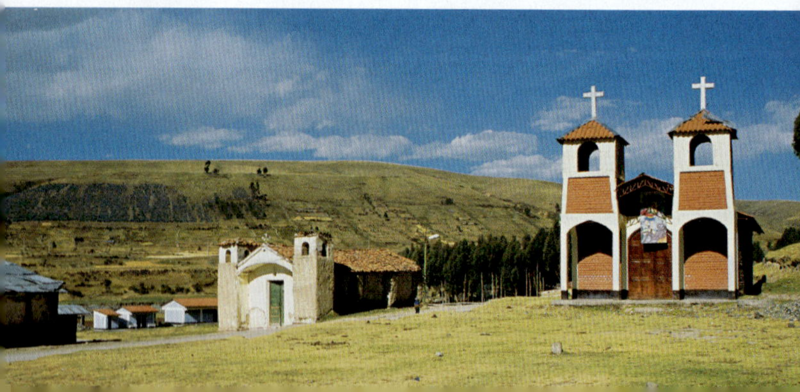

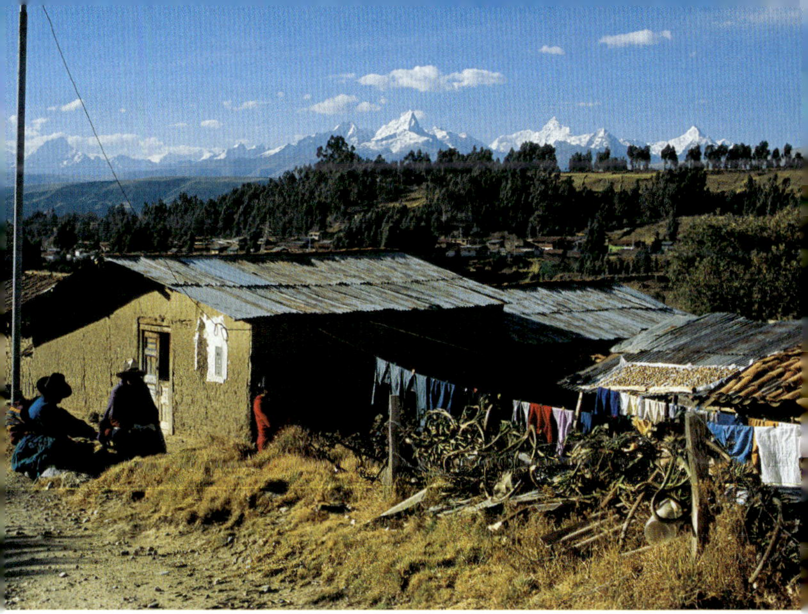

Stiller Weg nach Utcuyacu abseits der Hauptstraße mit dem Panorama der Südlichen Cordillera Blanca.

Die Wanderung beginnt genau an der Puente Cotaparaco (Brücke) über den **Río Santa** am südlichen Ortsrand, wo nach rechts (Westen) eine nicht asphaltierte Straße abzweigt. Die schöne Plaza in Catac auf der anderen Seite des Flusses ist vor oder nach der Wanderung aber ebenso einen Besuch wert. Nur zu Beginn steigt die staubige Piste geringfügig an, bewohnte Häuser stehen am Rand und die Blicke zurück nach Nordosten auf die Eisberge der Südlichen Cordillera Blanca verleiten zu angenehmen Unterbrechungen. Links unterhalb des weiteren Weges befinden sich große Flächen mit vertrockneten Schlamm- und Gesteinsablagerungen von früherem Bergbau. Bevor die Piste nach 3 km einen Knick nach Westen macht und in Richtung Mine Madre de Dios (»Mutter Gottes«) ansteigt, sind schon die beiden kleinen Kirchen bei den Häusern von **Utcuyacu** erreicht. Der Rückweg ist mit dem Hinweg identisch.

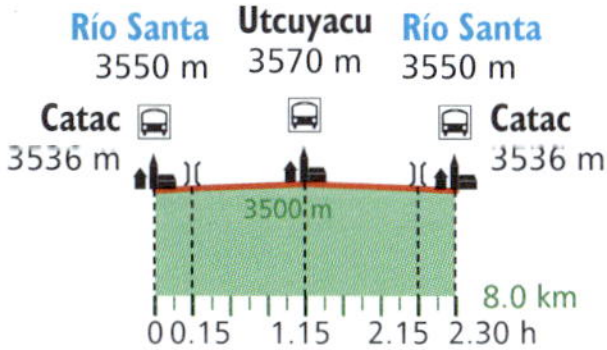

Die beiden kleinen Kirchen am Ortsrand von Utcuyacu.

28 Im Bereich der seltenen »Puya Raimondii«-Pflanzen

3 Tage

Eine Reihe von Seen und eine große Ansammlung des Pflanzenwunders

Diese äußerst seltene Pflanze trägt den Namen ihres Entdeckers, des großen peruanischen Naturforschers Antonio Raimondi, der vor über 100 Jahren erste wissenschaftliche Erkundungen in der Cordillera Blanca unternahm. Sie kommt in der Cordillera Blanca nur im Pachacoto-Tal im Bereich des einmündenden Raria-Tales und dem nördlich benachbarten Queshque-Tal vor, sowie an einigen Stellen in der Cordillera Negra, im Departamento Ayacucho und an wenigen Stellen in Bolivien. Wegen ihres verhältnismäßig häufigen Vorkommens in den beiden Tälern der südlichen Cordillera Blanca ist dieser Bereich zum »Parque Nacional Puya Raimondii« erhoben worden, offiziell ein Teil des Nationalparks Huascarán, Sektion Carpa.

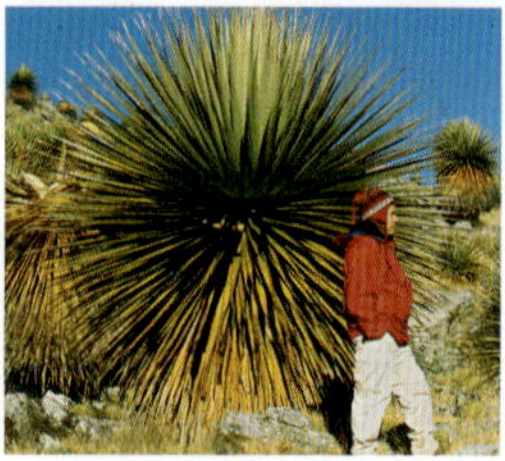

Aus dem mehr als 3 m Durchmesser erreichenden Pflanzenstock, dessen lindgrüne Kronblätter mit Widerhaken ähnlichen Randstacheln besetzt sind und strahlenförmig auf einem dunklen Strunk sitzen, ragt der bis zu 12 m hohe kerzenförmige Blütenstand, der je nach Höhe aus 20.000 einzelnen Blüten bestehen kann, die wiederum in rund 400 Rosetten gebündelt sind. Für ihre Bestäubung sorgen Kolibris, die in der tropischen Cordillera Blanca bis in fast 5000 m Höhe vorkommen. Allerdings blüht diese botanische Rarität nur einmal – am Ende ihrer bis zu hundertjährigen Lebensdauer, dann aber für mehrere Monate, und stirbt anschließend ab. Die Anwohner in Reichweite der Puyas helfen aus Unwissenheit schon mal nach und zünden die Pflanze an, um den Sockel stachelfrei zu halten, in denen sich ihre Haustiere verfangen können.

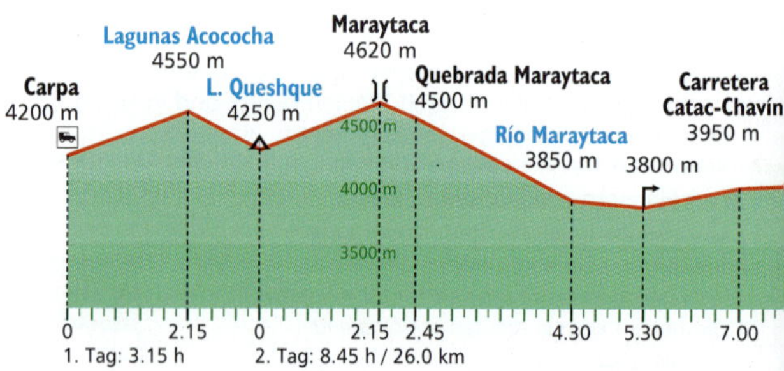

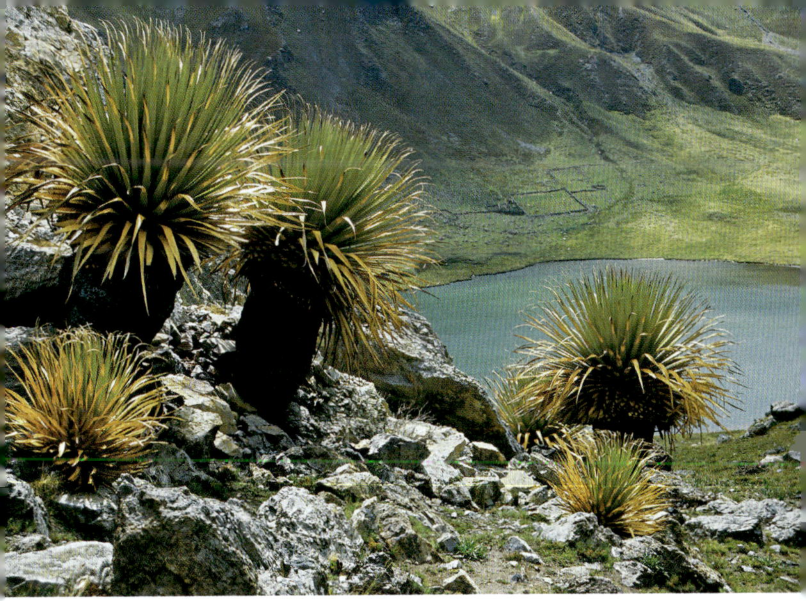

Auch schon während des Abstieges vom Acococha-See zur Laguna Queshque stößt man auf die Puya Raimondii.

Ausgangspunkt: Carpa, 4200 m. Anfahrt mit dem Bus von Huaraz bis Catac (35 km südlich im Santa-Tal) oder mit einem Taxi über Pachacoto (6 km ab Catac) nach Carpa (20 km); oder mit Tagesausflugsbus ab Huaraz.

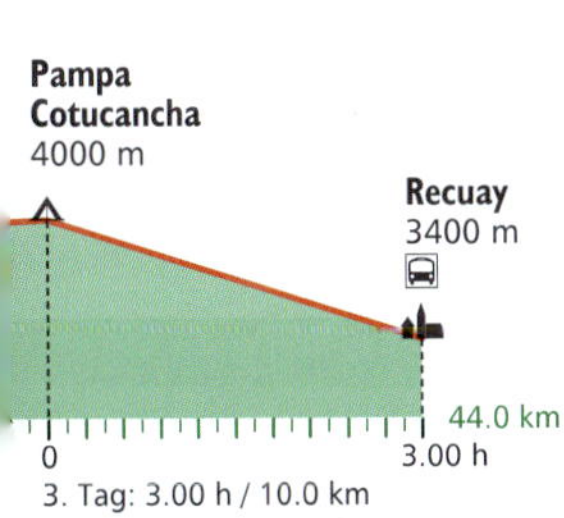

Endpunkt: Recuay, 3400 m. Regelmäßige Busverbindung nach Huaraz.
Höhenunterschied: Ab Carpa 920 m Anstieg, 1720 m Abstieg.
Anforderungen: Leichte Wanderung ohne besondere Schwierigkeiten.
Einkehr: Catac, Recuay; am Weg keine.
Unterkunft: Im Zelt.
Varianten: 1. Vor der Laguna Queshque zurück nach Carpa.
2. Durch das Queshque-Tal mit Tour 29 hinaus nach Catac ins Santa-Tal.
3. Am zweiten Tag von der Abzweigung der Hauptroute nach Norden (siehe Text) in ca. 2,5 Std. nach Catac.
3. Am dritten Tag nicht nach Recuay, sondern weiter nördlich nach Olleros/Puente Bedoya (siehe Tour 26) gehen (10 km bzw. 3 Std. zusätzlich).
Karten: AV-Karte Cordillera Blanca Süd, IGN-Karte 20-i Recuay (1:100.000).

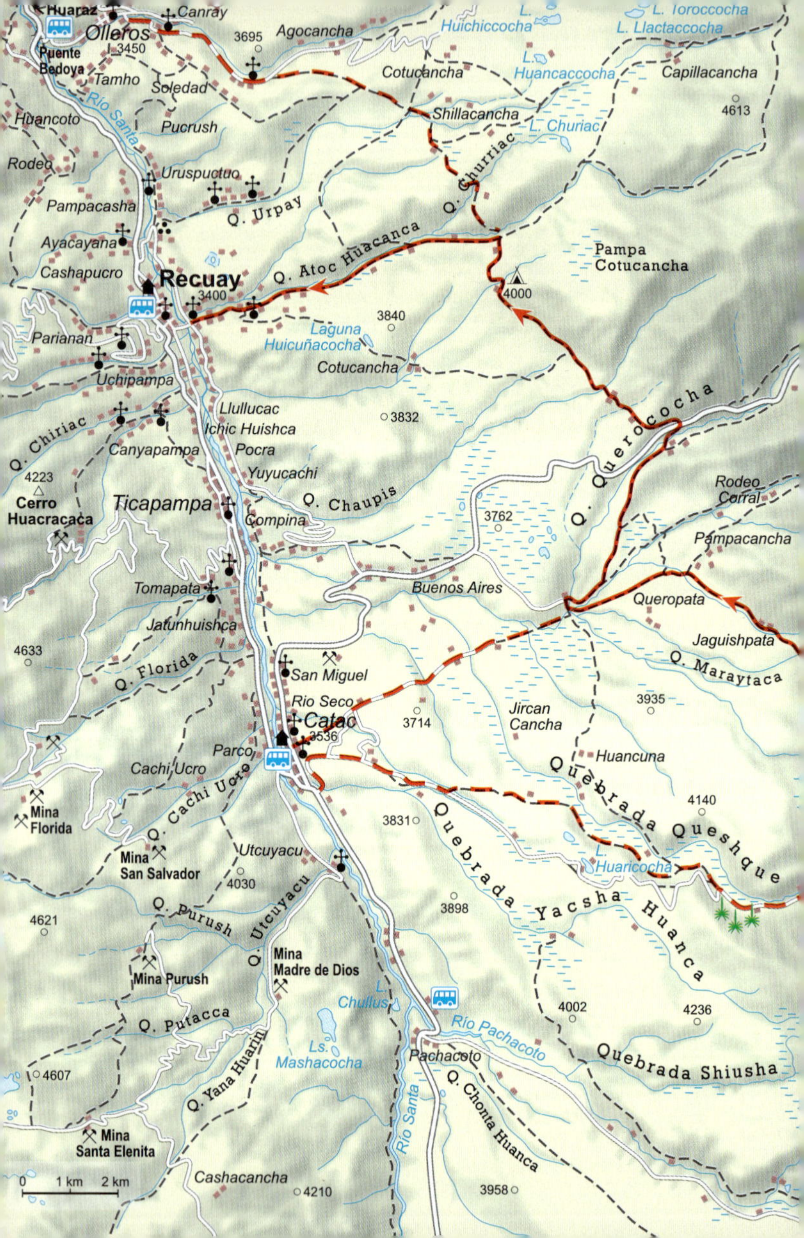

Huaraz
Olleros
Canray
3695
Agocancha
L. Huichiccocha
L. Toroccocha
L. Llactaccocha
Puente Bedoya
3450
Tamho
Soledad
Cotucancha
L. Huancaccocha
Capillacancha
Río Santa
Huancoto
Pucrush
Shillacancha
L. Churiac
4613
Rodeo
Uruspuctuo
Q. Churriac
Pampacasha
Q. Urpay
Ayacayana
Q. Atoc Huacanca
Pampa Cotucancha
Cashapucro
Recuay
3400
4000
3840
Parianan
Laguna Huicuñacocha
Uchipampa
Cotucancha
Llullucac
3832
Q. Querococha
Ichic Huishca
Q. Chiriac
Canyapampa
Pocra
Yuyucachi
4223
Rodeo Corral
Cerro Huacracaca
Ticapampa
Q. Chaupis
Compina
3762
Pampacancha
Tomapata
Buenos Aires
Queropata
Jatunhuishca
Jaguishpata
4633
Q. Florida
San Miguel
Q. Maraytaca
Rio Seco
Jircan Cancha
3935
Catac
3714
3536
Parco
Huancuna
Cachi Ucro
Quebrada Queshque
Q. Cachi Ucro
4140
Mina Florida
3831
Quebrada Yacsha
Mina San Salvador
Utcuyacu
L. Huaricocha
4030
3898
Huanca
4621
Q. Purush
Q. Utcuyacu
Mina Purush
Mina Madre de Dios
L. Chullus
4002
4236
Q. Putacca
Río Pachacoto
Ls. Mashacocha
Pachacoto
Quebrada Shiusha
4607
Q. Yana Huarin
Q. Chonta Huanca
Río Santa
Mina Santa Elenita
0
1 km
2 km
Cashacancha
4210
3958

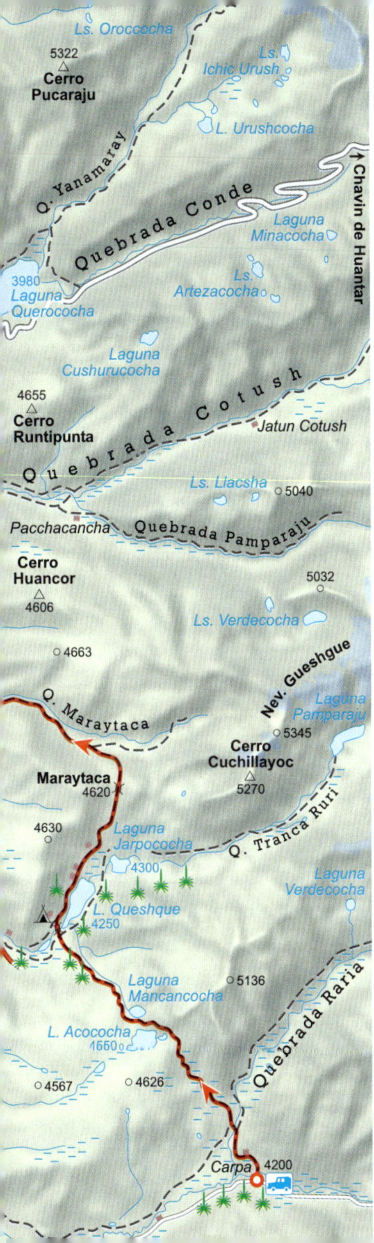

Die meisten Besucher beschränken sich auf einen organisierten Tagesausflug von Huaraz ins Pachacoto-Tal, wo per Bus oder Taxi erreichbare Ansammlungen der *Puya Raimondii* stehen und sich zusätzlich ein schöner Blick auf den Nevado Pongos, 5688 m, bietet, und weiter zu den letzten Resten des Pasto-Ruri-Gletschers (einst ein beliebtes Skigebiet). Doch eine bedeutend größere Anzahl der seltenen Pflanze ist im nördlich benachbarten Queshque-Tal (*queshque* ist das Quechuawort für *Puya Raimondii*) heimisch, und dank der beiden Seen ist auch die landschaftliche Umgebung weitaus reizvoller. Die nachfolgend beschriebene Wanderung (inklusive Varianten) verknüpft die beiden Standorte der *Puya-Raimondii*-Pflanzen in der Südlichen Cordillera Blanca.

1. Tag: Carpa – Laguna Queshque

(3.15 Std., 8 km, 350 Hm Aufstieg, 300 Hm Abstieg)

In **Carpa**, unterhalb der Mündung des Raria-Tales in das Pachacoto-Tal in 4200 m Höhe bei den Puyas, gibt es eine Brücke auf die nördliche Talseite, wo sogleich ein Weg durch hüfthohes Gras den Hang hinaufführt. Großartig ist dabei der Blick auf die Nevado-Pongos-Gipfel, die sich über dem sich nach Nordosten biegenden Raria-Tal erheben. Vereinzelt stehen auch hier Puya-Pflanzen. An einigen Tümpeln vorbei in nördlicher Richtung ist auf einer steinigen Hochfläche eine ganze Seenplatte in 4550 m Höhe erreicht. Der größte der tiefblauen

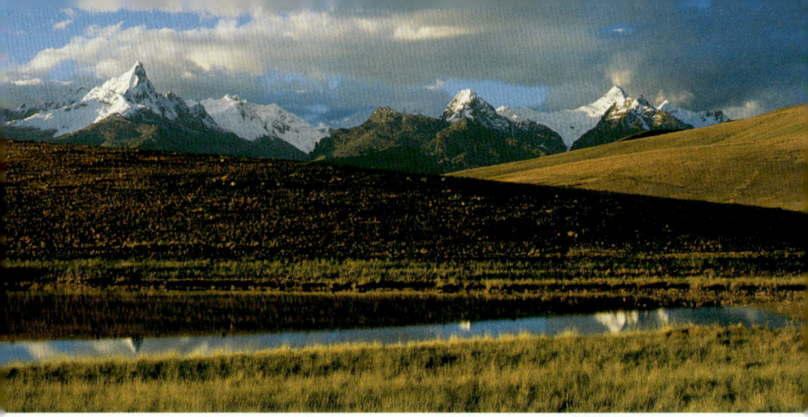

Rückweg nach Recuay von der Pampa Cotucancha.

Seen ist der **Acococha** (5 km). Zurück schweift der Blick über die südlichsten Berge der Cordillera Blanca, die stille Caulliraju-Gruppe, ihre zahlreichen Gipfel reichen noch bis in 5682 m Höhe; im Westen ist der Blick frei auf die Cordillera Negra und im Norden bei klarem Wetter bis zum Huascarán.
Der Abstieg nach Nordwesten in die Quebrada Queshque führt am westlichen Ufer des schon etwas tiefer gelegenen, türkisfarbenen **Mancancocha** vorbei und dann dem Bach folgend hinab ins Tal. Nach etwa der Hälfte des kurzen Abstieges kommt eine größere Ansammlung von Puyas, und die **Laguna Queshque** am Talboden in 4250 m Höhe wird sichtbar. 3 km talaufwärts liegt etwas höher die idyllische Laguna Jarpococha (siehe Tour 29). Will man dorthin, bleibt man am Ostufer des Sees. An beiden Uferseiten stehen viele Puyas; darüber erhebt sich im Nordosten der Nevado Pongos Norte. Schöne Lagerplätze gibt es ebenso.

2. Tag: Laguna Queshque – Pampa Cotucancha (8.45 Std., 26 km, 570 Hm Aufstieg, 820 m Abstieg)
Es gibt mehrere Möglichkeiten, von der/den Lagunas wieder zurück ins Santa-Tal zu gelangen:
1. Zurück nach Carpa laufen und auf eine Fahrgelegenheit warten,
2. durchs Queshque-Tal an der Südseite des Flusses hinaus nach Catac wandern (siehe auch Tour 29), oder
3. über die aussichtsreiche Ebene an den Westhängen der Cordillera Blanca, zum Teil auf einem alten Inkapfad, nach Norden fortsetzen und erst bei Recuay oder Olleros wieder auf die Hauptstraße im Santa-Tal stoßen.
Die dritte – nachfolgend beschriebene – Möglichkeit ist die schönste, sofern man insgesamt drei Tage Zeit hat. Nur gleich zu Beginn ist noch einmal ein kurzes Höhersteigen erforderlich, um ins nördlich benachbarte Maraytaca-

Tal zu gelangen, ansonsten ist es eher ein gemütliches Schlendern auf der weiten Hochebene mit dem großartigen Panorama der Cordillera Blanca.
Man geht am Nordufer in Richtung des oberen Sees, **Jarpococha**, und weiter bis auf 4620 m. Links unterhalb des Felsgipfels befindet sich der deutlich sichtbare **Übergang** ins **Maraytaca-Tal**. Viele Pfade und kleine Bäche führen ins Tal hinab, wo ein Weg auf der linken Seite des Baches in nordwestliche Richtung aus dem Tal weist. Ein paar strohgedeckte Hütten stehen am Weg und nach etwa 10 km (ab Start am See) wird der Bach überquert. Nach weiteren 3 km wendet man sich nun nach Nordosten, sofern man weiterlaufen möchte. Ansonsten bleibt man auf dem Weg und kommt bei Catac nach ca. 2,5 Std. wieder auf die Hauptstraße im Santa-Tal.
Die Fortsetzung der Wanderung nach Nordosten verläuft ziemlich konstant in 3800 m Höhe auf der weiten Pampa. Dieses Wegstück folgt einer alten Inkastraße. Auf einer kilometerweiten Linie von Süden nach Norden stehen im Abstand von etwa 500 m jeweils paarweise drei Meter hohe Steinmonolithe wie große Torpfosten eng beieinander. Daneben liegen an einigen Stellen kolossale verwitterte Steinskulpturen im hohen Ichu-Gras, die Tiergestalten darstellen. Eine gleicht einem gepanzerten, mit ausgestrecktem Kopf und Beinen auf dem Rücken liegenden Tier und ist etwa 4 m lang und 2,50 m breit und ebenso hoch.
Dann erreicht man die Straße, die am 5 km entfernten Querococha vorbei nach Chavín führt. Von ihr zieht sich an den auslaufenden Hängen ein breiter Weg nach Norden bis zur Quebrada Rurec. Man kann ihm folgen, aber genauso gut parallel querfeldein wandern. Gelegentlich begegnet man Quechua mit Schafherden, die weit verstreut auf der Pampa ihre Hütten haben. Herrlich sind die freien Blicke nach Norden und Süden auf die Berge. Auf der weiten **Pampa Cotucancha** in durchschnittlich 4000 m Höhe offenbart sich das einmalige Panorama auf die Bergspitzen der Huantsan-Gruppe. Die von unzähligen größeren und kleineren Seen überzogene Hochfläche, die wieder etwas höher als der bisherige Weg liegt, bietet überall Lagermöglichkeiten.

3. Tag: Pampa Cotucancha – Recuay (3.00 Std., 10 km, 600 m Abstieg)

Von hier kann man nun wahlweise nach Recuay laufen, indem man einfach dem Bachverlauf nach Südwesten folgt, allerdings hoch über ihm. Bald schon wird der Ort unten im Santa-Tal sichtbar und rückwärts blickend bleibt noch lange das imposante Bergpanorama erhalten. Die ersten Häuser tauchen auf, der Friedhof, ein Wäldchen und danach die Brücke über den Río Santa und **Recuay** in 3400 m Höhe sind erreicht. Im Ortsbereich an der Hauptstraße gibt es eine viel besuchte Mariengedenkstätte in einer Grotte und Busanschluss nach Huaraz.
Die andere Variante ist, von der Hochebene nach Norden ins breite Tal abzusteigen und auf dem Fußweg Olleros – Chavín westwärts nach Olleros hinauszuwandern.

TOP

29 Die Puya Raimondii an der Laguna Jarpococha

2 Tage

Unberührter See mit zahllosen Puyas

Eine Alternative, um an die beiden Seen – Laguna Queshque und Laguna Jarpococha – zu gelangen, bietet auch eine befahrbare Piste von Catac, die 20 km weit das Queshque-Tal hochführt und zwei Kilometer vor dem ersten See endet. Die Piste zu Fuß als Aufstieg zu wählen ist ein mühseliges Unterfangen, das allerdings von den fantastischen Blicken auf die Cordillera Blanca gelindert würde, als Fußweg zurück ist die Strecke aber zu empfehlen. Nicht nur für Pflanzenfreunde sind die beiden Seen ein Glanzpunkt in der Weißen Kordillere.

Ausgangspunkt: Das Ende der Piste zur Laguna Queshque 20 km östlich von Catac im Santa-Tal, in 4200 m Höhe. Anfahrt ab Catac mit Taxi.
Höhenunterschied: 100 m Aufstieg, 770 Hm Abstieg.

Anforderungen: Langer Abstieg auf der Piste, insgesamt einfach.
Einkehr: Catac, unterwegs keine.
Unterkunft: Im Zelt.
Karten: AV-Karte Cordillera Blanca Süd, IGN-Karte 20-i Recuay (1:100.000).

1. Tag: Ende der Straße – Laguna Jarpococha (1.30 Std., 4,5 km, 100 Hm Aufstieg)
Der Weg auf den 2 km vom Ende der Piste zur **Laguna Queshque** passiert ein nur zeitweise genutztes Gebäude der Campesinos. Am Ufer des ersten Sees angekommen, erfordert eine schlichte Holzbrücke die Entscheidung, am Nord- oder Südufer weiterzulaufen. Möchte man nur zum Jarpococha und den gleichen Weg wieder zurück, ist es ratsam, am südlichen Ufer zu bleiben.
Wollte man von den Seen aber nach Norden weiterwandern (siehe Tour 28), setzt man den Weg besser über die Brücke am Nordufer fort. Zwischen den beiden Seen muss dann allerdings der Verbindungsbach durchwatet werden, sofern das Südufer des kleineren **Jarpococha** das Ziel ist, wo in 4300 m

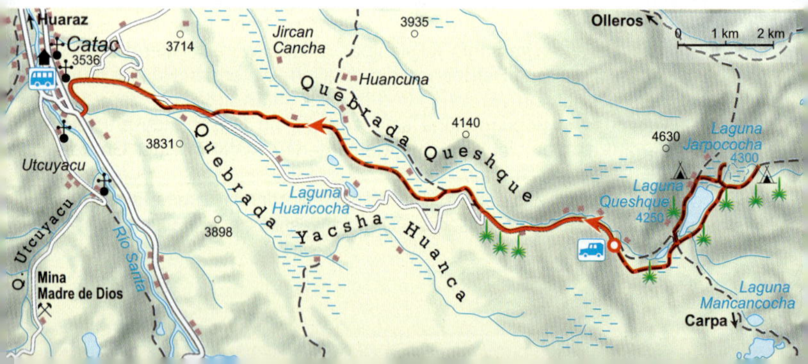

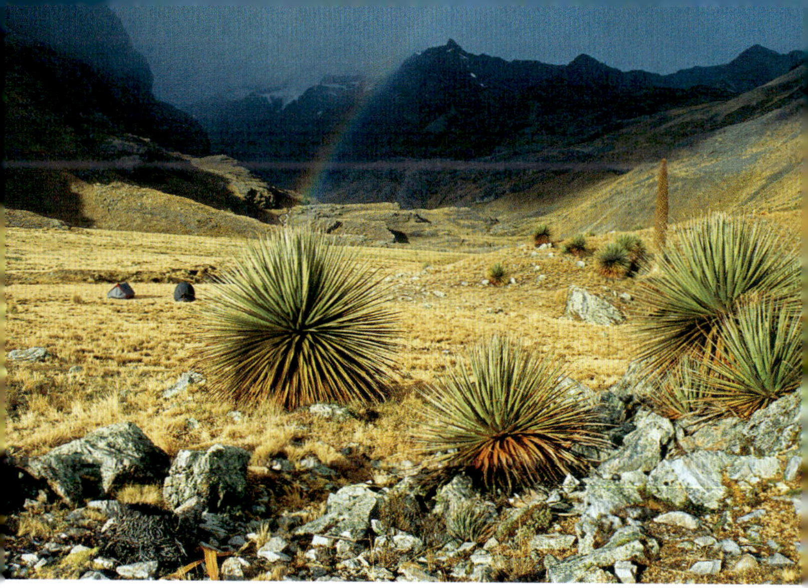

Puya Raimondii am Jarpococha.

Höhe eine hohe Anzahl von Puyas steht, denn der obere Uferbereich ist zu sumpfig, um ans Südufer zu gelangen.

2. Tag: Laguna Jarpococha – Catac (6.00 Std., 18,5 km, 770 Hm Abstieg)
Zurück entlang der Seen bis zur Piste geht es am gleichen Weg oder am jeweils anderen Ufer.
Etwa 6 km nach den Seen verlässt der Fußweg die Piste, um etliche Kurven zu sparen. Kurz vor **Catac** kann ebenfalls die letzte, weit ausholende Schleife der Straße vermieden werden.

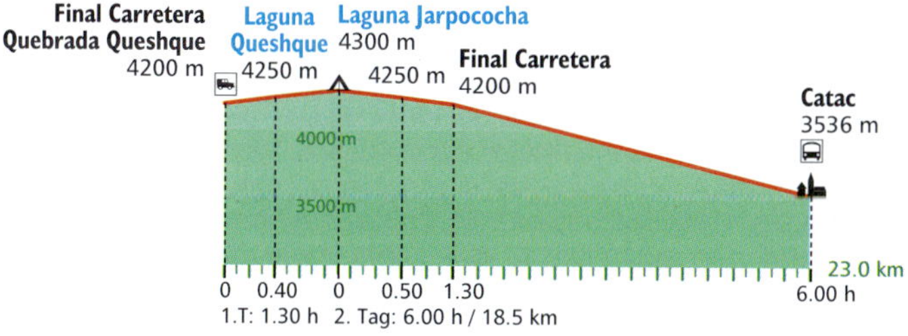

Cordillera Huayhuash

Die Cordillera Huayhuash (»waiwasch« gesprochen) liegt deutlich abgegrenzt 40 km südöstlich des Südendes der Cordillera Blanca, etwa 300 km nördlich der Hauptstadt Lima und ebenfalls nur 100 km von der Pazifikküste entfernt. Sie bildet mit rund 30 km Ausdehnung nur ein kleines Glied in der langen Kette der Anden, doch eines der eindrucksvollsten. Bizarre, wilde Gipfel, schwierigste Eiswände, extrem zerrissene Gletscher und traumhaft schöne Lagerplätze an den zahllosen türkisfarbenen Seen kennzeichnen diese Zauberwelt der Anden. Sechs Eisriesen mit über 6000 m Höhe bilden das Herzstück eines der schönsten Hochgebirge der Erde, darunter der zweithöchste Berg Perus, der 6617 m hohe Nevado Yerupajá Grande mit seinen auf allen Seiten extrem steilen Eisflanken sowie der für viele Bergsteiger schönste Berg Südamerikas, der Nevado Jirishanca Grande, 6094 m, der »Kolibrischnabel aus Eis«, wie er aus der Quechuasprache übersetzt heißt.
Ausgangspunkte sind die Ortschaften Chiquián, 3400 m, am Nordwestrand des Gebirges und von Huaraz per Bus zu erreichen, sowie Cajatambo, 3375 m, im Südwesten von Lima aus. Einen jährlichen Glanzpunkt bildet in der letzten Augustwoche die »Fiesta Santa Rosa de Lima« in Chiquián und Llamac, ein Fest zu Ehren der Schutzheiligen des Departamentos Lima.
Bis vor wenigen Jahren begannen fast alle Wanderungen in Chiquián, mittlerweile ist der Weg am Nordrand des Gebirges, der den Zugang darstellte, zur befahrbaren Piste ausgebaut worden und so lässt sich je ein schweißtreibender Marschtag sowohl auf dem Hinweg als auch auf dem Rückweg einsparen. Täglich am Morgen verkehrt ein Kleinbus von Chiquián bis Llamac (22 km) und bei Bedarf auch bis Pocpa.
So richtig bekannt wurde ein Teil der Cordillera Huayhuash mit dem Wagnis einer Erstbegehung durch die Westwand des 6344 m hohen Nevado Siula Grande im Jahre 1985 durch zwei junge Briten, Joe Simpson und Simon Yates, 25 und 21 Jahre alt. Das Vorhaben endete tragisch, wenn auch beide mit dem Leben davonkamen. Die dramatische Geschichte wurde 1988 mit dem Titel »Touching the Void« in London veröffentlicht und erschien 1991 auch in deutscher Sprache unter dem Titel »Sturz ins Leere«. Es ist eines der spannendsten und erfolgreichsten Bergbücher überhaupt und wurde 2004 sogar verfilmt.
Der Großteil der Besucher unternimmt einen Besuch der Cordillera Huayhuash organisiert durch Reiseagenturen in Huaraz, aber in Chiquián und Llamac sind die Bewohner auf Individual-Wanderer eingestellt und es lassen sich ortskundige Arrieros mit Lasttieren anheuern. Schlichte Unterkünfte gibt es ebenso. Die Laufrichtung und dadurch das Aneinanderreihen der Höhepunkte sowie die Lagerplätze an den Lagunen sind individuell sehr unterschiedlich gestaltbar. So kann etwa die herrliche Laguna Jahuacocha selbstverständlich auch den Schlusspunkt der Wanderung bilden.

Die Cordillera Huayhuash wurde zum Bedauern aller Kenner nie zum Nationalpark erhoben und hat bis heute keinerlei wirklichen Schutzstatus erhalten, so ist den Minenbetreibern Tür und Tor geöffnet. Es wird keine Gesamteintrittsgebühr erhoben, sondern jede Gemeinde kocht ihr eigenes Süppchen, und so wird an den jeweiligen Lagerplätzen eine unterschiedlich hohe Abgabe für die »Bewachung« verlangt. (Vertrag zwischen den örtlichen Gemeinden 2007/2008: für 5 Jahre pro Person 15 Soles, etwa 4 €; auf dem Gemeindegebiet von Huayllapa sogar 35 Soles. Die Preise blieben unverändert.)

Nevado Carnicero, 5960 m, rechts hinten der Nevado Siula, 6344 m.

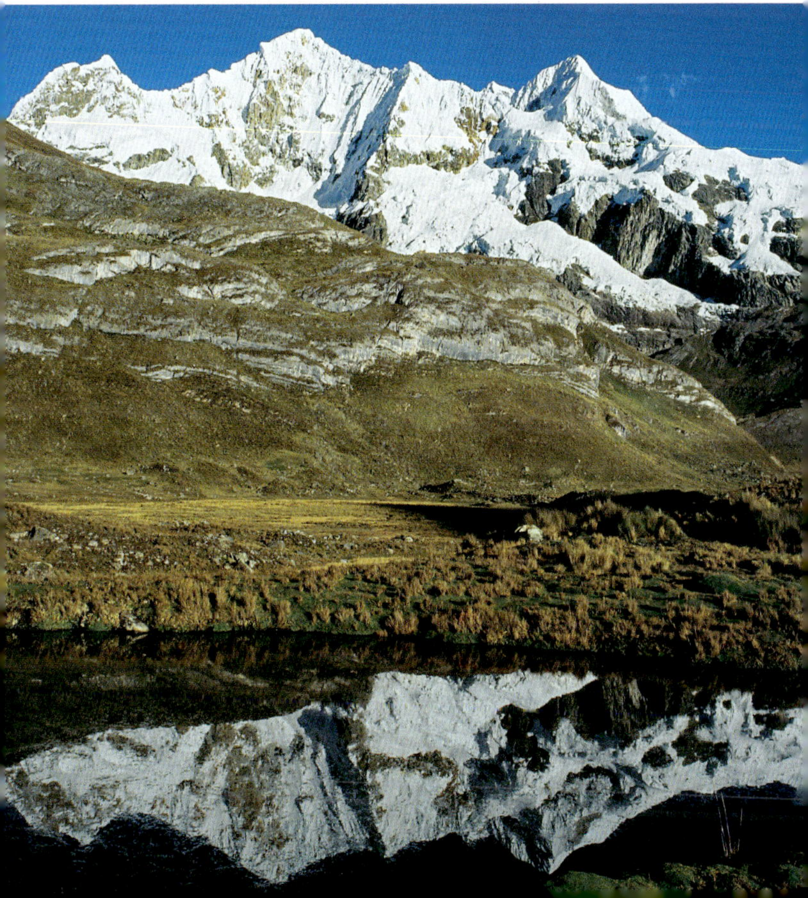

TOP **30**

Umrundung der Cordillera Huayhuash

10 Tage

Anspruchsvolle und spektakuläre Rundtour unter schwierigsten Andengipfeln

Die Krönung aller möglichen Wanderungen in der Cordillera Huayhuash bildet die komplette Umrundung des Gebirges. Sie beansprucht zehn bis zwölf Tage und je nach Routenwahl sind sieben, acht, neun oder gar zehn Pässe zwischen 4500 und 5000 m Höhe zu bewältigen – ein Aneinanderreihen hochandiner Höhepunkte inmitten wilder Kordilleren-Schönheit. Die gewaltigen Höhenunterschiede bedeuten ein ständiges Bergauf und Bergab, daher ist die Rundwanderung auch eine der anstrengendsten und anspruchsvollsten Trekkingtouren in den Anden – aber auch eine der großartigsten. Sehr gute Kondition und beste Akklimatisation sind deshalb unabdingbare Voraussetzung! Die beiden andinen Glanzpunkte der Cordillera Huayhuash, die Laguna Carhuacocha und die Laguna Jahuacocha, sind natürlich Bestandteil der Umrundung, sie lassen sich aber auch abkoppeln und separat auf einem jeweils kürzeren Rundweg besuchen.

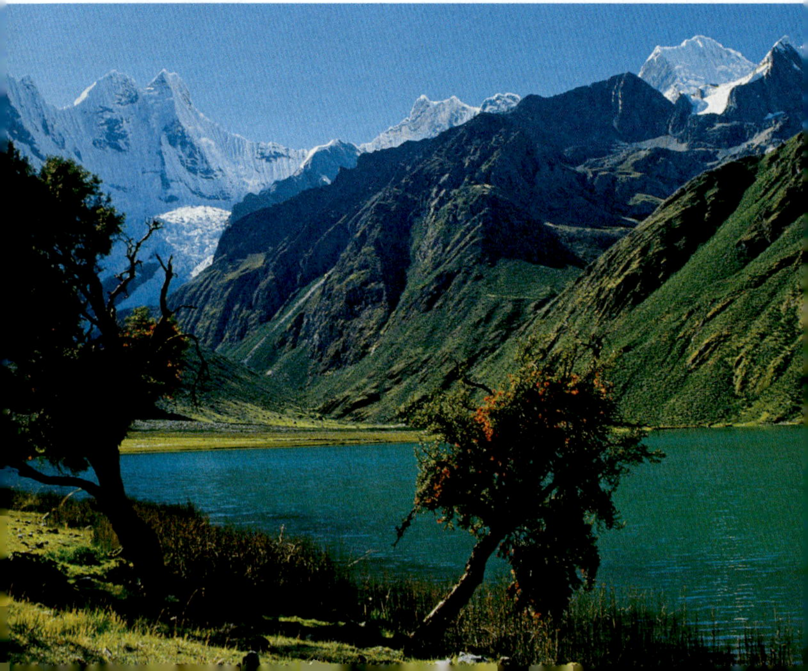

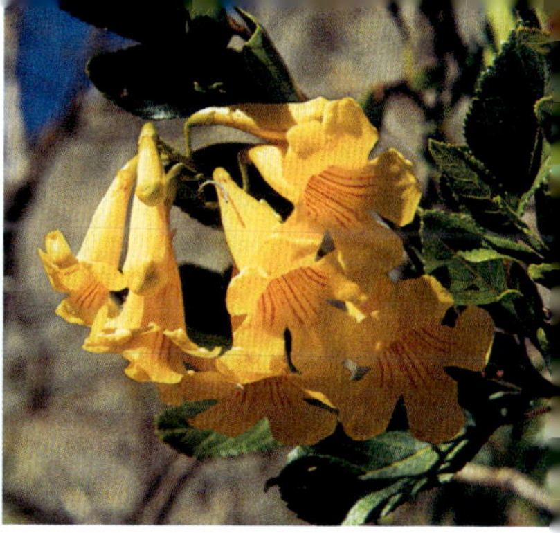

Ausgangspunkt: Llamac, 3250 m, oder Pocpa, 3470 m (4 km weiter). Anfahrt von Chiquián (110 km ab Huaraz) mit dem Bus (ca. 20 km).
Endpunkt: Llamac oder auch Pacllón, 3290 m. 1x täglich vormittags Busverbindung von/nach Chiquián.
Höhenunterschied: Ca. 5500 m.
Anforderungen: Unschwierige Wege, aber extrem anstrengend und hart, auch aufgrund der Höhe.
Einkehr: Proviant erhält man in Huaraz oder Chiquián; unterwegs in Huayllapa.
Unterkunft: Schlichte Möglichkeiten in Llamac, unterwegs im Zelt.
Tipps: Arrieros findet man in Chiquián oder Llamac. Wer die Tour gänzlich organisiert durchführen will, kann das in Huaraz buchen.
Es ist sehr zu empfehlen, an einem der herrlichen Seen einen Ruhetag einzulegen, einfach zu staunen und genießen, denn solche Plätze sieht man in der Regel nur einmal im Leben.
Varianten: Entlang der Hauptroute gibt es mehrere Möglichkeiten zu Abstechern und alternativen Routen; mit der ausgedehntesten Variante kommt man auf 8000 Hm und 135 km! (Beschreibungen jeweils im Text.)
1. Statt zuerst zur Laguna Jahuacocha erst am Ende der Tour dorthin, dazu von Llamac über Pocpa und Pallpa direkt zum Cacanan Punta. So spart man sich den steilen Rondoy-Pass (1./2. Tag).
2. Abstecher zur Laguna Mitococha (3./4. Tag).
3. Die »innere Route« (teilweise weglos) über die Punta Siula (5. Tag).
4. Abstecher zu den Lagunas Jurau und Sarapo (8./9. Tag).
5. Vom Tapush-Pass über den Llaucha Punta zur Laguna Jahuacocha und von dort zurück nach Llamac.
Karten: AV-Karte Cordillera Huayhuash (1:50.000), IGN-Karte 21-j Yanahuanca (1:100.000).

1. Tag: Llamac – Laguna Jahuacocha (7.00 Std., 13 km, 1050 Hm Aufstieg, 250 Hm Abstieg)

Vom Ortseingang in **Llamac** führen zwei Wege auf die etwas mehr als 1000 m höhere Pampa Llamac, dem Übergang ins Achin-Tal und Zugang zum Jahuacocha. Der östliche verläuft enorm steil in südliche Richtung durch den von Kakteen, Agaven und Gestrüpp dicht bewachsenen Hang auf direktem Weg zum Bergrücken. Der andere, ein guter Handelsweg mit gleichem Ausgangspunkt und Ziel holt zwar etwas weiter aus und vermeidet so die steilen Passagen in weiten Schwüngen nach Westen, ist dafür angenehmer zu laufen. Auf ersterem scheint ein Wasserfall den Weiterweg zu blockieren, er lässt sich aber problemlos passieren und kurz darauf sind die ersten weniger geneigten Wiesen erreicht, wo sich die Anstiege vereinen.

An der Laguna Jahuacocha; im Hintergrund Nevado Jirishanca (links) und Nevado Yerupaja (rechts).

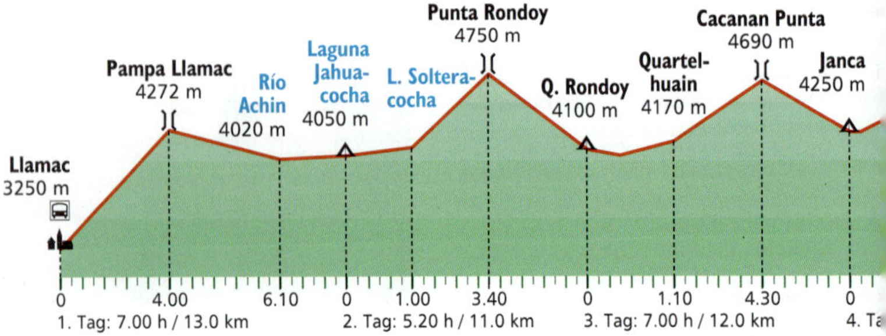

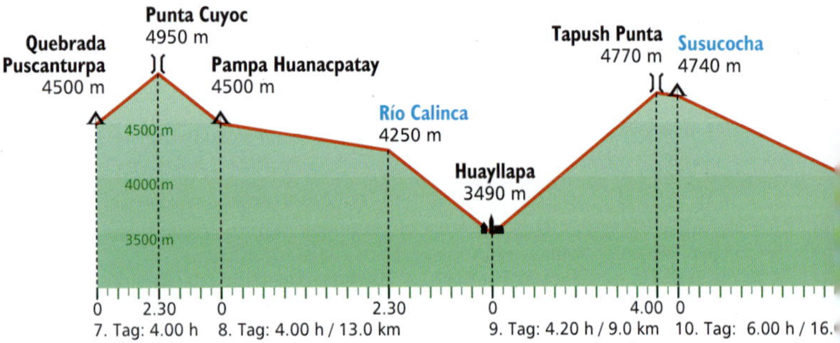

Auf beiden Routen sind lange die Dächer von Llamac im engen Tal des Río Llamac zu sehen. Noch einmal geht es etwas ansteigend auf den Rücken des den Río Llamac und Río Achin trennenden Bergstockes, wo ein Tiefblick auf die Ortschaft Pacllón erhascht werden kann. Auf der **Pampa Llamac** in 4270 m Höhe eröffnet sich dann binnen weniger Schritte der überwältigende Blick auf den nahen Hauptkamm der Cordillera Huayhuash – ein unvergessliches Panorama. Natürlich dominiert der alles überragende 6617 m hohe Yerupajá Grande mit seiner makellos weißen Westwand.

Ins Tal führt nun ein wunderschöner Panoramaweg, vorläufig bleibt der Weg auf dieser Höhe und steigt sogar noch einmal geringfügig an. Schöne Wegabschnitte durch schattige Quenuawäldchen wechseln mit steinigen Passagen, bis sich der Weg dann abrupt zum **Río Achin** senkt. Das Tal öffnet sich nach Osten zur Pampa Incahuain. Ein paar Hütten stehen am schmal gewordenen Fluss. Kühe, Pferde und Schafe der hier lebenden Quechua weiden auf den welligen Wiesen. Am linken Ufer entlang ist rasch die

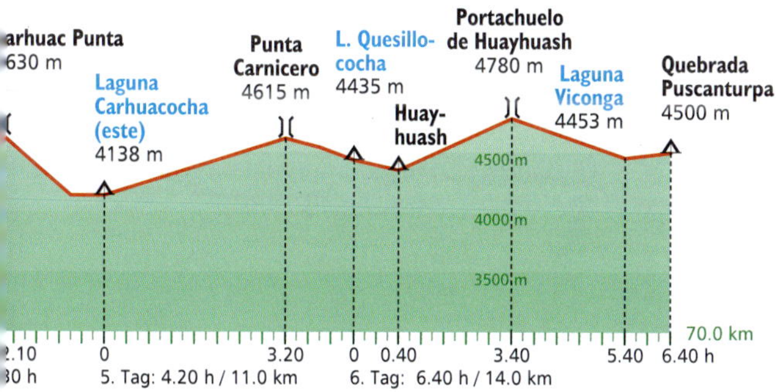

sichelförmige Moräne erreicht, hinter der sich ein Juwel der peruanischen Anden verbirgt, die 4050 m hoch gelegene türkisfarbene und an seinen Ufern mit Schilf bestandene **Laguna Jahuacocha**. Die hier lebenden Quechua bieten den Wanderern gerne selbst gefangene Lachsforellen aus dem See und sogar Bierflaschen an.

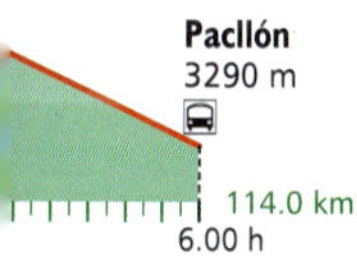

2. Tag: Jahuacocha – Quebrada Rondoy (5.20 Std., 11 km, 700 Hm Anstieg, 650 m Abstieg)

Die im Folgenden beschriebene Route führt auf den Hauptweg und dann an die Ostseite des Gebirges. Sie ist etwas beschwerlicher als andere Möglichkeiten, beinhaltet aber einen der spektakulärsten Wegabschnitte.

Der Weg führt zunächst direkt am Nordufer der herrlichen, 1,5 km langen Laguna Jahuacocha entlang und passiert noch einige Hütten nach dem Seeende, wo ein Pfad nach Süden zum Rasaccocha, 4396 m, und dem Nevado Rasac, 6017 m, sowie zur Westflanke des Nevado Yerupajá Grande abzweigt. Ein mächtiger Moränenwall fasst den nächsten, gleich anschließenden Gebirgssee ein, die in 4120 m Höhe liegende **Laguna Solteracocha**. Der kurze Aufstieg zum Moränenscheitel lohnt sich. Das Ostufer des grünen Sees bildet das Ende des 4 km langen, von Schmelzwasserklüften zerfurchten Yerupajá-Gletschers, der sich in etwa 4700 m Höhe mit dem Jirishanca-Gletscher vereint hat. Nirgendwo sonst in der Cordillera Huayhuash reicht ein Gletscher tiefer als hier.

Der Anstieg zum Übergang ins Rondoy-Tal zieht sich kurz vor Seeende vom Fuß der Moräne steil den Grashang nach Norden hinauf. Mit jedem gewonnenen Höhenmeter wird der Blick noch beeindruckender. Hoch über dem Gletschersee ist nun die Sicht in die eisgepanzerte, knapp 1200 m hohe Westwand des Yerupajá Grande unbeeinträchtigt und links daneben erhe-

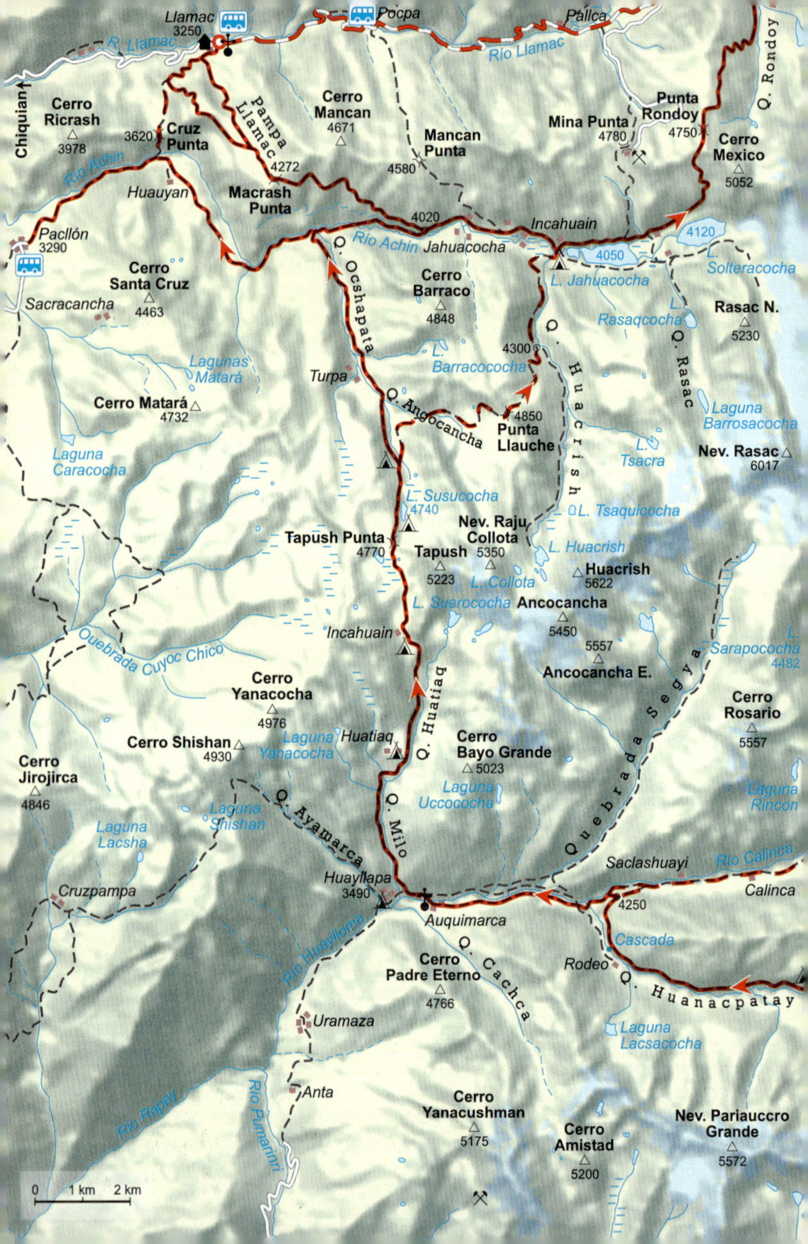

Llamac
3250
Pocpa
Pallca
R. Llamac
Río Llamac
Q. Rondoy
Chiquian
Cerro Ricrash
3978
3620
Cruz Punta
Pampa Llamac
Cerro Mancan
4671
Mancan Punta
4580
Punta Rondoy
4750
Mina Punta
4780
Cerro Mexico
5052
Río Achin
Huauyan
4272
Macrash Punta
Pacllón
3290
4020
Incahuain
4120
Río Achin
Jahuacocha
4050
L. Solteracocha
Cerro Santa Cruz
4463
Q. Ocshapata
Cerro Barraco
4848
L. Jahuacocha
Sacracancha
L. Rasaqcocha
Rasac N.
5230
4300
L. Barracocha
Lagunas Matará
Turpa
Q. Huacrish
Q. Rasac
Cerro Matará
4732
Q. Angocancha
4850
Punta Llauche
Laguna Barrosacocha
Laguna Caracocha
L. Tsacra
Nev. Rasac
6017
L. Susucocha
4740
L. Tsaquicocha
Tapush Punta
4770
Nev. Raju Collota
5350
Tapush
5223
L. Huacrish
Huacrish
5622
L. Collota
L. Suerococha
Ancocancha
5450
Incahuain
5557
Ancocancha E.
L. Sarapococha
4482
Quebrada Cuyoc Chico
Cerro Yanacocha
4976
Q. Huatiaq
Cerro Rosario
5557
Cerro Shishan
4930
Laguna Yanacocha
Huatiaq
Cerro Bayo Grande
5023
Quebrada Segya
Cerro Jirojirca
4846
Laguna Uccococha
Laguna Rincon
Q. Ayamarca
Laguna Shishan
Laguna Lacsha
Q. Milo
Saclashuayi
Río Calinca
Huayllapa
3490
Calinca
Cruzpampa
4250
Auquimarca
Río Huayllòma
Cascada
Cerro Padre Eterno
4766
Q. Cachca
Rodeo
Q. Huanacpatay
Uramaza
Laguna Lacsacocha
Anta
Río Rapay
Río Pumarinri
Cerro Yanacushman
5175
Cerro Amistad
5200
Nev. Pariauccro Grande
5572
0
1 km
2 km

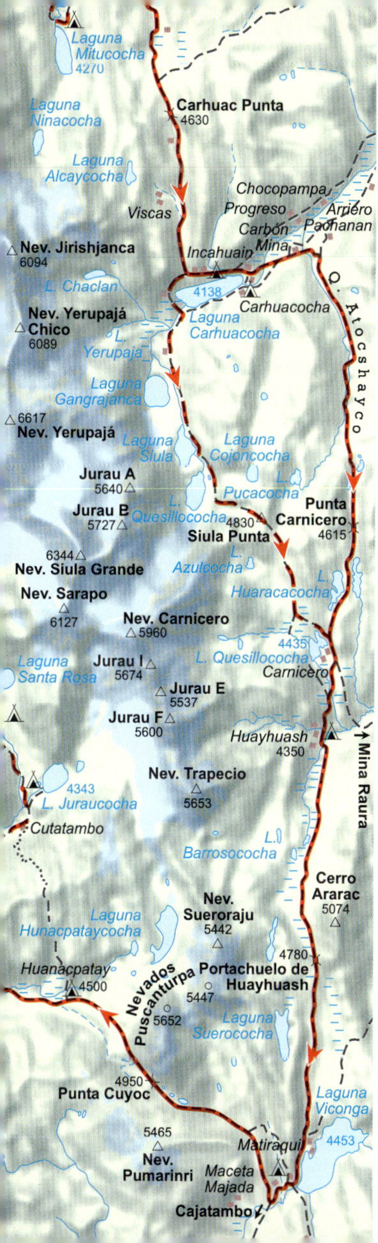

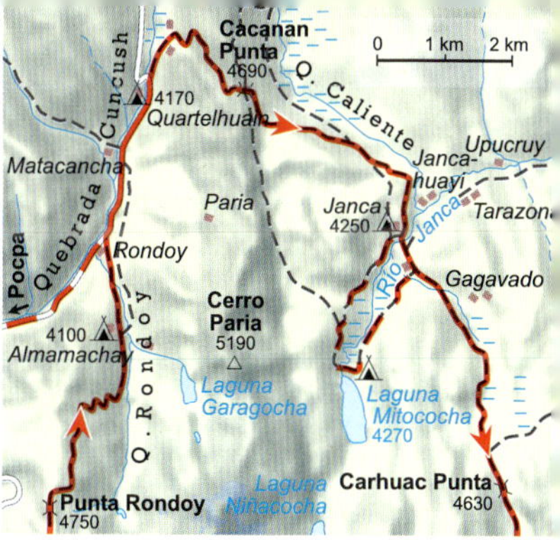

ben sich die beiden Hörner des Yerupajá Chico, 6089 m, die ihm auch den Beinamen »El toro« eingebracht haben. Der noch nähere Jirishanca Grande, 6094 m und sein Nordpfeiler, 5989 m, übertrifft ihn natürlich an Form und Schönheit. Die wilden, bizarren Eisgipfel der Cordillera Huayhuash sind während des Anstieges zum Greifen nahe, nur der Nevado Rondoy, 5870 m, wird zum großen Teil von der Felspyramide des 5052 m hohen Cerro Mexico verdeckt, über dessen auslaufenden Sand- und Geröllhang man sich dem Übergang ins Rondoy-Tal nähert. (Von hier oben gibt es eine direkte Abstiegsmöglichkeit nordwestlich ins Tal des Río Llamac auf der nahen Piste zu einer Mine in der kurzen Quebrada Uhuar.)
Vom höchsten Punkt des 4750 m hohen Übergangs **Punta Rondoy** beginnt der sandige und gelegentlich steile Pfad hinab ins Rondoy-Tal. Hellgraue Kalk- und Quarzitberge bilden den auslaufenden Hauptkamm des Gebirges nach Norden und schirmen das Rondoy-Tal von Osten ab. Ein unerreichbarer kleiner

See unter den Nordwestabstürzen von Nevado Rondoy und Niñashanca speist den ins **Rondoy-Tal** hinab fließenden Bach, der auf 4100 m Höhe nach steilem Abstieg erreicht wird, wo auch bald die ersten Quechuahütten mit Lagerplatz auftauchen.

3. Tag: Quebrada Rondoy – Cacanan Punta – Janca (7.00 Std., 12 km, 640 m Aufstieg, 490 m Abstieg)

Das breiter gewordene Tal ist sumpfig und es ist ratsam, auf die rechte Bachseite zu wechseln, sofern die Tour an die Ostseite der Cordillera Huayhuash fortgesetzt werden soll, denn dann ist auch der Höhenverlust geringer. Schon nach knapp 2 km ist die Quebrada Cuncush, wie das obere Llamac-Tal jetzt heißt, erreicht. Der Weg bleibt aber vorläufig – bis zum westlich einmündenden Asiac-Tal – oberhalb des Hauptweges. Die Piste führt weiter Richtung Huallanca, doch bei den Häusern von **Quartelhuain**, 4170 m, beginnt die Abzweigung und der Anstieg auf den Cacanan Punta, dem nördlichsten Pass der Gebirgsumrundung.

Teilweise hüfthohes Ichu-Gras taucht die Landschaft in einen gelben Farbton. Vor dem steilen und recht mühsamen Zickzack-Aufstieg befindet sich eine Wasserquelle. Messerscharfe Rillen in dem hellen Kalkgestein flankieren den Weg und auf 4400 m macht der Weg dann fast eine Kehrtwendung in südöstliche Richtung auf den 4690 m hohen **Cacanan Punta** über den Hauptkamm des Gebirges. Der Pass bildet auch die kontinentale Wasserscheide. Alle Bäche und Flüsse auf dem bisherigen Weg fließen zum Pazifik. Doch alle östlich des Hauptkammes der Cordillera Huayhuash entspringenden Flüsse beginnen ihre lange Reise zum Atlantischen Ozean und somit ist das Gebiet auch Einzugsgebiet einiger Quellflüsse, die später den Amazonas bilden. An der Ostseite des Gebirges bleiben auch die vom Ama-

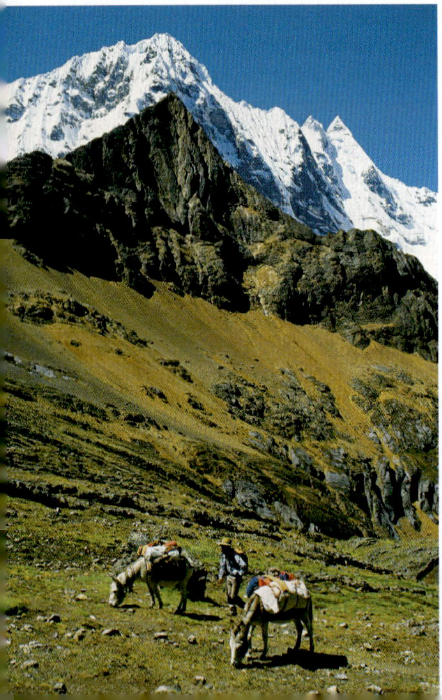

Aufstieg zur Punta Rondoy, mit Cerro Mexico und Nevado Rondoy.

zonasbecken heranziehenden Wolken hängen und können für rasche und heftige Wetterumschwünge sorgen.

Der anfangs steil abfallende Weg vom Pass folgt dem aus dem nördlich gelegenen Pucacocha entsprungenen Bach nach Südosten, allerdings vorerst hoch über dem Talboden. Schnell ist das felsige Gelände dichtem Ichu-Gras und mit weiter abnehmender Höhe saftigen Almen gewichen. Der Weg macht einen Knick nach Süden und schon kurz darauf zweigt bei den Häusern von **Janca** in 4250 m Höhe ein kurzes breites Tal zur Laguna Mitococha ab.

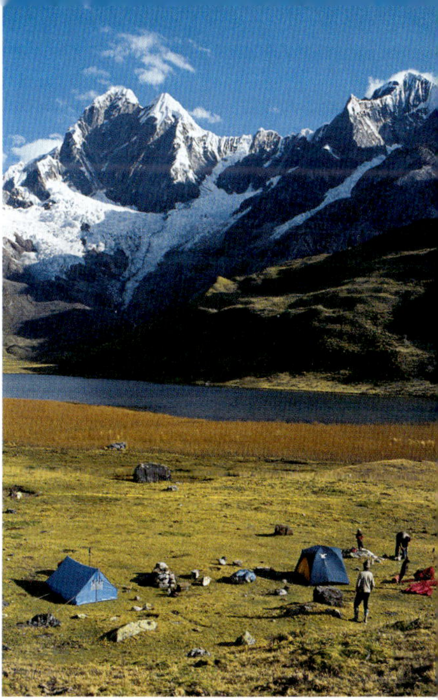

Laguna Mitococha mit der Nordseite der Jirishanca-Gipfel.

Variante: Abstecher zur Laguna Mitococha, 4270 m (5 km hin und zurück)

Anstatt in Janca zu bleiben, lohnt es sich, einen Abstecher zum herrlichen Gebirgssee Mitococha zu machen und dort das Zelt aufzuschlagen.

Schon bevor man ganz zum Janca-Bach bei der Wegeabzweigung absteigt, offenbart sich erstmals die grandiose Ostseite der Gipfelwelt der Cordillera Huayhuash vom Niñashanca bis zum Yerupajá. Weitere Häuser, modern mit Wellblech und nicht mehr mit dem üblichen Ichu-Gras gedeckt, stehen vor dem zum Ende hin sumpfiger werdenden Tal. So bleibt man am rechten Ufer des abfließenden Baches und es ist ratsam, auch am äußersten Talrand zu bleiben, wenn dies auch auf den ersten Blick unsinnig erscheinen mag.

Schöne Lagerplätze gibt es hinter der Moräne, wo eine vielköpfige Quechua-Großfamilie lebt. Dominierender Gipfel und Blickfang über dem Mitococha ist der Nevado Jirishanca und sein Nordpfeiler, die wegen ihrer Nähe die höheren Gipfel im Hintergrund zu überragen scheinen. Ein breiter, dichter Schilfgürtel bietet vielen Wasservögeln wie Blässhühnern, Enten und Andengänsen Unterschlupf und Nistplätze. Nur 2 km südlicher, unterhalb des Jirishanca-Gletschers, liegt ein weiterer See, der Niñacocha in 4440 m Höhe.

4. Tag: Janca – Laguna Carhuacocha/Ostufer (4.30 Std., 9 km, 380 Hm Anstieg, 500 m Abstieg)
Die folgende Etappe beinhaltet wieder einen langen Anstieg zum nächsten Übergang und erfordert wesentlich mehr Gehzeit, als die reine Entfernungsangabe suggeriert. Der See wird durch dasselbe Tal verlassen, allerdings auf der anderen Talseite und die Fortsetzung des Hauptweges erfolgt in das erste abzweigende Tal weiterhin in Südostrichtung. Anfangs verläuft der Weg kurz am linken Bachufer, bald empfiehlt es sich aber wegen sumpfiger Abschnitte am Bach möglichst am rechten Talrand aufwärts zu laufen. Runde Moospolster liegen wie kleine Inseln in den Feuchtstellen. Die Eisriesen rücken immer näher. In Nähe des sandigen Übergangs **Carhuac Punta** in 4630 m sprudeln frische Quellen. Wer die Aussicht am Pass, die bis zu den Gletscherseen südlich des Etappenzieles Carhuacocha reicht, noch ausdehnen möchte, kann den Pfad nehmen, der rechts über dem eigentlichen Weiterweg verläuft und nicht sofort steil abfällt. Er trifft später wieder auf den Hauptweg. Häufiger werden nun Begegnungen mit Quechua, die sich hier mit ihren Haustieren angesiedelt haben. Abrupt scheint dann der Weg zu enden. Wie von einem Balkon wirkt der Blick hinunter auf den tiefgrünen Gletschersee zu Füßen der höchsten Berge der Cordillera Huayhuash.
Die gut 1,5 km lange **Laguna Carhuacocha** in 4138 m Höhe ist ein wahres Traumziel in den Anden. Bevor man absteigt, sollte man sich über den weiteren Verlauf der Route klar sein. Nach rechts hinunter ist es nur ratsam, sofern man ein paar Tage am See bleiben möchte und die nächste Etappe (häufig weglos und für Lasttiere nicht passierbar) hautnah an den Seen und Gletschern der Berge erfolgen soll.
Der kontinuierlich fortführende Hauptweg macht einen 90°-Knick ans Ostufer, wo es mehrere Lagermöglichkeiten gibt. Gerade mal 9 km Luftlinie entfernt im Westen liegt das andere Juwel der Huayhuash, die Laguna Jahuacocha, genau auf der Rückseite der hier aufragenden Nevados Yerupajá Grande, 6617 m, Yerupajá Chico 6089 m und Jirishanca Grande 6094 m. Im Südwesten des Carhuacochas stehen weitere berühmte Sechstausender, der Nevado Siula Grande, 6344 m, sein Nebengipfel, der Siula Chico, 6265 m und der Nevado Sarapo, 6127 m.

5. Tag: Carhuacocha – Carnicero am Quesillococha (4.20 Std., 11 km, 480 Hm Aufstieg, 180 m Abstieg)
Vom Ostufer des Carhuacocha führt der Weg zunächst ein kleines Stück in das breite Tal des Abflusses des Sees, das ins 11 km entfernte Queropalca führt. An geeigneter Stelle wird der Bach überwunden; nach knapp 2 km bei einer neueren Mine steigt der Weg an und macht einen Knick nach Süden ins **Atocshayco-Tal**. Vom West- oder Südufer kommend folgt man dem Abfluss des Sees 1 km, bis er auf den Hauptweg stößt. Auf beiden Seiten des Hochtales verlaufen Wege, der linke ist der trockenere. Ein kleinerer See

links des Weges kündigt den nahen Pass an, ein weiterer von hohen Felswänden eingefasster folgt, und nach dem 4615 m hohen **Punta Carnicero** führt der breiter gewordene Schotterweg wenig an Höhe verlierend zwischen die beiden tiefblauen Atocshayco-Seen mit scharfkantigen Felsen und herrlichem Blick Richtung südliche Cordillera Huayhuash weiter (siehe Foto Seite 131).

Lagermöglichkeiten gibt es schon am **Huaracacocha**, dem zweiten der Atocshayco-Seen, oder weiter unten im Tal bei den Häusern von **Carnicero** (mal bewohnt, mal nicht) am Ostufer des Quesillococha in 4435 m Höhe. Über dem durch eine schmale Landzunge fast zweigeteilten See ragt der 5960 m hohe Nevado Carnicero auf und südlich von ihm die drei Spitzen der Nevados Jurau, 5674 m, 5537 m und 5600 m. Der offiziell ausgewiesene Lagerplatz befindet sich knapp 2 km südlicher auf dem Weiterweg bei der Ansiedlung Huayhuash in 4350 m.

Variante: Über die Punta Siula (6.00 Std., 10 km, 700 Hm Aufstieg, gut 400 Hm Abstieg)

Für die Etappe ab dem Carhuacocha gibt es eine spektakuläre, aber phasenweise weglose Alternative: Vom Westufer des Sees durch die Wiesen mit seinen kleinen Zuflüssen und dann kontinuierlich in südliche Richtung ansteigend, wortwörtlich hautnah an den Ostabstürzen der Gletscher von Yeru-

Nevado Jirishanca vom Carhuacocha aus gesehen.

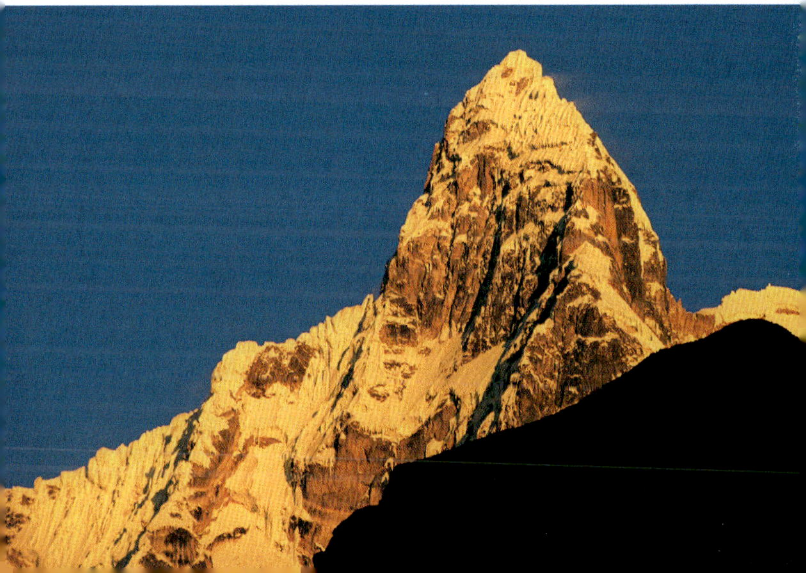

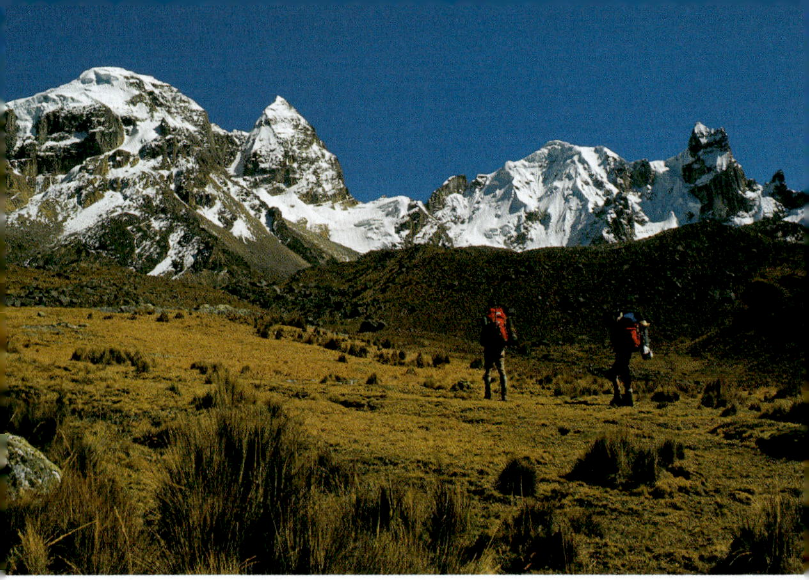

Anstieg zur Punta Cuyoc mit Blick auf die Puscanturpa-Gruppe.

pajá und Siula mit ihren Seen vorbei, begleitet von einer entsprechend hochandinen Aussicht, aber auch vom ständigen Krachen von berstendem Eis und herabstürzenden Gesteinslawinen. Oberhalb des dritten Sees, nachdem links zwischen den Felsbergen ebenfalls ein kleiner Gebirgssee aufgetaucht ist, macht der Weg einen Linksknick nach Osten bis zur **Punta Siula** auf 4830 m Höhe mit atemberaubender Aussicht auf den Hauptkamm der Cordillera Huayhuash und dann hinab zur **Laguna Quesillococha** und den Häusern von den Ansiedlungen Carnicero oder Huayhuash.

6. Tag: Laguna Quesillococha – Puscanturpa-Tal (6.40 Std., 14 km, 480 Hm Aufstieg, 420 m Abstieg)
Während des Hinuntergehens zum Quesillo-See war schon deutlich der malerische Weiterweg bis zum Südende der Cordillera Huayhuash und dem nächsten Pass erkennbar. Der Abfluss des Quesillococha wird nach rechts überquert und gleich darauf sind die Häuser der kleinen Ansiedlung **Huayhuash** erreicht. Es ist der tiefste Punkt auf dem Wanderweg an der Ostflanke des Gebirges.

Ein weiterer kleiner Bach wird überwunden, es ist der junge Río Huayhuash im Oberlauf; ihm folgt der Weg, wenn auch etwas abseits, bis zu seinem Ursprung, den drei kleinen **Suirocochas**. Der Bach vereinigt sich mit den Ab-

flüssen des Quesillo-Sees, des Mitococha und des Carhuacocha zum Río Nupe, dieser mündet dann in den Río Marañon, der in der nahen Cordillera Raura entspringt und einen der Hauptquellflüsse des Amazonasstroms bildet. (Der Weg ins Nupe-Tal und durch die Cordillera Raura zur Quelle des Río Marañon zweigt hier nach Osten ab, siehe Tour 31.)
Den gesamten, fast geradeaus nach Süden verlaufenden Aufstieg auf den **Portachuelo de Huayhuash** prägt das schöne Panorama mit den eisbedeckten Gipfeln des südlichen Abschnittes des Cordillera-Huayhuash-Hauptkamms. Dunklen Augen gleich überziehen viele von harten Moospolstern eingefasste Tümpel die Anhöhen bei den Suiro-Seen in 4500 m Höhe, über denen im Westen der markante Nevado Trapecio, 5653 m steht. Die Puscanturpa-Gipfel zieren den Weg auf den Pass in 4780 m Höhe, der nach 8 km vom Quesillococha erreicht ist. Das »Tor zur Huayhuash« bietet auch einen schönen Blick auf die benachbarten spitzen Eisgipfel der nahen nördlichen Cordillera Raura, die von massiven Felsbergen und einem gestreckten abgeflachten Eisfeld abgeschirmt sind.
Der gute Weg senkt sich bis ans Ufer der **Laguna Viconga** auf 4450 m. (Am Südende des Sees führt ein Weg durch das breite Pumarinri-Tal vom 20 km entfernten Cajatambo herauf). Die Laguna Viconga ist der größte See der Cordillera Huayhuash und dient als Trinkwasserreservoir für die Hauptstadt Lima. Der See ist auch der südlichste Punkt auf dieser Wanderung.
Unsere Route verlässt noch vor dem Südende des Sees den Hauptweg und steigt wieder an, überquert den auslaufenden Bergrücken und ändert die Richtung bei einem Wasserfall abrupt nach Norden ins kurze **Puscanturpa-Tal**, vollzieht also eine regelrechte Kehrtwendung. Über dem Talschluss erheben sich die formschönen Gipfel der gleichnamigen und südlichsten Berggruppe der Cordillera Huayhuash. Hier gibt es gute Lagermöglichkeiten.

7. Tag: Puscanturpa-Tal – Huanacpatay-Tal (4.00 Std., 6 km, 450 Hm Auf- und Abstieg)

Hoch über dem Talboden verläuft ein schnurgerader Kanal von einem kleinen Stauwehr bei der früher bewohnten Hochalm **Puchca**, der dem Viconga-See das Schmelzwasser der Eisberge zuführt. Man überquert den Bach nach links und geht etwas talaufwärts, bis sich der Weg durch kniehohes Ichu-Gras nach Nordwesten ansteigend vor dem

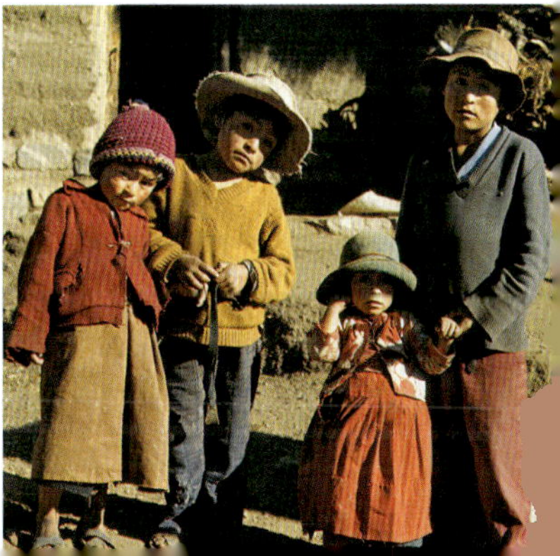

In Huayllapa.

Puscanturpa-Massiv zum Pass hochzieht. Die insgesamt 5 km Anstieg vom Viconga-See bis auf den höchsten Pass der Tour werden mit der Sicht auf die nahen Puscanturpa-Gipfel erleichtert, die gestern noch Blickfang von ihrer anderen Seite waren. Mit zunehmender Höhe wird der Weg sandig und steinig. Aufgeschichtete Steinmännchen markieren die Route. In 4800 m Höhe liegt rechts des Weges eine Handvoll kleiner Gletscherseen, um die herum der Weg eine kleine Schleife zieht. Die Gletscherzunge des 5550 m hohen Gipfels der Puscanturpa Sur liegt tiefer als der Pass.
Viele Steinmännchen markieren den Übergang am höchsten Punkt der Wanderung, den 4950 m hohen **Punta Cuyoc**. Entsprechend großartig ist die Aussicht nach Norden auf die Eisriesen der zentralen Cordillera Huayhuash. Wegen seiner Nähe wirkt der Nevado Siula mit dem Nevado Sarapo und dem vorgelagerten Nevado Carnicero am gewaltigsten, und in der Gegenrichtung, dem Aufstiegsverlauf, erheben sich die vielen Gipfel der Cordillera Raura über den smaragdgrün schillernden winzigen Gletscherseen.
Der Abstieg beginnt, wie der Aufstieg endete – steil durch Sand und Geröll und vorbei an porösen Erdpyramiden, immer die nahe Eisgipfelwelt der Huayhuash vor Augen. Unter dem Hängegletscher des 5652 m hohen Puscanturpa-Hauptgipfels und seinen auslaufenden Geröllhängen breiten sich Wiesenflächen aus, die zum Kampieren einladen. Zu dem herrlichen Panorama gesellt sich nun noch der Nevado Trapecio in der Form, die ihm seinen Namen eingebracht hat. Hunderte zotteliger Greisenhaupt-Kakteen schmücken die Ebene **Huanacpatay** in 4500 m Höhe. Trotz der großen Höhe ist sie ein angenehmer und schöner Lagerplatz.

8. Tag: Oberes Huanacpatay-Tal – Huayllapa (4.00 Std., 13 km, 1000 Hm Abstieg)
Die nächsten 8 km führen durch das Huanacpatay-Tal nach Westen. Etwa 1 km nach den Lagerplatzwiesen wird der das Tal hinabfließende Bach auf seine Nordseite überquert und man folgt ihm talauswärts bis zu einem Schwenk nach Norden, wo das Calinca-Tal von Osten von den herrlichen Jurau-Gipfeln und seinen gleichnamigen Seen herunter bis zum großen Dorf Huayllapa strebt.

Variante: Abstecher zu den Lagunas Jurau und Sarapo (hin und zurück zu beiden Seen 4.00 bzw. 5.00 Std., 7/10 km, 100/130 Hm)
Noch hoch über dem Zusammenfluss, ziemlich genau 5 km vor Huayllapa werden im Norden die Schneegipfel der Nevado-Tsacra-Gruppe sichtbar und kurz auch das Dorf Huayllapa. Ein gut erkennbarer und ansteigender Weg zweigt nach Osten ins Kalinka-Tal ab, während der Hauptweg links rasch zum Zusammenfluss von **Río Huanacpatay** und **Río Calinca** in 4000 m Höhe abfällt.

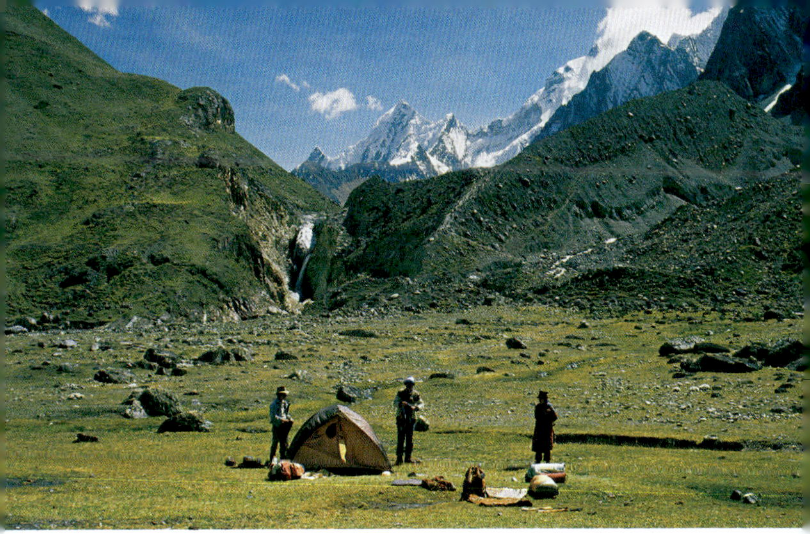

Das Seitental Quebrada Sarapo.

Das wenig besuchte Seitental ist landschaftlich sehr reizvoll. Blühende Sträucher, einige bewohnte Häuser und die bald am Talende auftauchenden Gipfel der Nevados Jurau machen die Wanderung am südlichen Flussufer kurzweilig. Hinter der schon von Weitem sichtbaren hohen Stirnmoräne verbirgt sich die **Laguna Juraucocha**, 4343 m. Zum mit 70 m tiefsten See der Cordillera Huayhuash gelangt man allerdings nur durch Hochsteigen auf seine steile Moräne. Über dem Gletscher, der bis zum Wasserspiegel hinabreicht, recken sich der Nevado Carnicero, 5960 m, und die drei Gipfel des Nevado Jurau (siehe Foto Seite 149). Nur 6 km Luftlinie im Nordosten liegt der Quesillo-See, von dessen Ufer dieselben Berge aus der entgegengesetzten Richtung zu sehen waren.
Noch 3 km weiter, nach Norden abbiegend, liegt die leicht erreichbare **Laguna Sarapococha** in 4482 m Höhe; westlich des gleichnamigen Sechstausenders und südlich des vom Südgipfel des höchsten Berges der Cordillera Huayhuash herabziehenden Gletschers. Der Zugang ins Tal scheint von der Moräne des Jurau-Sees blockiert, doch ein guter Weg überwindet den Abfluss und die Stirnmoräne an ihrem Westrand neben dem Wasserfall des einmündenden Sarapo-Baches. Ein deutlicher Zickzack-Weg führt an der Westecke des Taleingangs zu einer stillgelegten Mine hoch über dem Tal. Zu beiden Seiten des Baches verlaufen gute Wege, doch der linke ist wegen der besseren Sicht auf die nahen Eisriesen vorzuziehen. Hier gibt es auch gute Lagermöglichkeiten.

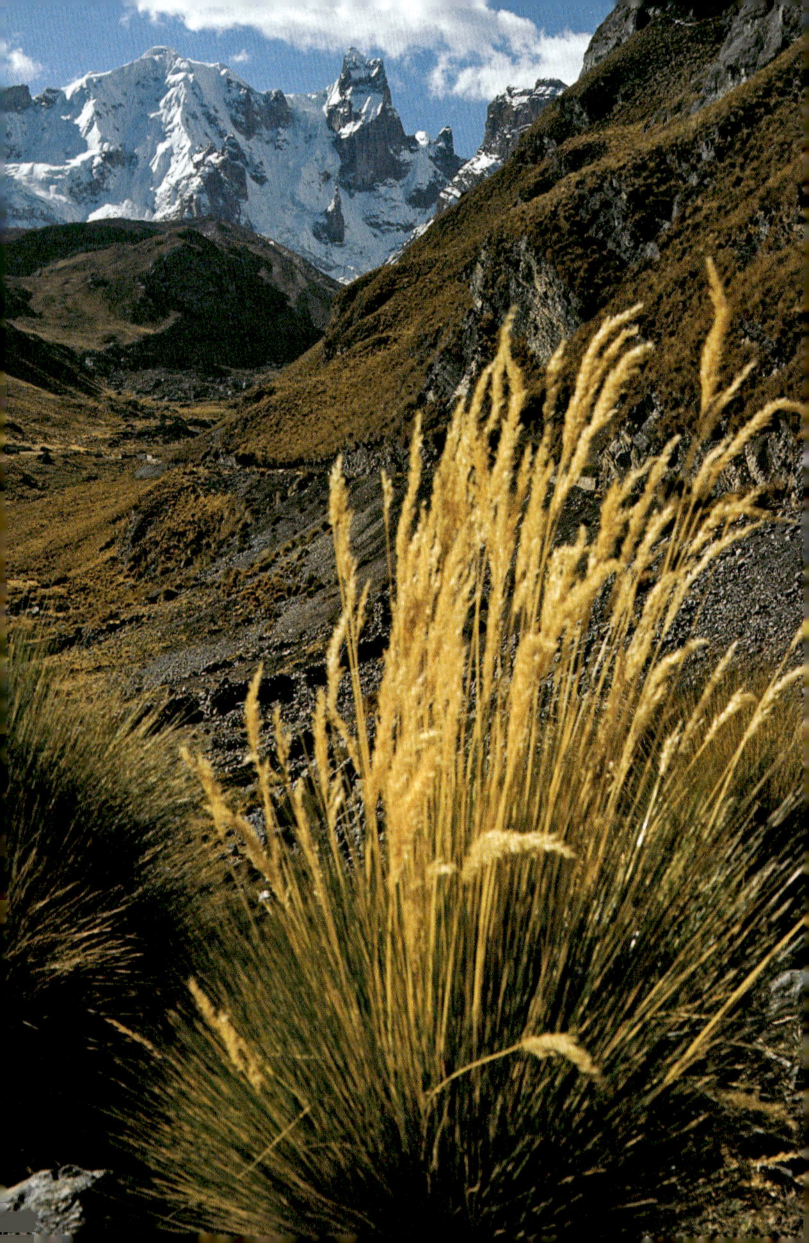

Der Talschluss ist ebenfalls von einer mächtigen Moräne geprägt, von deren oberem westlichen Rand der beste Blick auf See und Berge geboten ist. (Hier oben spielte sich das Drama der Westwandbegehung am Nevado Siula aus dem Buch »Sturz ins Leere« ab, siehe Seite 130.)
Der Rückweg ist mit dem Hinweg identisch, man muss aber nicht ganz bis zur Abzweigung **Huanacpatay-Tal** zurück, sondern es kann, nachdem man vom Fluss an der Taleinmündung kurz höhersteigt, direkt zu den Terrassenfeldern unterhalb des Wasserfalls abgestiegen werden. Nach Überqueren des Flusses mit seinem Wasserfall ist man wieder auf dem Hauptweg und gelangt durch ein **Holztor** hinunter zum Fluss.

An der Hauptroute windet sich der Weg nach der Abzweigung ins Kalinka-Tal steil zwischen üppiger Vegetation, einschließlich vieler stacheliger Gesellen, links des tosenden Wasserfalls in landwirtschaftlich genutztes Gelände hinab. Mannshohe Steinmauern fassen die terrassenförmig angelegten Felder ein, die sich nach dem schon erwähnten **Holztor** auf der Südseite des Flusses ausbreiten. Der Weg verläuft direkt am reißenden Fluss und wechselt 4 km vor Huayllapa über eine Brücke auf seine Nordseite. Von dem durch den von Norden einmündenden **Río Segya** noch wasserreicher und wilder gewordenen Fluss entfernt sich der Weg ein wenig, denn auf der »Zielgeraden« nach Huayllapa steigt er nochmals geringfügig an. Brütende Hitze belegt, dass das Tal der tiefstgelegene Abschnitt der Wanderung (abgesehen von Llamac) ist. Fast versteckt im Schatten hoher Eukalyptusbäume stehen die Häuser von Auquimarca auf der gegenüberliegenden Talseite.
Dann sind auch schon die mit Wellblech gedeckten Häuser von **Huayllapa** in 3490 m Höhe erreicht. Erfrischungen und einige andere Konsumgüter in den paar *tiendas* werden aus dem 20 km entfernten Cajatambo auf Eselsrücken herangeschafft. Pferde, Mulis, Esel, Hühner, Hunde und hochbeinige schwarze Hausschweine bevölkern genauso selbstverständlich die staubigen und verwinkelten Gassen wie die Quechua mit ihren breitkrempigen Hüten. Sie sprechen ein Kauderwelsch aus Spanisch und Quechua.

9. Tag: Huayllapa – Susucocha (4.20 Std., 9 km, 1280 Hm Aufstieg, 30 Hm Abstieg)
Beinahe 1300 Hm Anstieg stehen auf den nächsten 8 km bevor! Auf den ersten paar Hundert Metern verlässt der Weg das Dorf, wie er auch hineinführte, um dann gleich nach Norden dem Bach, zunächst am rechten und bald darauf am linken Ufer steil ansteigend in den Einschnitt der **Quebrada Huatiaq** zu folgen. Dieser beginnende Wegabschnitt verläuft in einem Blumenmeer. Besonders die purpurrote, fingerlange Blüte des Kantue-Strauches fällt auf. Die den Incas heilig gewesene Blüte ist überall im Land, selbst am hochge-

Der nördliche Bereich der Puscanturpa-Berge nahe der Laguna Viconga.

legenen und kalten Titicacasee zu finden. Das starke Gefälle des Bergbaches am Weg bildet viele kleine Kaskaden. Meterhohe schöne Pampasgras-Stauden wiegen sich vor den kleinen Wasserfällen.
Nach etwa 3 km geht der Weg nun in weniger steiles Gelände über, doch der Hochgebirgscharakter der Landschaft nimmt wieder zu. Das breiter gewordene Tal endet bei dem hinter einer Moräne versteckten Suerococha in 4625 m vor dem vergletscherten Raju-Collota-Massiv, dessen höchste Erhebung 5350 m misst. Doch der Weg führt nicht zu diesem See, sondern schwenkt ansteigend am Westrand des Bergstockes vorbei.
Wenn man dem Berg an seiner Südwestecke am nächsten gekommen ist und eigentlich schon den Pass erwartet, wird in östlicher Blickrichtung der makellose und formschöne 5622 m hohe Nevado Auxilio (auch Huacrish) sichtbar. Aber er entschwindet schnell wieder dem Blickfeld, denn der letzte Abschnitt auf den 4770 m **Punta Tapush** verläuft unterhalb der Felsabstürze des Raju Collota, die den Blick vereiteln. Auf dem steinigen Weg wird noch ein stark veralgter See links des Weges in einer Senke sichtbar und nach einem letzten lang gezogenen Anstieg ist der Pass geschafft.
Der **Susucocha** in 4740 m Höhe, ein nahe am Pass, aber schon auf der anderen Seite liegende kleine See, ist ein kalter, aber gern gewählter Lagerplatz für Aspiranten, die dem 5350 m hohen »Diablo Mudo«, dem »stummen Teufel«, wie der Raju Collota auch heißt, aufs Haupt steigen wollen, weil der Anstieg von Norden erfolgt (siehe Foto Seite 15).

10. Tag: Susucocha – Paclión (6.00 Std., 16 km, 1450 Hm Abstieg)

Die einfachste Möglichkeit, das Gebirge zu verlassen, ist, 7 km schnurstracks nach Norden bis ins Tal des Río Achin abzusteigen.
Schon 2 km nach dem beginnenden Abstieg vom Tapush-Pass zweigt nach Osten die kurze Quebrada Angocancha ab – der Weg zum Jahuacocha, siehe Variante unten. Im Norden ist der Bergrücken jenseits des Río Achin erkennbar, über den der Weg von/nach Llamac zum Jahuacocha verläuft.
Unser Weg bleibt noch für 1,5 km auf der linken Bachseite und wechselt dann beim zufließenden **Angocancha-Bach** auf die Ostseite und nach weiteren 2,5 km erneut auf die linke Seite der enger gewordenen Schlucht, wo sich der Abstieg hoch über dem Bach ins Tal des Río Achin senkt, der die Laguna Jahuacocha entwässert.
Auf 3750 m folgt man in der engen Schlucht dem wilden **Río Achin** für knapp 2 km nach Westen und Südwesten, bis er seinen Lauf nach Nordwesten verändert und auch das Tal sich öffnet. Nach 3 km, weiterhin hoch über dem Río Achin auf seiner linken Seite, macht der Fluss nochmals eine Kursänderung nach Westen, der Weg verläuft dann wieder am Ufer, bis er sich auf den letzten beiden Kilometern etwas nach links abwendet und das Dorf **Paclión** auf 3290 m erreicht ist. Hier besteht Straßenanschluss nach Chiquián, einmal täglich vormittags bedient ein Kleinbus die Strecke.

Varianten 10./11. Tag: Susucocha – (Punta Llauche) – Laguna Jahuacocha/Llamac

Für die letzte Etappe gibt es neben der relativ bequemen Hauptroute zwei weitere Möglichkeiten:

1. Wie oben beschrieben bis ins Tal des **Río Achin** absteigen und dort aber nicht nach links, sondern rechts (Osten) dem Fluss etwa 5 km und 300 Hm aufwärts bis zu seinem Abfluss aus dem **Jahuacocha** folgen. Ist zwar etwas weiter, spart aber den hohen zusätzlichen Llauche-Pass aus.
2. Bei der ebenfalls oben beschriebenen Abzweigung 2 km nach dem Tapush-Pass überquert man den Bach nach rechts, wo sich auch der Weg unterhalb eines Quenuawäldchens nach Osten in die kurze **Quebrada Angocancha** zieht. Der Talschluss scheint von Felsbändern abgeriegelt, aber ein recht mühsamer Aufstieg gewährt einen Durchschlupf über den 4850 m hohen **Punta Llauche**. Die Sicht auf die nahen Eisriesen entschädigt für die Mühsal. Steil geht es dann hinunter in nordöstliche Richtung auf 4300 m bis zum von Süden kommenden Bach aus dem Huacrish-Tal. Ihm folgt der Weg noch 2 km auf seiner linken Seite nach Norden, bis die Pampa Incahuain vor der die **Laguna Jahuacocha** abschirmenden Moräne erreicht ist (4.00 Std., 10 km, 450 Hm Aufstieg, 800 Hm Abstieg bis zum Jahuacocha).

Von der Laguna Jahuacocha zurück nach Llamac folgt man dem Aufstiegsweg des ersten Tages (220 Hm Aufstieg, 1000 Hm Abstieg).

An der Laguna Jurau, links Nevado Carnicero, rechts Nevado Jurau.

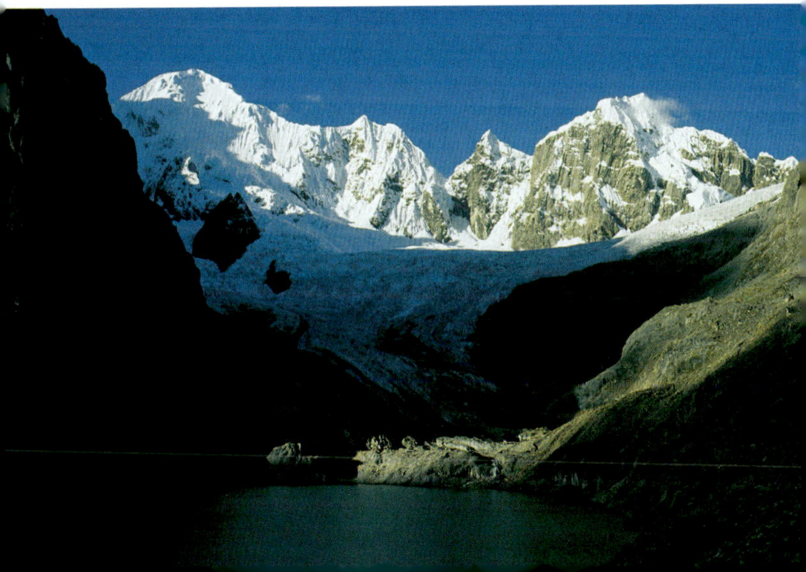

Cordillera Raura

Die Cordillera Raura ist ein abgeschiedenes und daher äußerst selten besuchtes Gebiet der peruanischen Anden. Sie schließt sich unmittelbar südöstlich an die Cordillera Huayhuash an, hat aber eine geringere Ausdehnung und ihre Gipfel erreichen auch nicht deren enorme Höhen. Das Gebirge ist mit Fahrzeugen nur von Süden durch die Schlucht des Río Huaura über Churin bis hinauf nach Oyón in 3630 m zu erreichen, von dort führt eine Straße zu einer der größten und höchstgelegenen Minen Perus, die das Südende der Cordillera Raura bildet. Die einzige Verbindungsstraße ist daher auch die Lebensader der Mine Raura in 4800 m Höhe.

Der höchste Berg des Gebirges ist der Nevado Santa Rosa mit 5706 m Höhe, an dessen Fuß der Río Marañon, einer der Hauptquellflüsse des Amazonas, entspringt.

Die beschriebene Wanderung durch die Cordillera Raura ist eine Kombination der ersten 5 Tage der Huayhuash-Umrundung und der angrenzenden Cordillera Raura.

Die Quebrada Cuncush, wie der obere Bereich des Llamac-Tales unterhalb des Cacanan Punta heißt, ist auch vom 40 km entfernten Huallanca am Südostrand der Cordillera Blanca zugänglich.

Laguna Chuspicocha.

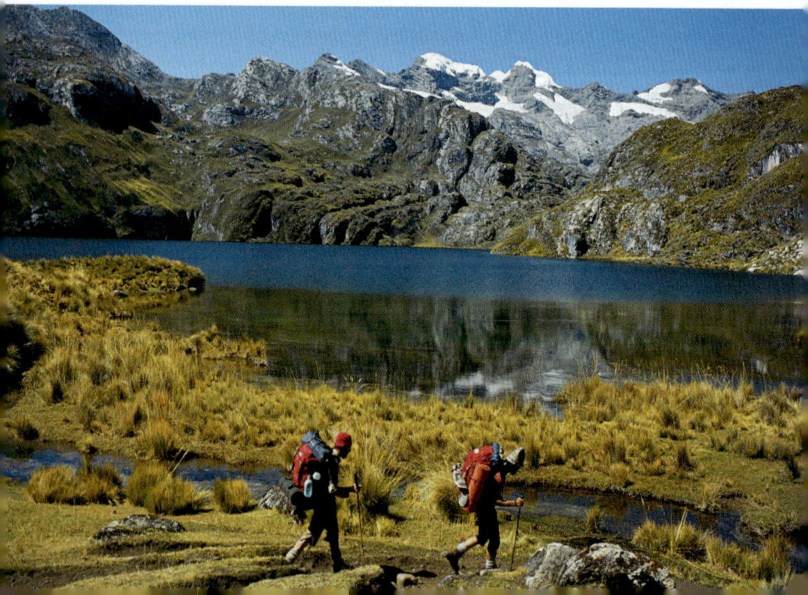

7 Tage

Durchquerung der Cordillera Raura

31 TOP

Vorbei an stillen Seen zu einer Minenstadt in Mont-Blanc-Gipfelhöhe

Das stille und kaum besuchte Hochgebirge ist etwas für Wanderer, die gerne abseits der bekannteren Trampelpfade unterwegs sind und trotzdem die Andenszenerie suchen. Nach 40 Kilometern (auf dem kürzesten Weg) im nordöstlichen und schönsten Teil der Cordillera Huayhuash folgen zwei zusätzliche beschauliche Wandertage entlang einer herrlichen Seenkette in der Cordillera Raura, bis dann am letzten Tag die nie und nimmer erwartete quirlige Geschäftigkeit einer großen Minenstadt absolutes Kontrastprogramm verheißt.

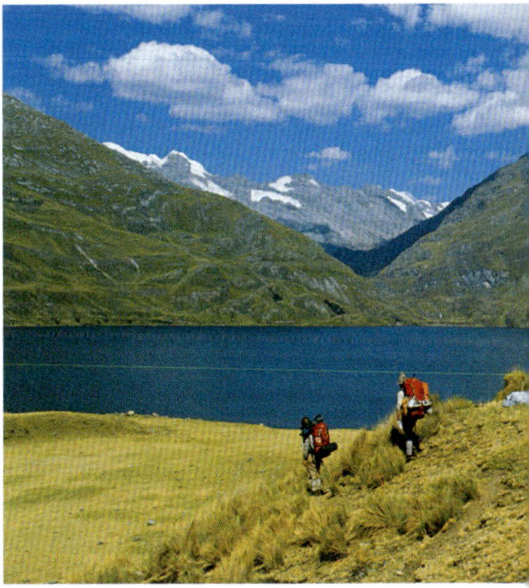

Laguna Patarcocha.

Ausgangspunkt: Laguna Quesillococha, 4435 m, an den Osthängen der Cordillera Huayhuash. Der Zugang erfolgt über Tour 30 (ab Llamac je nach gewählter Route mindestens 5 Tage).
Endpunkt: Mine Raura, 4800 m. Von dort sind es 30 km bis Oyón (Busanschluss, Einkehr und Unterkunft). Mit etwas Glück findet man ein Mitfahrgelegenheit, ansonsten zu Fuß (Taxis gibt es keine).
Höhenunterschied: 1070 m Aufstieg, 710 m Abstieg.
Anforderungen: Ausdauerndes Gehen, ständig in über 4000 m Höhe, davon abgesehen in der Cordillera Raura problemlos. Mit dem Zustieg über Tour 30 aber insgesamt als schwierig einzustufen.
Einkehr: Keine.
Unterkunft: Im Zelt.
Karten: AV-Karte Cordillera Huayhuash (1:50.000), IGN-Karte 21-j Yanahuanca und 22-j Oyón (1:100.000).

1. Tag: Quesillococha – Patarcocha (6.30 Std., 17 km, knapp 400 Hm Aufstieg, gut 700 m Abstieg)
2 km südlich des Quesillo-Sees auf der Hauptroute durch die Cordillera Huayhuash an deren Ostseite stehen die Häuser der kleinen Ansiedlung Huayhuash. Bis dahin muss aber nicht unbedingt abgestiegen werden, wie die Wegezeichnung auf der AV-Karte vorgibt, sondern man bleibt kurz auf der linken, also Ostseite des den Quesillo-Sees verlassenden Baches, und folgt dann dem **Río Huayhuash**, wie er nun heißt, am rechten Ufer in nordöstliche

Richtung ins Nupe-Tal. Das erste gleich nach Süden abzweigende Tal mit seinen steilen Felswänden und dem zackigen Bergkamm auf seiner westlichen Talseite wird ignoriert. Die herrlichen Rückblicke auf die Gipfel der Huayhuash laden immer mal zum Verweilen ein.

Nachdem der Río Huayhuash bei einem einzeln stehenden Haus wieder nach Norden überquert ist, steigt der felsige Weg kurz etwas an, passiert weitere Häuser und kommt nach insgesamt 5 km zur Abzweigung nach Süden ins **Luychos-Tal**, dem am Bachverlauf ständig auf der rechten Seite

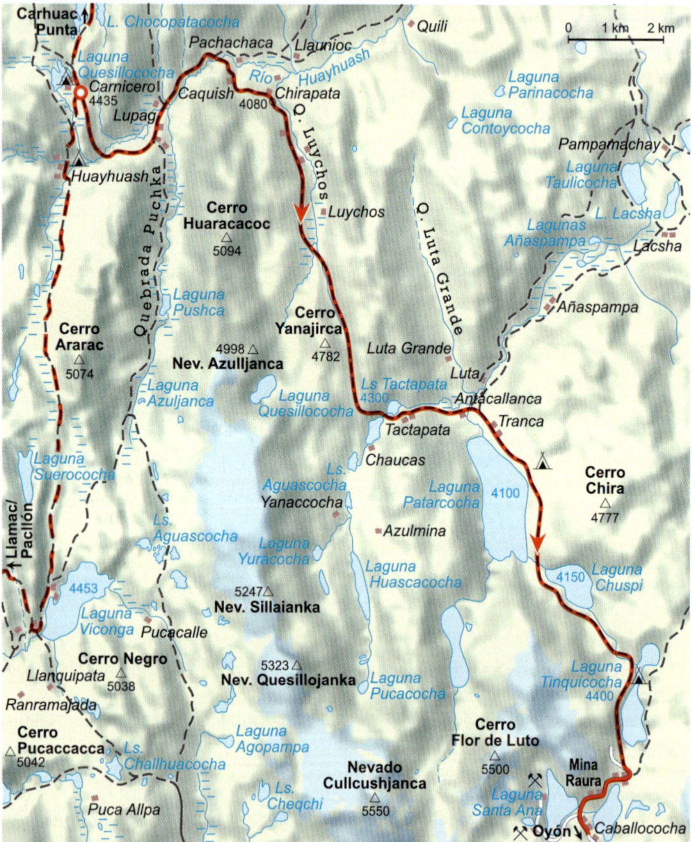

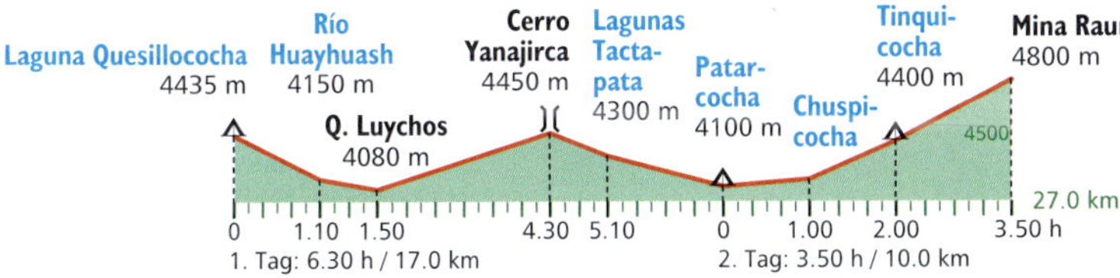

nach Süden gefolgt wird. Die Ostseite der Berge der Cordillera Raura ist nur wenig vergletschert. Der Weg steigt in südliche Richtung bis in 4450 m Höhe an. Es ist der Übergang unterhalb des **Cerro Yanajirca** hinunter zu einer ganzen Kette von kleineren Gebirgsseen, aus denen der kürzere der Quellbäche des Río Marañon fließt.

Am mittleren der **Tactapata-Seen** in 4300 m Höhe, der wiederum mit einem weiteren rechts des Weges durch einen kleinen Wasserfall verbunden ist, geht es nun nach Osten. Der Verbindungsbach mit dem nächsten See wird durchwatet. Über sanft geneigte Grashügel geht es 2 km bergab, wo sich in der weiten Talebene bei einigen Häusern unterhalb des Weges der Abfluss mit einem weiteren von Südosten zufließenden Bach vereint, der noch überquert werden muss. Dieser vermeintlich unscheinbare Anblick ist der Zusammenfluss der beiden Quellbäche des Río Marañon, einem der Hauptzuflüsse des Amazonas! Diesem zweiten und längeren folgt unser Weg bis zu seinem Ursprung. (Der vereinte Bachlauf durchzieht von hier ein weites sumpfiges Tal nach Nordosten und speist die 8 km entfernte und 8 km lange Laguna Lauricocha. Dieser große See in 3800 m Höhe galt lange als der Ursprung des Amazonas.)

Von der Anhöhe über den Bächen fällt der Weg nun bis auf 4100 m Höhe ans Ufer des 3 km langen **Patarcocha** ab. Es folgt ein herrlicher Uferweg am stillen tiefblauen See, der auch einen kleinen Lagerplatz bietet. Wenn am frühen Morgen noch kein Lufthauch den See kräu-

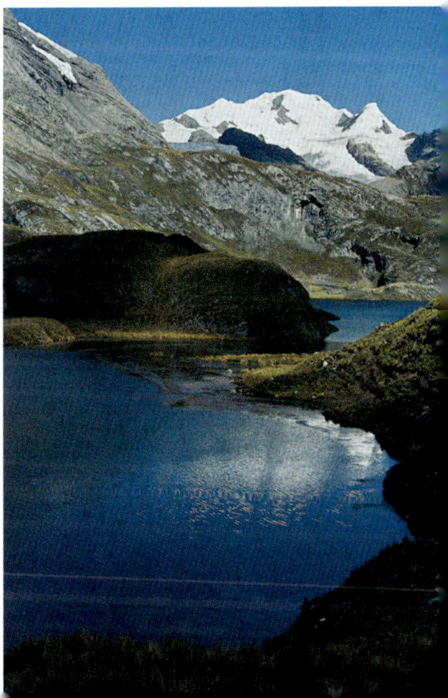

Tinquicocha mit Nevado Santa Rosa.

selt, die Berge und ihr Spiegelbild ineinanderfließen und nur die vom nahen Jaicosee auf der anderen Seite stufenartig in den See stürzenden Wasserfälle ein bisschen Bewegung ins Landschaftsbild bringen, wähnt man sich in einer Fjordlandschaft Norwegens. Tatsächlich liegt die Laguna Patarcocha jedoch auf deutlich über 4000 m Höhe.

2. Tag: Patarcocha – Tinquicocha – Mine Raura (3.50 Std., 10 km, 700 Hm Anstieg)
Der Weiterweg verläuft einige Meter über dem Seeufer durch hüfthohes, derbes Ichu-Gras in südöstliche Richtung. Über dem südlichen Ende des funkelnden Sees stehen einige bewohnte Häuser und nur geringfügig höher liegt schon der **Chuspicocha**, das nächste Glied in der Seenkette (siehe auch Bild Seite 150). Sein seichter Abfluss, durch den Lachsforellen huschen, wird überquert und der Weg am anderen/westlichen Ufer fortgesetzt. (Auf der IGN-Karte ist der Weg zwar am Ostufer eingezeichnet, erscheint aber wegen der senkrecht abfallenden Felsen kaum passierbar.)
Über dem Chuspisee stehen die eisbedeckten Gipfel der »7 Caballeros«. Pampasgrasbüschel zieren das klare, smaragdgrün schimmernde Seeufer. Zum Seeende steigt der Weg an und das etwa 1,5 km lange Verbindungsstück zum nächsten See, das teilweise sumpfig ist, zieht sich nun in einem schwachen Bogen nach Süden und bietet fantastische Rückblicke auf die höchsten Gipfel der Cordillera Huayhuash. Jetzt aus größerer Distanz werden die gewaltigen Dimensionen der Berge noch deutlicher. Der Weg zum Westufer des nächsten Sees wird von einer ganzen Galerie von Wasserfällen des nahen Niño-Perdido-Gletschers abgeschirmt.
Mit zunehmender Höhe sind rückblickend auch die beiden passierten Seen einsehbar geworden, und schon ist man an der tiefblauen, fast zweigeteilten **Laguna Tinquicocha** in 4400 m. Im Süden über dem See erhebt sich das glänzend weiße Massiv des 5706 m hohen Nevado Santa Rosa, der höchste Berg der Cordillera Raura. Hier gibt es in einer Postkartenidylle letzte Lagermöglichkeiten vor der Minenstadt (siehe Foto S. 153). Wer möglichst früh bei der Mine Raura ankommen möchte, um seine Chance auf eine Mitfahrgelegenheit hinab nach Oyón zu erhöhen, sollte hier nächtigen.
Umgeben von einer scheinbar einsamen und friedlichen Hochgebirgslandschaft wandert man am steilen Westufer hoch über dem See weiter. Der Weg steigt zusehends an und die ersten Häuser folgen, trotzdem lässt sich noch nicht erahnen, was ein paar Höhenmeter weiter inmitten der Gletscherwelt zu erwarten ist.
Eine Piste schlängelt sich ab hier in Serpentinen zwischen der **Laguna Santa Ana** und **Laguna Caballococha** hoch zur Bergwerkssiedlung **Mine Raura**. An den Ufern der tief unter der Straße gelegenen Seen und hoch über ihnen an den kahlen Felshängen bis zu den Gletschern steht eine Kleinstadt in 4800 m Höhe: Häuser, Baracken, ein eigenes Kraftwerk, eine Schule, eine

große Kantine für die Mineros. Loren fahren auf einem weitläufigen Schienennetz in die Stollen und holen die Zink-, Zinn-, Blei- und Chromerze aus dem Berginnern. Überdimensional große Lkw stehen vor Abraumhalden. Dutzende, wegen der eisigen Winde vermummte Mineros halten sich vor den Baracken und Kantinen auf – eine Szenerie, eine Betriebsamkeit, wie sie sich noch vor ein paar Stunden niemand auch nur erträumen hätte können. Inmitten einer der größten und höchstgelegenen Minenorte der Anden hat der Río Marañon seinen Ursprung. Die Schmelzwasser des Nevado Yarupac, 5685 m hoch, sammeln sich in dem kleinen Niñococha oberhalb der Stadt, fließen in die Laguna Santa Ana und speisen die gesamte Seenkette, die auf der Wanderung lag.
Mit etwas Glück lässt sich in der Minenstadt eine Fahrtgelegenheit hinunter ins noch 30 km entfernte Städtchen Oyón, 3630 m, erwischen. Dort gibt es Unterkunft, Restaurants und eine Busverbindung durch die trockene Schlucht des Río Huaura über Churin, 2265 m, mit seinen Thermalbädern an die Pazifikküste und weiter nach Lima.

Die Mine Raura in 4800 m Höhe.

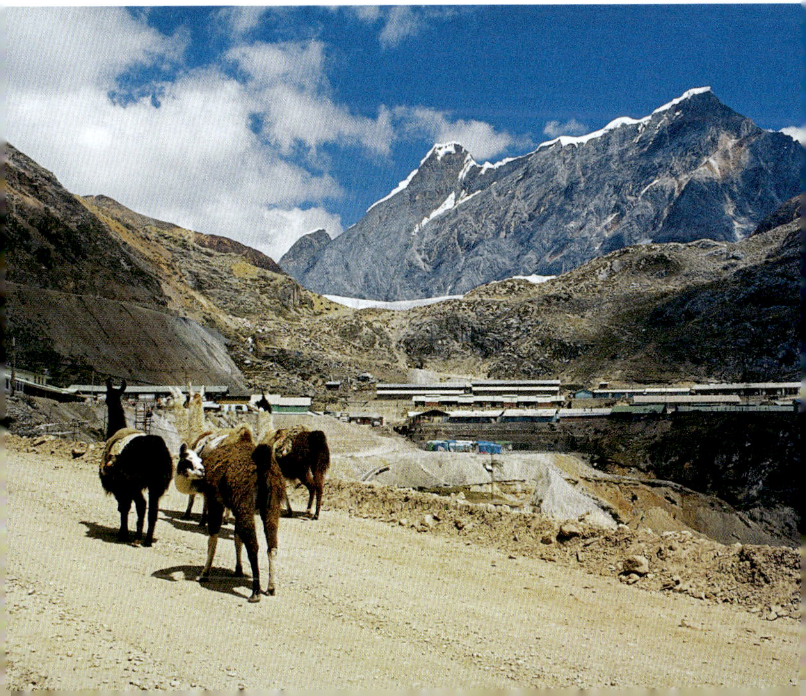

Ayacucho

Das Departamento Ayacucho mit seiner gleichnamigen Hauptstadt war Geburtsstätte des Sendero luminoso, des »Leuchtendes Pfades«, einer kommunistisch-maoistisch ausgerichteten Guerillabewegung, deren Gewaltterror Ende der 1980er- und in den 90er-Jahren nach und nach fast das gesamte Land heimsuchte und ein neues Peru schaffen wollte. Die Gewalt und die Gegengewalt des Militärs lähmte das Land und brachte bis zur Jahrtausendwende auch den Tourismus völlig zum Erliegen. Nährboden für die wirre Ideologie des Philosophieprofessors Abimael Guzmán, der an der Universität San Cristóbal in Ayacucho lehrte, war die zunehmend katastrophale Wirtschaftslage vor und vor allem während der Regierungszeit Alan Garcías von 1985 bis 1990 (der es nach zehn Jahren Auslandsasyl trotzdem schaffte, 2006 erneut zum Präsidenten von Peru gewählt zu werden).
Obwohl Ayacucho einen Flughafen hat und früher auf der üblichen Inlandsreiseroute von Lima nach Cuzco lag, eine schöne Stadt mit sehenswerter kolonialer Vergangenheit und von einem angenehm milden Klima bevorzugt ist, die peruanische Folklore (Musik) und das Kunsthandwerk hier ein we-

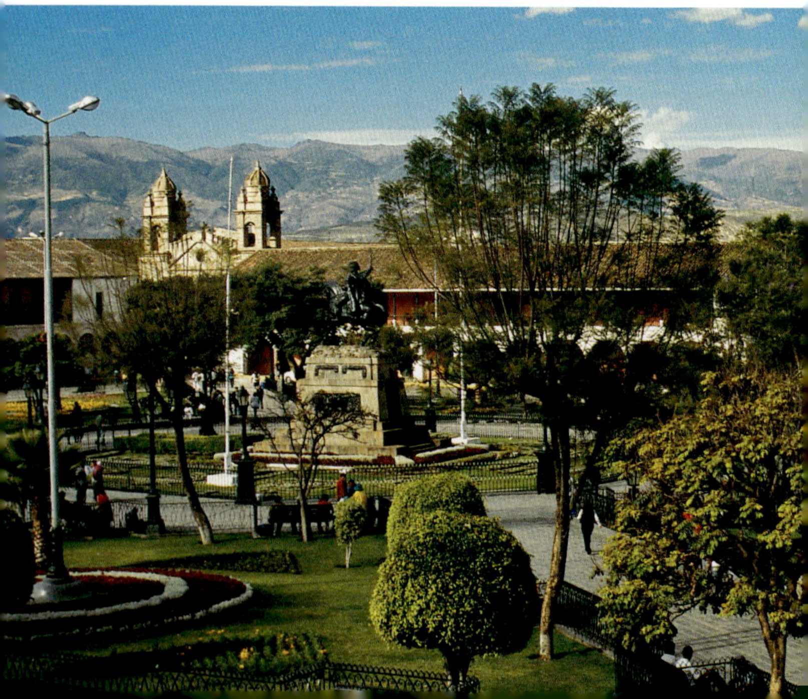

sentliches Standbein haben, die Stadt vor Verschandelungen durch die häufig übereifrige Tourismus-Industrie bisher verschont blieb und gerade deshalb seinen besonderen Charme behielt, führt sie ein Schattendasein. Die meist knapp bemessene Rundreisedauer lässt keinen Spielraum für die Stadt abseits der Haupttouristenroute. Dabei wurde hier auch Geschichte geschrieben: Die entscheidende Schlacht unter Führung von General Sucre (dem engsten Vertrauten des Freiheitskämpfers Simón Bolívar) gegen das Heer des spanischen Vizekönigreiches am 9.12.1824 auf der Pampa de Quinua nahe Ayacucho brachte Peru die Unabhängigkeit von Spanien.
Die Busfahrt von Ayacucho weiter über Andahuaylas und Abancay nach Cuzco war die letzte wirklich abenteuerliche Fahrt auf den Fernstraßen im Hochland Perus. Schwindelerregende, kurvenreiche und noch nicht asphaltierte Pisten mit gewaltigen Höhenunterschieden von tropischen Gefilden mit Bananen-, Papaya- und Avocado-Plantagen bis hinauf in die eisigen Höhen der Anden und wieder hinunter kennzeichneten die Strecke. Mittlerweile ist auch diese Strecke durchgehend asphaltiert.

Die schöne Plaza de Armas in Ayacucho. Der alte Name der Stadt lautet Huamanga.

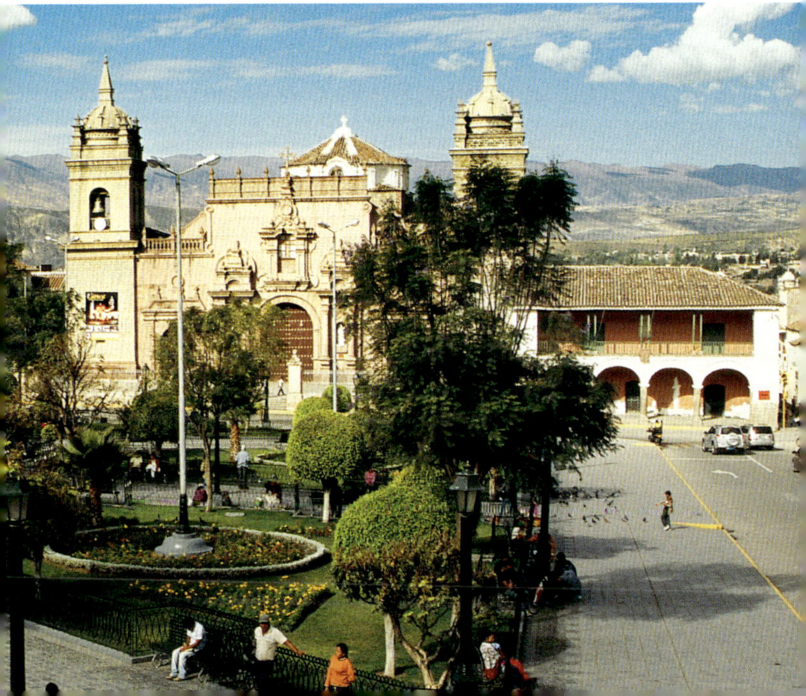

32 Pampa de Quinua

0.45 Std.

Peruanische Geschichte und peruanisches Kunsthandwerk

Die Pampa de Quinua, eine weitläufige Hochebene, gut 30 Straßenkilometer von Ayacucho entfernt und 600 Meter höher als die Stadt gelegen, war Schauplatz der entscheidenden Schlacht gegen die Herrschaft der Spanier, die zur Unabhängigkeit Perus führte. Ein monumentales Denkmal hält die Erinnerung an den Sieg wach. Das Dorf Quinua am Rande der geschichtsträchtigen Pampa ist zudem eine Hochburg des peruanischen Töpfer- und Keramikkunsthandwerks.

Ausgangspunkt: Die Plaza im Dorf Quinua, 3200 m; regelmäßige Busverbindung ab Ayacucho.
Höhenunterschied: 100 m.
Anforderungen: Zwei Kilometer gemütliches Schlendern.
Einkehr: Im Dorf Quinua; beim Denkmal Verkaufsstände.
Karte: IGN-Karte 27-ñ Ayacucho (Maßstab 1:100.000).

Ständig fahren tagsüber Kleinbusse und Colectivos von der Plaza Magdalena in Ayacucho die 34 km hoch bis zum Dorf Quinua auf 3200 m. Nach 20 Kilometern wird das archäologische Ausgrabungsfeld Wari passiert, direkt an der Straße gelegen. Die Stätte war das Zentrum der Wari-Kultur (6.–11. Jh. n. Chr.). Danach zieht die gut asphaltierte Straße durch ausgedehnte, mit Kakteen, vorwiegend Opuntien, übersäte Hänge höher.

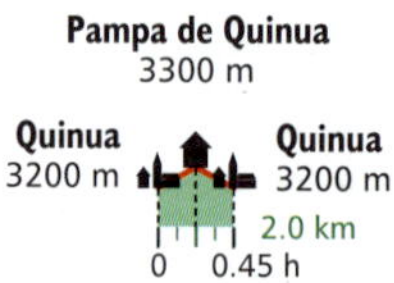

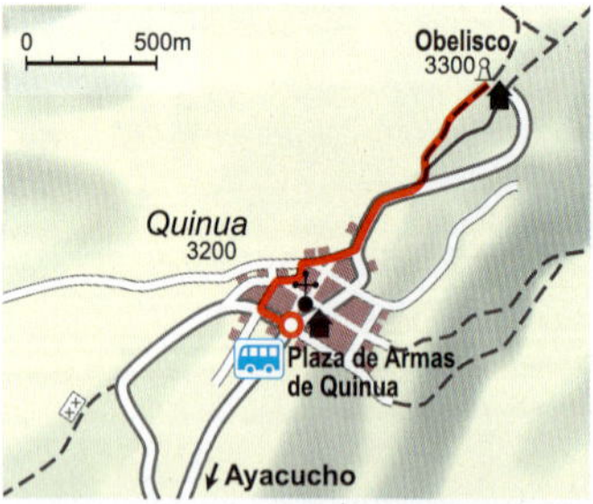

Am Ortsrand von **Quinua** angekommen sind es nur ein paar Schritte bis zur großen, ruhigen Plaza und der Kirche. Ein kleines Museum dokumentiert die entscheidende, siegreiche Schlacht der Soldaten des bolivianischen Generals Sucre gegen das Heer des spanischen Vizekönigreiches, die am 9.12.1824 zur Unabhängigkeit Perus führte. (Peru und Bolivien waren bis zur Unabhängigkeit eine Konföderation.)
Die Gegend beherbergt aber nicht nur peruanische Geschichte, das Dorf Quinua ist auch eine Hochburg des Kunsthandwerks. In Handarbeit gefertigte Figuren und Skulpturen aus Ton werden nahezu in jedem Haus des Dorfes hergestellt und

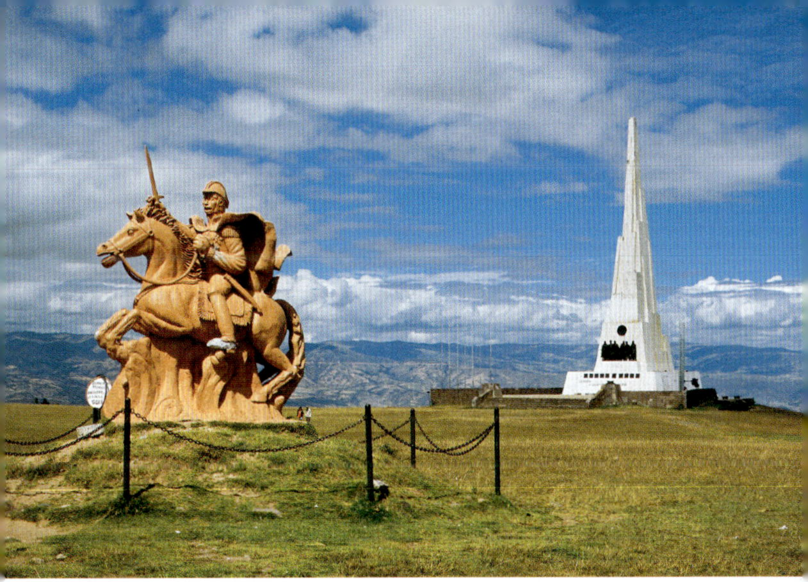

Pampa de Quinua mit (inzwischen zerstörtem) Reiterstandbild und Denkmal.

zum Verkauf angeboten. Vorwiegend sind es Keramikkirchen in verspielten Formen, die in allen Größen und allen Variationsmöglichkeiten künstlerischer Freiheit geformt und bemalt werden und in den Städten dann ein Vielfaches kosten. Sie sind wirklich Schmuckstücke, die in Kleinformat jeden Dachgiebel der Häuser in der Umgebung zieren (siehe Foto Seite 19).
Der kurzweilige Weg durchs kleine Dorf mit seinen zahllosen Keramikwerkstätten und Verkaufsläden führt nochmal zur Straße, der man etwa 400 m folgt, bis links Steintreppen und dann eine kurze Allee mit aus Ichu-Gras überdachten Sitzbänken zum Denkmal der sechs Generäle hochführen, die das aus verschiedenen Divisionen zusammengestellte siegreiche Heer gegen die Spanier anführten.
Das 44 m hohe Denkmal in Form eines Obelisken aus weißem peruanischem Marmor steht seit 1974 auf der **Pampa de Quinua**, dem einstigen Schlachtfeld auf 3300 m Höhe. Außerdem war hier auch ein Reiterstandbild von General Sucre aus Keramik, das von den Dorfbewohnern geschaffen und im Dezember 1998 aufgestellt wurde. Leider wurde es 2015 von Vandalen zerstört, es soll aber wieder ein neues errichtet werden.
Hier oben werden auch Reitpferde für eine kleine Erkundungstour angeboten.
Zurück ins Dorf geht es auf demselben Weg.

Cuzco und Umgebung

Cuzco, die Touristenmetropole des Landes, ist mittlerweile zu einer Stadt mit einer halben Million Einwohner angewachsen und liegt auf 3400 m Höhe. Der enorme touristische Aufschwung der Stadt ist einzig dem Flughafen zuzuschreiben, denn kaum ein Reisender nimmt mehr die lange Fahrt von Lima über Huancayo und Ayacucho durchs Landesinnere in Kauf. Dutzende Flüge pro Tag bringen die Besucher in einer Stunde von Lima in die Hauptstadt des einstigen Inkareiches. In der Stadt sowie seiner näheren und weiteren Umgebung konzentrieren sich viele der kulturellen Hauptsehenswürdigkeiten des Inkareiches und der spanischen Kolonialzeit in großartiger andiner Landschaft. So sind auch zwei berühmte Gebirgszüge der peruanischen Anden, die früher nur in stundenlanger und zermürbender Anfahrt auf der Ladefläche eines Lkw erreichbar waren, durch Buslinien auf bestens asphaltierten Straßen in locker erreichbare Nähe gerückt.

Cuzco: Die Kathedrale an der Plaza de Armas.

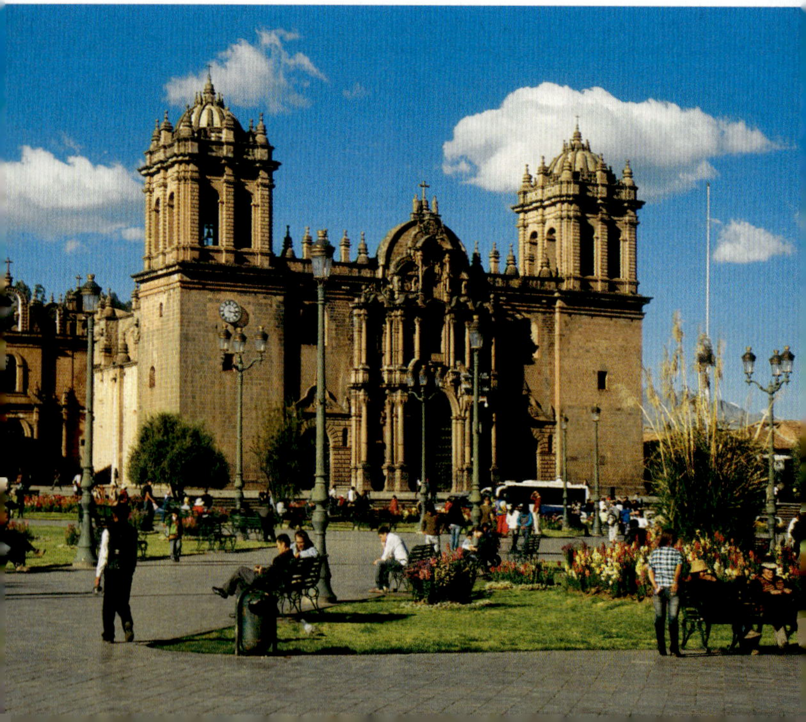

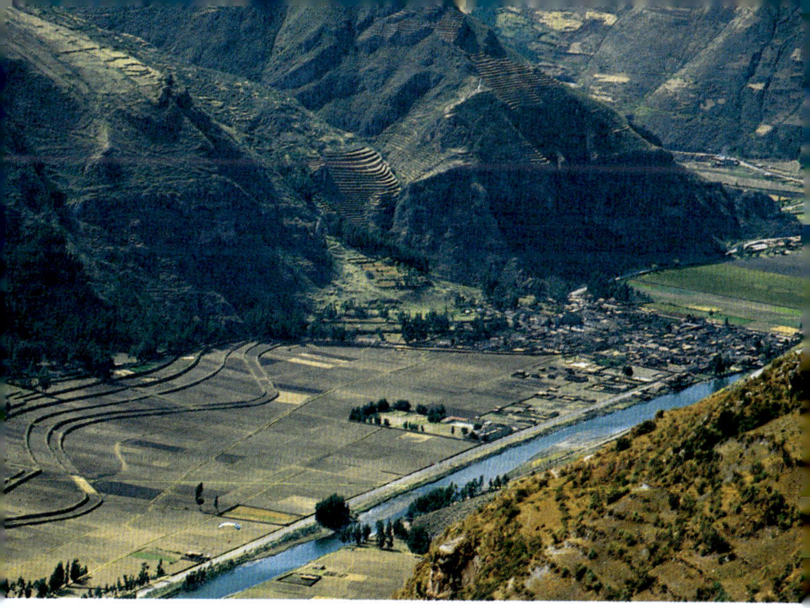

Pisac im Urubamba-Tal mit einem Teil der Inkafestung am Berghang; rechts oben im Bild das abzweigende Chongo-Tal.

Im 20-Minuten-Takt fahren tagsüber zum Beispiel Kleinbusse von Cuzco über Chincheros oder Pisac ins Tal des Río Urubamba. Man kann immer und überall auf der Strecke aus- und zusteigen. So lassen sich alle möglichen Sehenswürdigkeiten und auch die Ausgangspunkte von Wanderungen einfach und preiswert erreichen, ohne sich in die Obhut organisierter Reisegruppen zwängen zu müssen. Und es ist eine viel bessere Möglichkeit »Land und Leute« kennenzulernen, als im Touristenpulk von Sehenswürdigkeit zu Sehenswürdigkeit gehetzt zu werden. Die etwa 65 km lange Strecke von Cuzco nach Urubamba kostet mit dem Bus ca. 1,50 €.
Für 14 der unzähligen Attraktionen in und um Cuzco gibt es für 130 Soles eine Sammeleintrittskarte. Allerdings sind zwei der wichtigsten Sehenswürdigkeiten, die Kathedrale und das Coricancha (»Sonnentempel«, der wichtigste Inkatempel) in der Kirche Santo Domingo nicht enthalten, für sie muss separat Eintritt bezahlt werden.

- Touristen-Information in Cuzco: U.V. Mariscal Gamarra 5-H (Achtung, die Adresse ändert sich immer wieder)
  www.cuscoperu.com

33 Chincheros und Laguna Piuray

3.00 Std.

See-Umrundung vor den Toren von Perus berühmtestem Quechua-Markt

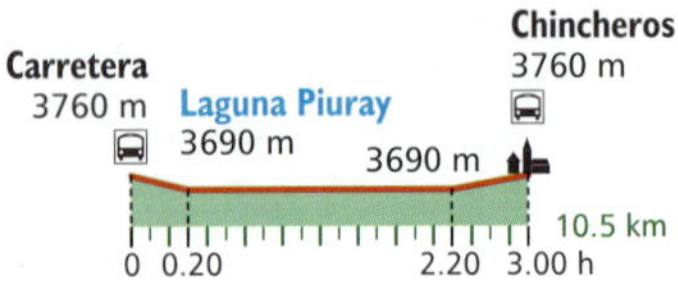

Nur einen Steinwurf vor dem an Markttagen (Sonntag und Donnerstag) von Touristen überquellenden Dorf Chincheros liegt die Laguna Piuray in 3690 m Höhe, eingerahmt von Hügeln und Feldern. Der See hat ca. sieben Kilometer Umfang und ist nahezu unbekannt und entsprechend ruhig geblieben. Eine gemütliche Halbtageswanderung um den See, die sich ohne Weiteres mit einem Besuch von Chincheros verknüpfen lässt und nur 28 Straßenkilometer von Cuzco entfernt ist.

Ausgangspunkt: An der Straße 2 km südlich von Chincheros, 3760 m. Regelmäßige Busverbindung ab Cuzco.
Höhenunterschied: 70 m.
Anforderungen: Gemächlicher Spaziergang.

Einkehrmöglichkeit: In Chincheros, unterwegs keine.
Karten: IGN-Karte 27-r Urubamba (Maßstab 1:100.000); Cuzco & Peru South, International Travel Maps (Maßstab 1:110.000).

Chincheros: Der Souvenirmarkt befindet sich oben im Dorf vor der sehenswerten Kirche.

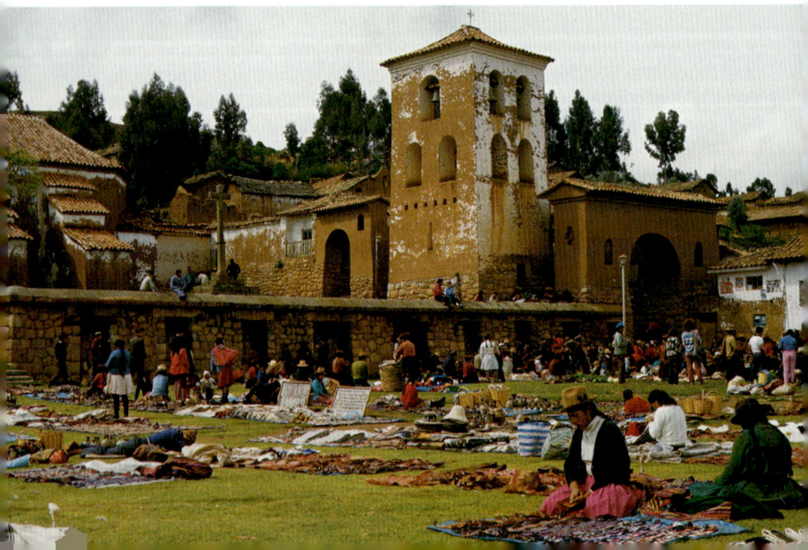

2 km vor Chincheros wird der See sichtbar, der Busfahrer hält auf Wunsch, man steigt aus und läuft zum Ufer der **Laguna Piuray**. Ist erst einmal der meistbefahrenen Touristenroute Perus der Rücken gekehrt, wird man sofort von der melancholischen Stille in der herrlichen andinen Landschaft vereinnahmt und sich fragen, warum nicht mehr Leute auf die Idee kommen, sich von den allerorts organisierten Besuchen im Touristenpulk auszuklinken.

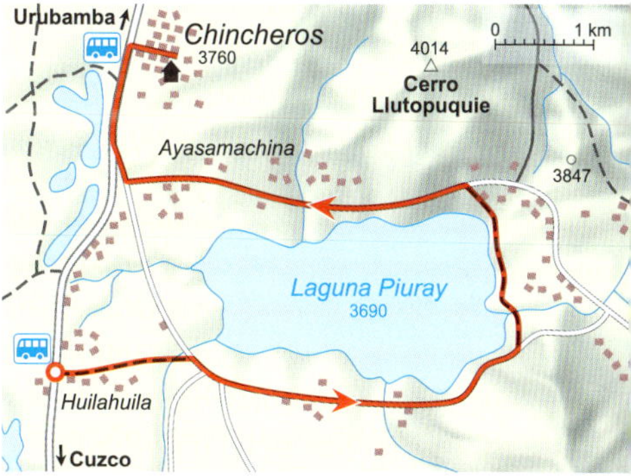

Ein guter Weg (Piste) führt immer nahe am rechten (Süd-)Ufer entlang. Die Campesinos sind freundlich, solange der Fotoapparat nicht zu aufdringlich wird. Ab dem Ende der Laguna Piuray und dem Rückweg auf der anderen Uferseite bietet sich nun der freie Blick über den See bis zur Cordillera Vilcabamba. Auf dieser Seeseite ist auch mehr Leben, weil die Besiedelung zugenommen hat. Das unvergleichliche Licht am späten Nachmittag auf der gesamten Hochfläche der Umgebung lässt den Zauber und Mythos dieser Region aufleben. Schon seit über 30 Jahren existieren Pläne, hier einen internationalen Flughafen zu bauen. Glücklicherweise konnte das bis heute verhindert werden, es scheiterte auch an der Finanzierung, aber hochgekocht wird das Thema immer mal wieder gerne.

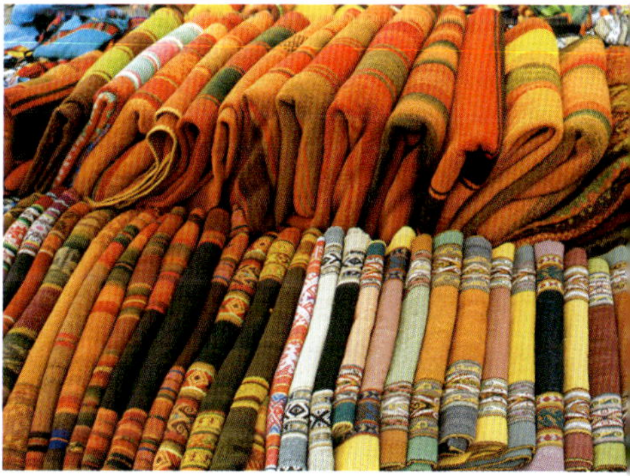

Die Auswahl an Andenken ist riesig, vor allem dominieren Wollsachen und Keramik.

Ist die Umrundung des Sees vollendet, ist es nicht weit ins nahe **Chincheros** mit seinem berühmten Indio-Markt. Aber auch ohne Markttag ist der Ort mit seiner alten Kirche auf dem Dorfhügel und seinen flankierenden Inkamauern an der Nordostseite einen Besuch wert. Und an der Hauptstraße hält jeder Bus zurück nach Cuzco auf einen Wink.

34 Laguna Huaypo

3.30 Std.

Landschaftliches Kleinod mit sagenhafter Vergangenheit

Nach einer Legende, die von den älteren Einheimischen noch heute erzählt wird, sei Jesus Christus während der spanischen Kolonialzeit als Campesino verkleidet auf die Erde zurückgekehrt und in dieser Gegend erschienen. Durstig bat er nach einer Wanderung einen Mestizen um Wasser, der ihn jedoch barsch abwies und das Trinken verweigerte. Nach dieser Enttäuschung kehrte er in den Himmel zurück und überflutete aus Vergeltung das Dorf, in dem ihm eine Erfrischung verwehrt wurde. Bei Sturm und aufgewühltem See soll noch das Glockenläuten der versunkenen Kirche vom Grund der so entstandenen Laguna zu hören sein.

Ausgangspunkt: Das Dorf Cruzpata, 3560 m, 42 km nordwestlich von Cuzco auf der Straße nach Urubamba. Regelmäßig Busverbindung ab Cuzco bzw. Urubamba.
Höhenunterschied: 40 m.
Anforderungen: Gemütliche Wanderung.
Einkehr: Keine.
Karten: IGN-Karte 27-r Urubamba (Maßstab 1:100.000); Cuzco & Peru South, International Travel Maps (1:110.000).

Die stille Laguna Huaypo bildet ein weiteres landschaftliches Glanzlicht auf der Hochebene zwischen Cuzco und dem Urubamba-Tal. 12 km nach Chincheros liegt das verschlafene und so gut wie nie Touristen sehende Dorf **Cruzpata** links des Straßenrandes vor dem See. Eine breite, staubige Straße zieht sich durchs Dorf und unter einem bewaldeten Hang weiter an das Nordufer der **Laguna Huaypo**, entlang des malerischen Sees und dann hinunter nach Izcuchaca zur Eisenbahnlinie nach Machu Picchu. Die schachbrettartig angelegten Felder und Äcker an seinen Ufern leuchten in kräftigsten Pastellfarben in der wohltuenden Ruhe des Altiplano. Das pulsierende Cuzco ist nur eine Autobusstunde entfernt. Vor einigen Jahren war das Seeufer noch vollkommen unbesiedelt, in den letzten Jahren wurden auch hier einzelne Bauernhäuser gebaut.

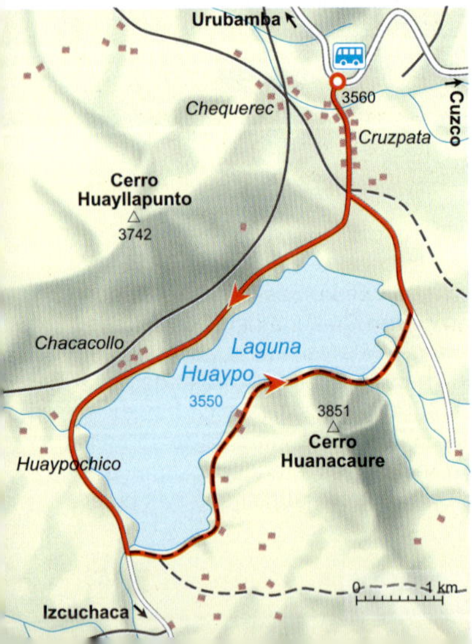

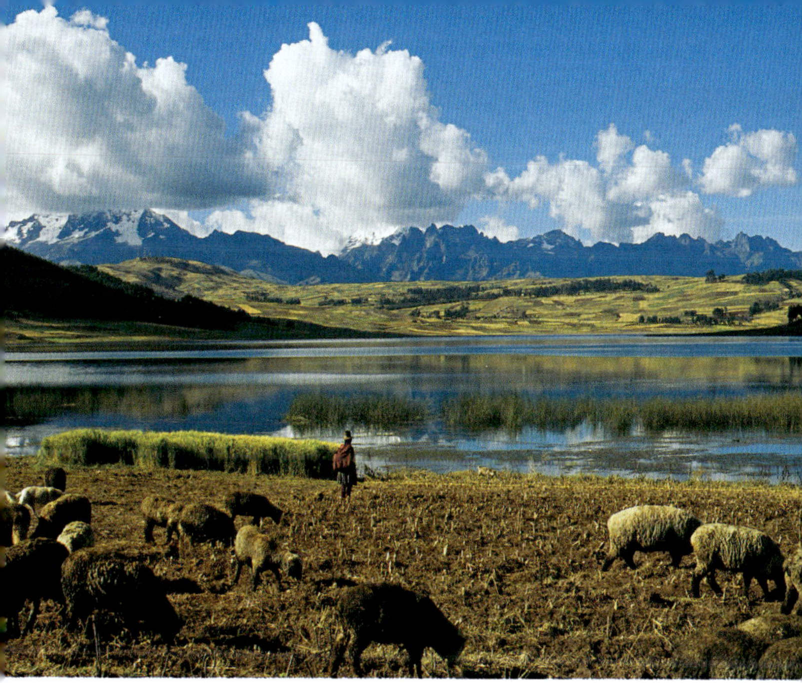

Laguna Huaypo, Blick vom Südostufer auf die Cordillera Urubamba.

Am Ende des Sees wird die Piste verlassen und auf dem Rückweg am gegenüberliegenden Seeufer der Blick auf die nahen Berge der Cordillera Urubamba mit ihrem höchsten Gipfel, dem Nevado Chicon, 5630 m, frei; kurz darauf auch auf die weiter entfernte Cordillera Veronica. Der schmaler gewordene Weiterweg steigt etwas an, passiert einen durch Erosion entstandenen bunten kleinen Canyon und zieht sich durch ein Eukalyptuswäldchen, bevor er ganz zum Seeufer abfällt.
Der letzte Abschnitt ist ein Pfad im Gestrüpp, wieder etwas oberhalb des Ufers, und dann geht es auf Feldwegen weg vom See und der Straße zu.

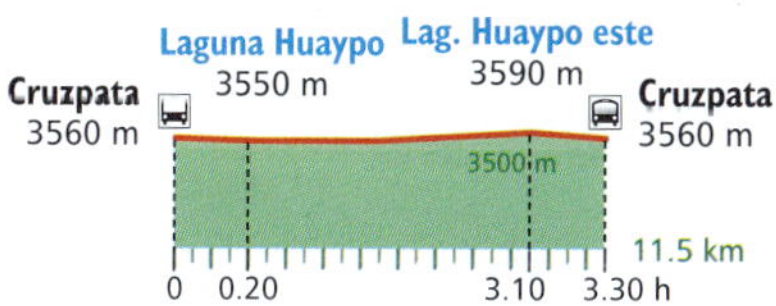

TOP 35

Maras und Tiobamba

2.45 Std.

Kolonialkirchen in grandioser Landschaft über dem Urubamba-Tal

Peru hat keinen Mangel an eindrucksvollen Naturwundern und Landschaften. Die allmählich zum Tal hin abfallende Hochebene zwischen Chincheros und dem Urubamba-Tal ist so ein besonderer Platz. Das Dorf Maras abseits der Hauptstraße war eine Sommerresidenz der spanischen Eroberer. Der traumhafte Blick oberhalb des kleinen Ortes auf das tiefer liegende Urubamba-Tal mit den schneebedeckten Bergen auf der anderen Talseite und der nahe Weiler Tiobamba mit seiner einsam auf der Hochfläche stehenden Kirche gehört zu den landschaftlich herausragenden Plätzen in der Region Cuzco.

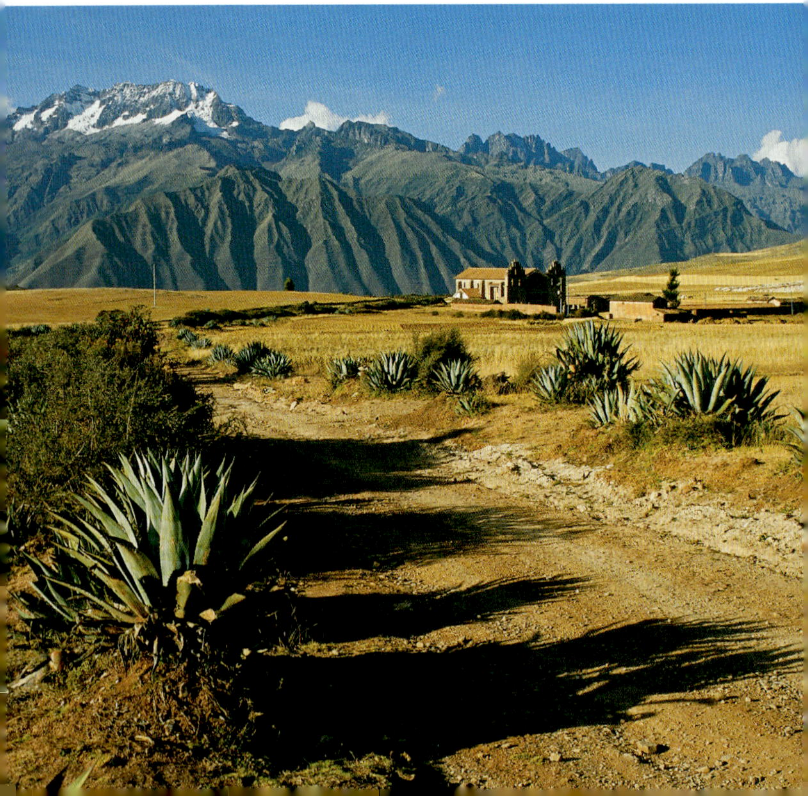

Ausgangspunkt: Straßenabzweigung nach Maras, 3300 m, an der Strecke Cuzco–Urubamba bei Kilometer 49 ab Cuzco. Regelmäßige Busverbindung, Fahrzeit gut 1 Std.
Höhenunterschied: 20 m.
Anforderungen: Gemütliche Wanderung.
Einkehr: In Maras.
Tipp: Kombination mit Tour 36.
Karten: IGN-Karte 27-r Urubamba (1:100.000); Cuzco & Peru South, International Travel Maps (1:110.000).

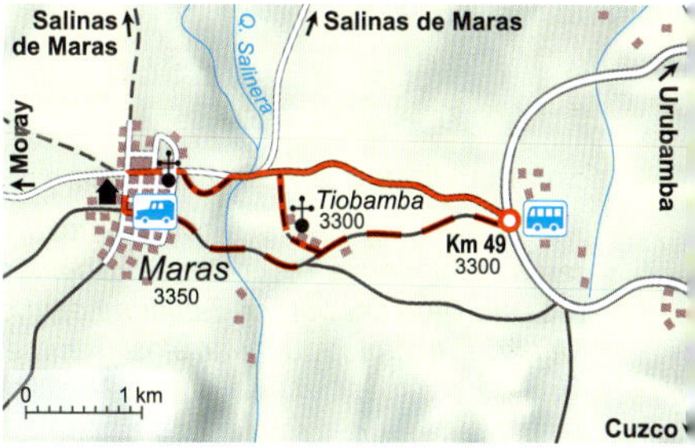

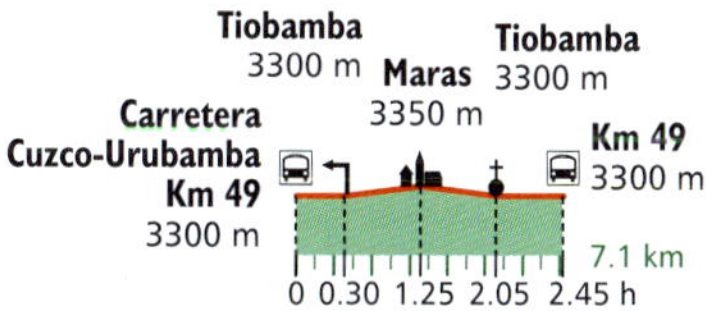

Nach einer guten Stunde Busfahrt und einem ersten deutlichen Abfallen der Höhe auf der Straße ins 900 m tiefer als Chincheros liegende Urubamba-Tal ist nach 49 Kilometern die Abzweigung nach Maras erreicht. An der Abzweigung warten ständig Taxis (Colectivos) für die 3 km Strecke in den schön gelegenen Ort oder noch weiter bis zu der Inkastätte von Moray, 12 km, einer ökologischen Versuchsanlage, die sich auf terrassierten, enger werdenden Ringen in den Boden senkt, wodurch sich so klimatische Unterschiede simulieren ließen. Neben der mit Agaven gesäumten und nur auf den letzten Metern vor dem Dorf etwas ansteigenden Straße lässt es sich aber auch gemütlich entlanglaufen. Außer den nur bei Bedarf fahrenden Taxis gibt es keinen nennenswerten Verkehr. Nach 1,3 km kommt schon links die beschilderte **Abzweigung** zum Weiler **Tiobamba** mit seiner großen Adobeziegelkirche. Der kurze Abstecher kann wahlweise schon jetzt unternommen werden, oder erst auf dem Rückweg. Nach insgesamt 2 km zweigt nach rechts die befahrbare Piste zu den Salzterrassen ab (siehe Tour 35). Die Straße steigt dann in zwei Kurven etwas an und man gelangt direkt unterhalb der großen Kirche (wird seit 2017 umfangreich saniert), an den Ortsrand von **Maras**, 3350 m. Die Aussicht wird oberhalb des Ortes immer großartiger und dort besteht auch ein Verbindungsweg zur nahen Kirche von Tiobamba, ohne zur Straße zurücklaufen zu müssen.
Die Abzweigung nach **Tiobamba** mit dem Blick auf den Nevado Chicon über den gewaltigen Bergfalten auf der anderen Seite des Urubamba-Tales bildet den Glanzpunkt der einfachen Wanderung. Von der freistehenden Kirche führt ein kurzer Fußweg durch die Felder zur Hauptstraße zurück.

Tiobamba, hoch über dem Urubamba-Tal, mit den Bergen der gleichnamigen Cordillera ist eine ruhige andine Bilderbuchidylle.

36 Die Salzterrassen von Maras

3.30 Std.

Salzgewinnung wie zur Inkazeit

Die Umgebung der herrlichen Landschaft bei Maras bietet eine weitere Sehenswürdigkeit in der Region Cuzco, die nur einen Halbtagsausflug erfordert und sich mit der vorherigen (Tour 35) auch ausgezeichnet verknüpfen lässt. Das weitläufige Hochplateau fällt zusehends nach Norden ab und der Río Urubamba fließt hier in nur noch 2800 m Höhe Richtung Machu Picchu weiter. Die sehenswerten von Menschenhand geschaffenen Salzterrassen sind etwa 1000 Jahre alt und wurden schon von den Inka zur Salzgewinnung genützt.

Ausgangspunkt: Tarabamba, 2840 m, im Urubamba-Tal. Bus ab Urubamba (dorthin ab Cuzco); Details siehe unten.
Endpunkt: Maras, 3350 m. Von dort entweder auf dem gleichen Weg zurück oder zu Fuß oder mit Taxi zur Hauptstraße nach Cuzco (siehe Tour 35).
Höhenunterschied: 530 m Aufstieg, 20 m Abstieg.
Anforderungen: Etwas schweißtreibender Anstieg, sonst einfach.
Einkehr: Bei Tarabamba und in Maras; Kiosk bei den Salzterrassen.
Karten: Siehe Tour 35.

Die bei den Ausflügen zuvor beschriebene Busverbindung ab Cuzco endet am Busbahnhof am Rande des Städtchens Urubamba im gleichnamigen, klimatisch begünstigten Flusstal in nur noch 2875 m Höhe, fast 1000 Hm tiefer als Chincheros. Von der anderen Seite des kleinen Busbahnhofes fahren tagsüber ebenfalls ständig Kleinbusse ins 18 km weiter flussabwärts gelegene Ollanta mit seiner imposanten Inkafestung Ollantaytambo.
5 km nach Urubamba im Dorf **Tarabamba** beginnt die Wanderung. Auf den 400 m zum Flussufer liegen ein Hostal und ein neues Ausflugslokal. Der hier noch träge dahinfließende Urubamba-Fluss wird auf einer stabilen Hängebrücke überquert und das dichtbewachsene Ufer geht auf der anderen Seite sofort in steile sandige Berghänge über. Nach 300 m flussabwärts folgt ein kleiner ummauerter **Friedhof**, hinter dem der Anstieg in den Taleinschnitt links hinauf zu den Salzterrassen erfolgt. Doch zunächst lohnt ein kurzer Abstecher noch

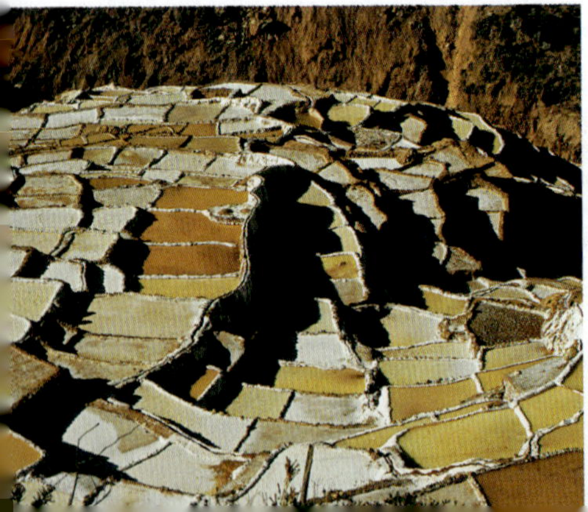

Die Salzterrassen von Maras.

400 m weiter am Río Urubamba entlang. Nach einem Flussknick führt der Weg zu den wenigen Häusern von **Pichinjoto**, die sich um die kleine pittoreske Lehmziegelkirche ducken. Die außergewöhnliche Lage unter den Felsüberhängen ist nicht ungefährlich, scheint aber die wenigen Bewohner nicht zu beunruhigen.

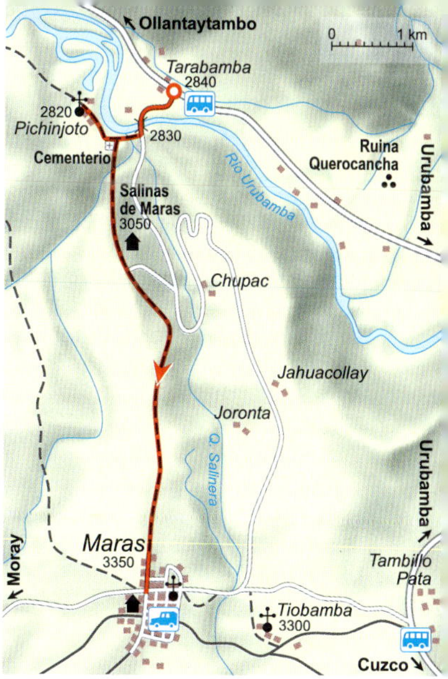

Zurück am Friedhof geht es jetzt den staubigen Bergeinschnitt hoch, der voll der tropischen Sonne ausgesetzt ist. Die **Salzterrassen** sind schon sichtbar, sie beginnen in der unten noch engen Verbindungsschlucht und ziehen sich weit am Hang nach oben. Es wird ein geringer Unkostenbeitrag zur Besichtigung verlangt. Ein paar anscheinend dringend notwendige Souvenirstände mit Musikberieselung sind ebenfalls entstanden. Von einer Quelle wird das heiße und sehr salzhaltige Wasser über ein ausgeklügeltes Verteilungssystem in die Becken der kunstvoll angelegten Terrassen geleitet, wo es während der Trockenzeit verdunstet. Sämtliche Arbeiten erfolgen von Hand. Das getrocknete Salz wird in Säcke abgefüllt und auf Eselsrücken zu einem Sammellagerplatz und weiter hoch nach Maras transportiert. Mit diversen Aromen oder Kräutern vermischt wird es auch nach Europa und Amerika weiterverkauft, wo es dann ein Vielfaches kostet. Die Anlage ist auch von oben über die staubige Straße von Maras her zu erreichen. Die Transportpfade und damit auch der Fußweg ziehen sich vom oberen Rand der Terrassen weiter ziemlich steil bergauf. Kurz vor der 180°-Kurve der Straße zieht sich der Weg den steilen Hang hinauf und schon bald öffnet sich der Blick wieder. Von **Maras** wird zuerst die mächtige Kirche am Ortsrand sichtbar. Für die geschafften schweißtreibenden Höhenmeter werden wir mit dem zunehmend freier gewordenen Blick über die grandiose Landschaft am Urubamba-Tal mehr als entschädigt. Im Dorf gibt es ein paar schlichte Einkehr- und Nächtigungsmöglichkeiten sowie Colectivos, um die ca. 4 km zur Hauptstraße zu fahren (dort Busanschluss nach Cuzco).

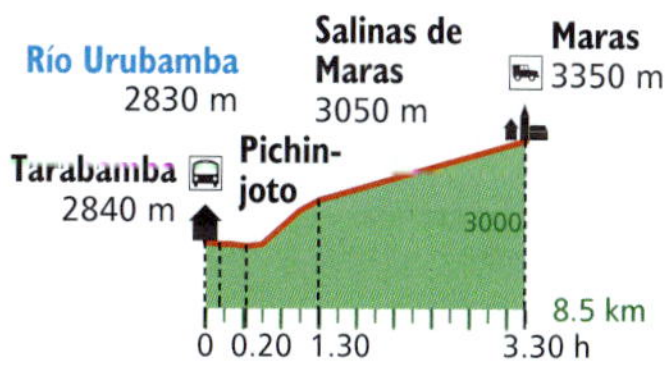

37 Die Inkafestung von Pisac

2.00 Std.

Farbenprächtiger Souvenirmarkt und perfekte Inkamauern

In dem kleinen Dorf Pisac, ebenso wie der Ausgangsort von Tour 36 im Urubamba-Tal gelegen (hier heißt der Fluss eigentlich noch Río Vilcanota), wird der andere der beiden berühmten Quechua-Märkte (neben Chincheros) der Cuzco-Region abgehalten. Pisac hat sich jedoch überwiegend zu einem Souvenirmarkt gewandelt, der an den Markttagen von Touristen überschwemmt wird. Hoch über dem Dorf Pisac klebt wie ein Adlerhorst eine Festungs- und Tempelanlage der Inkas, die nach Nordosten von weitläufigen Terrassenfeldern an den abfallenden Hängen umgeben ist.

Ausgangspunkt: Pisac 2960 m, 32 km nordöstlich von Cuzco. Regelmäßige Busverbindung ab Cuzco.
Höhenunterschied: 400 m.
Anforderungen: Steiler Weg vom Dorf zu den Ruinen, ansonsten einfach.
Einkehr: In Pisac, unterwegs keine.

Variante: Anstatt den gleichen Weg durch die Ruinenanlagen zurückzugehen, kann man über das Chongo-Tal absteigen (dann insg. ca. 2.30 Std., 5 km).
Karten: IGN-Karte 27-s Calca (1:100.000) sowie Cuzco & Peru South, International Travel Maps (1:110.000).

Intihuatana in der Ruinenanlage oberhalb von Pisac.

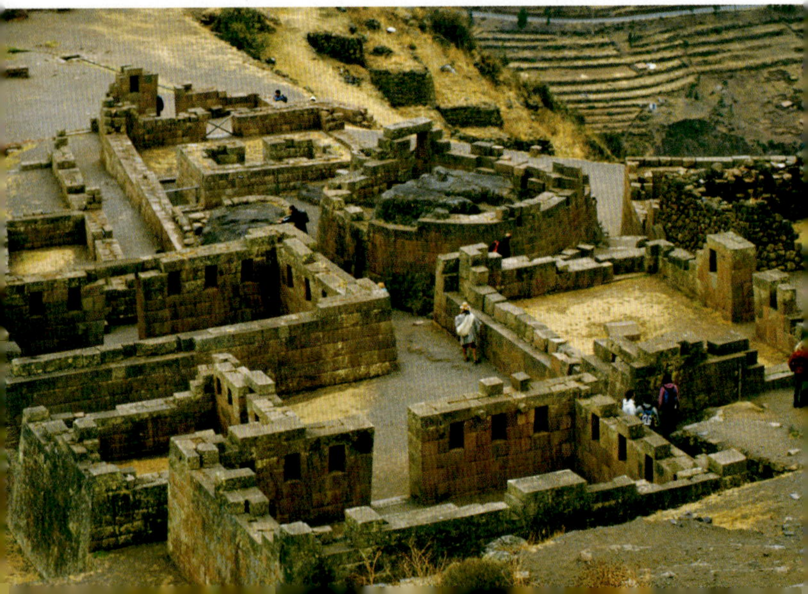

Mit dem Bus sind es von Cuzco 32 km auf gut asphaltierter Straße nach Pisac ins Urubamba-Tal, in das sich ein schöner Blick vor den letzten Kehren hinab ins Dorf bietet.
Der Marktplatz von **Pisac** mit den beiden mächtigen Pisonaybäumen und seinem farbenfrohen Markt ist auch Startpunkt für eine lohnende Fußwanderung zur Inkafestung von Pisac hoch über dem Dorf. Gleich am Dorfrand muss das Eintrittsticket vorgezeigt werden, dann kann der steile Anstieg über Steintreppen in der Bergflanke beginnen, auf dem sich immer mal schöne Tiefblicke auf das Dorf Pisac und das Urubamba-Tal bieten. Im **Intihuatana**, dem Zentrum des Tempelbezirks, sind bestens erhaltene Steinmetzarbeiten zu bestaunen.
Der Weg führt nach Norden durch weitere Befestigungsanlagen und dann bergab durch sehenswerte Terrassenfelder ins vom Urubambatal abzweigende **Chongo-Tal**. Von dieser Seite kommen die Touristenbusse hochgefahren und man kann auch zu Fuß zurück nach **Pisac** gehen.

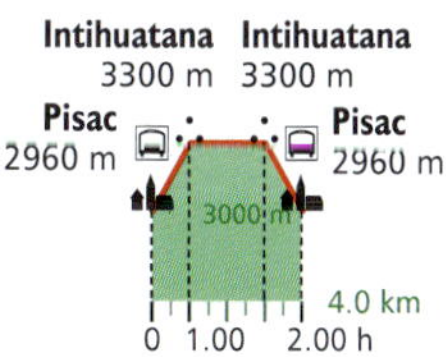

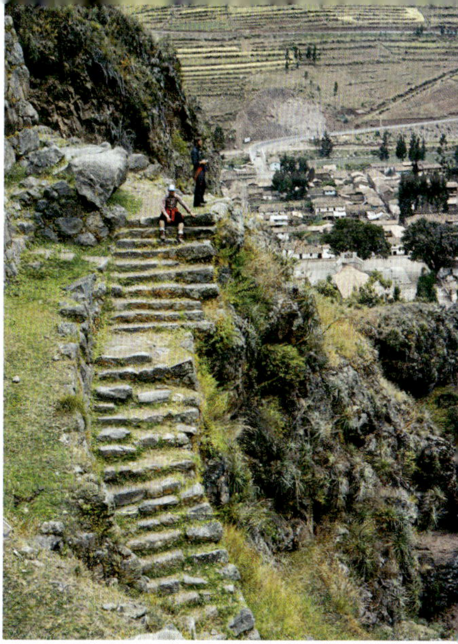

Aufstieg von Pisac zu den Inkaruinen.

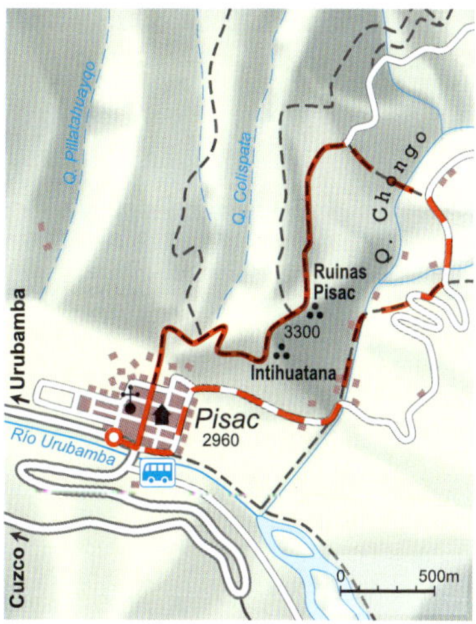

38 Von Urcos am See entlang zur Kirche von Huaro

0.45 Std.

Ein lebhafter Quechua-Ort, ein See und zwei Kirchen mit herrlichen Fresken

Um den großen Platz in Urcos tobt das Leben, denn alle Busse und Lkw, die von Cuzco in Richtung Cordillera Vilcanota und weiter in das Amazonastiefland fahren, biegen hier ab, legen eine Rast ein oder starten auch erst hier. Die Restaurants an der Plaza haben allerlei kulinarische Besonderheiten im Angebot, deren Anblick alleine schon manchen Gringos den Appetit verderben kann, die aber bei den Einheimischen begehrt sind. Am Westrand des Ortes liegt die Laguna Urcos und oberhalb des Sees eine besonders prächtige Kirche.

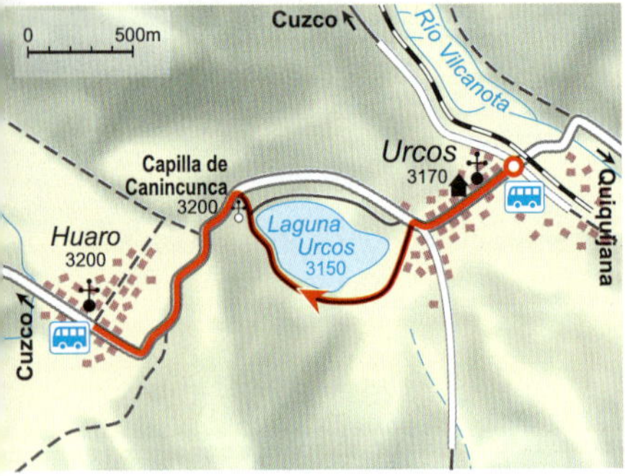

Ausgangspunkt: Urcos, 3170 m, 47 km südöstlich von Cuzco. Busverbindung alle 15 Min.
Endpunkt: Huaro, 3200 m. Busverbindung wie Urcos.
Anforderungen: Leichte Wanderung.
Einkehr: In Urcos, unterwegs keine.
Höhenunterschied: 50 m Anstieg, 20 m Abstieg.
Karte: IGN-Karte 28-s Cuzco (Maßstab 1:100.000).

Laguna Urcos.

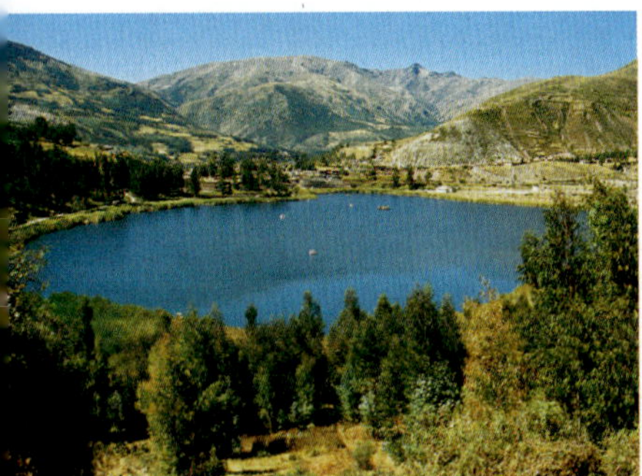

Die Busse, die alle Ortschaften auf der Ausfallstraße von Cuzco bis Urcos im 15-Minuten-Takt bedienen, haben hier Endstation. 1 km weiter südlich oberhalb von Urcos zweigt die neue Straße ins Amazonastiefland ab. Trotz des hohen Verkehrsaufkommens vermittelt ein Bummel um die belebte Plaza einen noch weitgehend indianischen Alltag, eine ganz andere Welt als in Cuzco. Vor allem ein Blick in die Straßenrestaurants bestätigt das.
Von der Plaza von **Urcos** geht man 100 m nach Westen an den Dorfrand, einige Treppen

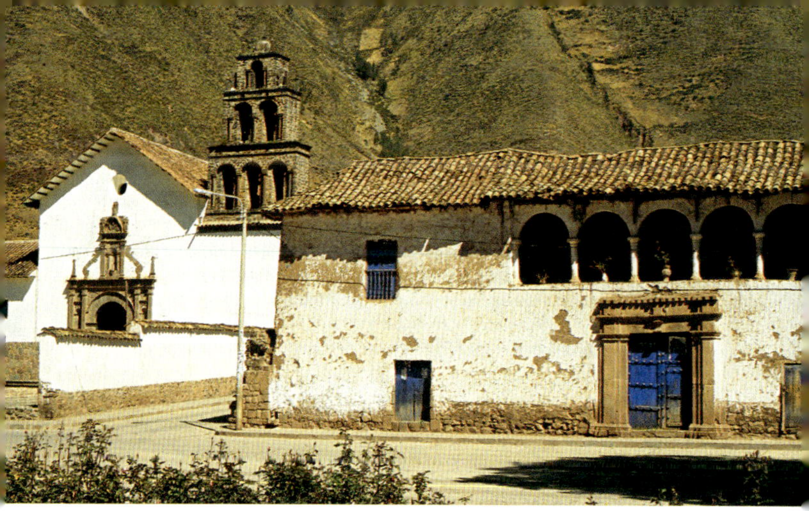

Die sehenswerte Kirche San Juan Bautista in Huaro.

abwärts und schon steht man vor dem See. Ein guter, von Agaven gesäumter Weg verläuft auf beiden Uferseiten der **Laguna Urcos**. Am linken Ufer gibt es Picknickplätze, überdachte Sitzbänke sowie einen Bootsverleih – all das macht den kleinen See zu einem beliebten Ausflugsziel der Einheimischen. Am Ende der Laguna folgt ein kurzer Anstieg von 5 Min. durch einen mit Opuntien vermischten Eukalyptushain zur Hauptstraße hinauf und schon ist die **Capilla de Canincunca** über dem See erreicht. Im nebenstehenden Haus wohnt der Hausmeister, der den Schlüssel für die Kirche hat. Ihn freut es, wenn die Touristen auch mal die weniger berühmten Sehenswürdigkeiten besuchen. Gegen ein kleines Trinkgeld kann man die herrlichen und gut erhaltenen Wandfresken im Kircheninnern besichtigen, die von Tod und Auferstehung Christi handeln.

Noch 15 Minuten Fußweg weiter, allerdings auf der Straße, folgt schon das kleine Dorf **Huaro** rechts der Hauptstraße mit seiner weiträumigen Plaza, die von zwei stattlichen Zedernbäumen und der großen **Kirche San Juan Bautista** geziert ist.

Im Innern der Kirche, für deren Besichtigung mittlerweile Eintritt verlangt wird, sind die kolossalen apokalyptischen Wandgemälde eine besondere Attraktion. Die im Jahre 1802 entstandenen und gut erhaltenen Fresken von Thaddeo Ascalante de Acomayo über das Inferno des »Jüngsten Gerichts« haben nichts Vergleichbares in Peru.

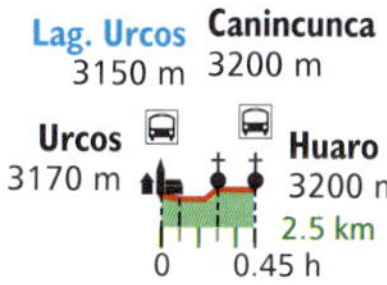

Cordillera Vilcabamba

Dieses schöne Gebirge am Rande des tropischen Amazonasbeckens ist auch eine mit außergewöhnlichen Inkahinterlassenschaften reich gesegnete Region, in der Archäologen bis heute auf Sensationen stoßen können. Schon alleine die prominentesten Entdeckungen wie Machu Picchu, Vilcabamba, Espiritu Pampa, Vitcos, Choquequirao halten das Interesse an diesem immer noch schwer zugänglichen Gebiet aufrecht.
Gerade wegen seiner schwierigen Zugänglichkeit ist das Gebirge mit seinen Tälern auch ein Biotop tropischen Bergurwalds mit einer unvorstellbaren Blüten- und Pflanzenfülle zu Füßen eisbepackter Sechstausender geblieben. Nach Norden und Osten fällt das Gebirge in die Randgebiete des feuchtheißen Amazonasbeckens ab, wo auch Machu Picchu liegt. Der Süd- und Westrand wird von der Hauptverkehrsader Cuzco – Abancay und der tiefen Schlucht des Río Apurimac begrenzt. Zugang ist nur von den Orten und einstigen Bahnstationen der früheren Eisenbahnstrecke Cuzco – Quillabamba im stark abfallenden Urubamba-Tal möglich, die heute nur noch bis Machu Picchu führt, oder von Mollepata, das genau 100 Straßenkilometer von Cuzco entfernt in 2800 m Höhe an einer Abzweigung der Straße Cuzco – Abancay liegt. Für das gesamte Gebiet gibt es kaum Landkarten.

Auf dem Camino del Inca, dem Inkaweg nach Machu Picchu, sind Tragtiere nicht erlaubt; junge Indigenas aus den umliegenden Dörfern übernehmen hier die Plackerei.

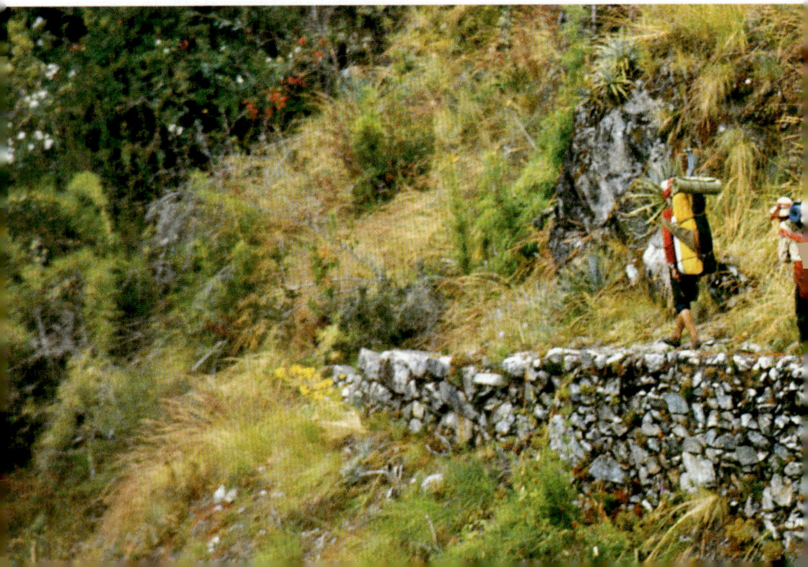

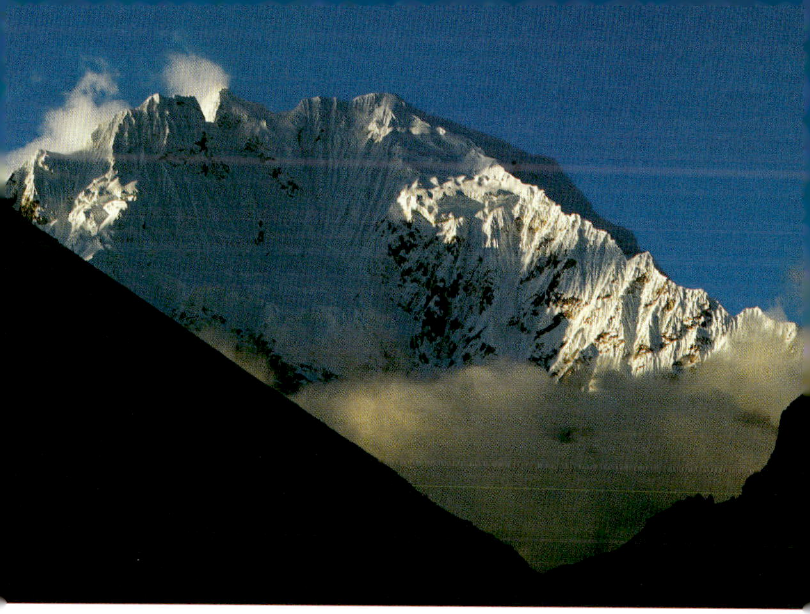

Nevado Salkantay, 6271 m, über der Pampa Soray.

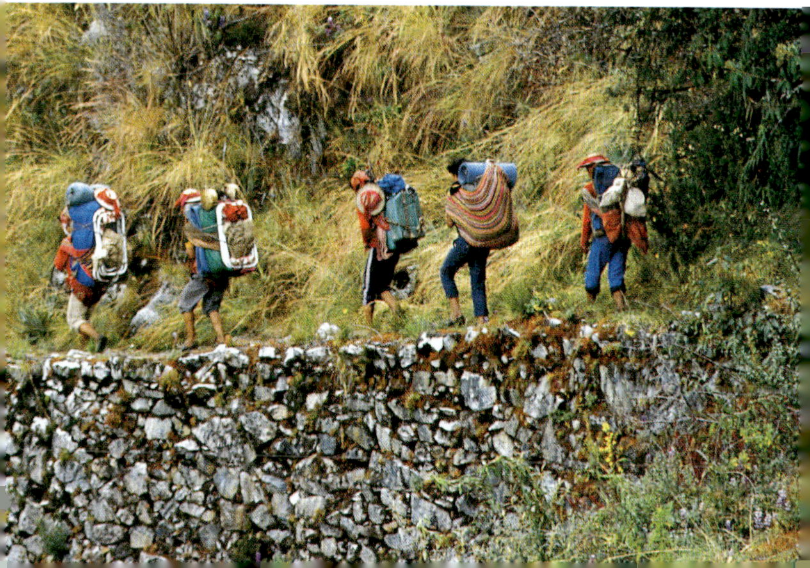

39 Von Mollepata zu »Kilometer 88« im Urubamba-Tal

4 Tage

Fantastisch abwechslungsreiche Tour mit klimatischen Wechselbädern

Genau 100 Straßenkilometer sind es mit dem Bus von Cuzco bis nach Mollepata. Die 2800 m Höhe am Startpunkt der viertägigen Wanderung bedeuten noch subtropische Wärme; am knapp über 5000 m hohen Pass, hautnah am 6271 m hohen Nevado Salkantay vorbei, können dagegen arktische Verhältnisse herrschen, und am Ende der Wanderung in nur noch rund 2500 m am Río Urubamba wieder das krasse Gegenteil: schwüle Hitze.

Ausgangspunkt: Mollepata, 2800 m, Abzweigung von der Straße Cuzco–Abancay; Bus ab Cuzco.
Endpunkt: »Km 88« (dorthin fahren allerdings nur Ausflugsbusse) bzw. 10 km weiter das Dorf Chilca (Km 77; Bahnhof) an der Bahnlinie Richtung Cuzco.
Höhenunterschied: 2250 m Anstieg, 2520 m Abstieg.
Anforderungen: Anstrengende Kontraste: Am Pass evtl. Schnee, am Ende tropisch. Die Wege selbst sind unschwierig.
Einkehr: In Mollepata kleine Läden; Kiosk in Huayllabamba.
Unterkunft: Im Zelt. Die luxuriöse Salkantay Lodge ist in der Regel mit Gruppen ausgebucht.
Tipp: Arrieros in Mollepata.
Karten: IGN-Karte 27-q Santa Teresa, 28-q Abancay, 27-r Urubamba (1:100.000).

1. Tag: Mollepata – Pampa Soray (6.00 Std., 16 km, 1050 Hm Aufstieg)
Von Mollepata folgt man zunächst der Piste, die am linken Talrand nach Norden und dann in einem Bogen hinab zur schon vorher sichtbaren ehemali-

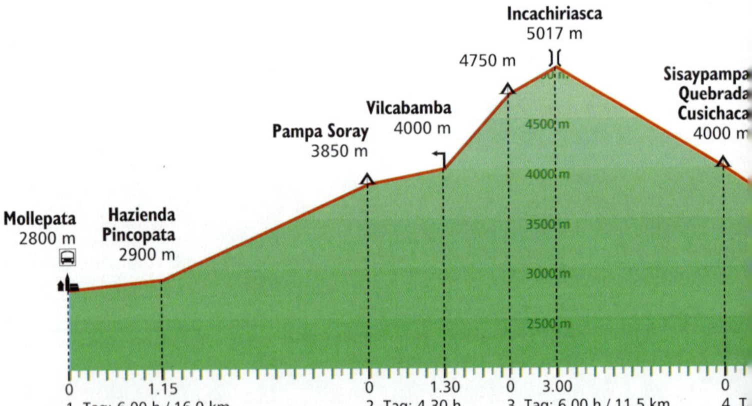

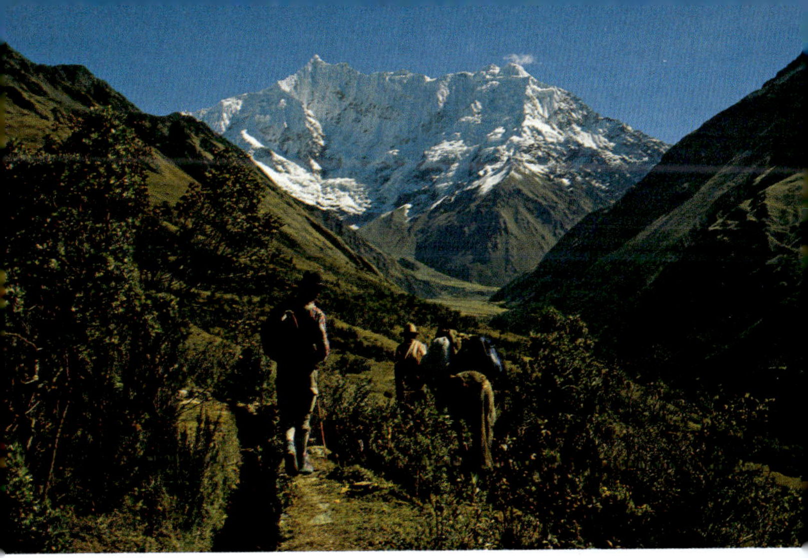

Nevado Humantay auf dem Anmarschweg zur Pampa Soray.

gen **Hazienda Pincopata** führt. An einem weiteren Hof – der Hazienda Parobamba – vorbei, und nach steil ansteigendem Zickzack-Weg ist eine erste Hochfläche mit tollem Blick auf den Nevado Humantay, 5917 m, erreicht, unter dem die Pampa Soray, das erste Etappenziel, sichtbar geworden ist. Die Attraktion des Tales, der Nevado Salkantay, bleibt vorerst noch verborgen.

Nach einer leichten Talbiegung in nordöstliche Richtung folgt die **Pampa Soray** in 3850 m Höhe, die von einem Bach durchschnitten wird. An solch einem traumhaften Ort siedeln natürlich auch einige Quechua-Großfamilien, für sie ein ebenso beliebter Platz wie für die Touristen, denn nun ist auch die Südwand des 6271 m hohen eisstrotzenden Bergriesen zu bestaunen, der über dem Talende thront. (Seit 2008 steht hier die luxuriöse Salkantay Lodge mit 12 Doppelzimmern und deshalb ist der Weg bis hierher befahrbar gemacht worden. Auf einem alternativen Weg nach Machu Picchu durchs Tal des Río Santa Teresa finden sich drei weitere Lodges.)

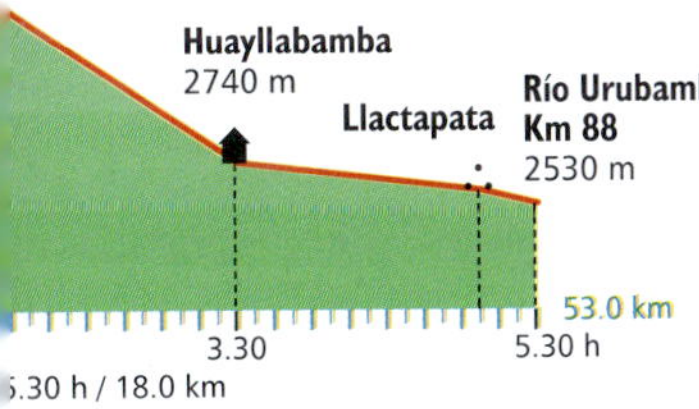

2. Tag: Pampa Soray – unterhalb Incachiriasca-Pass (4.30 Std., 7,5 km, 900 Hm Aufstieg)

Der Weiterweg in die Cordillera Vilcabamba sowie die alternative Route nach Machu Picchu zweigen nach 5 km ab und führen über einen 4450 m hohen Pass am Fuß des 5917 m hohen Nevado Humantay nach Westen. Unser Weg überquert hier den Bach, wo er auf der rechten Talseite auf den Nevado Salkantay zusteuert. Die gewaltige Moräne des fast bis zum Wandfuß zurückgegangenen Gletschers des Salkantay lässt auch nur diese zwei Möglichkeiten zu.

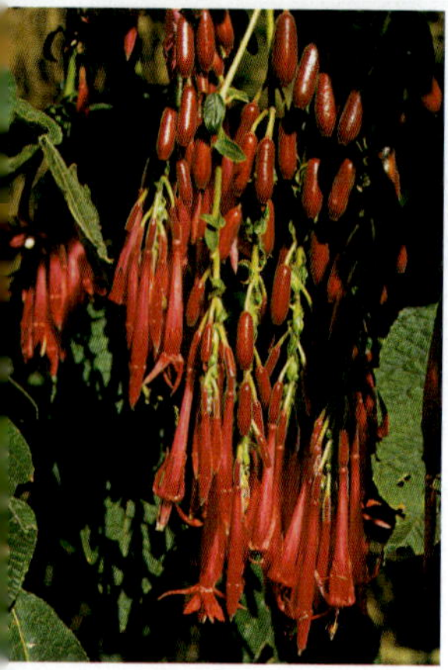

Fuchsien.

Mächtige Felsen und knorrige Bäume säumen den Weg, bis die Stirnseite der sich teilenden Moräne erreicht ist. Erneut wird ein Bach überwunden, der Weg führt ganz nahe an die Moräne heran, wo wieder ein Bach austritt, und dann sogleich nach rechts steil im Geröll am Rande der Moräne weiter zur Hütte eines Hirten in 4400 m Höhe, wo ein kleiner Bach in den unterhalb des Weges am Moränenrand fließenden mündet. Über den Hängen des Weiterweges scheint der Nevado Salkantay den Talschluss komplett abzublocken und links daneben über der Moräne ragt der Nevado Humantay auf.

Nun geht es weiter über Grashänge aufwärts, bis auf 4750 m eine teilweise sumpfige Fläche folgt, von der die spitzen Nachbargipfel des Salkantay und sogar die fernen Eisgipfel der Pumasillo-Gruppe im Westen über der auf beiden Seiten lang gezogenen, scharfkantig abbrechenden Moräne auftauchen. Die nahen Gipfel zur Rechten des Salkantay sind für den weiteren Anstieg von Bedeutung, denn zwischen dem linken und dem mittleren der drei befindet sich der Übergang ins Cusichaca-Tal. Die von Felsen und kleineren Tümpeln durchsetzte moorige Wiese bietet auch **Lagerplätze**, von der sich leichtere Fünftausender besteigen lassen, die links und rechts des Passes im Halbrund vor dem Salkantay aufragen. Ihr höchster ist der 5350 m hohe Nevado Rajusha. Zwei Gletscherseen gibt es hier, einen kleineren runden direkt am Gletscher unter der Südwand des Salkantay und einen weiteren oberhalb der sumpfigen Wiese. Am instabilen, brüchigen Gletscher kracht es den ganzen Tag.

3. Tag: Unterhalb Incachiriasca-Pass – Sisaypampa (6.00 Std., 11,5 km, 270 Hm Aufstieg, 1020 Hm Abstieg)

Es gibt einen guten Pfad über den Pass, der für Mensch und Tier problemlos zu bewältigen ist, bei einem Wettersturz aber im Schnee versinken kann.

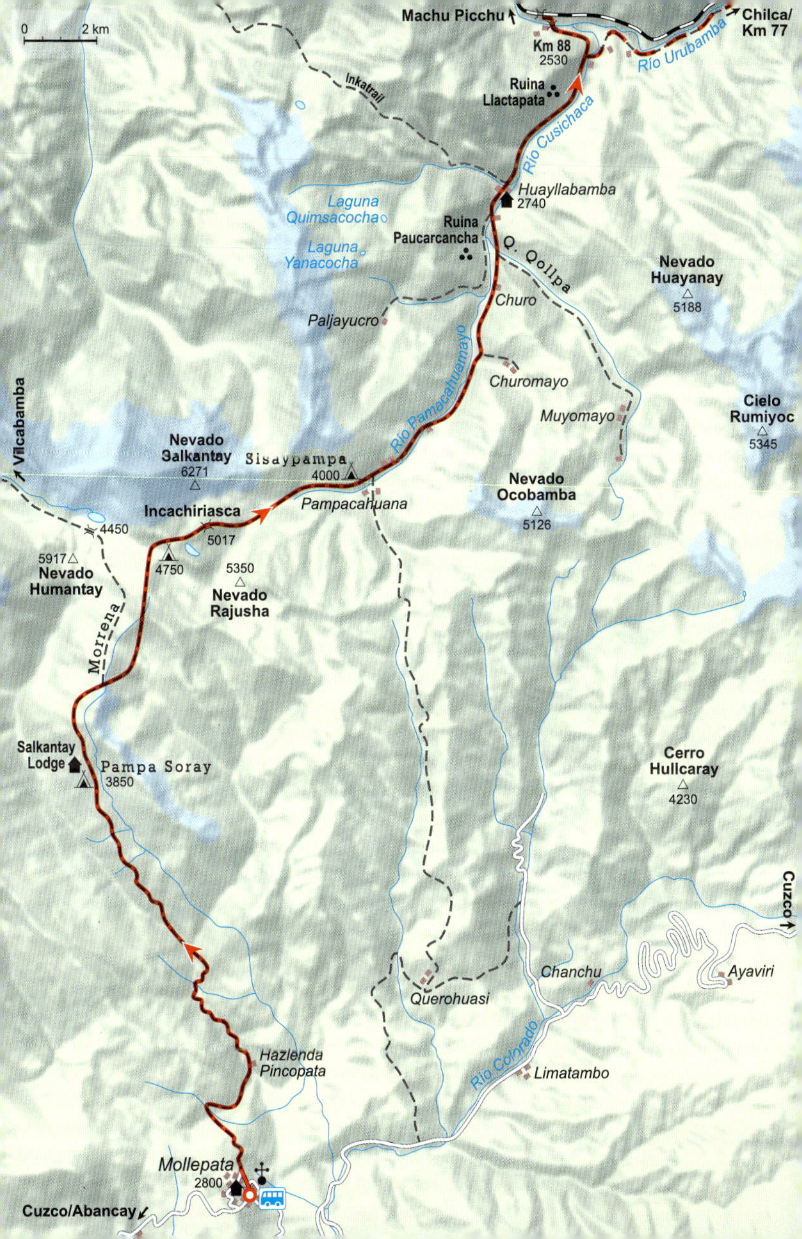

0
2 km
Machu Picchu
Chilca/ Km 77
Km 88
2530
Río Urubamba
Inkatrail
Ruina Llactapata
Río Cusichaca
Huayllabamba
2740
Laguna Quimsacocha
Ruina Paucarcancha
Laguna Yanacocha
Q. Qollpa
Nevado Huayanay
5188
Churo
Paljayucro
Río Pamacahuamayo
Churomayo
Muyomayo
Cielo Rumiyoc
5345
Vilcabamba
Nevado Salkantay
6271
Sisaypampa
4000
Pampacahuana
Nevado Ocobamba
5126
Incachiriasca
5017
4450
4750
5917
Nevado Humantay
5350
Nevado Rajusha
Morrena
Salkantay Lodge
Pampa Soray
3850
Cerro Hullcaray
4230
Cuzco
Chanchu
Ayaviri
Querohuasi
Hazienda Pincopata
Río Colorado
Limatambo
Mollepata
2800
Cuzco/Abancay

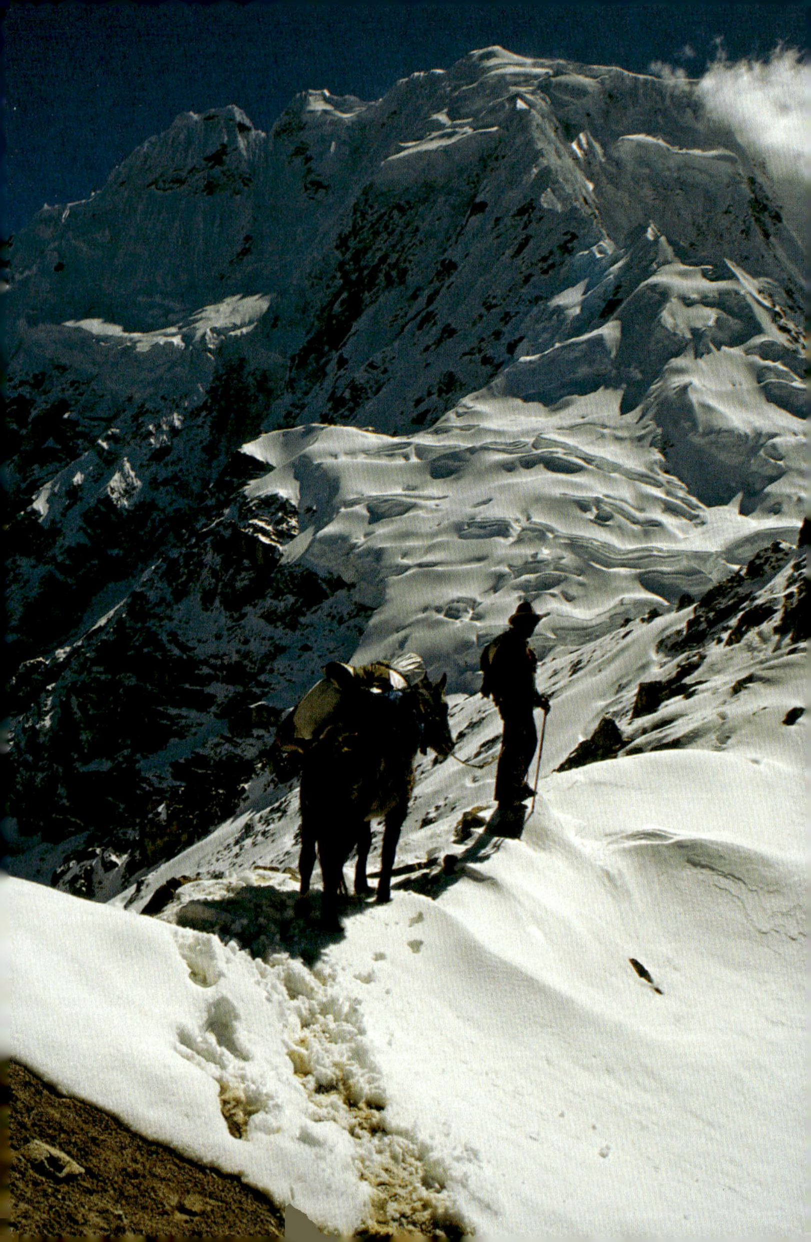

Weniger steil als die letzte Etappe von der Wiese ist der Pfad zur Scharte, dem 5017 m hohen **Incachiriasca-Pass**, hautnah am gewaltigen Nevado Salkantay. Bei klarer Sicht ist in östlicher Richtung sogar der rund 200 km Luftlinie entfernte Nevado Ausangate in der Cordillera Vilcanota erkennbar! Der Übergang selbst und der beginnende Abstieg nahe am Gletscherbruch des Salkantay sind mit Steinmännchen markiert. Wenn Schnee liegt, sind sie eine gute Orientierungshilfe, obwohl die Richtung natürlich vorgegeben ist.
Es geht links einiger Bäche sichelförmig um einen Felsberg nach links bergab zu einem schönen Lagerplatz, der **Sisaypampa**, dem Kopfende des **Cusichaca-Tales** in durchschnittlich 4000 m Höhe, das zum Río Urubamba hin weiter abfällt. Links des Baches bleibend, werden bald tiefer im Tal Reste einer Mure sichtbar, die von den auslaufenden Osthängen des Salkantay abging. Bis hierher war der Salkantay zeitweise dem Blick entzogen. Aber jetzt zeigt er sich rückwärts wieder mit seinem Nordostgrat, natürlich formverändert.

4. Tag: Sisaypampa – Urubamba-Tal (5.30 Std., 18 km, 1470 Hm Abstieg)
Nach dem ersten Drittel der Mure wird der Bach, der von der Nordostseite des Salkantay herabfließt, überquert, der Weg bleibt aber vorläufig noch auf der linken Talseite. Nach dem Ende der Mure senkt sich das Tal nochmal erheblich und der Weg wechselt nun nach rechts zu den Häusern von **Pampacahuana**, unterhalb derer weiter talauswärts der Bach schon sichtbar in einen schnurgeraden alten Inkakanal gezwängt ist. Häufiger folgen nun bewohnte Höfe von Campesinos. Der Weg führt sehr rasch in tiefere Lagen, entsprechend ist die Lufttemperatur gestiegen und die Vegetation vielfältiger geworden.
Das schwülheiße Cusichaca-Tal ist nun tief eingeschnitten, der Bach zum Fluß angewachsen und fließt weit unterhalb des von dichtem Buschwerk bewachsenen Weges. Nach einem Taleinschnitt kommt eine Weggabelung, wo man den Abstieg nach links nimmt. Gleich darauf folgen schon die oberhalb des Weges stehenden Inkaruinen von **Paucarcancha**. Nach rechts zweigt das Qollpa-Tal ab und wenige Schritte weiter stehen einige Hütten, vor denen eine Brücke den Río Cusichaca überquert. Durch dichte Vegetation erreicht der Weg nach weiteren 2 km **Huayllabamba** in 2740 m. Das Dorf ist auf Wanderer eingestellt, denn hier geht es vor der Brücke links des herabstürzenden Seitenbaches hinauf zum Inkaweg nach Machu Picchu.
Über die Brücke hinab ins Tal des Río Urubamba, vorbei an den Inkaruinen von **Llactapata**, durch schattige Eukalyptushaine und auf mit Kakteen bestandenem Weg dann noch 1 km flussabwärts zum **»Km 88«**.
Flussaufwärts sind es 10 km bis zum kleinen Dorf **Chilca** mit einer Bahnstation, von der es nach Cuzco geht.

Incachiriasca-Pass, direkt am Salkantay.

40 Camino del Inca nach Machu Picchu

3 Tage

Die populärste Wanderroute der Welt

In den letzten vier Jahrzehnten hat sich der Inkaweg, der Inka-Trail, der Camino del Inca von einer einsamen und abenteuerlichen Wanderung mit Brillenbären-Begegnung zur am meisten begangenen Trekkingtour der Erde gewandelt. Selbstständig darf nicht mehr gelaufen werden, Genehmigungen sind kontingentiert, die drei bis vier Tage dauernde Wanderung ist nur mehr mit staatlich anerkannten Trekkingorganisationen möglich und es sind maximal 500 Personen täglich erlaubt. Eine Anmeldung für die Hauptsaison sollte mindestens ein halbes Jahr vorher erfolgen. Lasttiere sind auf dem Inkaweg nicht gestattet, so werden die Wanderer von Trägern von Lagerplatz zu Lagerplatz begleitet (siehe Foto S. 174/175).

Ausgangspunkt: In der Regel »Km 88«, 2530 m, an der Bahnstrecke im Urubamba-Tal. Seit 2009 fahren die Züge nicht mehr von Cuzco ab, sondern von Poroy (horrend hohe Preise).
Endpunkt: Machu Picchu, 2400 m. Bus hinunter nach Puente Ruinas, 2000 m, mit der Bahnstation.
Höhenunterschied: 2170 m Anstieg, 2300 m Abstieg bis Machu Picchu (400 m mehr bis Puente Ruinas).
Anforderungen: Drei Pässe sind zu bewältigen, Wege technisch unschwierig.
Einkehr: Nahe der Bahnstation Puente Ruinas (Machu Picchu) und in Aguas Calientes im sich chaotisch entwickelnden engen Tal (während der Regenzeit stark durch Erdrutsche gefährdet!). Unterwegs nur Kiosk in Huayllabamba.
Unterkunft: In Aguas Calientes; unterwegs im Zelt.
Hinweis: Da der Camino del Inca nur mit Führung begangen werden darf, erfolgt keine detaillierte Wegbeschreibung. Infos, insbesondere auch zur Anmeldung: www.inka-trail.com. Horrender Eintrittspreis von 152 Soles (2017, wird ständig erhöht).
Karten: Mehrere touristische Karten, z.B. Cuzco & Peru South, International Travel Maps (1:110.000).

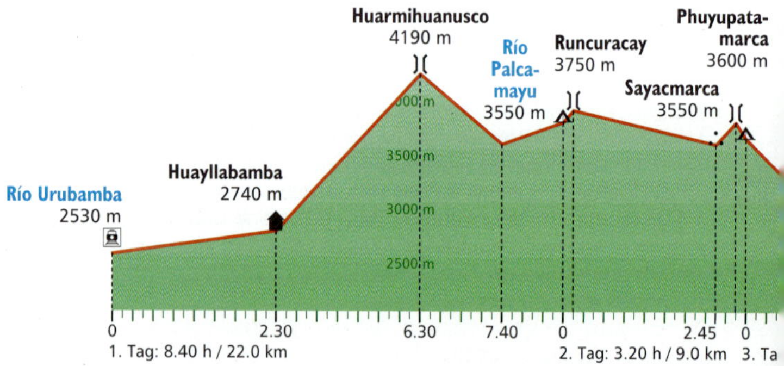

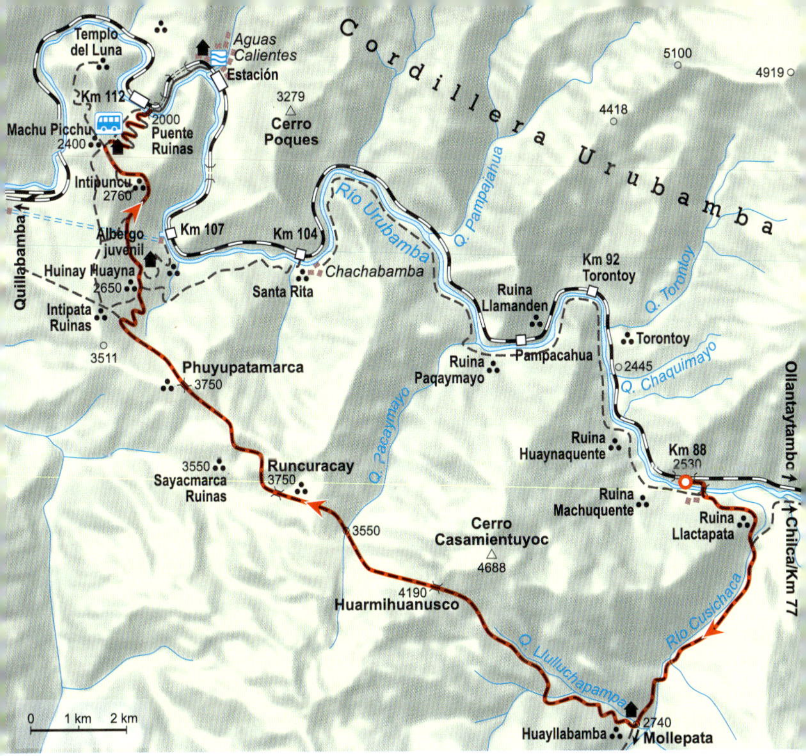

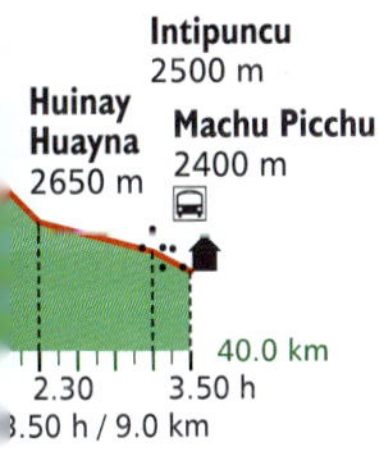

Trotz der Menschenmassen, die sich in Machu Picchu täglich tummeln: Die Wanderung auf dem Inkaweg in einzigartiger Gebirgslandschaft mit vergletscherten Bergen, einer überschwänglichen tropischen Blütenfülle, sieben weiteren Inkaruinen unterwegs und am Ziel das begehrte Machu Picchu ist etwas Besonderes.

400 Meter über einer Flussschleife des Río Urubamba, festgeklammert auf einem Bergrücken inmitten einer Urweltlandschaft und überragt von dem auf steilen Steintreppen besteigbaren Huayna Picchu – diesen weltberühmten Blick auf die Ruinenstadt Machu Picchu vom Sonnentor **Intipuncu** am Ende der Wanderung einmal sehen und erleben zu wollen, ist ein verständlicher Wunsch.

Cordillera Vilcanota

Bis ins Jahr 2008 war die Cordillera Vilcanota nur auf einer immer wieder durch Erdrutsche unterbrochenen Piste in stundenlanger Fahrt erreichbar, bis Ende der 1980er Jahre sogar nur auf der Ladefläche eines Lkw in aufreibender Halbtagesfahrt. Das führte auch dazu, dass die Vilcanota das am wenigsten besuchte und dadurch unberührteste Hochgebirge in den peruanischen Anden blieb. Die bestens asphaltierte, 2010 auch ab Mallma freigegebene letzte, neue Trasse der »Interoceánica« (die nun Peru und Brasilien vom Pazifik bis zum Atlantik verbindet) bis Puerto Maldonado tangiert einen der bislang abgeschiedensten Bereiche der Cordillera Vilcanota. Sie führt zu rasch zunehmender Besiedelung und eingreifenden Veränderungen für die hier bis heute in jahrhundertealten Traditionen lebenden Hochland-Indigenas, ebenso für Flora und Fauna.

Die Cordillera Vilcanota liegt nur 100 km Luftlinie südöstlich von Cuzco. Die üblichen Wander-Ausgangsorte Ocongate oder Tinqui am Nordrand des Hochgebirges sind inzwischen in nur noch gut dreistündiger Busfahrt von Cuzco erreichbar. Von Südwesten über Checacupe ist eine weitere Zufahrtsmöglichkeit entstanden, an deren Ende am Rande des Gebirges drei Lodges für organisierte Trekkinggruppen gebaut wurden. Die Vilcanota ist nicht durch tief eingeschnittene Täler und Schluchten gekennzeichnet wie die nördlicheren Gebirge Perus, ebenso fehlt die üppige Vegetation. Dafür ist sie Heimat großer Lama- und Alpakaherden und bietet den wieder erholten Vicuñabeständen ein großes Rückzugsgebiet. Mit etwas über 50 km West-Ost-Ausdehnung erhebt sich die Cordillera Vilcanota sichelförmig aus der herben Weite des Altiplanos. Ihr höchster Berg ist der Nevado Ausangate mit 6336 m Höhe und weiteren sechs Gipfeln über der 6000-m-Marke, die

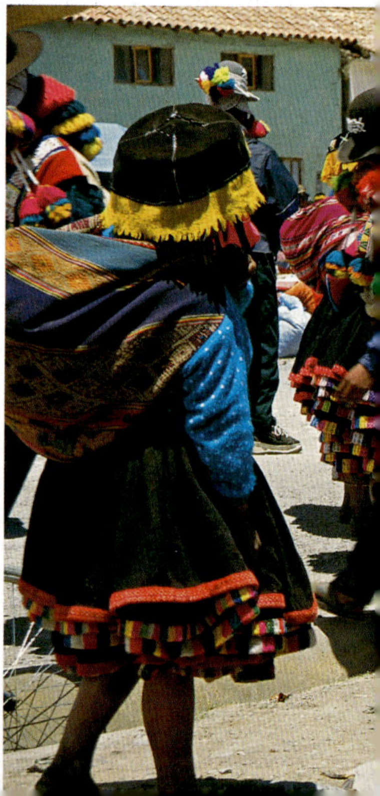

Farbenprächtiger Markt in Tinqui.

von herrlichsten Hochgebirgsseen (*lagunas, cochas*) geziert sind. Besonders in der höher gelegenen Südhälfte des Gebirges herrschen extreme Lebensbedingungen mit arktischen Temperaturen in der Nacht. Die Berge sind den hier lebenden Indigenas heilig, weil nach ihrer Vorstellung Berggötter, die Apus, auf ihnen wohnen. Der bedeutendste Apu thront auf dem Nevado Ausangate, dem höchsten Berg der Cordillera Vilcanota. So ist eine tief verwurzelte Symbiose zwischen Mensch und Natur (noch) allgegenwärtig. In diesen Hochlagen wachsen keine Bäume und Sträucher mehr, den wenigen verstreut im Gebirge lebenden Indigenas dient ausschließlich getrockneter Viehdung als Brennmaterial und ihre Behausungen sind aus Adobeziegeln (luftgetrocknete Lehmziegel) gebaut.
Dass die Cordillera Vilcanota mit ihrer (noch) intakten Hochgebirgsnatur nicht längst zum Nationalpark erhoben wurde und keinerlei Schutzstatus genießt, gehört zu den großen Versäumnissen aller bisher amtierenden Regierungen.

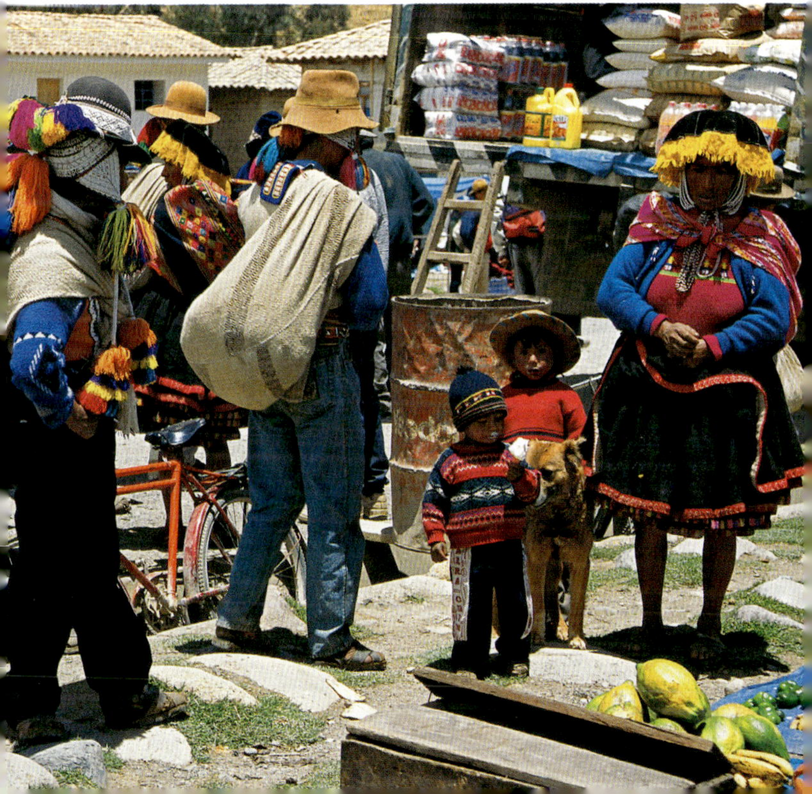

41 Von Mallma nach Huiscachane und zum Singrenacocha

3 Tage

Schöne Wanderung in vergehender Andenidylle

Bis vor wenigen Jahren war die nördlichste Ecke der Cordillera Vilcanota mit ihren herrlichen Seen und der fantastischen Bergkulisse der bis über 6000 Meter hohen Colque-Cruz-Gruppe eine der abgeschiedensten und ursprünglichsten Hochgebirgslandschaften in den peruanischen Anden. Doch seit 2010 ist die neue Trasse der »Interoceánico« ab Mallma für den Autoverkehr freigegeben; sie flankiert das Huiscachane genannte Hochtal an seiner Nordseite und zieht sich zum neuen Pass hoch. Das Teilstück ab Mallma ist eine von vier neuen, ehrgeizigen Trassen, die einmal Peru und Brasilien vom Pazifik bis zum Atlantik verbinden sollen. Auf die noch nahezu unberührten Naturschönheiten und die hier noch in alten Traditionen und starker Naturverbundenheit verwurzelten Hochland-Indigenas wird dabei keinerlei Rücksicht genommen.

Huiscachane mit der Nordflanke des Nevado Colque Cruz.

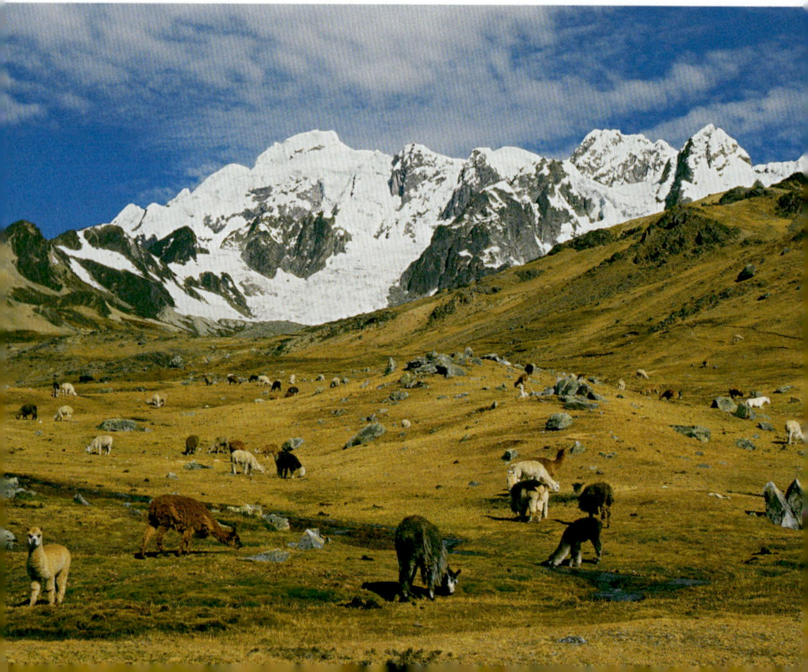

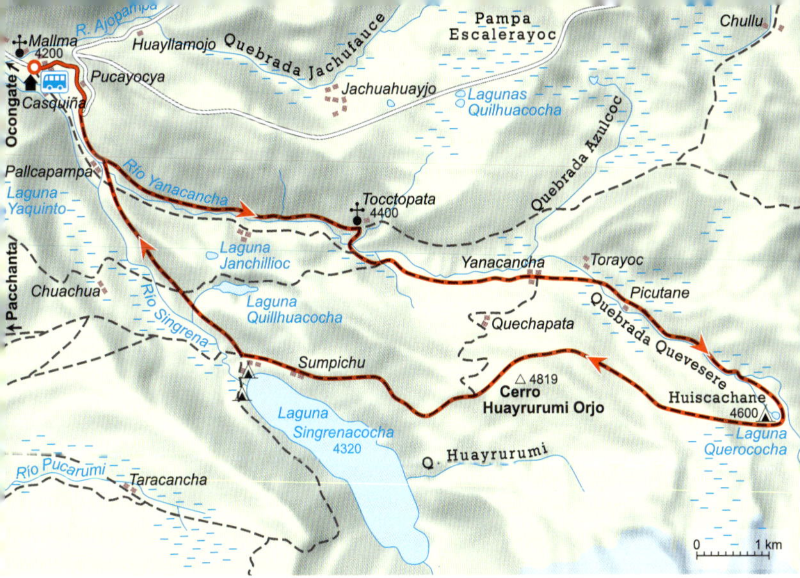

Ausgangspunkt: Mallma 4200 m, 16 km nordöstlich von Tinqui, 3650 m. Busverbindung von Cuzco nach Tinqui. Von dort bis Mallma Mitfahrgelegenheit mit Lkw, manchmal auch Kleinbusse.
Höhenunterschied: 550 m.
Anforderungen: Leichte Wanderung, allerdings ständig in über 4000 m Höhe.
Einkehr: Schlichteste »Restaurantes« in Tinqui und einfacher Laden in Mallma; unterwegs keine.
Unterkunft: Im Zelt.
Tipp: In Mallma kann man einen Arriero anheuern.
Karte: IGN-Karte 28-t Ocongate (Maßstab 1:100.000).

Mallma ist der Talort für die Anfahrt sowohl auf den Hualla-Hualla-Pass, 4600 m, der alten Piste, als auch auf den näher am Gebirgsrand liegenden 4725 m hohen Abra-Pirhuayani-Pass auf der neuen und bestens asphaltierten Straße ins Amazonastiefland. Um nach Mallma zu gelangen, gibt es die zahllosen Lkw auf dieser Strecke sowie gelegentlich pendelnde Kleinbusse zwischen den Ortschaften im Tinquimayo-Tal.

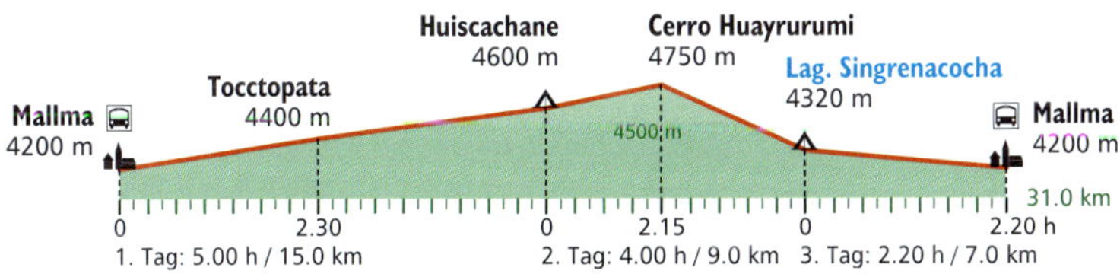

1. Tag: Mallma – Huiscachane (5.00 Std., 15 km, 400 Hm Anstieg)
In Mallma, wo bei Bedarf auch ein Arriero angeheuert werden kann, überquert man den Río Tinquimayo nach Süden, und kaum ist man im Yanacancha-Tal etwas höher gestiegen, wird der Blick auf die Eisgipfel des Nevado Cayangate frei, dessen höchster Gipfel 6035 m misst, die sich aber auf dem Weiterweg vorerst wieder verstecken. Nahe den Häusern von **Pallcapampa** mündet der Río Singrena am Talboden in den Río Yanacancha, dem man an seinem linken Ufer auf gutem Weg nach Osten folgt, um nach 7 km zu den Häusern von **Tocctopata** auf 4400 m zu kommen.
Dann wird der Fluss überquert und das Quevesere-Tal weiter auf seiner rechten Seite talaufwärts durchwandert. Immer idyllischer wird die Gebirgslandschaft, immer zahlreicher Lamas und Alpakas, denen das Hochtal ideale Weidegründe bietet. Die Wiesen reichen bis 4650 m hinauf und das Ende des herrlichen Hochtales wird von den Eisgipfeln der Nevado-Colque-Cruz-Gruppe, 6102 m, abgeblockt. Der Talschluss in durchschnittlich 4600 m Höhe heißt **Huiscachane**, dieser Name ist vom Quechuawort für Vizcacha abgeleitet, den hier auf den felsigen Blockhängen des Tales in großer Zahl vorkommenden flinken, kaninchengroßen Nagetieren. Schöne Lagerplätze gibt es hier, soweit das Auge reicht.

2. Tag: Huiscachane – Laguna Singrenacocha (Nordufer) (4.00 Std., 9 km, 150 Hm Anstieg, 430 Hm Abstieg)
Feuchte Moospolster bilden den Nordosthang des Huayrurumi-Bergrückens, dessen hügelige Ostausläufer in fast 4800 m Höhe überquert werden müssen, um dann zu Füßen der Colque-Cruz-Nachbargipfel nach Westen auf die Laguna Singrena zuzusteuern. Eine mächtige Geröllmoräne schirmt die Gletscher der Nevados Garache, Cuchillo und Kiru am südlichen Rand des Tales ab. (Die Namen der Berge weichen hier gelegentlich von denen in der IGN-Karte ab; es sind die Namensgebungen durch die europäischen Erstbesteiger.)
Der Weg zieht sich durchgehend oberhalb des Talbodens hin. Bald wird in Gehrichtung die Ostflanke des Nevado Cayangate sichtbar und davor auch die 4 km lange, in einer Senke eingebettete Laguna Singrenacocha. Kaum ein anderer Hochgebirgssee in den peruanischen Anden wird diese intensive, fast ins Unwirkliche gesteigerte Türkisfärbung des in 4320 m Höhe gelegenen Sees überbieten.
Der Weg senkt sich erst an dem Gehöft **Sumpichu** vorbei zum nördlichen Seeufer hinab. Nur dort, sowohl östlich als auch westlich des Abflusses der **Laguna Singrenacocha**, gibt es geeignete Lagermöglichkeiten. Das Nordufer wird von einer Moräne abgeschirmt, vor der ein paar Quechua wohnen.

Laguna Singrenacocha mit Nevado Cayangate. Am linken Bildrand ist der Eingang in den »Korridor« zu sehen (Tour 45).

3. Tag: Laguna Singrenacocha (Nordufer) – Mallma (2.20 Std., 7 km, 120 Hm Abstieg)

Um wieder hinaus nach Mallma zu kommen, gibt es sowohl einen Weg an der Ostseite des Río Singrena als auch auf seiner Westseite. Der rechte ist insofern der bessere, weil der linke immer wieder (mittlerweile) eingezäunte Weideflächen durchschneidet.

Bei **Pallcapampa** am Zusammenfluss von den beiden Bächen hat sich der Kreis dieser Wanderung geschlossen und kurz darauf ist wieder **Mallma** an der Straße erreicht.

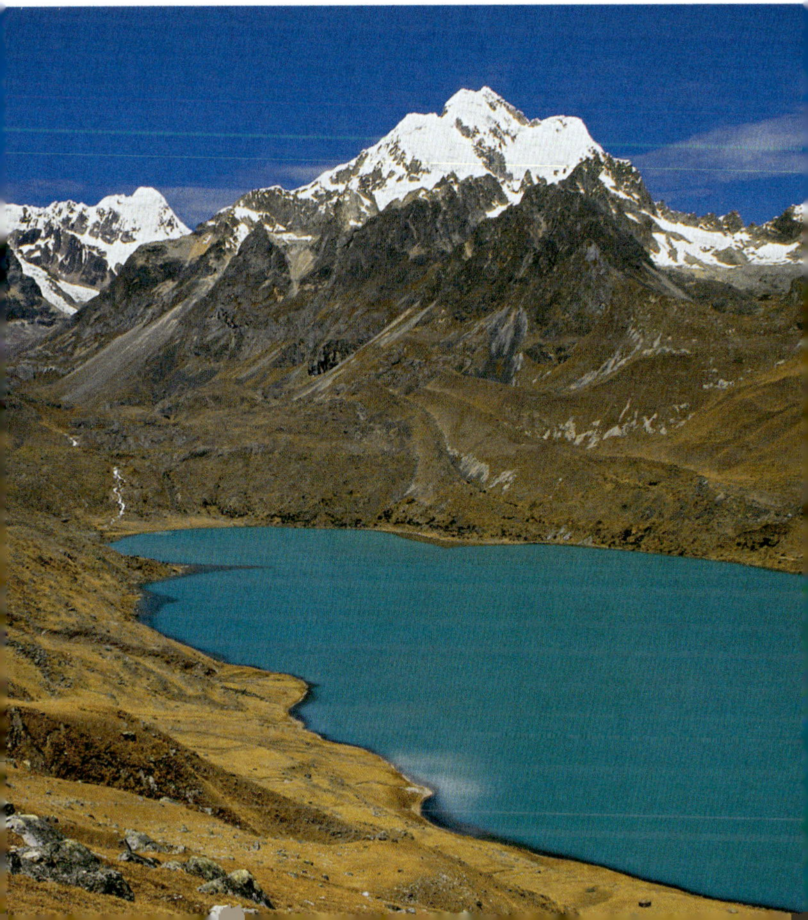

42 Laguna Singrenacocha – Pacchanta

5.30 Std.

Herrlicher Panorama-Verbindungsweg

Ein Blick auf die Landkarte zeigt, dass die wunderschöne Laguna Singrenacocha auch mit einem alten Handelsweg nach Westen, nach Pacchanta, verbunden ist. Dieser Wegabschnitt gewährt ohne größere Anstrengungen eine großartige Sicht auf die gesamte West-Ost-Spange der Cordillera Vilcanota vom Nevado Ausangate bis zu den Nevado-Colque-Cruz-Gipfeln. Er kann auch an die Umrundung des Ausangate angeknüpft werden.

Ausgangspunkt: Laguna Singrenacocha, 4320 m. Zustieg ab Mallma, 4200 m, am Westufer des Río Singrena (siehe Tour 41; halber Tag zusätzlich).
Endpunkt: Pacchanta, 4250 m. Weiter nach Tinqui, 3650 m, mit Tour 43 (halber Tag zusätzlich).
Höhenunterschied: 450 m Anstieg, 520 m Abstieg.
Anforderungen: Leichte Wanderung.
Einkehr: Getränke in Pacchanta.
Unterkunft: Bei Palachaca, ca. 1 km südlich von Pacchanta, siehe Tour 43.
Karte: IGN Karte 28-t Ocongate.

Von der Laguna folgt man dem aus dem See abfließenden **Río Singrena** am linken Ufer (Westufer) 2 km flussabwärts und steigt links den deutlich erkennbaren Weg hinauf, wo der See rasch dem Blickfeld entschwindet. Die Geh- und auch die Blickrichtung ändert sich; von den gewellten Kuppen der **Cerros Chaquicochana** in rund 4500 m Höhe vor den weiten Hochflächen im Westen Richtung Tinqui ist die gesamte Nordwestflanke des Gebirges zu sehen. Unbeeinträchtigt frei ist der Blick auf die nahe Cayangate-Chimbaya-Kette und den mächtigen Ausangate im Süden.
Anfangs nach Westen kurz abfallend, dann nach Südwesten schwenkend, zieht sich der Weg über die tagsüber von Alpakaherden abgeweideten Anhöhen auf knapp 4600 m. Kurz wird die Sicht auf die »Innenseite« der Colque-Cruz-Gruppe frei (siehe Foto Seite 21), deren viele Gipfelspitzen aus dieser Perspektive noch eindrucksvoller erscheinen, und rechts daneben sogar der mächtige Nevado Jatunriti, 6067 m. Dieser Blick ist möglich durch die Lücke im Gebirge, die sich südlich des Singrena-Sees öffnet. Schließlich muss doch etwas abgestiegen werden, denn der Weg senkt sich in einen breiten Graben der Hochfläche hinab, wo

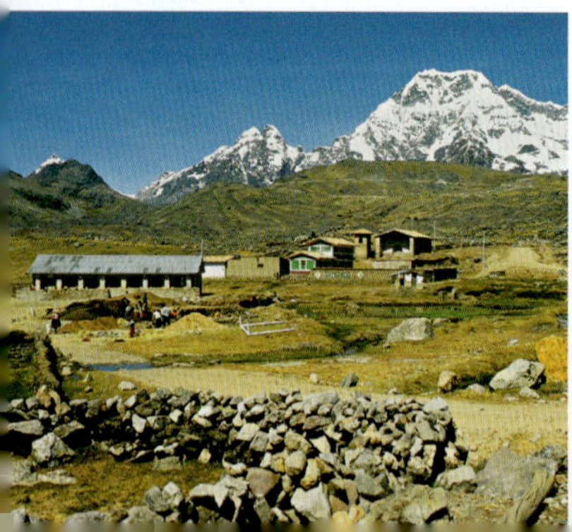

Pacchanta mit dem Ausangate.

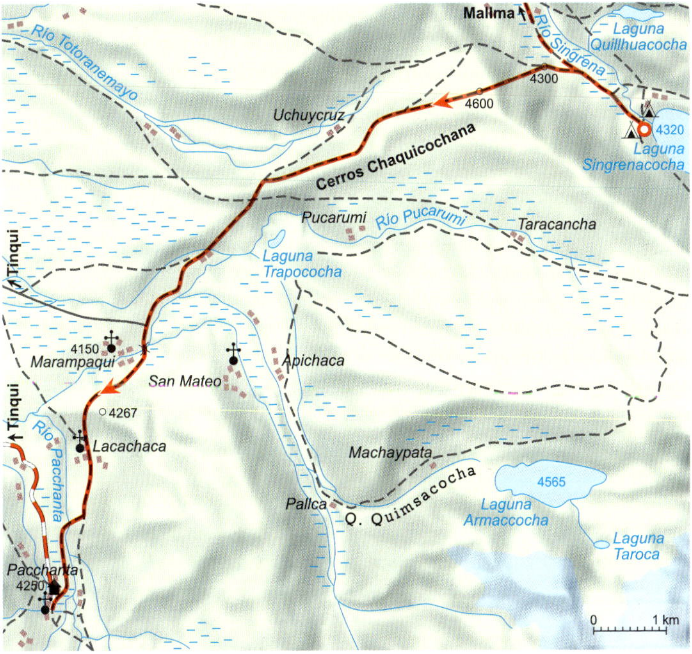

bei **Marampaqui**, einer kleinen Siedlung mit Schule und Fußballplatz in 4150 m Höhe, der **Río Pacchanta** nach links (Süden) überquert wird. Wieder etwas ansteigend zieht der Weg nach 1 km etwas erhöht an der Ostseite des Río-Pacchanta-Tales nach Süden – Kartoffeläcker, so weit das Auge reicht. Unterhalb des in drei kleinere Ortsteile gegliederten **Lacachaca** wechselt der Weg auf die rechte Talseite, wo noch etwas weiter ansteigend kurz darauf das stetig wachsende Dorf **Pacchanta** erreicht wird. Die schon gut ausgebaute Straße von Tinqui führt auf der westlichen Talseite hierher.

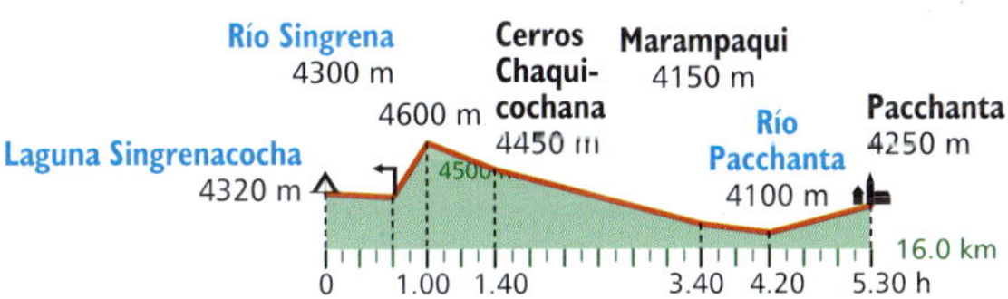

43 Umrundung des Nevado Ausangate

5 Tage

Dem Apu Ausangate ganz nahe

Die Umrundung des mit 6336 m höchsten Gipfel der Cordillera Vilcanota ist die einzige bekanntere Tour in diesem Gebirge. Der Eisriese liegt nicht zentral in der Cordillera Vilcanota, sondern dominiert an ihrem Westrand das umgebende Hochland und ist dank seiner Größe sogar von Cuzco aus zu sehen. Es ist eine schöne Hochgebirgswanderung, auf der je nach Routenwahl drei oder vier Pässe zwischen 4650 m und 5050 m Höhe bewältigt werden müssen, aber trotz der großen Höhe ohne einen einzigen Schritt ins Eis. Unterwegs entschädigen zwei Lagerplätze mit heißen Thermalquellen für die bitterkalten Nächte in der Vilcanota.

Ausgangspunkte: Tinqui, 3650 m, Busverbindung von Cuzco (120 km).
Höhenunterschied: 2200 m.
Anforderungen: Hart und nachts sehr kalt, aber meist auf guten Wegen.
Einkehr: Schlichteste »Restaurantes« in Tinqui; Getränke in Pacchanta, Laden in Upis.
Unterkunft: Häuschen in Palachaca, Schuppen in Upis, sonst im Zelt.
Tipp: Arrieros kann man in Tinqui anheuern.

Hinweis: Der »Eintritt« für das Gebirge, der am Ortsausgang von Tinqui erhoben wird, beträgt 20 Soles (etwa 6 €). Die Vilcanota genießt aber ebenfalls keinerlei Schutzstatus. (Wofür das Geld verwendet wird, konnte/wollte mir niemand sagen!)
Varianten: Entlang der Route gibt es gelegentlich mehrere Wege zur Auswahl, Beschreibung siehe Text unten.
Karte: IGN-Karte 28-t Ocongate (Maßstab 1:100.000).

1. Tag: Tinqui – Palachaca (4.30 Std., 12,5 km, 650 Hm Anstieg)

In dem in den letzten Jahren unglaublich gewachsenen Dorf **Tinqui** (Anfang der 1980er-Jahre gab es hier nur ein paar Adobe-Hütten) wird am Südrand auf einer Brücke der etwas tiefer liegende Tinquimayo-Fluss überquert und auf der anderen Seite die verlorenen Höhenmeter wieder hinaufgegangen.

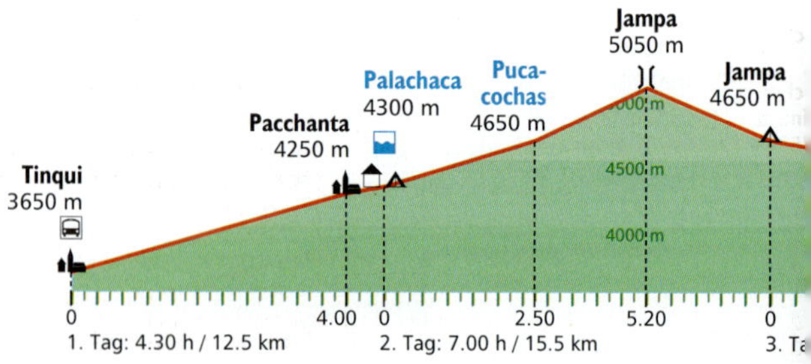

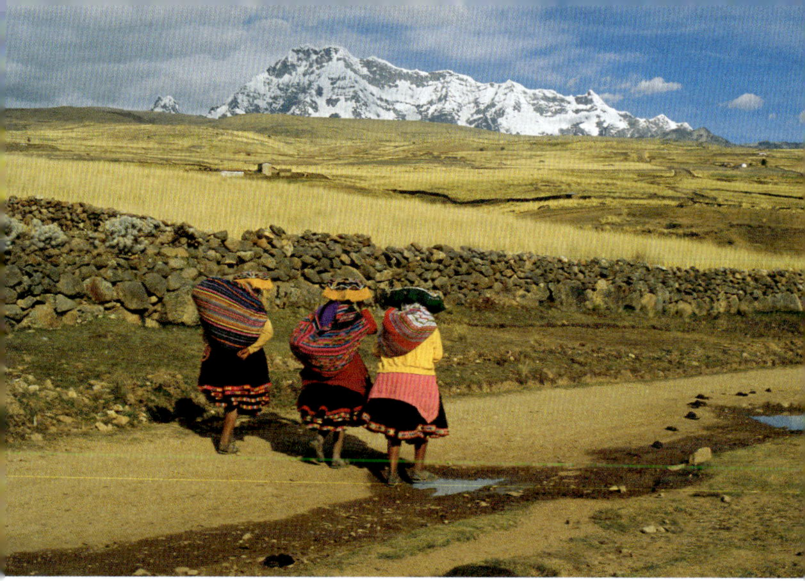

Blick auf die Nordseite des Nevado Ausangate, des höchsten Berges der Cordillera Vilcanota, oberhalb von Tinqui.

Der Hauptweg nach **Pacchanta** ist zur befahrbaren Piste ausgebaut und somit nicht zu verfehlen. Schon auf den ersten Metern der weiten Hochfläche vor den Eisbergen verleitet das herrliche Panorama der Cordillera Vilcanota immer wieder zum Verweilen. Von links, also ganz im Osten, stehen nebeneinander die Gipfel der Colque-Cruz-Gruppe, das Cayangate-Massiv und dann die dominierende Nordflanke des 6336 m hohen Nevado Ausangate im Süden. Zielrichtung ist die Lücke im Südosten zwischen Cayangate und

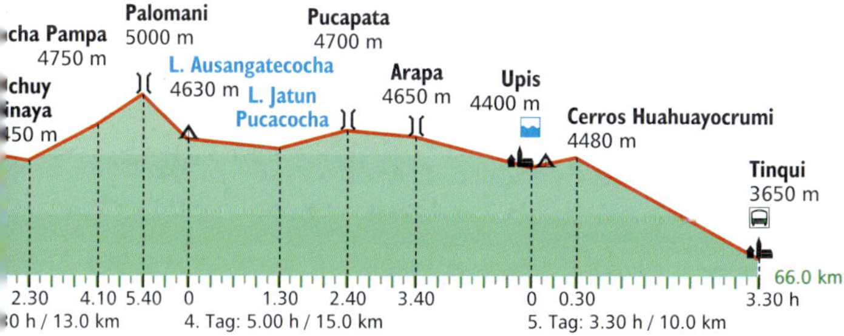

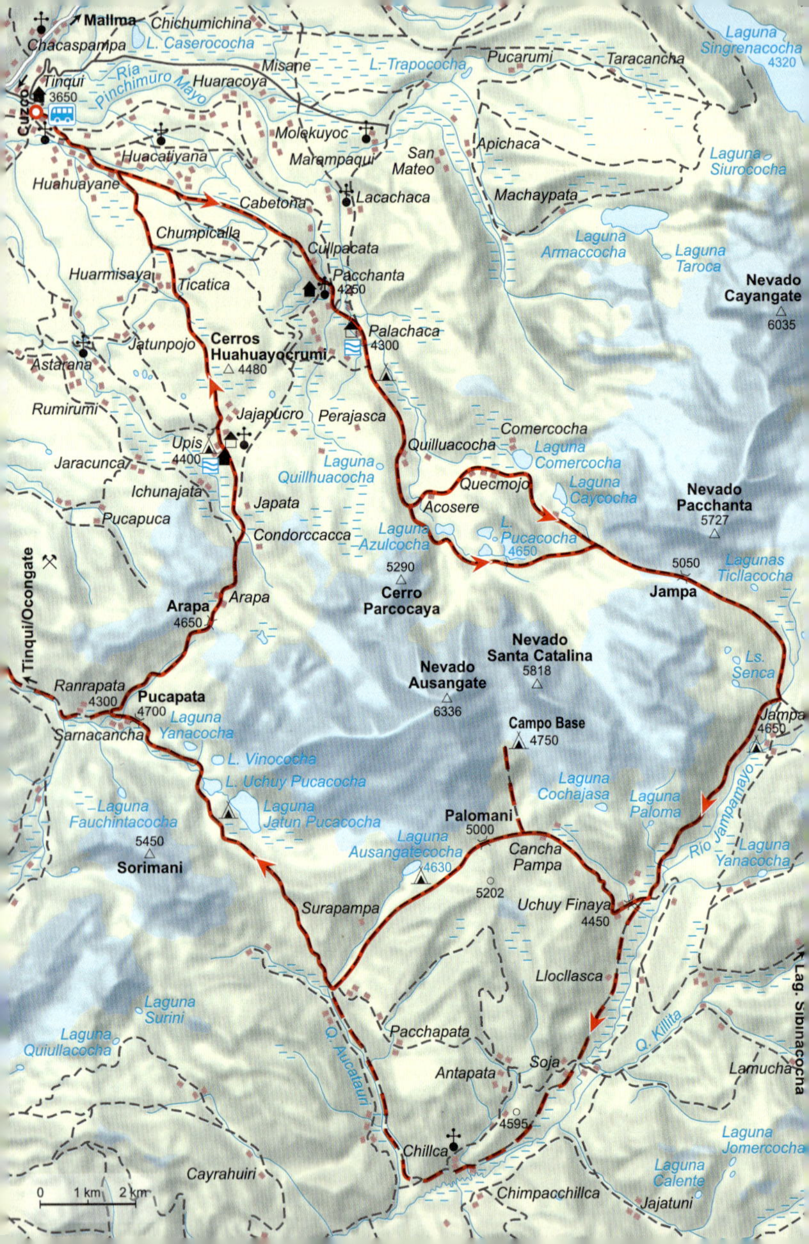

Mallma
Chichumichina
Chacaspampa
L. Caserocoha
Laguna Singrenacocha
4320
Misane
L. Trapococha
Pucarumi
Taracancha
Tinqui
3650
Cuzco
Ría Pinchimuro Mayo
Huaracoya
Molekuyoc
Huacatiyana
Marampaqui
San Mateo
Apichaca
Laguna Siurococha
Huahuayane
Cabetona
Lacachaca
Machaypata
Chumpicalla
Cullpacata
Laguna Armaccocha
Laguna Taroca
Huarmisaya
Ticatica
Pacchanta
4250
Nevado Cayangate
6035
Palachaca
4300
Jatunpojo
Cerros Huahuayocrumi
4480
Astarana
Rumirumi
Jajapucro
Perajasca
Comercocha
Upis
4400
Quilluacocha
Laguna Comercocha
Jaracunca
Laguna Quillhuacocha
Quecmojo
Laguna Caycocha
Ichunajata
Japata
Acosere
Nevado Pacchanta
5727
Pucapuca
Condorccacca
Laguna Azulcocha
L. Pucacocha
4650
Tinqui/Ocongate
5290
Cerro Parcocaya
5050
Jampa
Lagunas Ticllacocha
Arapa
Arapa
4650
Nevado Santa Catalina
5818
Nevado Ausangate
6336
Ls. Senca
Ranrapata
4300
Pucapata
4700
Laguna Yanacocha
Sarnacancha
Jampa
4650
Campo Base
4750
L. Vinococha
L. Uchuy Pucacocha
Laguna Cochajasa
Laguna Fauchintacocha
Laguna Jatun Pucacocha
Laguna Paloma
Palomani
5000
Río Jampamayo
Laguna Yanacocha
5450
Sorimani
Laguna Ausangatecocha
4630
Cancha Pampa
5202
Surapampa
Uchuy Finaya
4450
Llocllasca
Lag. Sibinacocha
Laguna Surini
Laguna Quiullacocha
Q. Aucataurí
Pacchapata
Q. Killita
Soja
Antapata
Lamucha
4595
Laguna Jomercocha
Chillca
Laguna Calente
Cayrahuiri
0
1 km
2 km
Chimpacchillca
Jajatuni

Ausangate. Einzelne aus braunen Adobe-Lehmziegeln gebaute Weiler säumen den Weg und erste weit verstreut weidende Alpaka- und Lamaherden beleben die kargen Hochflächen. Bald biegt der gemächlich, aber kontinuierlich ansteigende Weg ein wenig mehr nach Süden zum tiefer liegenden und nach Norden strebenden Seitental des **Río Pacchanta**. Das gleichnamige kleine Dorf ist beständig am Wachsen.

Gut 1 km weiter folgen die warmen, in Badebecken gefassten **Thermalquellen** von **Palachaca** etwas östlich der Piste, die auch hier endet. Am Wegesrand entstanden einfache Lehmziegel-Häuschen, die zum Übernachten angeboten werden. Wer lieber abseits zelten möchte, der sollte noch 30 Min. weiter bergan marschieren, dann folgen nämlich herrlichste Lagermöglichkeiten mit freier Sicht auf den nahen Ausangate und seine Nachbargipfel.

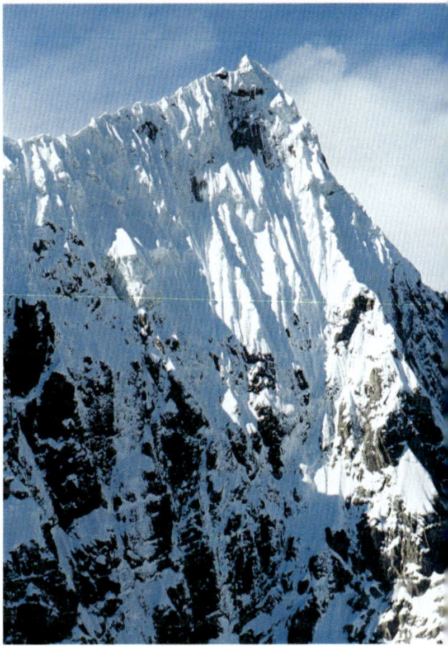

Der Nevado Pacchanta, 5727 m, ragt über dem Jampa-Pass in den Himmel.

2. Tag: Palachaca – Jampa-Pass – Jampa (7.00 Std., 15,5 km, 750 Hm Anstieg, 400 Hm Abstieg)

Die Wegrichtung wird zunächst beibehalten, aber die Steigung nimmt zu. Nach 5 km gibt es zwei Fortsetzungsmöglichkeiten. Beide sind wunderschöne Etappen und treffen vor dem Anstieg auf den Jampapass wieder zusammen. Manche Arrieros bevorzugen das Comercocha-Tal mit dem gleichnamigen See in 4580 m Höhe und machen eine 90°-Biegung nach links, andere wählen die Variante geradeaus an den kleinen herrlichen Pucacochas entlang.

Weg über die Laguna Comercocha:

Dieser Weg biegt abrupt nach Osten in das kurze und am Talboden feuchte Tal ab. Er verläuft entsprechend hoch am rechten oberen Talrand mit tollem freien Blick auf das Cayangate-Chimbaya-Massiv mit seinen zwei Gipfeln über 6000 m Höhe und zwei weiteren knapp darunter. Über dem **Comercocha-See** knickt der Weg zwangsläufig wieder nach Südosten und zieht dann zielstrebig ansteigend auf den höchsten Pass der Tour.

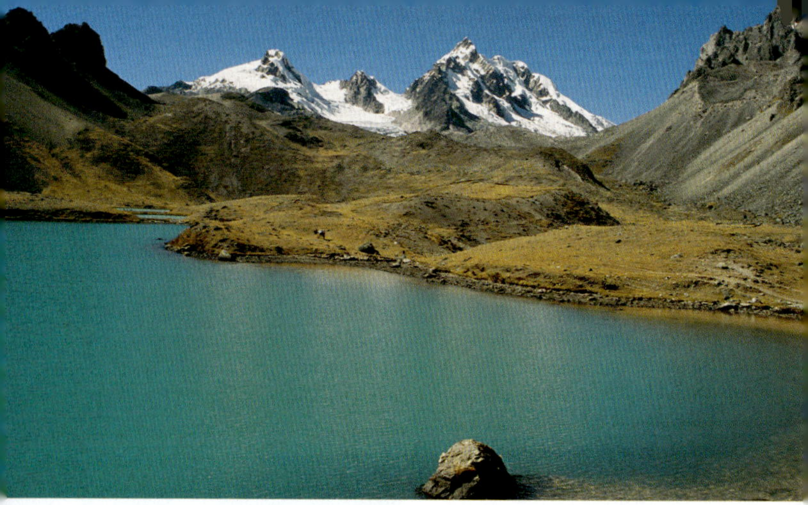

Einer der Azulcochas, auch Pucacochas, auf dem Weg zum Jampa-Pass (2. Tag).

Die alternative Route biegt ebenfalls in das kurze Tal nach Osten ab, verlässt aber schon nach 1 km diesen Weg und steigt nach Süden an, um kurz darauf wieder etwas abzufallen. Die Einheimischen nennen die vier nacheinander folgenden türkisfarbenen kleinen Seen in 4600 m Höhe **Azulcochas** (oder Pucacochas), von denen jetzt die Blicke auf die Nachbarberge des Ausangate frei werden. Vor allem beeindrucken die mit zunehmender Höhe besser sichtbar werdenden Eisgipfel, die den Übergang an seiner Nordostseite, also gegenüberliegenden Seite des Passes flankieren.

Der Weg zieht sich ohne Serpentinen zum **Jampa-Pass** (auch Pacchanta-Pass) bis auf 5050 m hoch (12 km von Pacchanta). Zahllose aufgeschichtete Steinmännchen markieren den Pass, über dem sich der spitze 5727 m hohe Nevado Pacchanta neben zwei weiteren Eisgipfeln in den Himmel bohrt. Unterhalb des Weges liegt der merklich zurückgegangene Gletscherstrom. (Früher konnte nahe der Passhöhe eine Eishöhle besucht werden.) Die Aussicht ist herrlich, zumal nun auch der bisher versperrte Blick nach Osten frei geworden ist. Vor allem der zweithöchste Berg der Cordillera Vilcanota, der 6142 m hohe Nevado Jatunhuma (auch Nevado Pico tres), der nur 5 km östlich entfernt aufragt, zieht die Blicke auf sich.

Der Abstieg erfolgt mühelos über Grashänge in einem Rechtsbogen zum oberen Ende des **Jampamayo-Tales**, das in südwestliche Richtung aus dem Gebirge führt und den Weiterweg vorgibt. Die Wiesen in Bachnähe vor den Häusern von **Jampa** in 4650 m bieten gute Lagerplätze mit freiem Blick auf den Nevado Jatunhuma.

3. Tag: Jampa – Uchuy Finaya – Palomani-Pass – Ausangatecocha

(6.30 Std., 13 km, 550 m Aufstieg, knapp 600 Hm Abstieg)
Der Höhenverlust auf der nächsten Etappe hält sich in Grenzen, der Weg bleibt ständig auf der rechten Talseite und erst nach 6 km bei den Häusern von **Uchuy Finaya** auf 4450 m wird der ganz rechts herabfließende Bach auf einer Brücke überquert und dann das Seitental an seinem linken Rand nach Nordwesten hochgestiegen.

Variante über das Dorf Chillca:

Um den nächsten hohen Pass auf dieser Route zu vermeiden, kann der Weg am Río Jampamayo, dessen Name zu Río Chillcamayu gewechselt hat, insgesamt 8 km durch das breiter werdende Tal bis zum kleinen Ort **Chillca** mit Kirche und Schule auf 4400 m Höhe weitergelaufen werden. (4 km nach der Wegteilung in Uchuy Finaya zweigt nach Nordosten das Killita-Tal ab; siehe Tour 44.)
Kurz nach dem Dorf biegt das Aucatauri-Tal nach Norden ab. Das grüne Tal ist im unteren Bereich gut besiedelt, wird mit zunehmender Höhe immer karger, bis rotbraune Erde in Kies und Geröll übergeht und nach weiteren 9 km der 4700 m hohe Punta Pucapata erreicht ist, wo der andere Weg wieder einfädelt.

Die Felsnadel des 5450 m hohen Sorimani am Lager beim Jatun (»Großer«) Pucacocha (4. Tag).

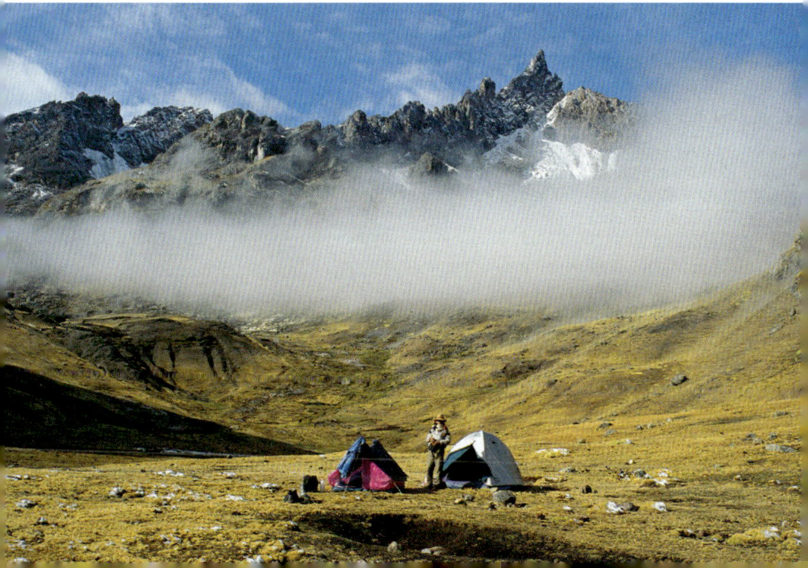

Auf der Hauptroute zieht sich der Weg im rasch an Höhe gewinnenden kurzen Seitental dann nach den Häusern von **Cancha Pampa** hoch Richtung Palomani-Pass. (Auf etwa 4750 m liegt das Ausangate-Basislager mit guter Lagermöglichkeit, aber etwas abseits des Hauptweges direkt unter der Südostflanke – und einem fantastischen Blick auf den im rechten Winkel zum höchsten Berg der Vilcanota stehenden Nevado Santa Catalina, 5818 m, auch als Nevado Mariposa bekannt.)
Bei der Abzweigung zum Basislager schwenkt unser weiterer Aufstieg nach links, steil zum 5000 m hohen **Palomani-Pass** hoch. Dessen ockerfarbener Sandrücken bietet eine großartige Aussicht, dann geht es hinunter zum kleinen, von einer Moräne abgeschirmten See **Ausangatecocha** in Fels- und Gletscherlandschaft direkt unter den Südwestabstürzen des Nevado Ausangate in 4630 m Höhe. Die Westseite des Nevado Ausangate ist eine berüchtigte Wetterküche und in der zweiten Tageshälfte muss hier mit heftigen Wetterumschwüngen und entsprechendem Temperaturrückgang gerechnet werden. (Die hier lebenden Campesinos verlangen schon mal eine geringe Gebühr fürs Grasen der Lasttiere.) Wer nicht so hoch lagern will, kann vom See in südwestliche Richtung hinaus ins Aucatauri-Tal wandern, wo man auch wieder auf die ausgedehntere Wegvariante stößt.

4. Tag: Ausangatecocha – Pucapata-Pass – Arapa-Pass – Upis (5.00 Std., 15 km, 150 Hm Aufstieg, 380 Hm Abstieg)
Nun geht es 1 Std. südwestlich zunächst etwas bergab Richtung Pucapata-Pass, von wo dann in Abstiegsrichtung Nordwesten schon der See **Jatun Pucacocha** 100 m tiefer liegend zu sehen ist, und auf stark erodiertem sandigen Pfad abwärts in eine Felsgarten-Landschaft, wo weitere kleine Seen der Pucacochas folgen und links die markante 5450 m hohe Felsnadel des Sorimani das schöne Tal prägt (siehe Foto Seite 197). 2 km nach dem letzten See auf etwa 4500 m geht es nach rechts über felsiges Gelände hinauf zum sogenannten Pucapata-Pass in 4700 m, der eigentlich genauso wenig ein »Pass« ist wie der folgende. Während des Aufstieges am Bach entlang ist rückwärts unten der letzte Wegabschnitt mit den Seen gut einsehbar.

Variante:
Statt nach rechts zum Arapa-Pass und nach Upis weiterzulaufen, bietet sich auch das breiter werdende Jalacocha-Tal nach Norden an, um das Gebirge zu verlassen. Vorbei an stark riechenden schwefelhaltigen Quellen und Siedlungen mit so klangvollen Namen wie Huayllatiri oder Jollpamayo kommt man schließlich über eine Brücke zur Straße zwischen Ocongate und Tinqui (15 km, 700 Hm Abstieg).

Weiter am Hauptweg dominieren momentan ockerfarbene Hügel rechts über der Querung eines Geröllhanges das Landschaftsbild. Auch der **Arapa-Pass**

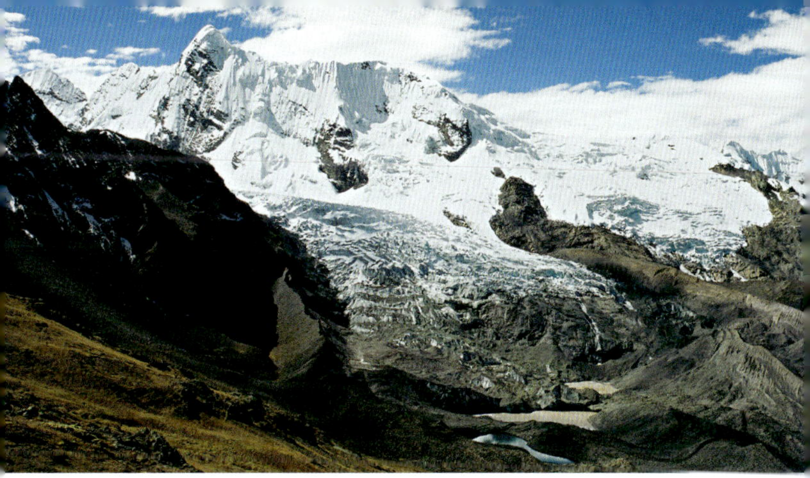

Der Nevado Mariposa vom Palomani-Pass.

auf 4650 m Höhe (3 km nach dem Pucapata-Pass), ist kein eigentlicher Pass, nur die Gehrichtung und die Landschaft ändern sich hier. Der Weg senkt sich durch felsiges und zunehmend auch wieder grüner werdendes Gelände, das **Arapa** genannt wird. Vorbei an einem einzelnen Haus hoch über dem Weg senkt sich die letzte Etappe zum »Schoß« des Ausangate, direkt unter seiner beeindruckenden Nordwestflanke.
Der Weg führt hinab ins breite und sumpfige, mit Tümpeln durchsetzte Upismayo-Tal zu den Häusern von **Upis**. Seit 2009 gibt es einen Schuppen zum Übernachten, aber ohne Betten, dafür eine Tienda mit einer gewaltigen Müllgrube davor. Ein paar Schritte weiter ist das dampfende Badebecken mit den heißen **Thermalquellen**.

5. Tag: Upis – Tinqui (3.30 Std., 10 km, 80 Hm Aufstieg, 830 Hm Abstieg)
Große Alpakaherden prägen die weitläufige Pampa am Nordrand der Cordillera Vilcanota. Der Weg im breiter werdenden Tal führt in nordwestliche Richtung nach Ocongate. Der übliche Weg von Upis nach Tinqui zieht sich noch mal etwas ansteigend nach Norden über den das Tal nach Osten abschirmenden Bergrücken **Cerros Huahuayocrumi**, bevor er dann endgültig nach **Tinqui** abfällt. Noch länger bleiben die schönen Blicke auf die Berge und die weiten Blicke nach Westen Richtung Ocongate erhalten.
Man muss sich beim Näherkommen an die Hauptstraße und die Ortschaften mal vorstellen, dass vor 50 Jahren die Gegend noch nahezu unbesiedelt war; Tinqui z.B. existierte noch gar nicht, erst vor etwa vierzig Jahren entstanden die ersten Häuser.

44 Zur Laguna Sibinacocha

6 Tage

Einer der schönsten Seen in den peruanischen Anden

Dieser wunderschöne 14 km lange See liegt höher als der Gipfel des Mont Blanc! Er ist eines der Traumziele in den peruanischen Anden, aber mit entsprechend bitterkalten Nächten und recht beschwerlich zu erreichen. Die Wege zu der 4865 m hoch gelegenen Gebirgs-Laguna gleichen Gebirgsdurchquerungen, denn auf Höhe ihres Südufers geht die Cordillera Vilcanota schon in die Cordillera Carabaya über.

Ausgangspunkt: Jampa, 4650 m; Zustieg ab Tinqui, 3650 m, mit Tour 43 (zwei Tagesmärsche).
Endpunkt: Nordwestufer der Laguna Sibinacocha, 4865 m. Von dort weiter entweder als ausgedehnte Rundtour mit zusätzlich zwei bis drei Tagen Rückweg (mit Tour 43 nach Tinqui). Oder vom Südende der Laguna Sibinacocha in einer aufreibenden Fahrt auf desolater Piste hinunter nach Sicuani, eingepfercht auf der Ladefläche eines der zwischen Phinaya und Sicuani verkehrenden Lkw, auf der 5 Std. lang die Robustheit der Bandscheiben getestet werden kann. (Seit 2016 verkehrt sogar dreimal die Woche ein Bus auf dieser Strecke.)
Höhenunterschied: 1000 m Aufstieg, 800 m Abstieg.
Anforderungen: Hart und kalt, einige Tagesmärsche abseits der »Zivilisation«, aber gute Pfade. Nur robusten Bergwanderern zu empfehlen!
Einkehr: Keine.
Unterkunft: Im Zelt.
Karte: IGN-Karte 28-t Ocongate.

Die 14 km lange Laguna Sibinacocha – Blick vom Südufer nach Norden.

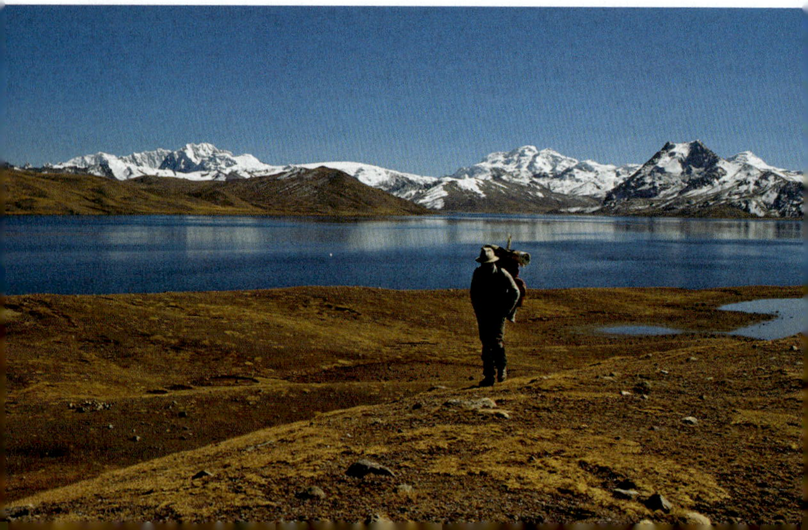

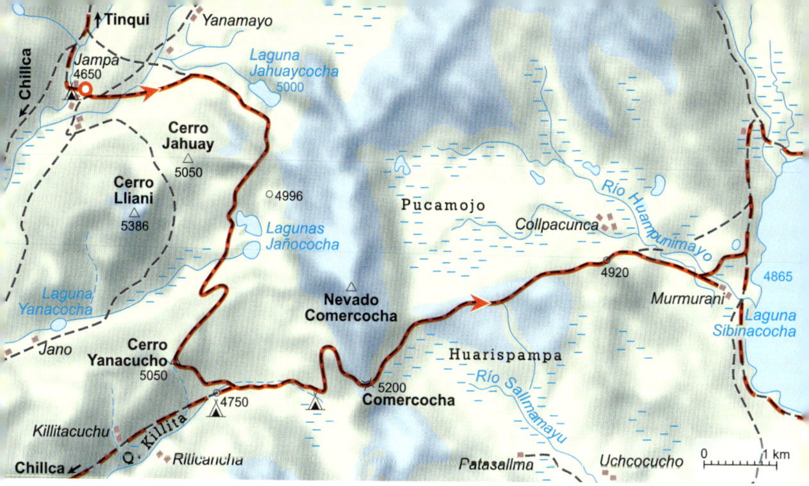

1. Tag: Jampa – Quebrada Killita (3.00 Std., 8 km, 550 Hm Anstieg, 450 m Abstieg)

Von Tinqui nach Pacchanta, über den 5050 m hohen Jampapass und hinunter bis zu den Häusern von Jampa ist der Weg mit der vorherigen Tour 43 (Ausangate-Umrundung) identisch (2 Tage).

Egal ob man oberhalb oder nach den Häusern von **Jampa**, 4650 m, gezeltet hat, bei den Häusern muss jedenfalls der Bach des nach Nordosten hochziehenden Tales überquert und den gegenüberliegenden Hang nach Osten zur **Laguna Jahuaycocha** hochgelaufen werden. Der Weg verläuft oberhalb des 5000 m hoch gelegenen Sees und biegt an seinem Ende noch mal ansteigend nach Süden, um kurz darauf wieder geringfügig an Höhe zu verlieren bis zu den zwei kleinen **Janacocha-Seen** in 4900 m.

Es ist das obere Ende eines kurzen Seitentales vom Killita-Tal, in das man von hier schräg nach Südwesten den steilen Sandhang hochlaufend gelangt. Der Anstieg auf den Rücken des **Cerro Yanacucho** sieht von unten zunächst sehr steil aus, entpuppt sich aber als relativ harmlos, allerdings

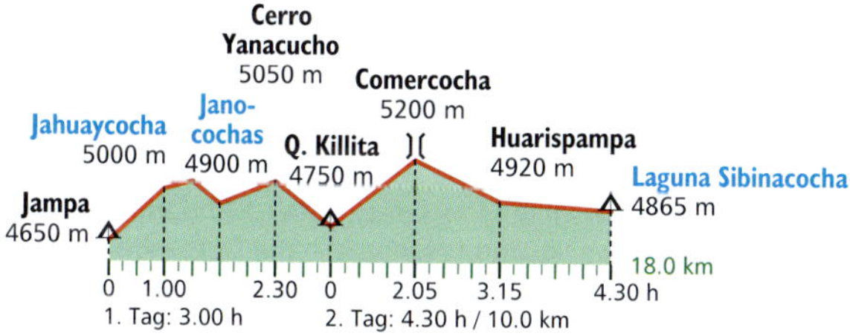

geht es noch mal auf knapp über 5000 m hoch. Diese Etappe bietet einen schönen Rückblick auf den Nevado Jatunhuma mit seinen nun einsehbaren drei Gipfeln – diesen Namen trägt der Berg auch auf der peruanischen Karte: Nevado Pico tres. Im Westen wird auch die Südflanke des Nevado Ausangate wieder sichtbar. Noch ein kurzer Abstieg und der obere Talschluss des schönen **Killita-Tales** ist erreicht.
Wem dieser Weg bis hierher zu beschwerlich erscheint, der kann auch das gesamte Killita-Tal, 4 km nordöstlich von Chillca (siehe Tour 43, Variante) aus dem Chillcamayu-Tal nach Osten abzweigend, hochwandern.

2. Tag: Killita-Talschluss – Comercocha-Pass – Laguna Sibinacocha

(4.30 Std., 10 km, 450 Hm Aufstieg, 340 Hm Abstieg)
Der Killita-Talschluss wirkt auf den ersten Blick auch als das Ende der Wanderung, denn dass hier der Anstieg auf den 5200 m hohen Comercocha-Pass (auch Condor-Tuco-Pass) beginnen soll, der sogar mit Lasttieren passierbar ist, erscheint zunächst kaum vorstellbar. Aber direkt am Kopfende unter den von allen Seiten steil abfallenden Wänden beginnt im linken Winkel der nach Norden ansteigende Übergang, der manchmal sandig und etwas ausgesetzt, aber unverfehlbar und bei trockenem Wetter recht passabel ist. Der Rückblick über das gesamte Killita-Tal und die darüber aufragende Südflanke des Nevado Ausangate entschädigt für die Anstrengung in dieser Höhe (siehe Foto Seite 203).
Im oberen Bereich macht der Weg unter den beginnenden Felsen einen starken Rechtsknick, steigt nochmals steil an und führt in die 5200 m hohe Lücke zwischen den 5500 m hohen Eisbergen Nevado Comercocha nördlich des **Comercocha-Passes** und dem Nevado Condor Tuco südlich.
Schon der erste Blick auf die andere Seite offenbart, welch abgeschiedene Hochgebirgswelt jenseits des Übergangs im Osten wartet. Der weitgespannte Gebirgsbogen der nordöstlichen Cordillera Vilcanota mit seinen blendend weißen Gipfeln nördlich und östlich der Laguna Sibinacocha prägen diese einsame Hochgebirgslandschaft ebenso wie die weiten, von mäandernden Bächen durchzogenen Feuchtgebiete der **Huarispampa**, in denen sich Andengänse wohlfühlen, Vicuñas wieder zahlreich vertreten sind, der Andenfuchs umherstreunt und mit etwas Glück sogar ein neugieriger Kondor über den hier selten auftauchenden Wanderern seine Kreise zieht. Der große See bleibt noch hinter einer lang gestreckten dunklen Bergkette verborgen, obwohl sein Ufer nur noch 6 km entfernt ist.
Die letzte Etappe bis zum Nordwestufer senkt sich vorläufig nach Nordosten links am Hang des nach Osten abfallenden Nevado Comercocha entlang, ohne zu weit abzusteigen, denn eine weitere kleine Anhöhe in nordöstlicher Richtung ist nach dem weitläufigen Hochmoor mit Dutzenden von Tümpeln noch zu überwinden. Große Alpakaherden durchstreifen tagsüber die malerische Landschaft vor dem nun einsehbaren tiefblauen nördlichen Teil des

Sibina-Sees. Die Hirteneinsiedelei von **Collpacunca** ist eine der wenigen bewohnten Behausungen weit und breit – in fast 5000 m Höhe! Die Tiere werden nachts zusammengetrieben und in einen Corral bei den Häusern gesperrt.
Hier kommt es darauf an, ob die Wanderung am Ost- oder Westufer der 14 km langen **Laguna Sibinacocha** fortgesetzt werden soll. Nach Südosten führt der Weg ans Nordwestufer des Sees zu den zeitweise bewohnten Häusern von Murmurani.

Ausblick aus der oberen Quebrada Killita auf die Südseite des Nevado Ausangate.

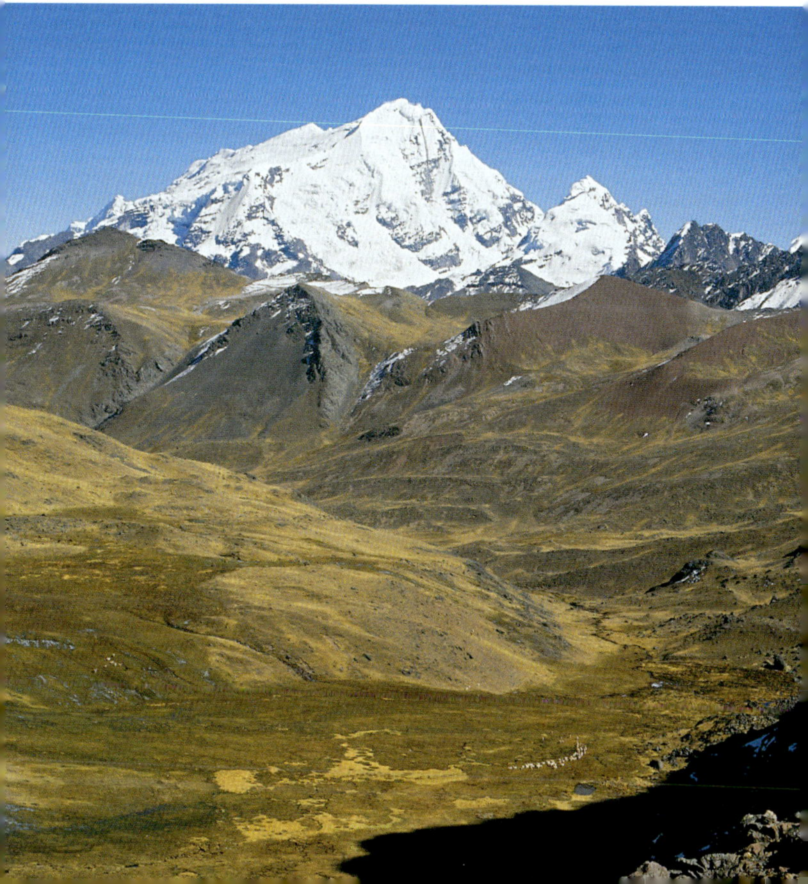

TOP

45 Der »Korridor« durch die Vilcanota

7 Tage

Eine abenteuerliche Durchquerung

Je nach Startpunkt ist die Tour mit dem Anmarschweg zur Laguna Singrenacocha eine fünf- oder sechstägige Durchquerung der Cordillera Vilcanota von Nord nach Süd zur Laguna Sibinacocha, die in ihrem Herzstück zwei harte, weglose Tage in nahezu unberührter Hochandenszenerie bis in 5320 m Höhe beinhaltet, die für Tragtiere nicht passierbar ist. Die Route zieht sich fast schnurgerade durch ein Labyrinth aus Fels und Eis, eingezwängt zwischen den wenig bekannten Sechstausendern der Vilcanota, deshalb aber auch nicht verfehlbar. Obwohl auf der alten IGN-Karte ein großer Teil der Passage noch als vergletschert eingezeichnet ist, wird wegen des Gletscherrückgangs kein einziger Schritt mehr ins Eis erforderlich.

Ausgangspunkte: Mallma, 4200 m, oder Tinqui, 3650 m (beide siehe Tour 41), bzw. die Laguna Singrenacocha, 4320 m.
Endpunkt: Laguna Sibinacocha, Nordufer. Von dort weiter in 2 Tagen mit Tour 46 und 47 nach Phinaya nahe am Südufer oder mit Tour 44 und 43 in einer großen Runde zurück nach Tinqui.
Höhenunterschied: 1200 m Anstieg, 540 m Abstieg ab Mallma (120 m weniger Anstieg ab der Laguna Singrenacocha).

Anforderungen: Trittsicherheit, gute Höhenverträglichkeit und etwas Mut aufgrund der völligen Abgeschiedenheit sind erforderlich. An 2 der 5 Tage verläuft die Route in weglosem Gelände; die Orientierung ist aber unproblematisch.
Einkehr: Laden in Mallma, sonst keine.
Unterkunft: Im Zelt.
Hinweis: Tragtiere kommen nur bis zur Laguna Yanacocha, dann muss das Gepäck selbst getragen werden.
Karte: IGN-Karte 28-t Ocongate.

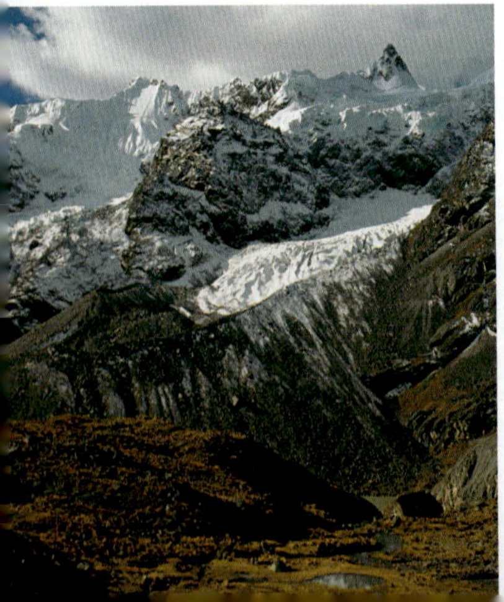

1. Tag: Mallma – Laguna Singrenacocha (Südufer) (4.00 Std., 11 km, 120 Hm Anstieg)

Die Anmarschwege von Mallma oder Tinqui zur türkis schillernden Laguna Singrenacocha offerieren ganz neue Einblicke in die Lücke zwischen dem Gebirge, die sich über dem Südende des Sees öffnet. Dieser Einschnitt ist der Beginn der eigentlichen Tour. Der Weg ab **Mallma** ist der kürzere und bequemere, Beschreibung siehe Tour 41.

Der erste Lagerplatz im »Korridor«, an der Laguna Yanacocha.

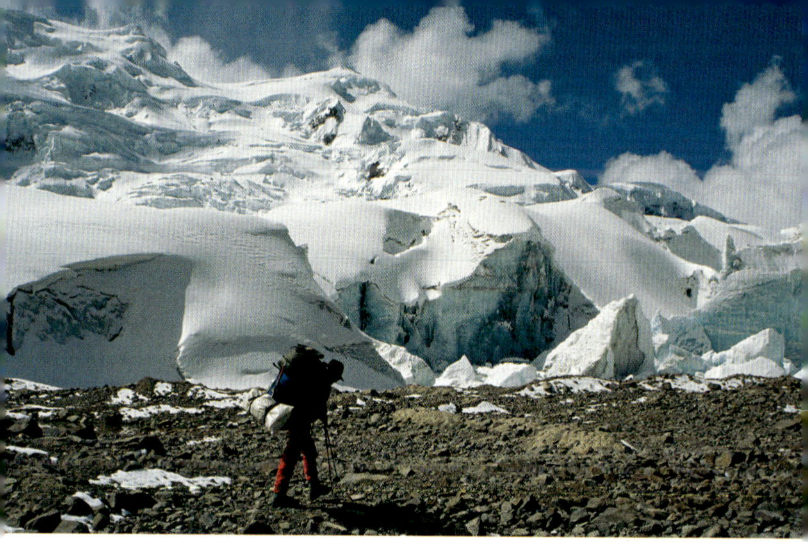

An der höchstgelegenen Stelle, 5320 m, durch den »Korridor«.

Variante: Der Anmarsch von **Tinqui** bedeutet einen zusätzlichen Tag (also zwei Tage bis zur Laguna Singrenacocha), dafür ständig mit herrlichstem Panoramablick (siehe auch Tour 43 und 42). Zunächst läuft man Richtung Pacchanta, dann wird das Flüsschen nördlich der Häuser von Lacachaca überquert und nach Osten Richtung Marampaqui gelaufen, wo bei der Schule eine Brücke den Bach überwindet. Unterhalb der Häuser von San Mateo muss erneut ein herabfließender Bach überwunden werden und der Weg steuert dann weiter südostwärts oberhalb des Río Pucarumi auf das Südende der Laguna Singrenacocha zu. Kommt man vom Nordufer des Sees, also von Mallma, ist es ratsam, nach Süden hochzusteigen, um auf diesen Weg zu gelangen (etwa 250 Hm). Auch hier kann schon gelagert werden. Etwa 3 km weiter, am Zufluss der Laguna Singrenacocha auf etwa 4400 m Höhe, bieten sich weitere Möglichkeiten für ein Lager mit Blick auf den Nevado Cayangate. Von hier kann ein wegloser Abstecher nach Südwesten den Hang hinauf unternommen werden, von wo ein schöner Blick hinunter auf die 4565 m hoch gelegene Laguna Armaccocha und den Nevado Ausangate darüber geboten wird (etwa 250 Hm).

2. Tag: Laguna Singrenacocha – Laguna Mullucocha – Laguna Yanacocha (2.20 Std., 4 km, 280 Hm Anstieg)
Über dem Südwestufer der Laguna Singrenacocha führt der gute, von Tinqui kommende Weg mit Blick in die Gebirgslücke auf die Westflanke der Neva-

dos Colque Cruz, ihrer »Innenseite«, deren höchster Gipfel 6102 m misst. Rechts daneben thront der mächtige Nevado Jatunriti, 6067 m, der für die nächsten Tage Wegbegleiter bleibt. Hoch über dem ersten lang gestreckten, milchiggrünen See in der Gebirgslücke, dem **Mullucocha**, 4550 m, dessen Abfluss einen tosenden Wasserfall bildet, zieht sich der Weg weiter nach Südosten zur Stirnseite der Schuttmoräne, die scheinbar das Tal verschließt und jeglichen Weiterweg zu vereiteln scheint. Doch, von überwachsenen Moränenhügeln eingekreist, verbirgt sich ein kleines Stück weiter der kleine **Yanacocha** in 4600 m Höhe und davor beschert eine kleine von Bächen und Tümpeln durchzogene Wiese einen versteckten Traumlagerplatz unterhalb der Kulisse der Colque-Cruz-Gipfel (siehe Foto S. 204). Bis hierher ist ein Gehen mit Tragtieren möglich. Nach Südwesten öffnet sich die vergletscherte Lücke zwischen der Jatunhuma-Gruppe und dem Cayangate-Massiv, an dessen Ende nur 9 km Luftlinie entfernt der Jampa-Pass liegt (siehe Tour 43).

3. Tag: Yanacocha – Huarurumicocha (Südende) (4.30 Std., 5 km, 400 Hm Aufstieg, 30 Hm Abstieg)

Ab hier heißt es: Rucksack selbst schleppen! Diese Etappe hat es in sich. Kies und Geröll, rutschender Schotter, große, lose herumliegende Felsplatten und haushohe Felsblöcke erfordern ein absolut konzentriertes Höhersteigen, denn alles ist locker! Die Anstrengungen führen aber auch in eine immer großartiger werdende und kaum berührte Hochgebirgslandschaft der Cordillera Vilcanota. Zunächst muss man sich gut rechts haltend den Moränenhang hinaufkämpfen, vereinzelte Steinmännchen weisen sogar darauf hin, dass diese beschwerliche Passage doch hin und wieder begangen wird, und führen Richtung Nevado Jatunriti weiter. Links der Gehrichtung ragt die großartige Gipfelkette des Nevado Colque Cruz in den Himmel. Mal geht es geringfügig abwärts, aber schließlich kontinuierlich bis auf etwas über 5000 m hinauf.
Nach etwa 3 Std. Gestolpere fällt der »Weg« zum 1 km langen, milchig-grüngrauen **Huarurumicocha** auf 4970 m etwas ab. Weiter an seinem rechten Ufer, von dem sich steile Grashänge hochziehen, sollte man sich an seinem

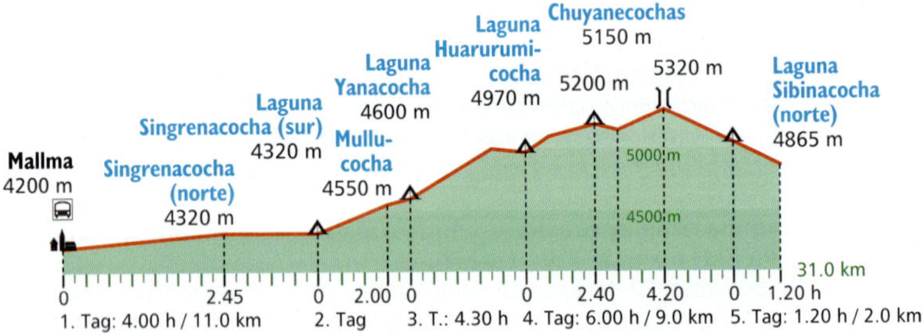

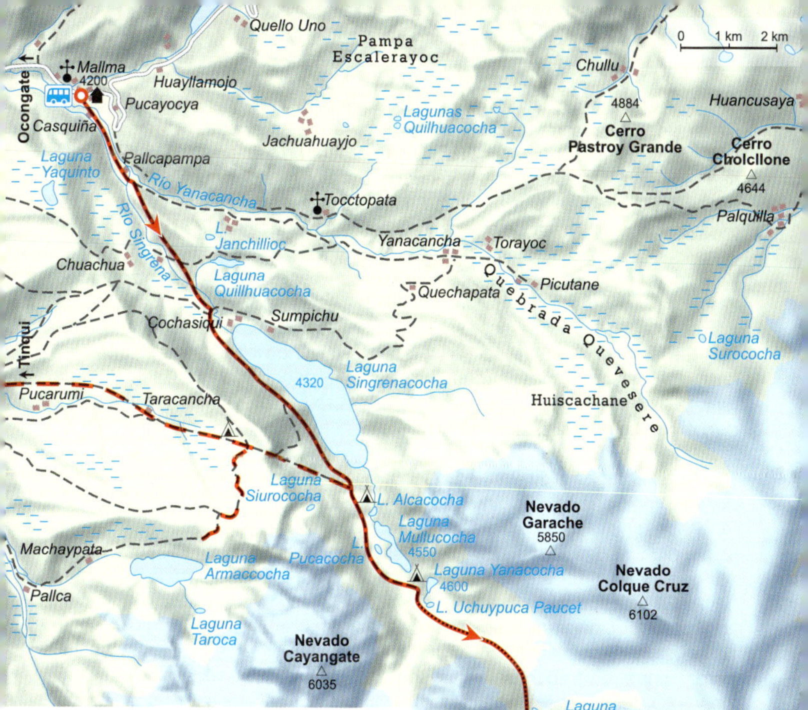

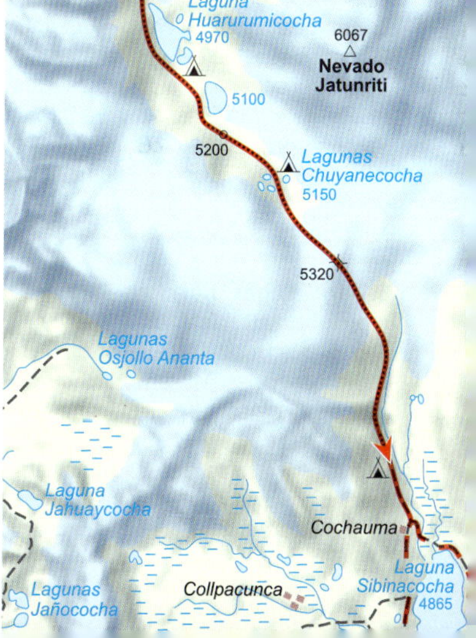

sandigen Südufer einen etwas erhöhten Lagerplatz suchen, denn der Weiterweg bietet vorerst kaum gute Möglichkeiten. Der Wasserspiegel des Sees scheint großen Schwankungen zu unterliegen, denn die Höhen seiner erkennbaren Uferlinien liegen bis zu drei Meter auseinander.

4. Tag: Huarurumicocha – Übergang 5320 m – Lager nördlich Sibinacocha (6.00 Std., 9 km, 400 Hm Aufstieg, 320 Abstieg)

Nun geht es über die Sandfläche und man folgt dem Zufluss des Sees die Geröllhalde hinauf in den Einschnitt, den der Bachaustritt geschaffen hat, immer nahe am Gletscher. Von der Kerbe des Bachaustritts öffnet sich plötzlich eine einzigartige Hochgebirgsszenerie. Ein kleiner grüner, eisiger See, der auf der Landkarte gar nicht existiert, weil das Gelände hier einmal durchgehend vergletschert war, liegt plötzlich vor einem, 5100 m hoch. Die Gletscher des Nevado Jatunriti reichen steil abfallend bis ans Wasser und darüber thront der mächtige Sechstausender selbst – eine fantastische Hochgebirgsszenerie.

Vom rechten Seeufer geht es dann steil und beschwerlicher hoch zur Oberkante der Moräne in Richtung des nach rechts auslaufenden schwarzen Felsberges und man gelangt schließlich zu einer Anhöhe in 5200 m Höhe. Von diesem Punkt werden auch im Südosten vier etwas tiefer gelegene kleinere Seen sichtbar, die **Chuyanecochas**. Sie geben nicht nur die Gehrichtung vor, sondern über ihnen wird auch schon die Lücke im Eis sichtbar, die den eigentlichen Übergang zum Sibina-See markiert und somit den Scheitelpunkt der Route.

Zum Greifen nahe bleiben die Gletscher des Nevado Jatunriti links, und auf der rechten Talseite verstärken ebenfalls Eisbarrieren weiterhin das Gefühl der Abgeschiedenheit auf dieser Etappe, obwohl die Route nun weniger beschwerlich wird. Zu den kleinen Lagunas wird etwas abgestiegen; sie sind am besten auf ihrer linken Seite passierbar. Zwischen Eistürmen steigt man nach den Tümpeln die Blockhänge hoch bis zum von beiden Seiten von haushohen Eisbarrieren flankierten, etwa 20 m breiten **Übergang** in 5320 m Höhe (siehe Foto Seite 205). Unten in Gehrichtung zeigen sich wieder kleinere Tümpel und auch bald das Kopfende der Laguna Sibinacocha. Links zieht sich der lange Moränenkamm talwärts, darüber breitet sich das endlose Eismeer der östlichsten Vilcanota-Gipfel aus und rechts die weite, abgeflachte Eiskappe des Nevado Japu Japu.

Zunächst scheint es aus dem Moränenlabyrinth keinen Ausweg zu geben, doch rasch merkt man, dass es am besten ist, so lange wie nötig auf dem schmalen Moränengrat zu bleiben und dem offensichtlichen Vicuñapfad abwärts zu folgen. In dieser Gebirgseinsamkeit leben Vicuñarudel und Bergvizcacha-Kolonien. Sogar Venados, die kleinere Ausgabe des Andenhirsches, gibt es hier noch. Mit abnehmender Höhe mehren sich auch schlichte Plätze zum Zelten.

5. Tag: Lager nördlich Laguna Sibinacocha – Laguna Sibinacocha/ Nordufer (40 Min., 3 km, 200 Hm Abstieg; zum Südufer zusätzlich 15 km)

Das breite Puca-Orjo-Tal ist bis in die flacher werdende Seenähe von der herabströmenden Moräne und ihren Gletscherzungen gekennzeichnet. Dann tauchen meterhohe Erdpyramiden auf und das Gelände wird zunehmend morastig.

Wer ans Ostufer der **Laguna Sibinacocha** will, sollte so bald wie möglich über den Zufluss die Talseite wechseln (weglos). Am See gibt es dann wieder Wege und Pfade; weiter zum Südufer und nach Phinaya siehe Tour 46 und 47.

11 Tage

Umrundung der Laguna Sibinacocha

46

Wanderung in Hochgebirgs-Traumkulisse ohne Höhenunterschied

Flößt schon die Höhe des Titicacasees gehörigen Respekt ein, so gibt es im südlichen Peru einen großen Gebirgssee, der nicht nur mehr als 1000 Meter höher liegt, sondern auch (noch) Tagesmärsche von der Zivilisation entfernt ist. Dieses Juwel liegt am Südostrand der Cordillera Vilcanota; 14 km lang, durchschnittlich 2,5 km breit und von Menschen so gut wie unbesiedelt, dafür leben in manchen Buchten des Sees die in Peru seltener gewordenen Andenflamingos – höher als der Gipfel des Mont Blanc.

Ausgangs- und Endpunkt: Murmurani am Nordwestufer der Laguna, 4870 m; nur über eine vorherige vier- bis fünftägige Wanderung ab Tinqui zu erreichen (Anfang von Tour 43 sowie Tour 44).
Höhenunterschied: Kaum.
Anforderungen: An sich leichte Wanderung in gleichbleibend großer Höhe, aber mit bitterkalten Nächten: bis -20 °C in der Trockenzeit.
Einkehr: Nur in Tinqui, am Weg keine.
Unterkunft: Im Zelt.
Karte: IGN-Karte 28-t Ocongate (Maßstab 1:100.000).

1. Tag: Murmurani – Laguna Sibinacocha (Landzunge Nordufer)

(1.45 Std., 4 km, kein nennenswerter Höhenunterschied)
Die Beschreibung der Umrundung der Laguna Sibinacocha beginnt bei den Häusern von **Murmurani** im Uhrzeigersinn. Der Weg zieht sich etwas höher vom Ufer nach Norden, wo das Ausweichen des mäandernden Zuflusses

Am Westufer der Laguna Sibinacocha.

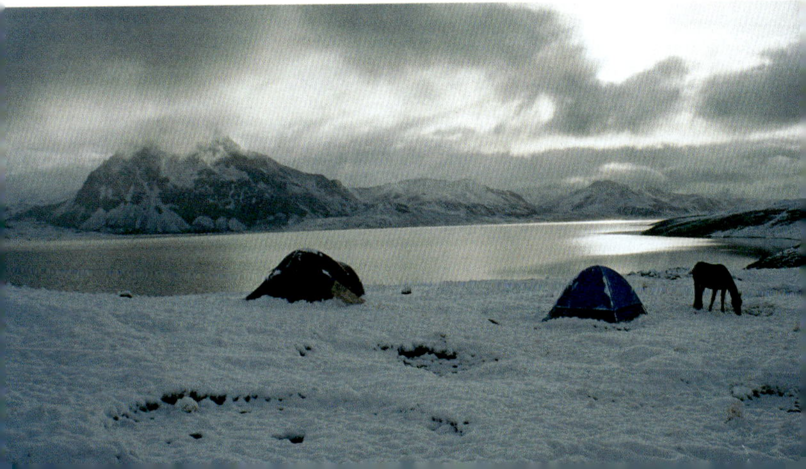

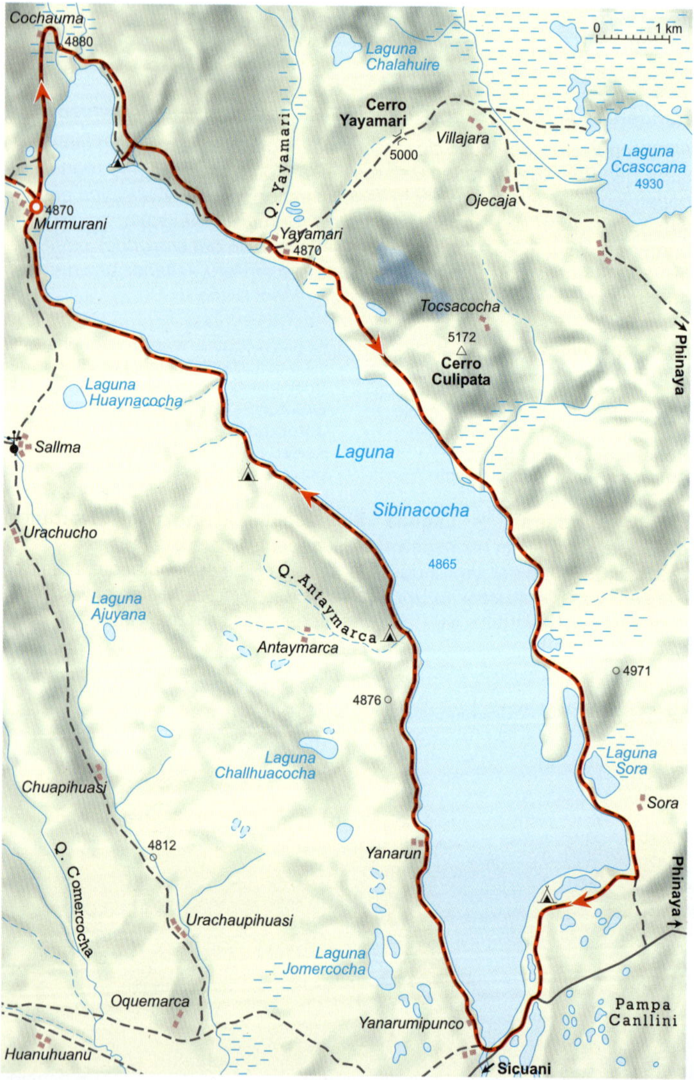
Cochauma
4880
Laguna Chalahuire
0 1 km
Cerro Yayamari
5000
Villajara
Laguna Ccasccana
4930
Ojecaja
Q. Yayamari
4870
Murmurani
Yayamari
4870
Tocsacocha
5172
Cerro Culipata
Phinaya
Laguna Huaynacocha
Sallma
Laguna
Sibinacocha
4865
Urachucho
Q. Antaymarca
Laguna Ajuyana
Antaymarca
4971
4876
Laguna Challhuacocha
Laguna Sora
Sora
Chuapihuasi
4812
Yanarun
Phinaya
Q. Comercocha
Urachaupihuasi
Laguna Jomercocha
Oquemarca
Pampa Canllini
Yanarumipunco
Huanuhuanu
Sicuani

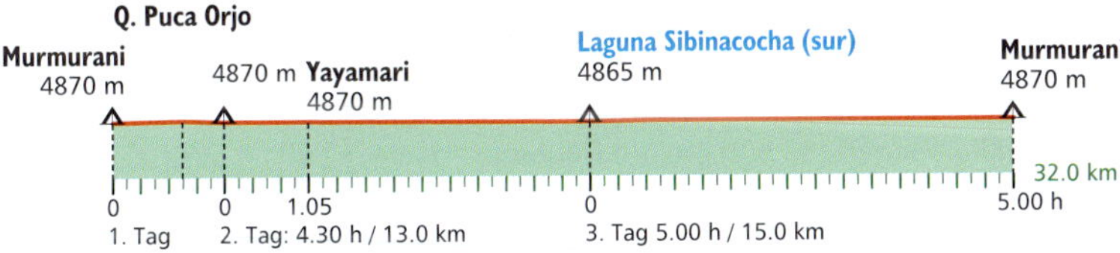

von den nahen Gletschern des sumpfigen **Puca-Orjo-Tales** einen größeren Bogen erforderlich macht, denn er muss überquert werden. Sein Schmelzwasser kommt hauptsächlich vom nahen Nevado Jatunriti, 6067 m, und dem Nevado Japu Japu.

Am Nordostufer verläuft der Weg zunächst höher über dem Ufer, bis eine schmale Landzunge folgt, die etwa 100 m in den See reicht und sich mit einem herrlichen Blick zurück auf den Jatunriti und seinen flachen Nachbarberg Nevado Japu Japu bestens zum Kampieren eignet.

2. Tag: Landzunge Nordufer – Laguna Sibinacocha/Südufer (4.30 Std., 13 km, kaum Höhenunterschied)

Anschließend lässt sich sowohl direkt am Ufer als auch hoch über ihm nach Süden weiterlaufen. Etwa 3 km weiter kommt die bewohnte Enklave **Yayamari**, wo ein Weg nach Osten ins noch abgeschiedener und noch höher liegende, aber sogar noch herrlichere Putto-Tal führt (siehe Tour 47), das mit einer Reihe von Seen unter den östlichsten Eisbergen der Vilcanota ebenfalls nach Süden strebt.

Weiter nach Süden am tintenblauen Sibina-See entlang werden sich die gelaufenen Kilometer im Verhältnis zur Zeit wundersam verringern, denn die Rückblicke sind einfach traumhaft schön und in manchen Buchten überraschen sogar kleine Schwärme von Andenflamingos. Nach einer letzten Bucht der Laguna ist schon das staubige Straßenband zu erkennen, das nach Sicuani hinunterführt. Einmal täglich fährt hier ein Lkw von Sicuani nach Phinaya und mittags zurück.

Der Seeabfluss ist schon vor vielen Jahren reguliert und kanalisiert worden, so stehen dort auch zwei mit Kontrollpersonal besetzte Häuser. Zelten lässt sich im Prinzip überall, wo es einem gefällt.

3. Tag: Laguna Sibinacocha/Südufer – Murmurani (5.00 Std., 15 km, kaum Höhenunterschied)

Der Weg am Westufer verläuft durchgehend direkt am See, von wo aus nun auch die östlichsten Gipfel der Vilcanota mit dem 6007 m hohen Nevado Yayamari über dem östlichen Ufer zu sehen sind und im Norden nach wie vor der Nevado Jatunriti am Horizont dominiert. Nur zwei Einsiedeleien, die auch nur zeitweise bewohnt sind, unterbrechen die menschenleere Uferlandschaft.

47 Abstecher zur Laguna Ccasccana

5.20 Std.

Traumlandschaft mit bitterkalten Nächten

Dass es nach einem Besuch der Laguna Sibinacocha noch eine Steigerung an landschaftlicher Schönheit geben soll, und das sogar in unmittelbarer Nähe, fällt schwer zu glauben. Doch das nur 5 Kilometer weiter östlich parallel zur Laguna Sibinacocha verlaufende breite Putto-Tal mit seinen Hochgebirgsseen und der herrlichen Kette von Eisbergen der östlichen Cordillera Vilcanota gehört zu den eindrucksvollsten Gebieten der Anden. Trotz der lebensfeindlichen Höhe haben sich in dieser unwirtlichen Abgeschiedenheit in den letzten Jahren etliche Indigenas angesiedelt.

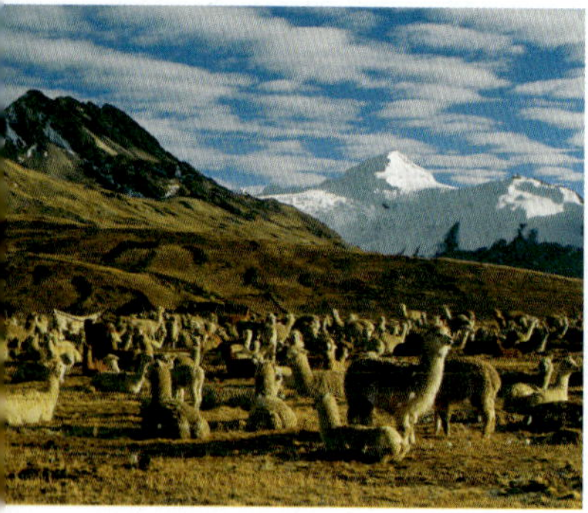

An der Laguna Ccasccana.

Ausgangspunkt: Die Enklave Yayamari, 4870 m, am Ostufer der Laguna Sibinacocha. Zustieg ab Tinqui, 3650 m, mit den Touren 43, 44 und 46 (oder auch Tour 45 ab Mallma), ca. 5–6 Tage.
Endpunkt: Phinaya, 4700 m. Gegen Mittag fährt der Lkw zurück nach Sicuani (5 Std. Fahrt; siehe auch Seite 200).
Höhenunterschied: 130 m Aufstieg, 300 m Abstieg.
Anforderungen: Wegen der großen Höhe etwas anstrengend, sonst einfach.
Einkehr: In Tinqui und in Phinaya, am Weg keine.
Unterkunft: Nur in Phinaya (gewöhnungsbedürftig), sonst Zelt.
Karten: IGN-Karte 28-t Ocongate und 28-u Corani (1:100.000).

An dem kleinen Gehöft **Yayamari** verlässt man die Laguna Sibinacocha und wandert nach Nordosten. Der 5 km lange Weg in einer breiten Lücke durch die den See und das Putto-Tal trennenden Berge zieht sich kontinuierlich über die welligen Bergrücken des **Cerro Yayamari** bis auf 5000 m Höhe, um

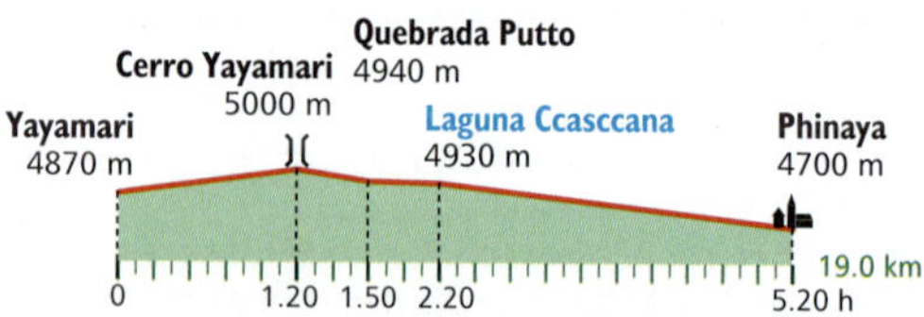

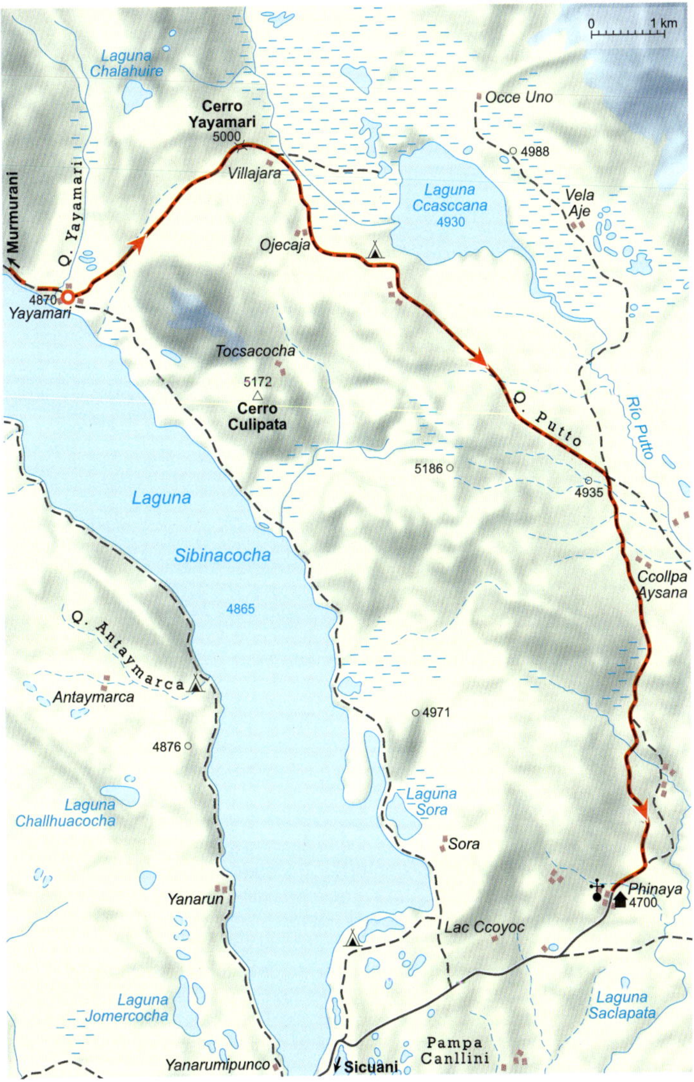
0
1 km
Laguna Chalahuire
Cerro Yayamari
5000
Villajara
Occe Uno
4988
Laguna Ccascсana
4930
Vela Aje
Murmurani
Q. Yayamari
Ojecaja
4870
Yayamari
Tocsacocha
5172
Cerro Culipata
Q. Putto
Río Putto
5186
4935
Laguna
Sibinacocha
4865
Ccollpa Aysana
Q. Antaymarca
Antaymarca
4971
4876
Laguna Sora
Sora
Laguna Challhuacocha
Yanarun
Phinaya
4700
Lac Ccoyoc
Laguna Jomercocha
Laguna Saclapata
Pampa Canllini
Yanarumipunco
Sicuani

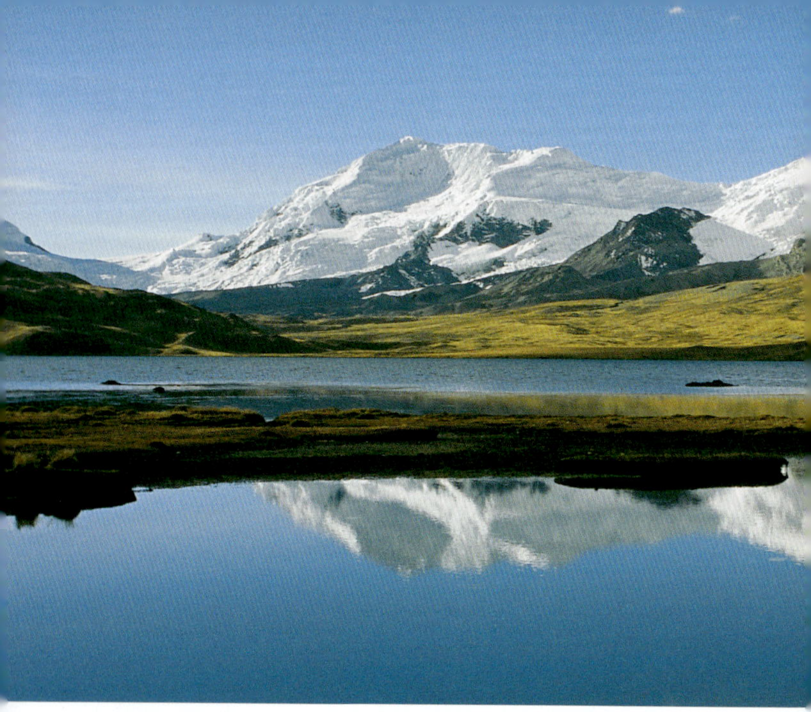

Die Laguna Ccasccana, ein noch weitgehend unberührtes Naturparadies.

anschließend wieder geringfügig ins herrliche **Putto-Tal** abzufallen. Einer schneeweißen Perlenkette gleich sind die Vilcanota-Gipfel von Nordwesten nach Südosten aufgereiht. Am äußersten flachen nördlichen Talende liegt die Laguna Soranaño auf 4934 m und nur 3 km südöstlich der **Ccasccana-See**, 4930 m, dazwischen noch einige kleinere Lagunas. Das flache, breite Tal durchzieht ein Bach, in dem Lachsforellen schwimmen, und die großen Lama- und Alpakaherden stilisieren diese Hochanden-Szenerie zu einer perfekten Bilderbuchlandschaft. Zum Kampieren sollten natürlich die Bewohner gefragt werden, die sich (in der Regel) über den seltenen Besuch freuen.
Entweder wird derselbe Weg wieder zurück gewählt, oder man wandert das Tal nach Süden hinaus, wo man nach 10 km das kleine entlegene Dorf Phinaya erreicht. Um nach Phinaya zu gelangen, läuft man von der Laguna Ccasccana schnurgerade nach Südosten das Tal hinaus, wo sich nach 6 km und geringfügigem Anstieg der Weg nach rechts, also nach Süden und dann nach Südwesten dreht. (In diesem Bereich kann schon vorher der brei-

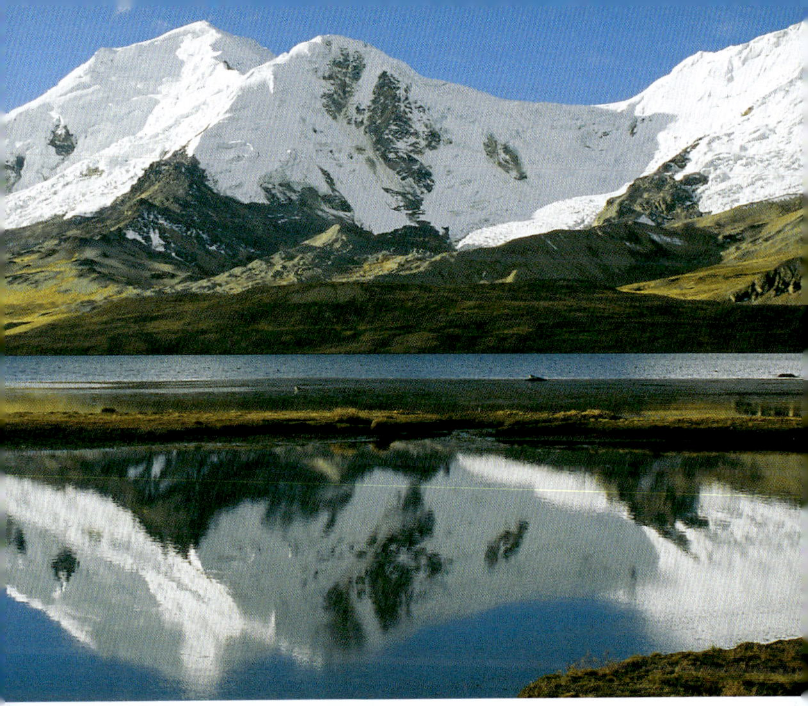

te, dafür seichter gewordene Bach überquert werden, wenn man weiter nach Corani und Ollachea in die Cordillera Carabaya laufen will).
Der Rückblick auf die schönen Berge ist plötzlich entzogen, denn der Weg fällt etwas ab, dafür rückt am Horizont im Südosten die lange flache Eiskappe des Quelcay-Gletschers ins Blickfeld, der größte zusammenhängende Gletscher der Tropen. Dann wird auf einmal in Gehrichtung auch die noch etwas tiefer liegende Ortschaft **Phinaya** sichtbar. Mit einem letzten Schlenker senkt sich der Weg hinab zum Dorf in 4700 m Höhe. Es liegt noch 7 km weiter östlich des Südendes der Laguna Sibinacocha am Ende der Piste, die von Sicuani heraufführt.
Ganz genau so wird man sich ein gottverlassenes, verwegenes Pionierdorf am staubigen, kalten Ende der Anden vorgestellt haben. Aber es gibt Essen und Trinken und am Dorfplatz sogar eine Unterkunft mit Mehrbettverschlägen in einer schäbigen Baracke ohne Strom und ohne Toiletten. Das »Hostal Municipalidad« wurde 1999 eröffnet und wird von der Gemeinde betrieben. Toiletten und fließend Wasser gibt es nur im »Centro de Salud« (Krankenstation).

Cordillera Carabaya

Die Cordillera Carabaya schließt sich als nächstes Glied in der Andenkette Perus der Cordillera Vilcanota nach Süden an, in einer von Gebirgsseen geprägten Landschaft zwischen den Orten Macusani im Süden und Ayapata im Norden. Es ist eine der unbekanntesten Gebirgsregionen der peruanischen Anden. Das liegt an der bis vor wenigen Jahren schweren Erreichbarkeit und kein Gipfel überschreitet die Attraktivitätsgrenze von 6000 Metern. Die höchsten Berge sind der Nevado Allin Ccapac, 5748 m, und der Nevado Huayna Ccapac mit 5678 m Höhe.
Die einzige größere, aber nachts bitterkalte Ortschaft Macusani liegt in 4340 m Höhe und 180 Straßenkilometer nördlich von Juliaca. Sie ist seit 2007 auf einer ebenfalls neuen Trasse über den 4873 m hohen Pass Abra Oquepuño der bestens ausgebauten und asphaltierten »Interoceánico«-Verbindung nach Brasilien in gut drei Stunden Busfahrt von Juliaca zu erreichen. Diese Variante endet bisher aber dort und ist deshalb für den Transitverkehr noch uninteressant.
Außer der Gebirgslandschaft hat Macusani nichts zu bieten, denn den Aufschwung, der vielerorts durch den Tourismus entstanden ist, gibt es hier nicht. Ein paar schlichte Unterkünfte (nachts kein fließend Wasser) und einfache Restaurants ermöglichen jedoch das Verweilen für einen Ausflug in das nahe Gebirge mit seinen vielen Seen.

Macusani.

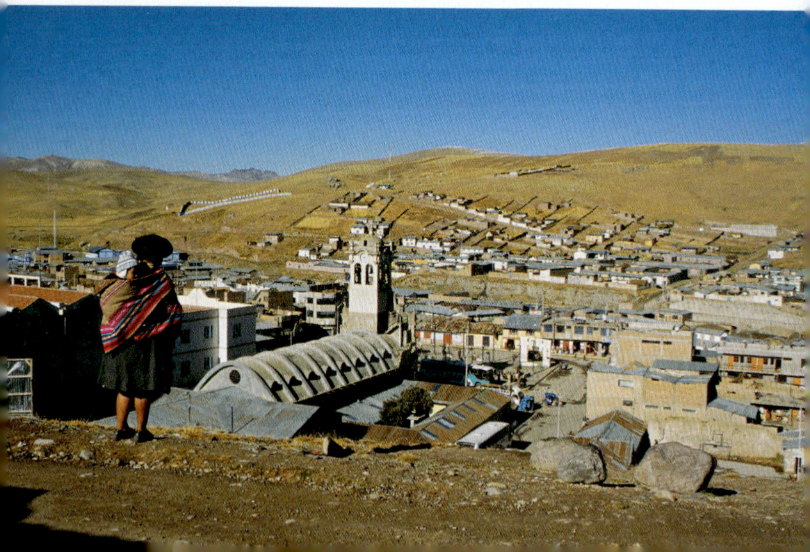

2.45 Std.

Laguna Chungara

Unbekannte Berge und Seen

Eine ganze Palette von Gebirgsseen in über 4500 m Höhe schmückt das kleine, aber schöne Gebirge. Von Macusani, 4340 m, bis nach Ayapata, 3600 m, durchzieht eine nicht asphaltierte Straße das Gebirge von Süden nach Norden. Ein lokaler Kleinbus hält die Verbindung aufrecht, aber meist nur einmal täglich. So ist das Fahrzeug stets hoffnungslos überfüllt. Aber um zu dem größten und schönsten See des Gebirges zu gelangen, bleibt sonst nur der Fußweg, denn Taxis gibt es in Macusani nicht.
Von den oberen Ortsrändern Macusanis bieten sich schon freie Blicke auf die höchsten Berge der Cordillera Carabaya, aber mit der hier beschriebenenen einfachen Wanderung lassen sich diese auch noch näher erkunden.

Ausgangspunkt: Nordende der Laguna Chungara, 4610 m; zu erreichen mit Bus Macusani–Ayapata (nach Macusani Busverbindung ab Juliaca).
Endpunkt: Laguna Parinacota, 4500 m, dort evtl. Mitfahrgelegenheit, ansonsten zu Fuß 8 km bis Macusani, 4340 m.
Höhenunterschied: 110 m Abstieg bis zur Laguna Parinacota.
Anforderungen: Leichte Wanderung auf kaum befahrener Straße.
Einkehr: In Macusani, unterwegs keine.
Karten: IGN-Karte 29-v Macusani und 28-v Ayapata (1:100.000).

Laguna Chungara.

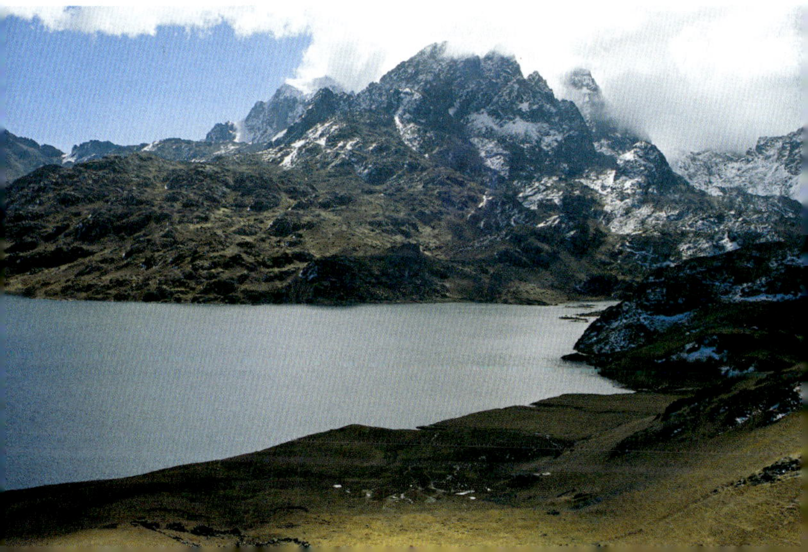

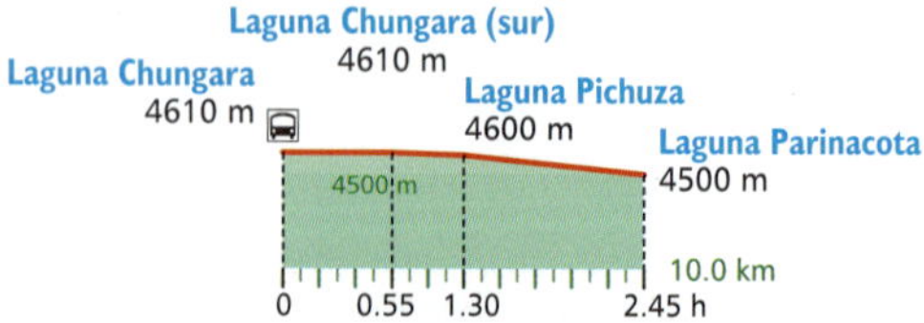

Von der Plaza in Macusani fahren zwar regelmäßig Busse nach Juliaca, aber nach Ollachea, Tambillo oder Ayapata zu gelangen, ist immer noch eine Geduldsprobe. Doch es lohnt sich, wenn erst einmal die etwa 18 km lange Fahrt bis zum Nordende der **Laguna Chungara** in 4610 m Höhe in Richtung Ayapata bewältigt ist.

Hoch über dem 3 km langen See gemütlich zurückzulaufen (zwar auf der Piste, aber kein Verkehr), offenbart herrliche Blicke auf den tieferliegenden großen See, über dessen Nordufer der 5614 m hohe Nevado Chichic Ccapac thront. Am Südende des Sees stehen ein paar Häuser und der Weg hat sich bis an sein Ufer gesenkt, wo ein Regulierungssystem für den Wasserabfluss installiert wurde. Es folgen viele kleinere Tümpel und dann die **Laguna Pichuza**, an denen sogar die seltenen Gelbkopfibisse und auch Andenflamingos vorkommen. Nach weiteren 4 km auf dem Rückweg nach Macusani wird die Doppel-Laguna **Parinacota** auf 4500 m passiert, die schon weit vorher zu sehen ist, denn die Piste fällt kontinuierlich, aber nur gemächlich ab. Am späten Nachmittag kommt schon mal ein Pickup vorbei, der einem den langen Rückweg zu Fuß (8 km) erspart.

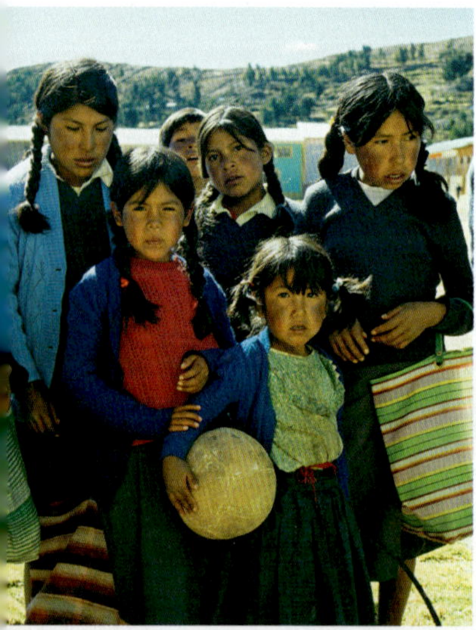

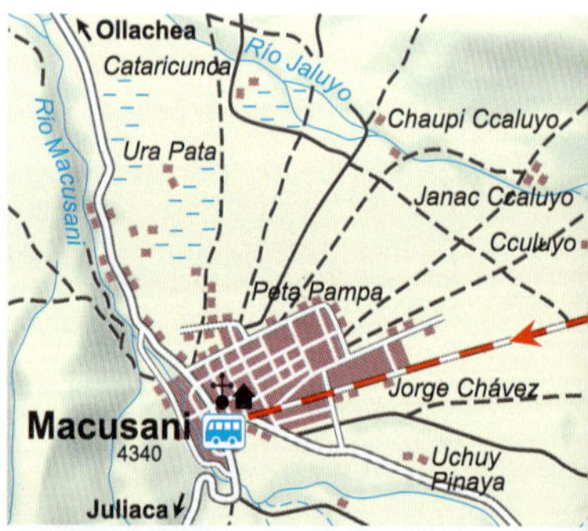

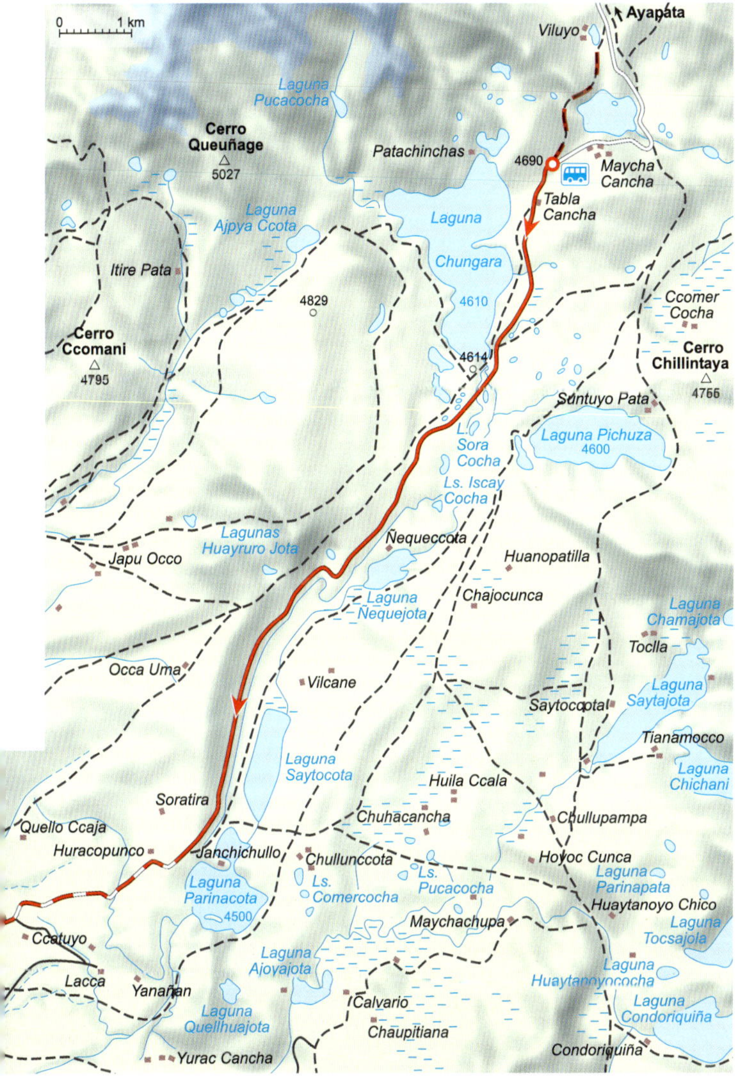

0
1 km
Ayapata
Viluyo
Laguna Pucacocha
Cerro Queuñage
5027
Patachinchas
4690
Maycha Cancha
Tabla Cancha
Laguna Ajpya Ccota
Laguna Chungara
4610
Itire Pata
4829
Ccomer Cocha
Cerro Ccomani
4795
4614
Cerro Chillintaya
4766
Suntuyo Pata
Laguna Pichuza
4600
L. Sora Cocha
Ls. Iscay Cocha
Lagunas Huayruro Jota
Ñequeccota
Japu Occo
Huanopatilla
Laguna Ñequejota
Chajocunca
Laguna Chamajota
Toclla
Occa Uma
Vilcane
Laguna Saytajota
Saytoccotal
Tianamocco
Laguna Chichani
Laguna Saytocota
Huila Ccala
Soratira
Chuhacancha
Chullupampa
Quello Ccaja
Huracopunco
Janchichullo
Chullunccota
Hoyoc Cunca
Laguna Parinacota
4500
Ls. Comercocha
Ls. Pucacocha
Laguna Parinapata
Huaytanoyo Chico
Maychachupa
Laguna Tocsajola
Ccatuyo
Laguna Ajoyajota
Laguna Huaytanoyococha
Lacca
Yanañan
Calvario
Laguna Condoriquiña
Laguna Quellhuajota
Chaupitiana
Yurac Cancha
Condoriquiña

Altiplano und Titicacasee

Der höchstgelegene schiffbare See der Erde liegt im Zentrum des Altiplanos, der riesigen Hochebene im Herzen des Andenhochlandes, das sich über das südliche Peru und weite Bereiche Boliviens erstreckt. Durch den in 3800 m Höhe liegenden See verläuft die mit dem Lineal gezogene Staatsgrenze beider Länder. Er hat 8300 km² Wasserfläche und eine Längsausdehnung von 230 km, damit ist er beispielsweise ca. 15 Mal größer als der Bodensee. Seine maximale Wassertemperatur schwankt um die 12 °C. In der Regel bekommt der Tourist auf der peruanischen Seite nur Puno, die selbsternannte »Folklorehauptstadt Perus«, und eventuell die schwimmenden Schilfinseln der Urus zu sehen. Doch seine sprichwörtliche Melancholie, seine Stille, seine klare Luft mit einer großartigen Fernsicht offenbart der See erst abseits des Autolärms, z.B. auf seinen verkehrsfreien kleinen Inseln. Die beiden meistbesuchten erfordern jeweils eine gut dreistündige Bootsfahrt von Puno hin und ebenso zurück. Trotzdem begnügen sich die meisten Touristen mit einem Tagesausflug. Vor allem auf Taquile findet übers Jahr auch eine Reihe farbenfroher Feste statt.

Im Einzugsbereich des Titicacasees leben gut eine halbe Million Aymará, deren Hautfarbe dunkler ist als die der Quechua im übrigen Hochland von Peru. Sie haben ihre eigene gleichnamige Sprache, die neben Quechua zweite noch verbreitete alte Sprache der Indigenas. Die Aymará-Frauen tragen die steifen Bowlerhüte, die so typische weibliche Hutmode vor allem im nördlichen Hochland von Bolivien.

Taquile, Blick zur Nachbarinsel Amantani.

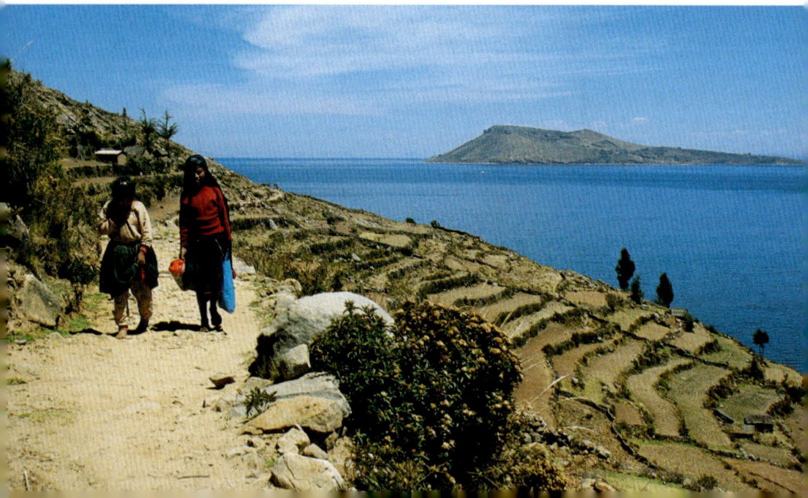

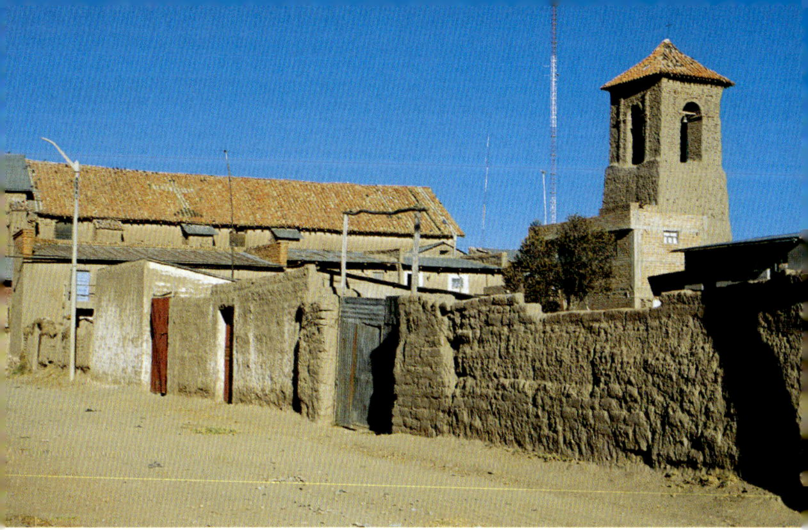

Das Dorf Taraco an der Nordseite des Titicacasees (Tour 52).

Amantani und Taquile

Die Bewohner beider Inseln betreiben den Bootstransfer von Puno in eigener Regie und können somit auch selbst bestimmen, wie viele Besucher sie auf die Inseln lassen. **Amantani** gewährt erst seit 1993 Touristen das Übernachten auf der Insel. Die Ankömmlinge werden am kleinen Hafen von den Bewohnern erwartet und Familien zugeteilt, wo sie schlafen und essen. Die Insel liegt 40 km nordöstlich von Puno der Südspitze der Halbinsel Capachica vorgelagert. Sie hat 4 km Durchmesser, misst an ihrem höchsten Punkt 4130 m und hat etwa 4000 Bewohner.

Auf **Taquile** können Touristen seit 1978 über Nacht bleiben. Eine Vielzahl einfacher Unterkünfte und Restaurants steht zur Verfügung, die alle überwiegend *trucha* (Forelle) aus dem Titicacasee anbieten. Taquile liegt nur 8 km südlich von Amantani entfernt. Die Insel hat eine Nord-Süd-Ausdehnung von 5 km bei maximal 1,2 km Breite und einer größten Höhe von 4074 m. Es gibt nur 1200 Einwohner, außerdem mehrere kleine Häfen. Die Insel ist im Norden höher als im Süden und fällt zum Südende sogar bis zu einem schönen Strand ab. Die Stricksachen, die von den Männern gefertigt werden, gelten als die besten in Peru. Die Frauen sind für den Verkauf im neuen, überdimensional großen Gemeindehaus zuständig. Leider verschluckt das im Jahr 2000 gebaute Gebäude ebenso wie das gegenüberliegende vergrößerte Rathaus die zierliche Adobekirche an der Plaza. Auf der Insel stört kein Motorengeräusch.

49 Lampa und Cerro Calvario

1.20 Std.

In Rekordzeit auf einen Viertausender

Auf dem weiten Altiplano nördlich des Titicacasees liegen einige interessante Ortschaften etwas abseits der Haupttouristenroute, die dadurch äußerst selten besucht werden. Lampa, nur 32 km nordwestlich von Juliaca, ist so ein Kleinod, das eine ganze Reihe Sehenswürdigkeiten beherbergt. Die großartige, aus Naturstein erbaute, im Jahre 1683 fertiggestellte Kirche Santiago de Apóstol an der großräumigen Plaza dominiert den kleinen Ort. Im Kircheninneren ist die Figur des gleichnamigen Schutzheiligen von Lampa zu sehen und an einem weiteren Platz um die Ecke steht das prachtvolle Kolonialgebäude La Casona, in dem auch Übernachtungen angeboten werden. Hinter einem Ausstellungssaal im Rathaus, der einem einheimischen Maler gewidmet ist, verbirgt sich ein weiterer Raum mit einem Schatz, den hier niemand vermuten würde. Ein Museumswärter sperrt gerne und ganz stolz die Tür auf und man steht unverhofft vor der Skulptur La Piedad (»Die Frömmigkeit«) von Michelangelo. Das Original der berühmten Pietà befindet sich im Vatikan und es gibt weltweit nur zwei vom Vatikan autorisierte Kopien dieses Meisterwerkes aus weißem Marmor; eine im Louvre in Paris und die andere hier in Lampa!
Den nördlichen Rand des Ortes schmückt zusätzlich der El Calvario, ein über 4000 m hoher Kalvarienberg. Von der großen Christusstatue auf seiner Spitze bietet sich ein herrlicher Ausblick hinunter auf Lampa und die endlose Weite des Altiplano.

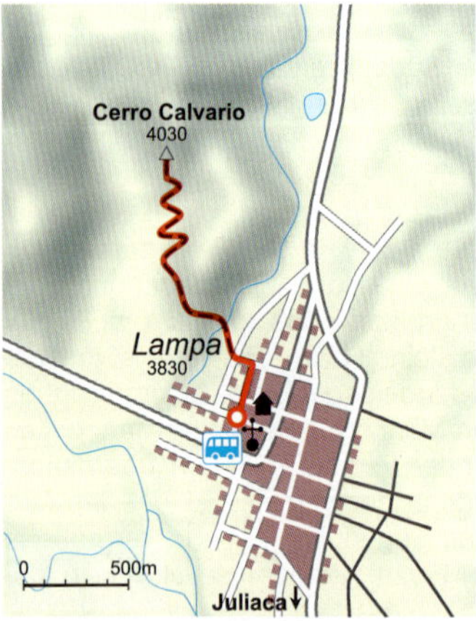

Ausgangspunkt: Lampa, 3830 m, 32 km nordwestlich von Juliaca. Halbstündliche Kleinbus-Verbindung von der Markthalle in Juliaca.
Höhenunterschied: 200 m.
Anforderungen: In kurzer Zeit auf einen »Viertausender«.
Einkehr: Einfache Restaurantes in Lampa, unterwegs keine.
Karte: Nur die IGN-Karte SD 19-14 Puno und nördlicher Titicacasee (1:250.000).

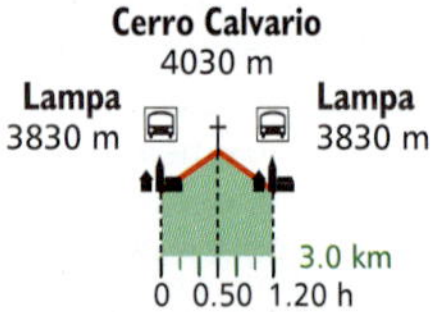

Man läuft in nördliche, dann nordwestliche Richtung aus der sehenswerten Ortschaft **Lampa** auf den Kalvarienberg zu und ist schon nach wenigen Minuten am Beginn des Büßerweges. 14 Stationen mit 14 Steinkreuzen sind bis zur großen weißen Christusstatue auf dem Gipfel des **Cerro Calvario** zu bewältigen. Ein umfassender Blick auf Lampa und die nahe Laguna Colorada im Osten inmitten des weiten Altiplano ist die Belohnung für die Rekordbesteigungszeit dieses »Viertausenders«.
Zurück nach **Lampa** geht es auf demselben Weg.

Lampa mit seiner mächtigen Kirche Santiago de Apóstol.

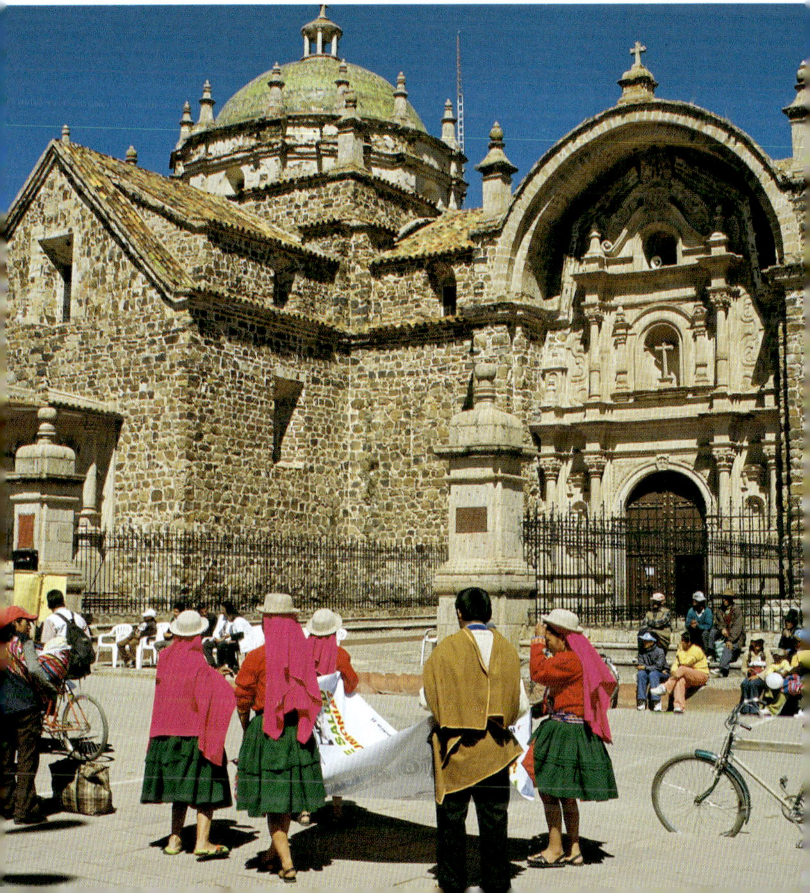

TOP

50 Umrundung der Insel Taquile

2.00 Std.

Strickende Männer in bunter Tracht und schöne Ansichten der Insel

Eine gemütliche Wanderung auf der verkehrsfreien Insel mit fantastischen Ausblicken über den tiefblauen, weiten See bis zur bolivianischen Cordillera Real. Die paradiesische Ruhe wird nur von Vogelgezwitscher oder im Laub raschelnden Eidechsen unterbrochen.

Ausgangspunkt: Die Plaza im Ort Taquile, 3950 m (3,5 Std. Bootsfahrt von Puno und ca. 150 Hm Aufstieg vom Hafen).
Höhenunterschied: 150 m.
Anforderungen: 6 km Rundwanderung.
Einkehr: In Taquile, unterwegs keine.
Karte: IGN-Karte SD 19-14 Puno und nördlicher Titicacasee (1:250.000), sowie lokale Prospekte.

Neben der Kirche an der **Plaza Principal** des Hauptortes führt ein gepflasterter Weg mit geringfügigem Auf- und Abstieg nach Süden zur etwas höher gelegenen Schule und dem benachbarten Fußballplatz. Schon vorher zweigt nach links der Abstieg zum neuen Ankunftshafen Puerto Salacancha ab. Der Weg zwischen Colegio und Sportplatz verläuft nach 150 m durch einen Torbogen und verlässt dann nach Westen auf Steintreppen etwas ansteigend den Hauptweg zu einem Eukalyptushain (dieser ist der direktere; für die Tour der Rückweg). Bei den hochgewachsenen Bäumen sieht man hinunter zum Hafen am Ostufer, wo die Boote aus Puno ankommen, und am Horizont die bolivianische Cordillera Real. (Abfahrtshafen nach Puno ist nach wie vor Puerto Chilkano, der alte Hafen am Westufer, über Hunderte von Steintreppen zu erreichen.)

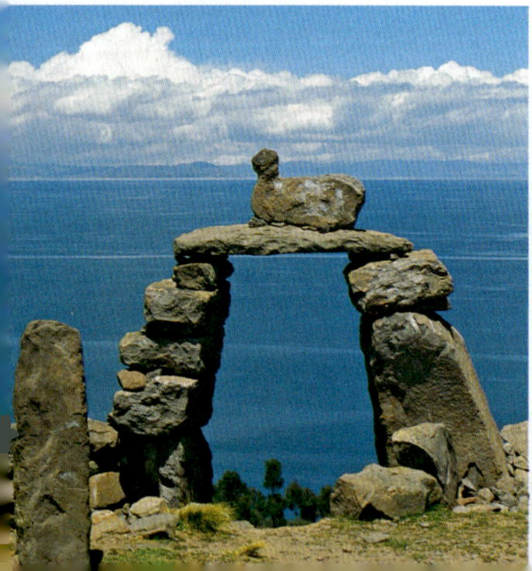

Der Weg macht einen 90°-Knick zum Westufer, vorbei an Kartoffeläckern und Getreidefeldern, und stößt auf den anderen, von Norden kommenden Weg. Im Westen ist das peruanische Festland zu sehen und – über die kunstvoll an den Hängen angelegten Terrassenfelder zurückblickend – die Halbinsel Capachica. Der wunderschöne Panoramaweg verläuft hier etwa 70 m über dem Seeufer, fällt aber auf den nächsten Kilometern immer mit Blick auf den See nach Süden bis ans Ufer ab.

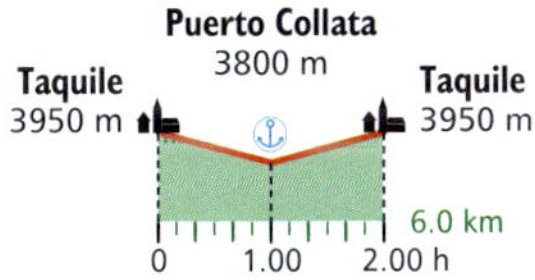

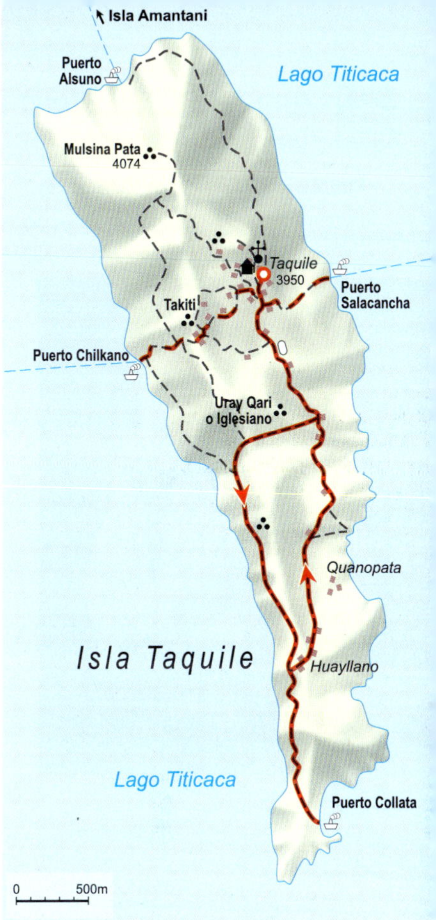

Die Südspitze der Insel ist so schmal, dass nun beide Uferseiten sichtbar sind und die Wege zusammenlaufen. Die südlichsten Häuser haben sogar dem Eroberungsfeldzug der Wellblechdächer getrotzt. Noch durch einen inseltypischen Torbogen und der letzte kurze Abschnitt führt auf glatten Felsen hinunter zum sichelförmigen hellen Sandstrand.

Solch ein paradiesischer Flecken Erde darf natürlich auf Dauer nicht von den Segnungen des Tourismus verschont bleiben. So ist die kleine Schiffsanlegestelle **Puerto Collata** entstanden und seit 2009 gibt es dort eine Gaststätte, in der gelegentlich herangeschipperten Touristen etwas vorgetanzt wird; ansonsten aber bleibt sie geschlossen. So hat man fast immer den feinen Sandstrand für sich alleine, aber die durchschnittliche Wassertemperatur des Titicacasees beträgt nicht mehr als eher wenig einladende 12 bis 14 °C.

Zurück geht es wieder ein kleines Stück denselben Weg bis zu der Stelle, an der sich der Weg teilt, und dann nach rechts auf dem anderen Weg zu den Häusern von Huayllano und Quanopata an die Ostseite des Sees. Der Weg ist durchgehend gepflastert und steigt kaum an.

Nach dem Torbogen an der Abzweigung des Hinweges ist gleich darauf auch wieder die Schule erreicht und führt dann zwangsläufig zum Ausgangspunkt ins Dorf **Taquile** zurück.

51 Zum höchsten Punkt der Insel Taquile

0.50 Std.

Kultplatz mit fantastischer Aussicht

Ein leichter und kurzer Anstieg zum besten Aussichtspunkt Taquiles in 4074 m Höhe.

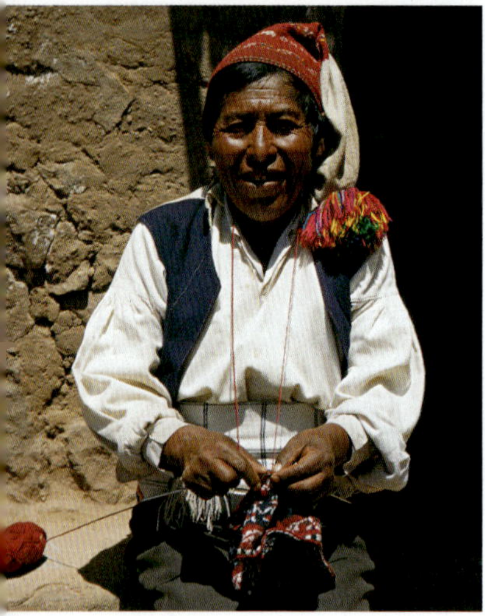

Ausgangspunkt: Die Plaza im Ort Taquile, 3950 m (3,5 Std. Bootsfahrt von Puno plus ca. 150 Hm Aufstieg nach Taquile).
Anforderungen: Zwar auf über 4000 m Höhe hinauf, aber unbeschwerlich.
Höhenunterschied: 120 m.
Einkehr: In Taquile, unterwegs keine.
Karte: Siehe Tour 50.

Ausgangspunkt für die Besteigung des Kultplatzes Mulsina Pata ist ebenfalls wieder die **Plaza Principal** im Dorf. Vom Hauptplatz führt der gut gepflasterte Weg nach Westen aus dem Dorf hinaus zum Abfahrtshafen Puerto Chilkano nach Puno (bis vor wenigen Jahren war er Ankunfts- und Abfahrtshafen). Doch schon nach 150 m flacher Strecke zweigt in einer leichten Linkskurve nach rechts leicht ansteigend unterhalb des Hostal Casa Ticahuasi der Aufstieg in nördliche Richtung ab.
Teils auf Steinstufen mit immer freier werdenden Blicken wird eine kleine verfallene Tempelanlage passiert, der Weg steigt wieder an und nach weiteren 10 Min. Gehzeit ist der Ze-

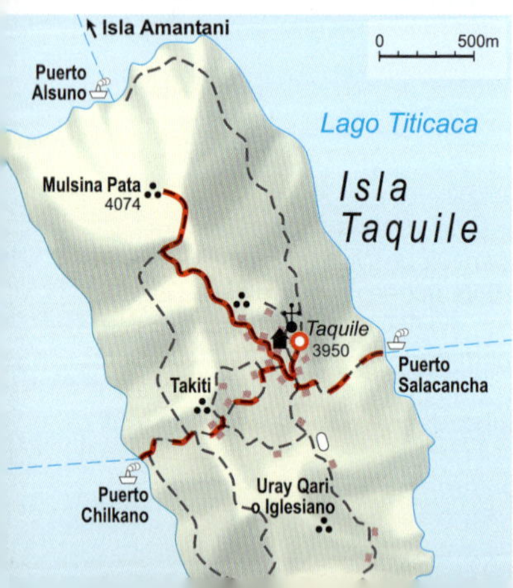

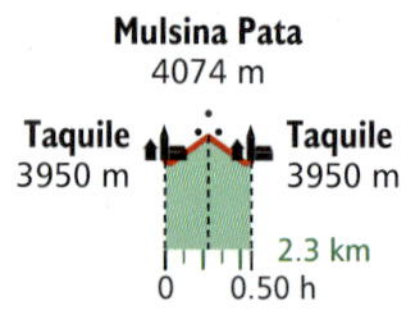

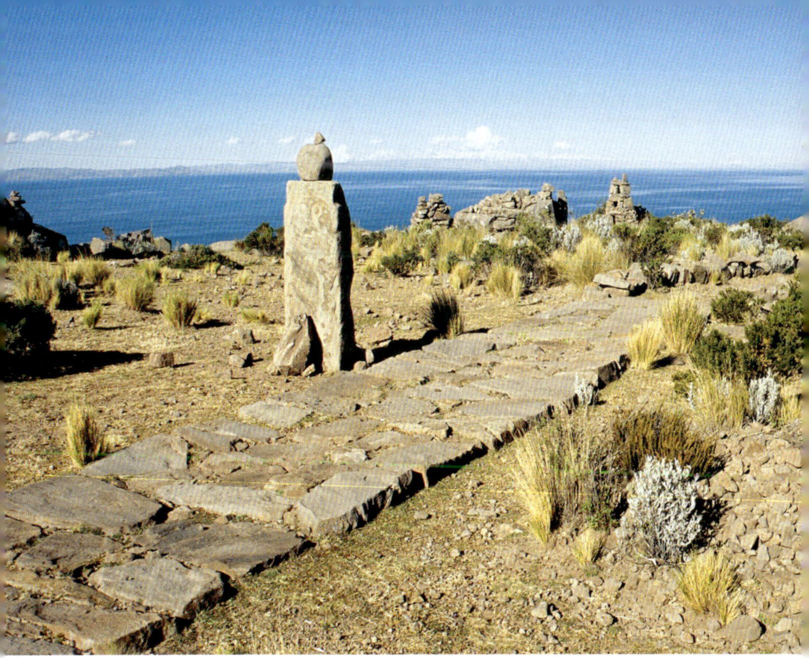

Mulsina Pata.

remonialplatz schon erreicht. Das mit Steinmauern eingefasste **Mulsina Pata** hat zwei Altäre und soll nicht betreten werden. Auch davor stehen zwei Steinaltäre. Ansonsten nichts als absolute Ruhe und die unübertreffbare Fernsicht über den tiefblauen Titicacasee bis zur Cordillera Apolobamba und der Cordillera Real, schon auf der bolivianischen Seite.
Für den Abstieg gibt es vom Vorplatz der Anlage eine alternative, ebenso unverfehlbare Route, die direkt ins Dorf **Taquile** führt.

Links oben: Strickender Taquileño.
Rechts: Kindergarten.

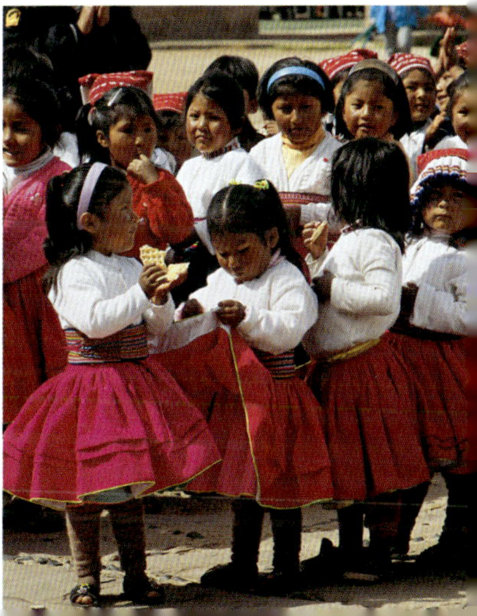

52 Puquis – Taraco – Saman

1.45 Std.

Wanderung an der kaum bekannten Nordseite des Titicacasees

Das Nord- und Ostufer des Titicacasees ist touristisch ziemlich unbekannt, aber gerade deshalb einen Besuch wert. Eine leichte Wanderung zwischen den Dörfern Puquis, Taraco und Saman bietet ein Stück weitgehend ursprüngliches und unverfälschtes Peru und an freien, unbebauten Abschnitten zwischen den kleinen Ortschaften nahe der äußersten Nordwestecke des Titicacasees werden immer mal Blicke auf die bolivianischen Anden am Horizont frei. Taraco hat eine kleine Stierkampfarena und donnerstags wird der sehenswerte Wochenmarkt abgehalten, der am Nachmittag manchmal mit musikalischen Darbietungen ausklingt. Die hier lebenden Indigenas sind überwiegend dunkelhäutigere Aymará, vereinzelt auch Urus. In der flachen Uferlandschaft sind Fahrrad fahrende Indigenas kein seltener Anblick.

Ausgangspunkt: Puquis, 3830 m, 40 km nordöstlich von Juliaca. Busverbindung alle 30 Min., Details siehe unten.
Endpunkt: Saman, 3830 m; die Verkehrsanbindung ist dieselbe wie beim Ausgangspunkt.

Höhenunterschied: Keiner.
Anforderungen: Leichter Spaziergang.
Einkehr: Einfache Restaurants in Taraco.
Karte: Nur die IGN-Karte SD 19-14 Puno und nördlicher Titicacasee (1:250.000).

Vom Marktviertel in Juliaca fahren im Halbstundentakt Busse die 56 km lange Strecke bis nach Huancané am äußersten Nordrand des Titicacasees. Am besten lassen sich die ständig wechselnden Abfahrtsstellen mit einer der vielen und überall in der Stadt umherwuselnden Fahrradrikschas finden. Sie und die Taxifahrer sind überall im Land die zuverlässigsten Informationsquellen.
Nach 40 Straßenkilometern ist das Dörfchen **Puquis** erreicht. Hier eröffnet sich sogar die Sicht auf die bolivianische Cordillera Real am Horizont.

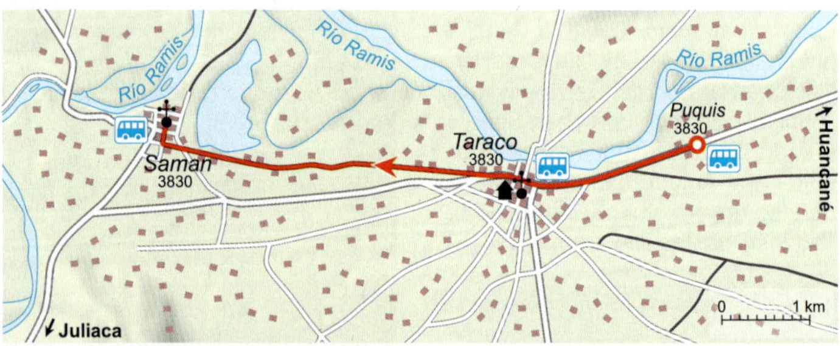

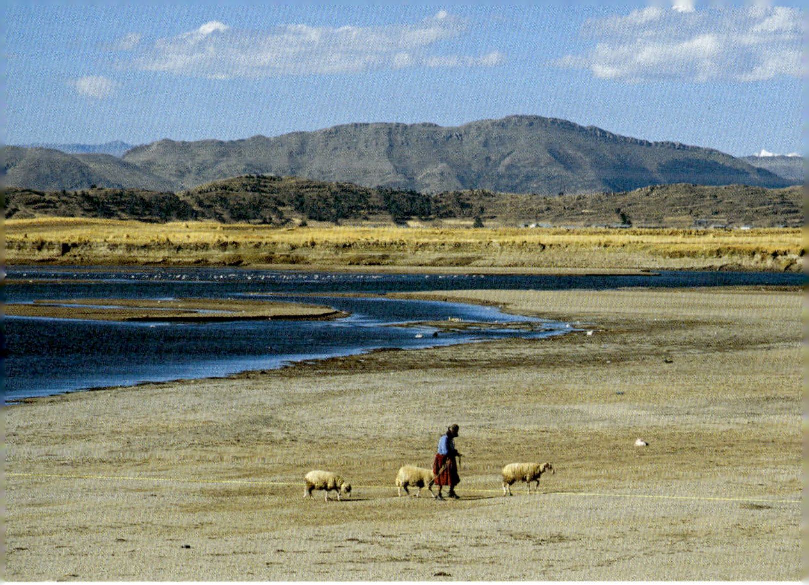

Langsam verlandender Uferbereich des Río Ramis bei Taraco.

Von Puquis an der Straße nach Westen wandernd ist schon von Weitem die große, aus Adobeziegeln erbaute Kirche von **Taraco**, 3830 m, zu sehen. Ortsplaner haben es jedoch geschafft, die ehrwürdige alte Kirche und vor allem ihren Turm mit einem modernen großen Rathausneubau so rücksichtslos einzuzwängen, dass dadurch der zentrale Platz, das Herz eines jeden Dorfes, restlos verschandelt wurde. Zwei neue Gebäude stehen links der Kirche, das dritte Glasgebäude rechts ist schon wieder dem Verfall preisgegeben. Der träge dahinfließende Río Ramis am Ortsrand ist weit und breit das einzige Gewässer. Über die Brücke auf der anderen Seite des Flusses bietet sich ein Gesamtblick auf Taraco mit dem alles überragenden Wasserturm. Wie auf älteren Landkarten festzustellen ist, lag noch vor zwei Jahrzehnten ein Teil der Straße bis Huancané an Ausläufern des Titicacasees. Alles ist verlandet; das Land hier wird immer trockener.

Weiter Richtung Westen wandernd sind es noch 4 km bis nach **Saman**, das eine ähnliche alte Kirche aus Adobeziegeln ziert wie Taraco.

Kurz nach dem Ort ist wieder die Hauptstraße erreicht und somit der Busanschluss zurück nach Juliaca.

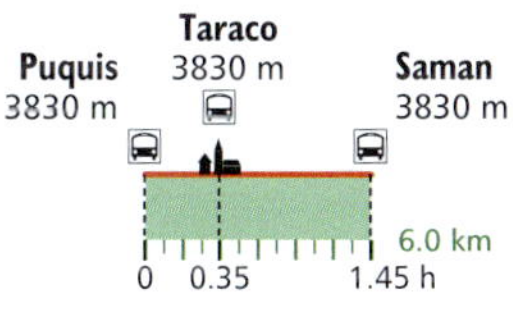

53 Chuquito, Ichu und Chimu

3.00 Std.

Interessantes Kolonialdorf, schöne Landschaft am See, Schilfhandwerker

Kleinbusse pendeln tagsüber am Westufer des Titicacasees zwischen Puno und Chuquito. Der kleine Ort 18 km südlich von Puno war ein Verwaltungszentrum der spanischen Kolonialzeit und hatte den Beinamen »Ciudad de las Cajas Reales« (»Stadt der königlichen Kassen«). Von der erhöht liegenden großen Asunción-Kirche am Hauptplatz von Chuquito bietet sich ein freier Blick auf den See und auf dem Vorplatz der noch älteren Kirche Santo Domingo steht eine Vielzahl steinerner Phallussymbole. Bei den Häusern von Ichu lässt sich eine kurze Wanderung zu schönen Felsformationen in ländlicher Titicacasee-Umgebung unternehmen und in Chimu wird das Totoraschilf getrocknet und zu Booten, Matten und Körben verarbeitet.

Ausgangspunkte: Chuquito, 3840 m, 18 km von Puno; Ichu, 3820 m, 13 km von Puno, und Chimu, 3820 m, 8 km von Puno. Ständige Busverbindung von und nach Puno.
Höhenunterschied: Keiner.

Anforderungen: Drei leichte Wanderungen im Flachland; insgesamt sind etwa 3 Std. Zeit einzuplanen.
Einkehr: In Chuquito und Puno.
Karte: IGN-Karte SD 19-14 Puno und nördlicher Titicacasee (1:250.000).

Unten: Zum Trocknen ausgelegtes Totoraschilf am Ufer des Titicacasees.
Rechts: Ichu mit seinen Felsformationen.

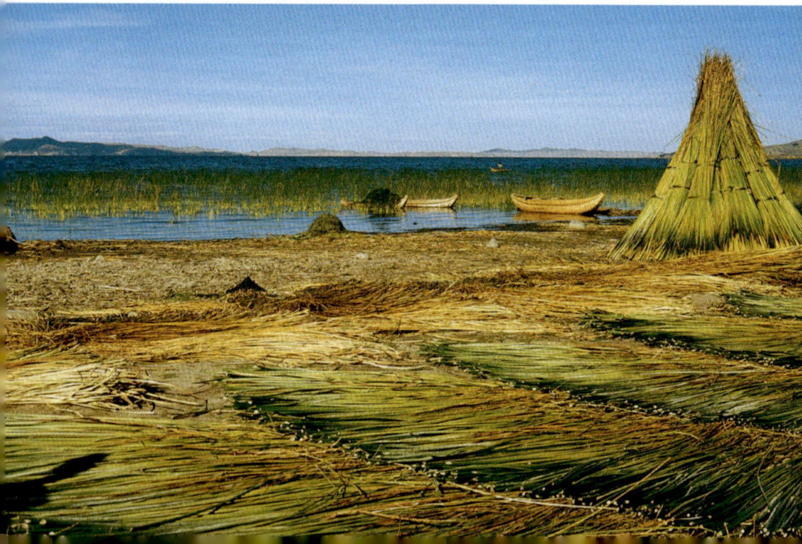

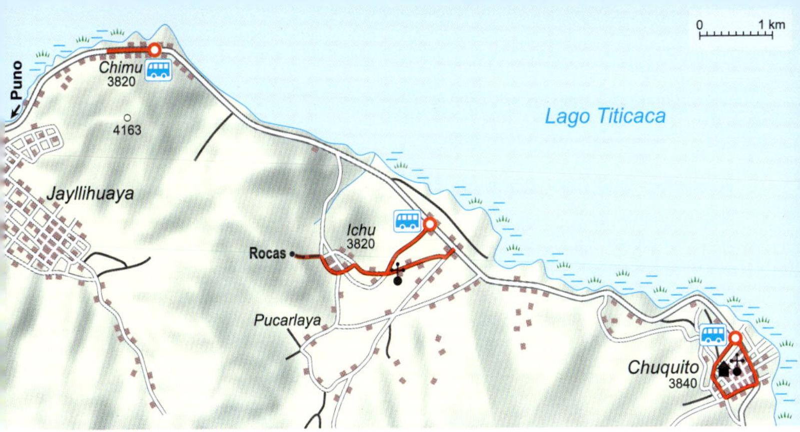

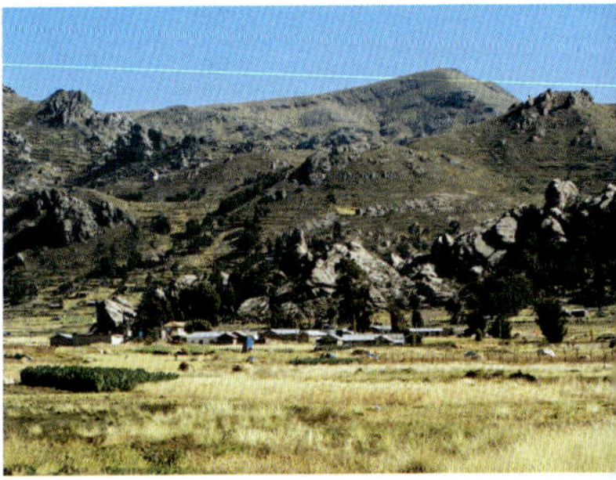

Nach einem Rundgang durch das sehenswerte **Chuquito** fährt (oder läuft) man zurück Richtung Puno bis zur Abzweigung nach **Ichu**.
Die flache Piste führt vom Ufer weg zum 2 km entfernten Dorf **Ichu** und zu schönen Felsformationen. Gleich nach der neuen, weiß getünchten evangelischen Kirche (1 km) führt eine kleine Zementbrücke über den Bach und ein anderer Weg in einer Schleife zurück zur Hauptstraße. Geradeaus weiter verläuft der Weg auf die schon sichtbaren Felsen zu. Die neuen blau gestrichenen Wellblechkabinen zwischen den Kartoffel- und Quinoafeldern sind Toilettenhäuschen, eine Errungenschaft, die erst im 21. Jahrhundert (!) gelang. Unterhalb der Felsen verläuft ein Querverbindungsweg nach rechts und somit bleibt jedem selbst überlassen, wie intensiv er sich der Landschaft widmen möchte.
Nur noch 8 km südlich von Puno stehen entlang der Uferstraße die Häuser von **Chimu**. Unter den hoch aufragenden braunen Felsen wird hier das geschnittene Totoraschilf in großem Stil getrocknet, dann gebündelt und zu den berühmten Schilfbooten verarbeitet, oder aus den Binsen werdon Matten und damit Schilfhütten wie auf den Urus-Inseln gebaut. Ein Bummel entlang der Häuser von Chimu bietet ein Stück Titicacasee pur.

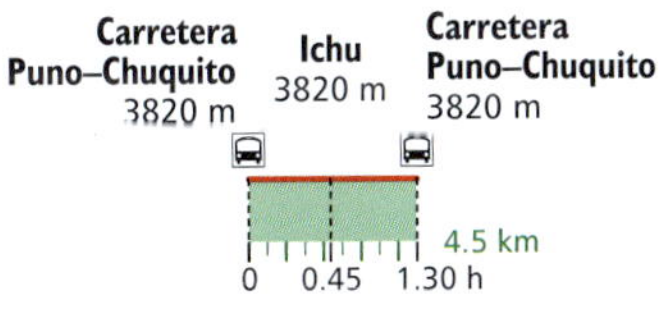

54 Unbekanntes Ostufer des Titicacasees

2 Tage

Von Huancané über Moho bis Tilale nahe der bolivianischen Grenze

Das touristenferne und weniger besiedelte Ostufer des Sees offenbart noch streckenweise die Ruhe, die friedliche Weite und die Melancholie, die es am stark frequentierten Westufer kaum mehr gibt. Huancanés großer Hauptplatz trägt eine künstlerische Note: Viele Baumkronen sind zu verspielten Formen und Figuren zurechtgestutzt. Ab Moho führt die Route zu Fuß weiter nach Südosten zur bolivianischen Grenze. Die hier lebenden Menschen sind überwiegend Aymará.

Ausgangspunkt: Moho, 3850 m. Mit dem Bus 39 km ab Huancané, bis dorthin Bus ab Juliaca, 56 km.
Endpunkt: Tilale, 3830 m. Rückfahrt mit Bus oder Lkw, gelegentlich auch per Boot.
Höhenunterschied: Kaum einer.

Anforderungen: Einfache Zwei- bis Drei-Tages-Wanderung.
Einkehr: In den Dörfern unterwegs.
Unterkunft: Einfache Möglichkeiten in den Dörfern.
Karte: Nur die IGN-Karte SD 19-14 Puno und nördlicher Titicacasee (1:250.000).

1. Tag: Moho – Cambria (5.00 Std. 15 km, kaum Höhenunterschied)
Wer das stille Ostufer des Titicacasees kennenlernen möchte oder über diesen Landesteil nach Bolivien einreisen will, dem sei empfohlen, zumindest ab Moho (39 km von Huancané) die Straße zu verlassen und am Uferweg bis Tilale zu wandern. Vorher verläuft die Straße über Vilquechico meist weit vom Ufer entfernt.

Huancané und erst recht ...

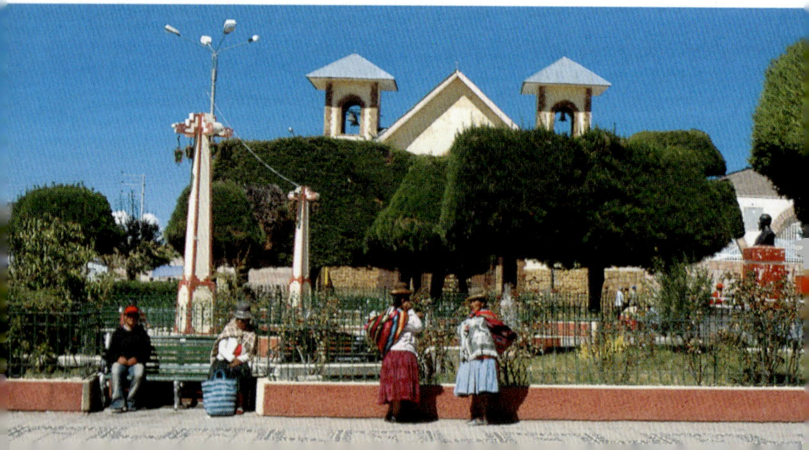

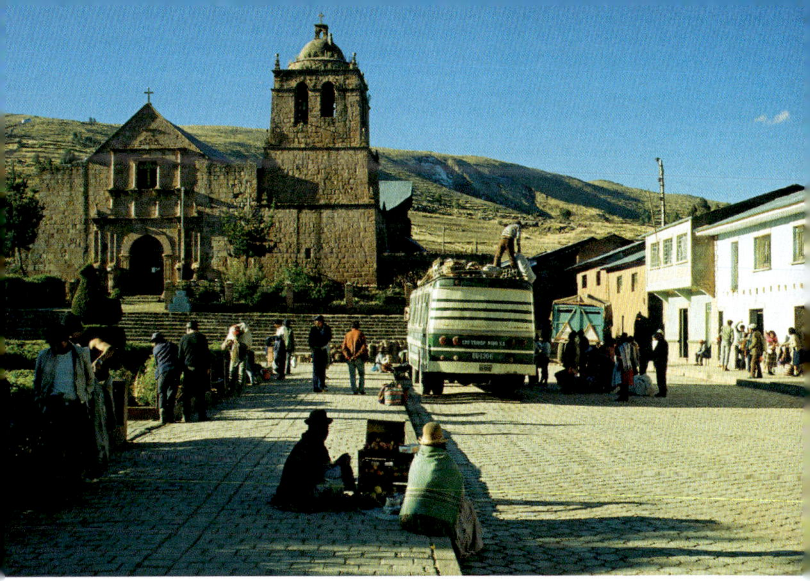

... Moho bekommen sehr selten Touristen zu sehen.

Das Dorf **Moho** ist durch einen Bergrücken vom See abgeschirmt, aber von oberhalb bietet sich ein umfassender Blick auf die schöne Bucht von Moho, die von parzellierten Feldern gesäumt ist, den nördlichen Titicacasee und die lange Insel Soto weiter südlich. Die dicht gedrängten Wellblechdächer des Ortes hingegen wollen so gar nicht zur 1805 fertiggestellten Kolonialkirche und zum Landschaftsbild passen. Es gibt schlichte Übernachtungsmöglichkeiten.

Der Weg führt nun ans Ufer; die Straße zur bolivianischen Grenze bleibt im hügeligen Hinterland des Sees. Der Himmel und der See erstrahlen in einem unglaublichen Blau, die Luft ist klar und frisch, stille versteckte Buchten und der unendliche Weitblick nach Westen über den See lassen die Wanderung kurzweilig werden. Etwa 15 km nach Moho folgt die Ansiedlung **Cambria**.

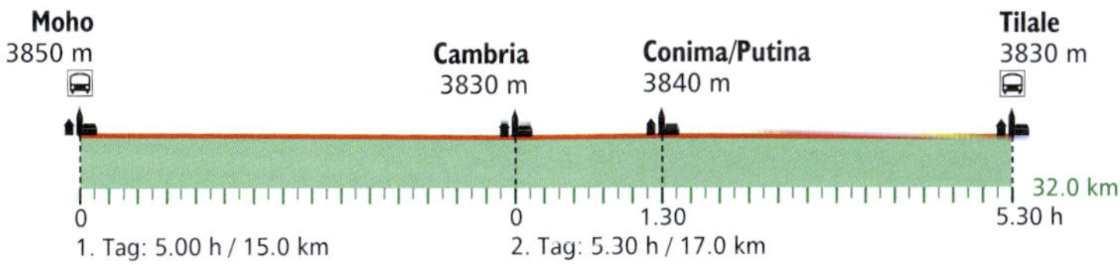

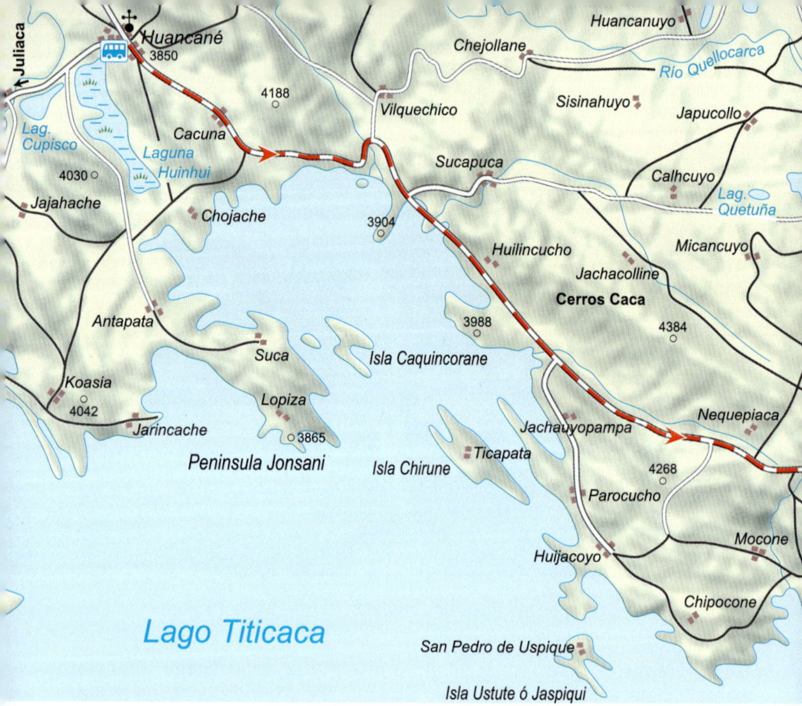

2. Tag: Cambria – Tilale (5.30 Std., 17 km, kaum Höhenunterschied)
Nach Cambria folgen – noch einmal 5 km weiter – die Dörfer **Conima** und **Putina** vor der kleinen Halbinsel Huata, wo die Besiedelung stark zugenommen hat.

Die letzten 12 km bis Tilale verlaufen am Ufer der Bucht, manchmal ist die Piste nur ungenügend befestigt oder von schweren Lkw ramponiert. **Tilale** ist der letzte Ort vor der Grenze zu Bolivien, entsprechend wirkt das Dorf auch wie eine Pioniersiedlung. Ein Grenzübertritt erfolgt auf der Hauptstraße 10 km weiter nördlich.

Mit etwas Glück kann man von Tilale auch mit einem Boot zurück ans Nordufer tuckern. Ansonsten wartet man auf einen Bus, ein Colectivo oder einen Lkw.

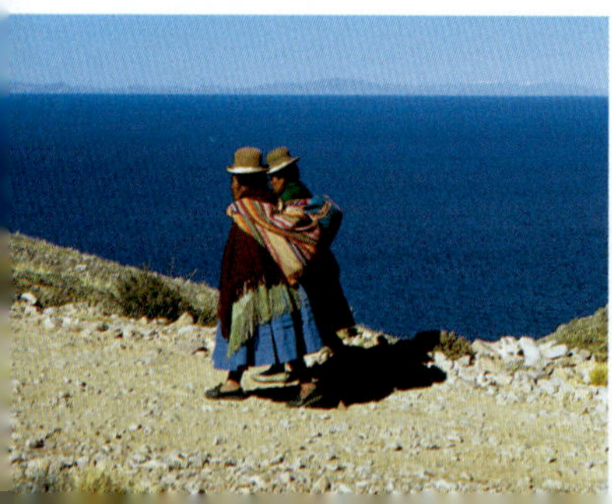

Am stillen Ostufer des Titicacasees.

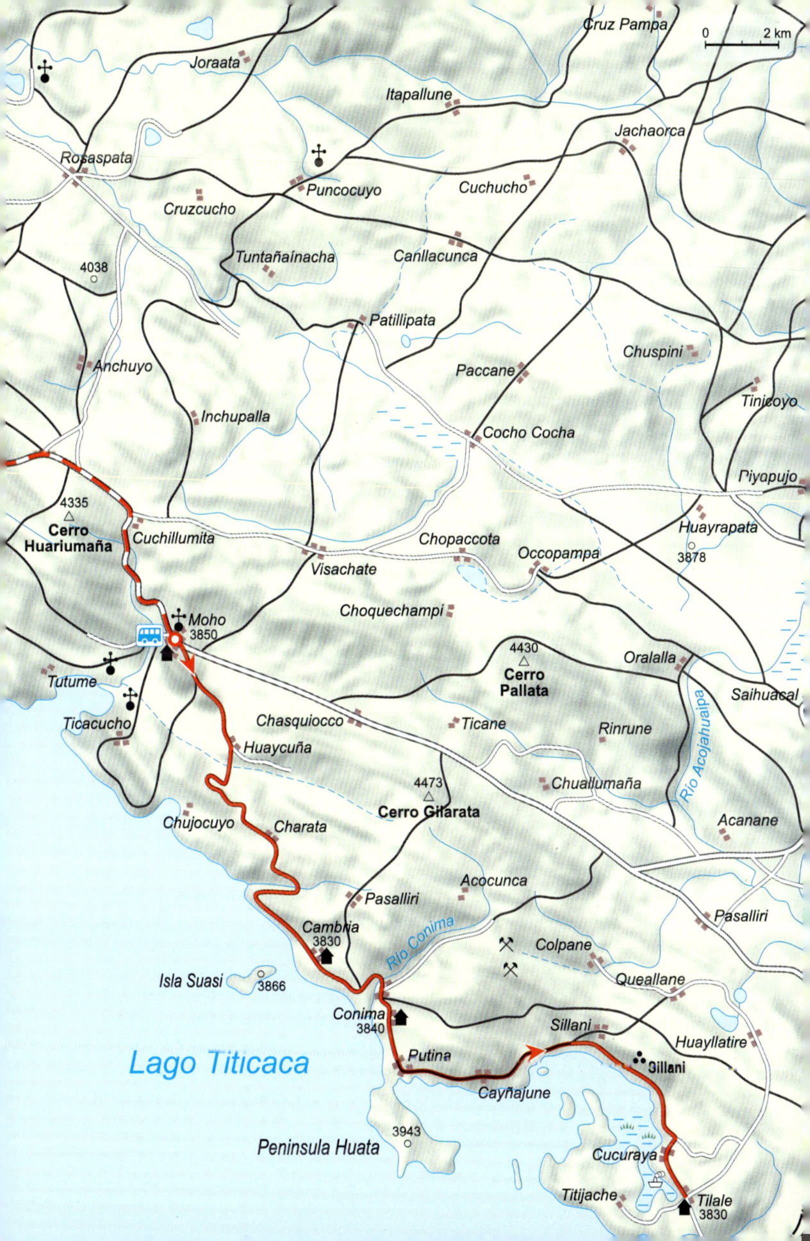

0 2 km
Cruz Pampa
Joraata
Itapallune
Jachaorca
Rosaspata
Puncocuyo
Cuchucho
Cruzcucho
Tuntañaínacha
Canllacunca
4038
Patillipata
Chuspini
Anchuyo
Paccane
Tinicoyo
Inchupalla
Cocho Cocha
Piyapujo
4335
Cerro Huariumaña
Cuchillumita
Chopaccota
Huayrapata
3878
Occopampa
Visachate
Choquechampi
Moho
3850
4430
Cerro Pallata
Oralalla
Tutume
Saihuacal
Ticacucho
Chasquiocco
Ticane
Rinrune
Huaycuña
Río Acojahuaipa
4473
Chuallumaña
Cerro Gilarata
Chujocuyo
Charata
Acanane
Acocunca
Pasalliri
Pasalliri
Cambria
3830
Río Conima
Colpane
Isla Suasi
3866
Queallane
Conima
3840
Sillani
Huayllatire
Putina
Sillani
Lago Titicaca
Cayñajune
3943
Peninsula Huata
Cucuraya
Titijache
Tilale
3830

Der vulkanische Süden Perus

In der wüstenhaften Hochfläche des südlichen Peru ragen die höchsten Vulkane der peruanischen Kordilleren auf, wie der 6425 m hohe Nevado Coropuna, der Nevado Solimana, 6093 m, der Nevado Ampato mit 6288 m und direkt am Stadtrand von Arequipa, der größten und schönsten Stadt im Süden des Landes, der Nevado Chachani, 6075 m, sowie der ebenmäßige Vulkankegel des 5822 m hohen Misti. Außerdem besitzt die Region mit dem Cañón del Colca und dem Cañón de Cotahuasi zwei herausragende Naturwunder. Der Cañón del Colca, vor 40 Jahren noch so gut wie unbekannt, hat sich in den Jahren seit der Jahrtausendwende zu einem der Hauptreiseziele in Peru entwickelt. Zehn pittoreske Dörfer zieren beide Seiten des Canyons, deren weibliche Bewohner eine farbenfrohe und elegante Tracht mit Hut, bestickten Westen und weiten, langen Röcken tragen, die zu den schönsten des Landes zählt. An der Südseite des Río Colca stehen zudem drei Vulkane, von denen der höchste, der Nevado Ampato, 1995 durch die sensationellen Funde von mumifizierten und tiefgefrorenen Kinderopfern aus der Inkazeit in etwa 5800 m Höhe für weltweites Aufsehen sorgte. Die bestens erhaltenen Mumien und weitere Opfergaben sind in einem extra neu geschaffenen Museum in Arequipa zu bestaunen, dem Museo Santuarios Andinos.
Die Gegend um Cotahuasi hingegen schlummert noch in einem Dornröschenschlaf wie vor vier Jahrzehnten auch der Cañón del Colca. Die beschwerliche und langwierige Anfahrt wird daran auch so schnell nichts ändern.
Arequipa wird gerne auch »La ciudad blanca«, die »Weiße Stadt« genannt, ein Beiname, den sie dem *sillar* (Tuff), einem leicht zu bearbeitenden hellen Vulkangestein verdankt, aus dem ein Großteil der Altstadt erbaut ist. Im Jahr 2000 wurde das historische Zentrum der Stadt in die Weltkulturerbe-Liste der UNESCO aufgenommen. In Arequipa ist nichts mehr von der Kälte des Altiplano zu spüren. Ein angenehm frühlingshaftes Klima begünstigt die von Halbwüste umgebene Stadt in 2300 m Höhe und verleiht ihr eher das heitere Flair einer mediterranen Metropole; fast das ganze Jahr scheint die Sonne, Niederschlag ist kaum zu verzeichnen. Arequipa liegt aber auch im von Erdbeben gefährdeten Vulkangürtel des südlichen Peru. Das letzte schwere Beben mit der Stärke 7,9 auf der nach oben offenen Richterskala am 23.6.2001 forderte 138 Tote und richtete schwere Beschädigungen an.
Einige der zum Teil schneebedeckten Vulkane prägen das Antlitz der Stadt und ermöglichen erst ihre Existenz (siehe Foto Seite 12). Ihre Schmelzwasser speisen den Río Chili, der Arequipa und seine nähere Umgebung in eine fruchtbare Oase mit blühender Landwirtschaft verwandelt. Die drittgrößte Stadt Perus liegt 1000 km südöstlich von Lima, 400 km von der chilenischen Grenze und nur 100 km von der Küste des Pazifischen Ozeans entfernt. Die

Die Piste über dem Río Huarcayo hinauf ins Dorf Puyca.

Einwohnerzahl der Stadt hat sich in den letzten 40 Jahren auf über eine Million verdreifacht, so ist auch Arequipa mit endlosen Slums umzingelt und der immens zugenommene Autoverkehr erstickt die Stadt langsam.

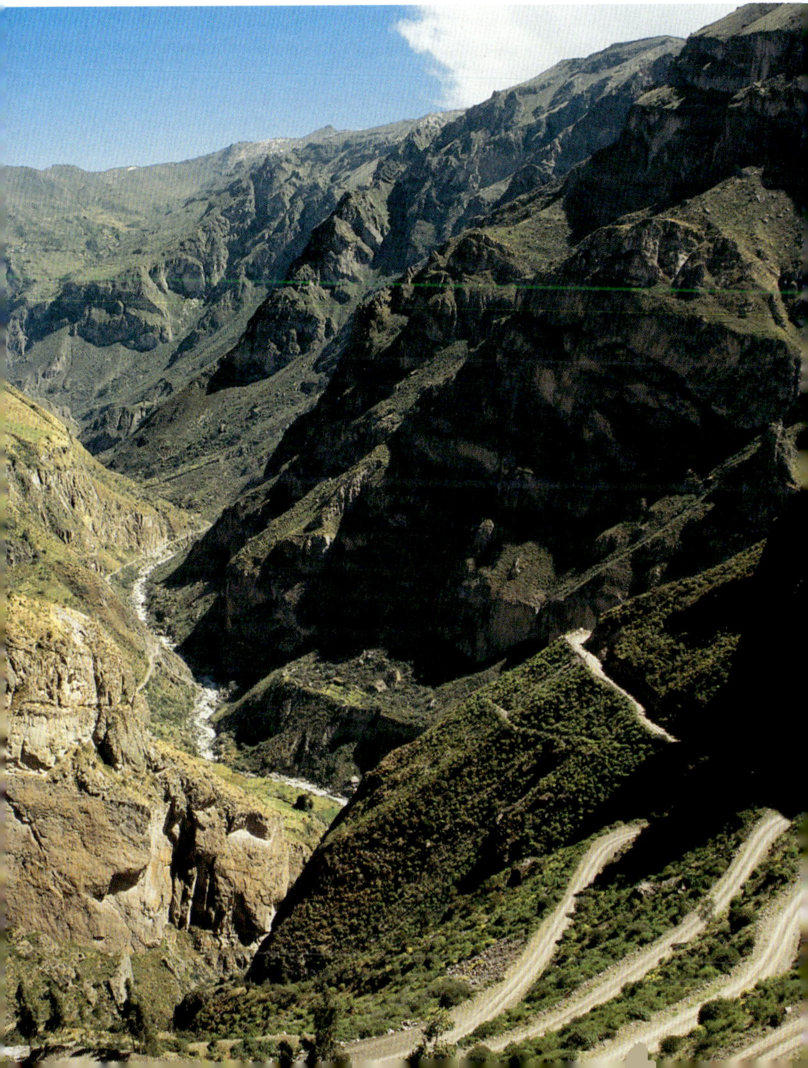

55 Cañón del Colca

2 Tage

Zehn malerische Dörfer an einer der tiefsten Schluchten der Erde

Der interessanteste Teil des Colca-Tales liegt zwischen den 50 km voneinander entfernten Orten Chivay und Cabana Conde am von Osten nach Westen fließenden Río Colca. Fünf der Dörfer, alle mit einer ansehnlichen Kolonialkirche ausgestattet, reihen sich entlang der Verbindungsstraße auf der Südseite des Tales, vier weitere auf der Nordseite. Chivay, der größte Ort, ist Verkehrsknotenpunkt und Ausgangsort für alle Ausflüge. 99 % aller Besuche gelten der Südseite und dabei fast ausschließlich dem Aussichtspunkt Cruz del Conde, weil sich der Großteil der Touristen mit einem Tagesausflug von Arequipa (400 km Fahrt hin und zurück!) zu diesem Naturwunder, einem der größten des Landes, begnügt. Dabei sind in Chivay und im Colca-Tal viele Hotels und Bungalowanlagen entstanden, die aber genau aus diesem Grund meist leer stehen. Von Chivay sind die drei Vulkane Ampato, 6288 m, der lange aktiv gewesene und immer mal wieder fauchende Sabancaya, 5976 m, sowie die Vulkanruine des Hualca Hualca, 6025 m (von Süd nach Nord) zu sehen. Obwohl für die Region keinerlei Schutzstatus besteht, wurde der erhobene Eintrittspreis auf 70 Soles (ca. 20 €) verdoppelt. Dieser wird den Besuchern schon bei der Ankunft in Chivay im Bus abgeknöpft. Die Hauptattraktion hingegen, der Kondor, ist fast verschwunden, man bekommt ihn nur noch ganz selten zu sehen.

3 km flussaufwärts von Chivay befindet sich das Thermalbad von La Calera mit mehreren Becken; 13 km nördlich von Chivay, am Oberlauf des Río Colca, liegt die schöne Ortschaft Tuti (siehe Foto Seite 242), Ausgangspunkt zum Nevado Mismi und zur Quelle des Río Apurimac, dem Hauptquellfluss des Amazonas, und noch 12 km weiter Callalli, ein kleiner Verkehrknotenpunkt, beide ebenfalls mit sehenswerten Kirchen ausgestattet. Früher passierten manche Busse auf der Strecke von Cuzco nach Arequipa die Puente Callalli von Norden kommend durch eine völlig unbekannte, fantastische Landschaft.

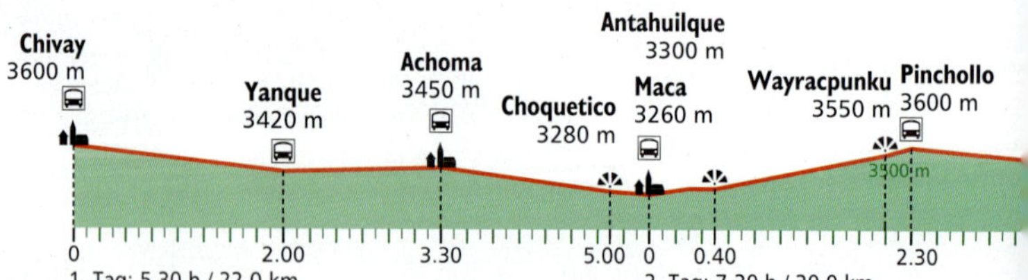

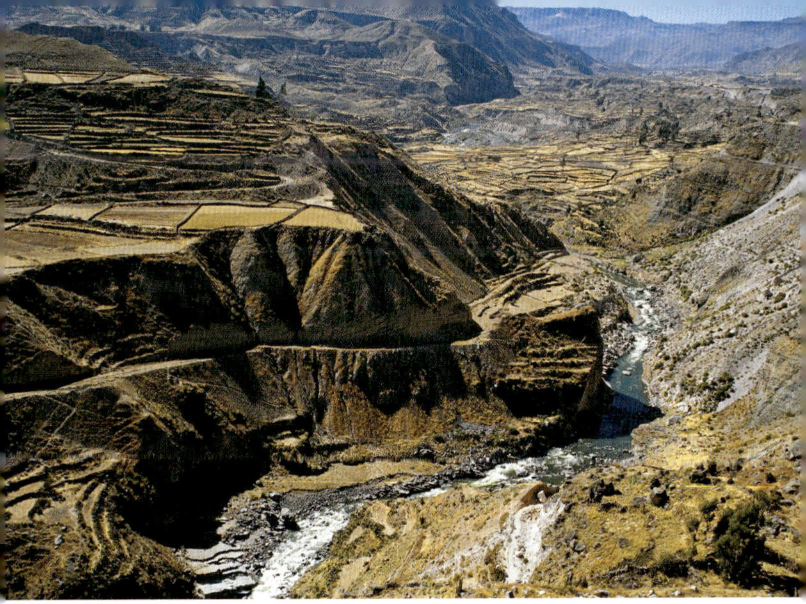

Cañón de Colca im östlichen Bereich.

Ausgangspunkte: Chivay, 3600 m (von von Arequipa 160 km per Linienbus), bzw. Lari, 3230 m, an der Nordseite des Colca-Tals (Bus ab Chivay).
Endpunkte: Cabana Conde, 3290 m, Endstation der Busse von Arequipa (Südseite), bzw. Madrigal, 3260 m (Nordseite); Busverbindung von und nach Chivay.
Höhenunterschied: 420 m Aufstieg, 730 m Abstieg bei der Wanderung an der Südseite; zwischen Lari und Madrigal 30 Hm Aufstieg, von Chivay bis Lari 370 Hm Abstieg.
Anforderungen: Der Weg über die (kaum befahrene) Straße zwischen den Dörfern ist staubig und tagsüber heiß. Die Straße an der Nordseite ist noch weniger befahren.
Einkehr: In Chivay und Cabana Conde, unterwegs kleine Läden in den Dörfern.
Unterkunft: In Chivay und Cabana Conde; Hotelanlagen im gesamten Tal, die aber oft auch geschlossen sind.
Hinweis: Nachfolgend sind die lohnendsten Wegabschnitte sowohl an der südlichen als auch an der nördlichen Seite des Cañon de Colca beschrieben. Durch die Busverbindung zwischen den Dörfern sowie den zahlreichen Unterkunftsmöglichkeiten lassen sich die Strecken, die man zu Fuß zurücklegen möchte, beliebig einteilen.
Karte: IGN-Karte 32-s Chivay (1:100.000).

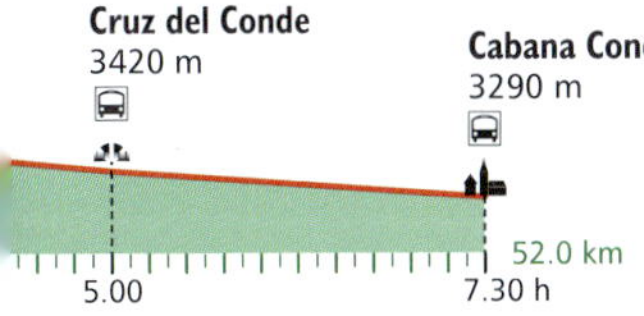

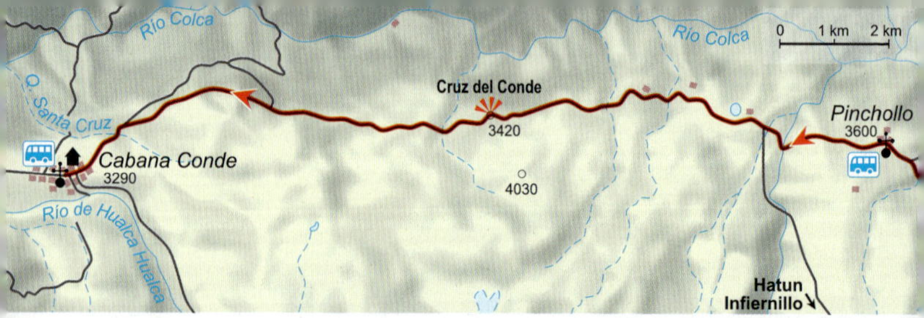

Südliche Talseite:

1. Tag: Chivay – Maca (5.30 Std., 22 km, 30 Hm Aufstieg, 370 Hm Abstieg)
Zwischen Chivay und Cabana Conde verkehrt der Linienbus von Arequipa kommend, somit ist jedes Dorf leicht erreichbar. Natürlich wird man nicht die gesamte Strecke laufen wollen, obwohl es sich auf Etappen allemal lohnt. Die interessantesten Bereiche der Schlucht befinden sich zwischen den Orten Yanque, Achoma und Maca sowie im Bereich des Cruz del Conde, dem Aussichtspunkt am tiefsten Einschnitt des Cañón del Colca. **Yanque**, 3420 m, und **Achoma**, 3450 m, liegen 6 km auseinander und der als nächstes folgende Ort **Maca** 8 km weiter westlich auf 3260 m. Yanque hat die größte Kirche der alten Dörfer auf der Südseite des Canyons mit Blick auf den Nevado Hualca Hualca.
Zwischen dem Dorf Achoma mit seiner leider dem Verfall preisgegebenen schönen, weiß getünchten Kirche und dem 1991 durch ein lokales Erdbeben zerstörten Dorf Maca wird die Landschaft durch die zunehmende Anzahl der Terrassenfelder immer eindrucksvoller. Die Lehmhäuser wurden rasch wieder aufgebaut, aber erst im Jahre 1998 begannen die Instandsetzungsarbeiten an der sehenswerten Kolonialkirche von Maca mit finanzieller Unterstützung Spaniens, dabei wurde dem Dorf gleich eine Kanalisation mit eingepflanzt. Seit Ende 2006 erstrahlt auch das Innere der restaurierten Kirche wieder in neuem Glanz.

2. Tag: Maca – Cabana Conde
(7.30 Std., 30 km, 390 Hm Aufstieg, 360 Hm Abstieg
Ab Maca steigt die Straße etwas an und es folgt ein großartiger Abschnitt, denn alleine auf der anderen Talseite zwischen Lari und Madrigal breiten sich Tausende *andenes* aus, wie die

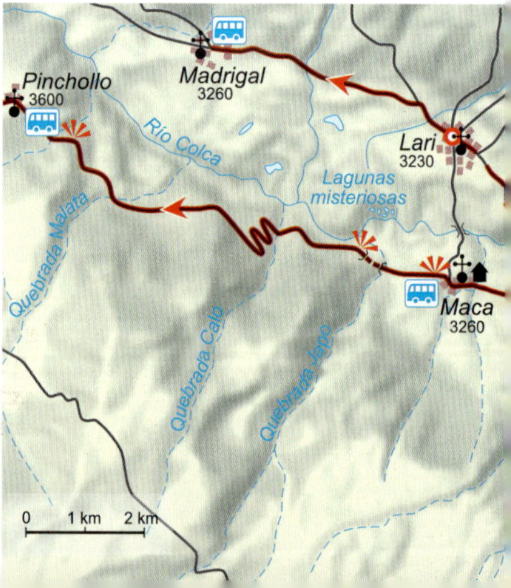

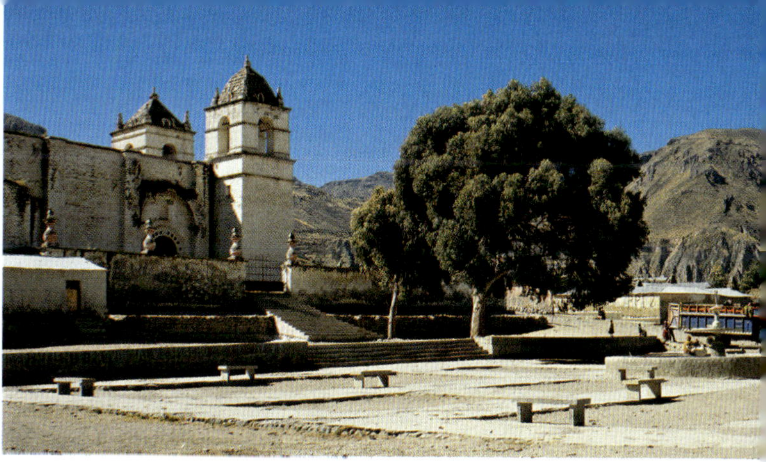

Die renovierte Kirche von Maca.

kunstvoll angelegten Terrassenfelder hier und überall in den Anden heißen. Ein ausgeklügeltes Bewässerungssystem versorgt sie bis in die letzten Winkel mit ausreichend Wasser. Inmitten dieser über 1500 Jahre alten und teilweise immer noch bewirtschafteten Felder liegen fünf je nach Sonneneinstrahlung verschiedenfarbige kleine Weiher, die **Lagunas misteriosas**. Kurz nach Maca folgt ein Tunnel und seit 2005 führt hier eine Straßenbrücke über den Río Colca ins gegenüberliegende Dorf Lari. Vor und nach dem Tunnel gibt es herrliche Aussichtsplätze. Die Ausblicke vom **Mirador Antahuilque** sowie dem **Mirador de Choquetico** gehören mit zu den schönsten in Peru.

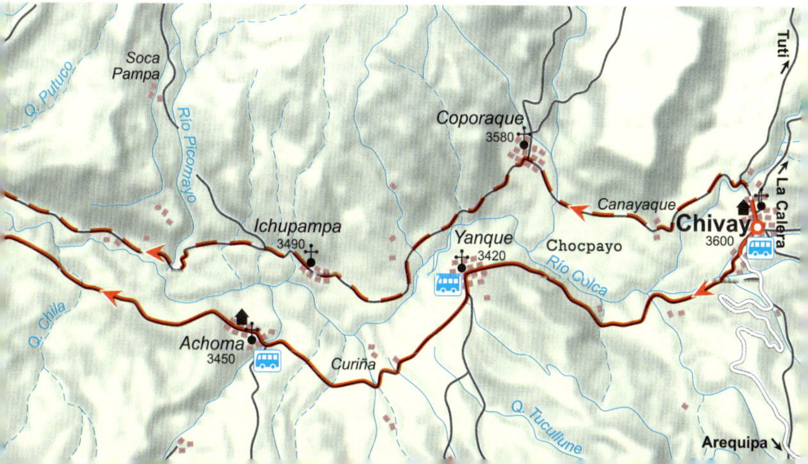

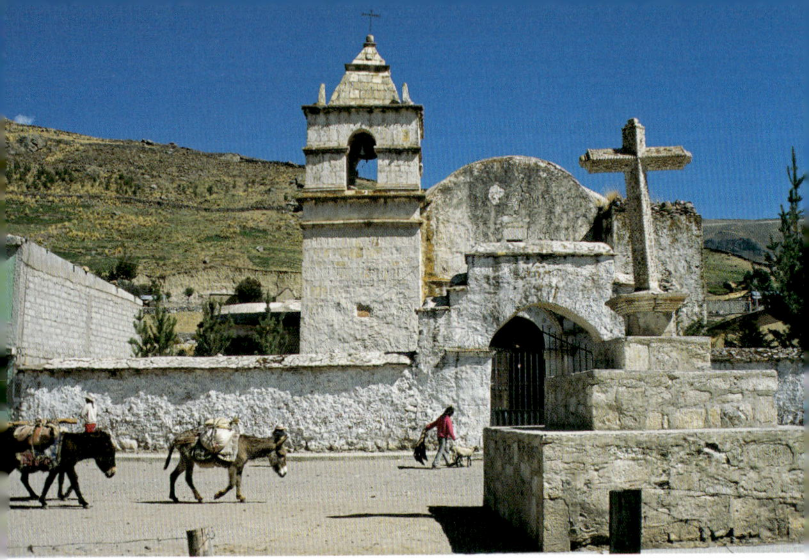

Tuti am Oberlauf des Río Colca.

In Richtung Pinchollo steigt die Straße wieder bis auf 3600 m Höhe an und kurz vor dem verschlafenen Dorf kommt noch der Aussichtspunkt **Mirador Wayracpunku** mit freiem Blick nach Osten über das Tal. Zwei Kilometer hinter **Pinchollo** gibt es eine Abzweigung Richtung Nevado Hualca Hualca zu den Geysiren Hatun Infiernillo (9 km).

Die Flächen am Straßenrand sind zunehmend mit großen Kandelaberkakteen bewachsen, der Río Colca hat sich sein Flussbett nach Westen immer tiefer gegraben und ist nur noch an wenigen Stellen zu sehen. Auf halbem Weg zwischen Pinchollo und Cabana Conde, dem letzten Dorf im Tal, ist der Aussichtspunkt **Cruz del Conde** erreicht. 100 m vorher ist ein großer Parkplatz mit Toiletten entstanden und um die Aussichtskanzel herrscht seit einigen Jahren jeden Morgen Volksfesttrubel. Zahllose Frauen haben ihre kleinen Souvenirstände aufgebaut, doch den Hauptgrund des täglichen Ansturms gibt es meist gar nicht mehr zu sehen: Die früher sich mit der ersten Thermik am frühen Morgen in großer Zahl in den Himmel schraubenden Kondore sind vor dem Rummel und dem Lärm geflüchtet. Sie hatten an den oberen Rändern der Schlucht ihre Nistplätze (siehe Foto Seite 24/25).

Bleibt der nicht minder eindrucksvolle Tiefblick in eines der größten Naturwunder Perus, die tiefe und enge Schlucht des Río Colca. Vom Standpunkt sind es 1200 Hm bis zum engen Flussbett hinab. Die Peruaner verkaufen ihn immer noch als tiefsten Canyon der Erde, denn nach ihrer Messweise von

den gegenüberliegenden Gipfelspitzen des Nevado Sepregina und Cerro Bomboya ist er 2850 m tief. Mit dem Cañón de Cotahuasi in der Nähe gibt es einen noch tieferen. Etwas westlich des Cruz del Conde und vom Dorf Cabana Conde sind auch Abstiege in die Schlucht möglich. Bei den Häusern von Sangalle unten am Río Colca gibt es Unterkünfte, ein Schwimmbad und eine Brücke zum Weg hinauf in das an den Hängen der gegenüberliegenden Talseite festgeklammerte Dörfchen **Tapay**.
Noch 10 km sind es bis Cabana Conde, dem letzten Dorf. Die Straße senkt sich entlang eines in den 1980er-Jahren gebauten Bewässerungskanals zu einer von Terrassenfeldern gesäumten Ebene hoch über der Schlucht, immer noch in 3290 m Höhe. Hier herrscht lebhafteres Treiben als in den anderen Dörfern, denn **Cabana Conde** ist Endstation der Buslinien von Arequipa. Eine große zweitürmige Kirche an der Plaza beherrscht den Ort; es gibt einige Unterkünfte sowie einfache Restaurants (siehe Foto Seite 248).

Nördliche Talseite:

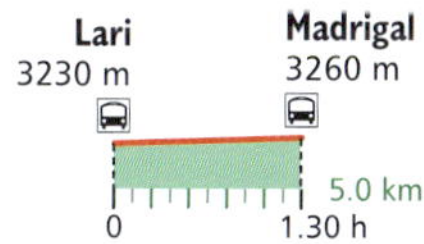

Auch die Dörfer auf der Nordseite des Colca-Tales werden von einem lokalen Kleinbus bedient, wobei es besonders lohnend ist, die 5 km zwischen Lari und Madrigal zu wandern. Die Dörfer **Coporaque**, 3580 m, **Ichupampa**, 3490 m, **Lari**, 3230 m, und **Madrigal**, 3260 m, dämmern noch im Halbschlaf des vorigen Jahrhunderts dahin. Sie erfahren kaum mal einen Besuch von Touristen. Doch vor allem Lari mit seiner mächtigen, wie eine Trutzburg wirkenden Kirche (die einzige mit einer Kuppel) genau gegenüber von Maca auf der südlichen Seite des Cañon de Colca und den umgebenden Terrassenfeldern ist einen Ausflug wert.

Selbst bei der Feldarbeit legen die Frauen im Colca-Tal ihre schöne Tracht nicht ab.

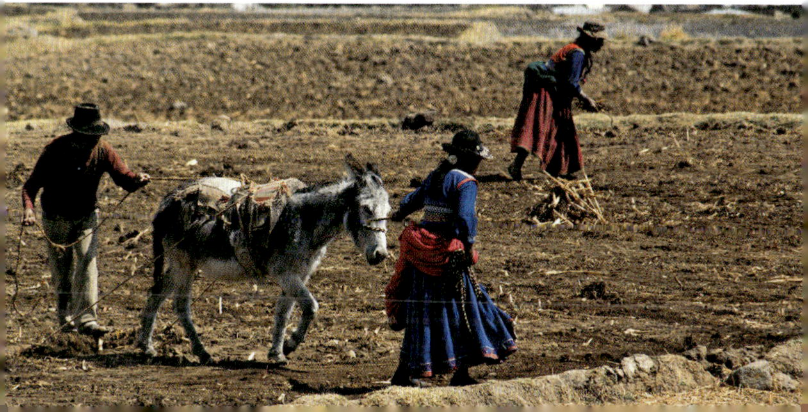

56 Um den Nevado Ampato nach Cabana Conde

4 Tage

Einsame Wüstenwanderung immer in Sichtweite der Vulkane

Diese gut 70 Kilometer lange Tour kommt fast einer Umrundung der drei Vulkane am Südrand des Cañón del Colca gleich. Harte vier Tage in lebensfeindlicher und nahezu menschenleerer Hochwüste, aber bis zum Abstieg nach Cabana Conde auch ständig auf Tuchfühlung mit den archaischen Vulkanen.

Ausgangspunkt: Pata Pampa, 4800 m, auf der Straße von Arequipa, bevor sich diese nach Chivay hinabwindet. Busverbindung von Arequipa bzw. Chivay.
Endpunkt: Cabana Conde, 3290 m. Busverbindung nach Arequipa.
Höhenunterschied: 610 Hm Aufstieg, 2120 m Abstieg.
Anforderungen: Anstrengend, bitterkalte Nächte in der Hochwüste. Der Weg verläuft teilweise auf Sand, Geröll und Schlacke, aber nicht allzu beschwerlich.
Einkehr: In Cabana Conde am Ende der Wanderung, unterwegs keine. – Am ersten Tag gibt es auch kein Trinkwasser.
Unterkunft: Im Zelt.
Karten: IGN-Karte 32-s Chivay, 32-r Huambo (1:100.000).

1. Tag: Pata Pampa – Río Parcomayo (6.00 Std., 200 Hm Abstieg, 14 km)
Auf der seit einigen Jahren durchgehend asphaltierten Straße von Arequipa nach Chivay im Colca-Tal ist kurz nach Überquerung des höchsten Punktes der Fahrt (etwa 4800 m) die Pata Pampa erreicht, wo eine Sandpiste nach Südwesten Richtung Lluta abzweigt.
An dieser Abzweigung, inmitten trockenster Sand- und Steinwüste zu Füßen des Nevado Hurancante, 5388 m, und des Nevado Chucura, 5250 m, im Osten, beginnt die Wanderung. Nur wenige knochenharte Llareta-Moose und hin und wieder ein paar Büschel des robusten Ichu-Grases bringen ein paar Farbtupfer in das Einheitsgrau der Hochwüste. Der Weg führt zur Südseite des südlichsten der drei Vulkane, des 6288 m hohen Nevado Ampato. Die

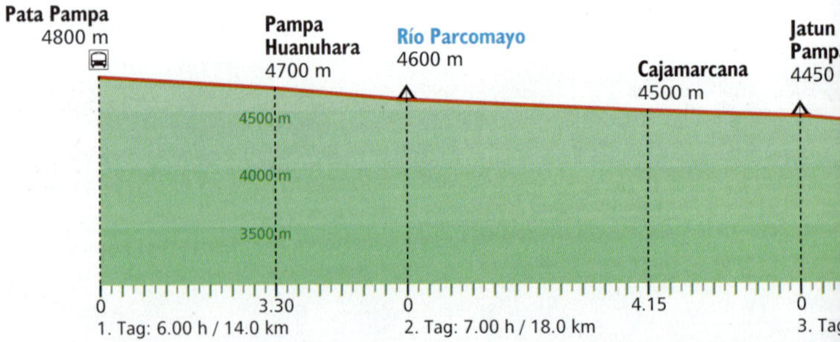

glasklare Luft lässt die Entfernungen schrumpfen. Vorerst geht es ständig gemächlich bergab. Die schon tiefer gelegene sandige, aber auch feuchte **Pampa Huanuhuara** nach 8 km Wegstrecke lässt sich wahlweise durch einen kurzen Abstieg direkt durchqueren oder auf der Piste in einem leichten Bogen nach Norden umgehen. In der Pampa entspringt der **Parcomayo-Bach** und in seinem Bereich ist die Trockenheit feuchten Weidegebieten für Lamas und Alpakas gewichen. (Bis hierher unterwegs kein Wasser!)

2. Tag: Río Parcomayo – Südseite des Nevado Ampato (7.00 Std., 18 km, 150 Hm Abstieg)
Die drei Vulkane sind jetzt hinter dem Cerro Condori verborgen. Jenseits des Baches fristen zwei Hirten in den Lehmhütten von **Humacala** ein entbehrungsreiches Dasein. Darüber erheben sich die 5250 m hohen Geschwisterberge Ananta und Ananto. Der Ampato wird auf dem Weiterweg wieder frei einsehbar und im Süden sogar der Nevado Chachani. Nach dem Scheitelpunkt der Piste, bei der kleinen Einsiedelei **Cajamarcana**, kann die Straße schon verlassen und näher am Berg gelaufen werden.
Am Rande des hohen Lavawalles, also am rechten Rand des von Alpakas beweideten Sumpfes, steuert man auf die weite Jatun Pampa unterhalb der Südhänge des Nevado Ampato zu. Spätestens ab der Jatun Pampa muss man die Straße verlassen, weil sie nun vom Ampato weg nach Südwesten führt. Auf der Ebene gibt es Lagermöglichkeiten mit freiem Blick auf die nahen Vulkane, allerdings kein Wasser (s. Foto Seite 250).

3. Tag: Südseite Ampato – Collpa Grande – Laguna Condori (8.00 Std., 22,5 km, 500 m Anstieg, 250 Hm Abstieg)
Diese Etappe ist zunächst etwas beschwerlicher, weil die Faltenbildung der Vulkanhänge ausgeprägter wird. Es ist für die nächsten Stunden ein wegloses Auf- und Absteigen nach Westen, dann nach Nordwesten schwenkend durch ausgetrocknete Bachbetten, lockere Schlacke und von Fels und Sand ge-

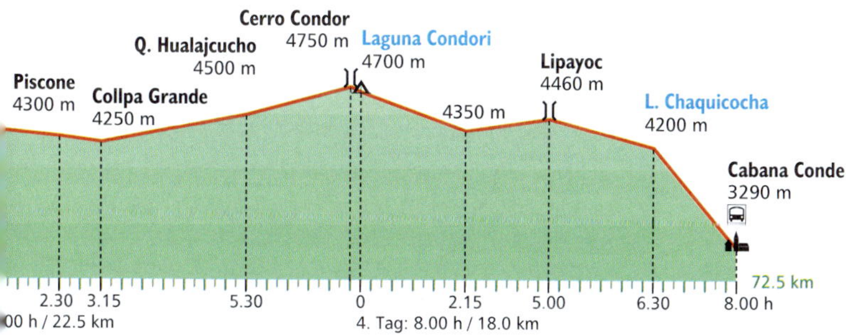

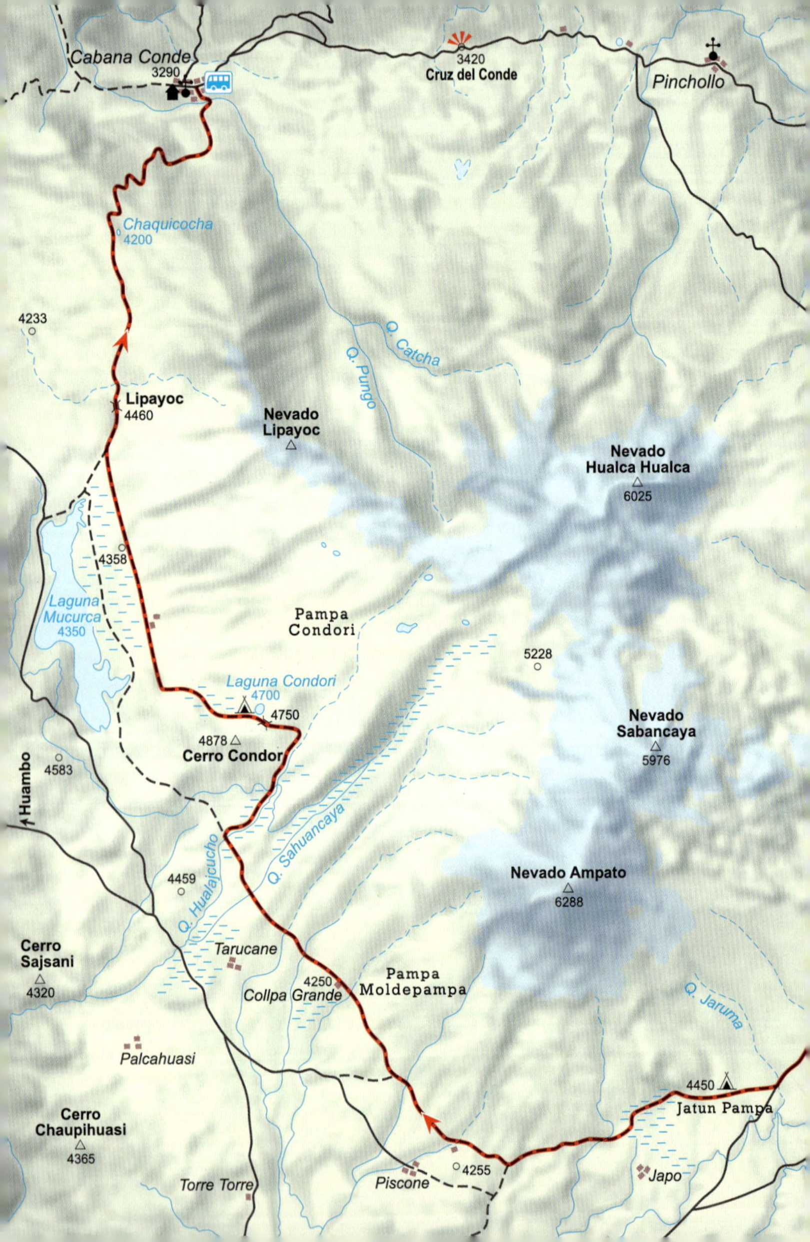
Cabana Conde
3290
3420
Cruz del Conde
Pinchollo
Chaquicocha
4200
4233
Lipayoc
4460
Q. Catcha
Q. Pungo
Nevado
Lipayoc
Nevado
Hualca Hualca
6025
4358
Laguna
Mucurca
4350
Pampa
Condori
5228
Laguna Condori
4700
4750
4878
Cerro Condor
Nevado
Sabancaya
5976
4583
Huambo
Q. Sahuancaya
Q. Hualajcucho
4459
Nevado Ampato
6288
Cerro
Sajsani
4320
Tarucane
4250
Collpa Grande
Pampa
Moldepampa
Q. Jaruma
Palcahuasi
4450
Jatun Pampa
Cerro
Chaupihuasi
4365
4255
Japo
Torre Torre
Piscone

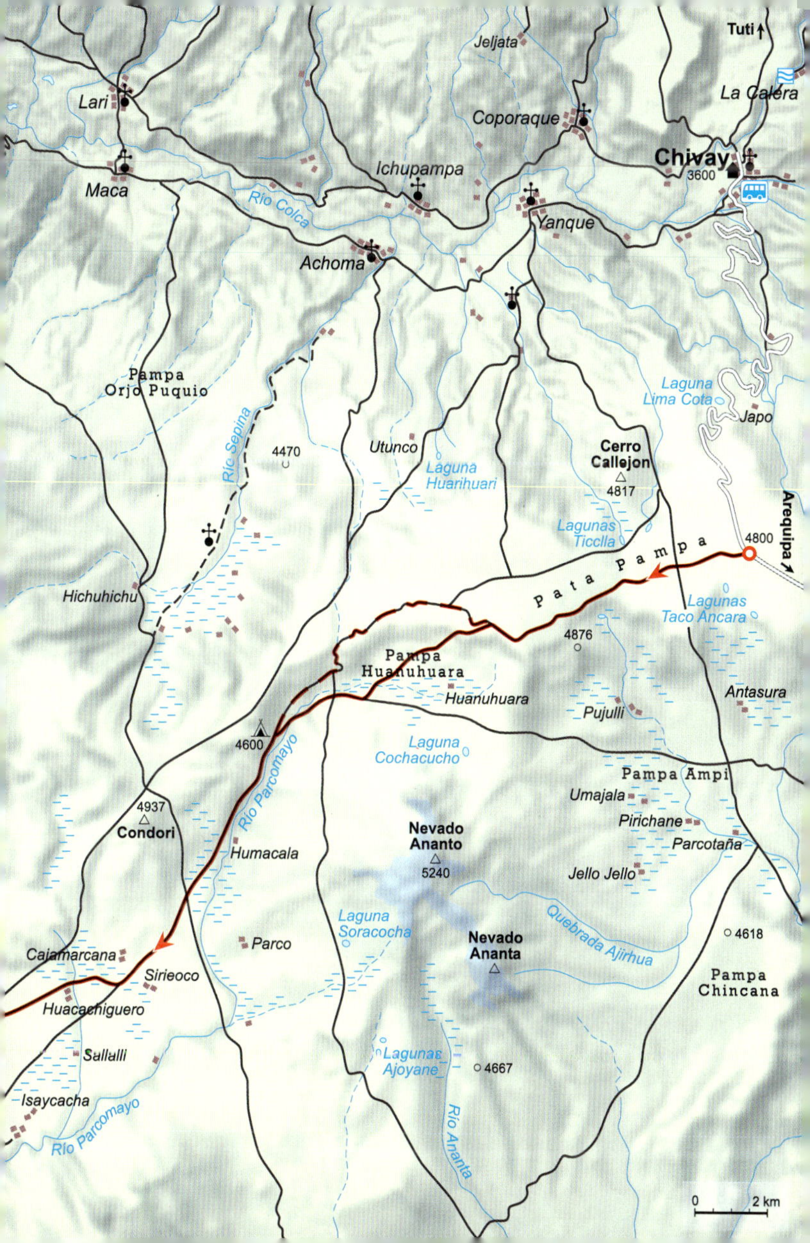

Tuti
Jeljata
La Calera
Lari
Coporaque
Chivay
3600
Maca
Ichupampa
Río Colca
Yanque
Achoma
Pampa
Orjo Puquio
Laguna
Lima Cota
Japo
Río Sepina
4470
Utunco
Cerro
Callejon
Laguna
Huarihuari
4817
Arequipa
Lagunas
Ticclla
4800
Pata Pampa
Hichuhichu
Lagunas
Taco Ancara
4876
Pampa
Huanuhuara
Huanuhuara
Antasura
Pujulli
4600
Río Parcomayo
Laguna
Cochacucho
Pampa Ampi
Umajala
4937
Condori
Nevado
Ananto
5240
Pirichane
Parcotaña
Humacala
Jello Jello
Laguna
Soracocha
Quebrada Ajirhua
4618
Nevado
Ananta
Parco
Cajamarcana
Sirieoco
Pampa
Chincana
Huacachiguero
Sallalli
Lagunas
Ajoyane
4667
Isaycacha
Río Parcomayo
Río Ananta
0
2 km

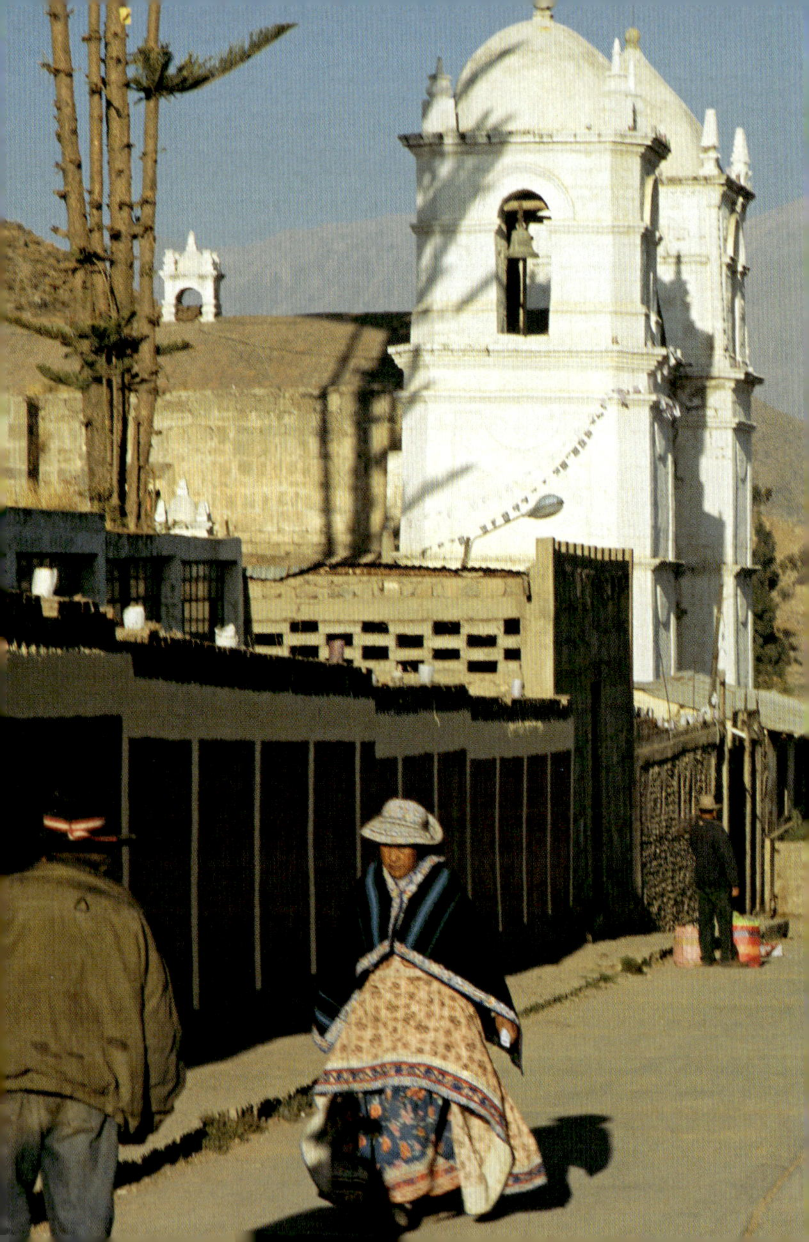

prägten Furchen und Falten. (Dieser Abschnitt ließe sich weiter hangabwärts vermeiden, die Strecke wäre aber länger und der Höhenverlust größer.)

Unter der Südflanke des Ampato kommen zwei schmale Wasserkanäle, von wo aus kaum ansteigend ein Bergkamm in nordwestliche Richtung angesteuert wird. Mehrmals überquert man kleine, meist trockene Bachbetten und dann folgen links unterhalb des Weges die Häuser der Hirtensiedlung **Piscone**, umgeben von Quenuabäumen. Danach wird ein breites, feuchtes Tal durchquert. Der Ampato hat sich nach und nach – aus dieser Blickrichtung – zur Vulkankegelform gewandelt (siehe Titelbild). Der Weg senkt sich durch ein Wäldchen erneut einem breiten Quertal zu und bevor der Bach überquert wird, liegt am auslaufenden Hang das bewohnte Gehöft von **Collpa Grande** in 4250 m. (Die überaus gastfreundliche Quechua-Großfamilie war natürlich hoch erstaunt, dass hier ein Gringo alleine auftaucht und so gab es eine Einladung zum Essen und Trinken.)

Danach werden die beiden dunklen Felsberge links der verschneiten Nevado-Lipayoc-Kette im Norden angepeilt, die westliche Verlängerung des Nevado Hualca Hualca. Es ist zwar auch wieder ein mühsames und teils wegloses Unterfangen, aber sich zu weit links haltend käme man zur großen Laguna Mucurca und der Ortschaft Huambo im Westen. Bald wird im Hang dieser Felsberge ein Band sichtbar, das sich später als Kanal entpuppt, der aus dem schmalen Sahuancaya-Tal von Nordosten unterhalb des Hualca Hualca kommt. Von einem Bergrücken getrennt liegt das nächste parallel verlaufende **Hualajcucho-Tal**, durch das man zur Laguna Mucurca käme. Um aber nicht allzu viel an Höhe zu verlieren, habe ich mich auf meiner Wanderung für die direkte Nordrichtung entschieden. Diese Route bedeutet nochmal einen Anstieg zu einem Übergang in 4750 m zwischen dem Cerro Condor und der kleinen Laguna Condori, die aber auch Wasser garantiert.

Diesen Übergang erreicht man am besten, indem man bis zum Hualajcucho-Talschluss läuft, und – nachdem der Hauptbach überquert ist – einem Nebenbach vorläufig bergauf folgt und links haltend auf den 4878 m hohen Cerro Condor zusteigt. Vom mit Steinmännchen markierten Pass sind unten im Westen die Laguna Mucurca und im Osten über den ockerfarbenen Sandhügeln die schneebedeckten Vulkane sichtbar. Wenige Meter unterhalb des Passes liegt der von Wasservögeln vereinnahmte kleine tiefblaue **Condori-See**, dessen Umgebung auch Lagerplätze bietet.

4. Tag: Laguna Condori – Cabana Conde (8.00 Std., 18 km, 110 Hm Aufstieg, 1520 Hm Abstieg)

Vom kleinen See geht es weglos bis auf 4350 m hinab nach Nordwesten nahe an die **Laguna Mucurca**, wo dann der gute und breite Hauptweg nach Norden verläuft, der nochmal einen kleinen Anstieg auf 4460 m Höhe bereithält.

Cabana Conde.

Häufiger werden nun wieder weidende Lamas und Alpakas. Knochenharte Llaretamoospolster zieren den gesamten Bereich des Passes. Zwei mit Plastikblumen geschmückte Holzkreuze, dutzende Steinmännchen und -türmchen, zu *apachetas*, Opferaltären umfunktioniert und mit Schmuckbändern, beschriebenen Zetteln, Geldscheinen und Kokablättern bestückt, beweisen, dass der an sich namenlose Übergang (hier als **Lipayoc** bezeichnet) gar nicht so selten benützt wird. Der Weg senkt sich nun etwas zu einer steinigen Hochebene. Der Coropuna ist erkennbar und in Wegrichtung schon das tief eingeschnittene Colca-Tal.

Erst nach dem kleinen Tümpel **Chaquicocha**, ca. 4200 m, beginnt der Weg an einer Kante abrupt in die Schlucht des Río Colca abzufallen. Ein atemberaubender Blick wie ihn die Kondore haben müssen, wenn sie sich nahe Cabana Conde aus dem Colca-Tal von den Aufwinden höher und höher tragen lassen. 1000 Höhenmeter sind es hinunter nach Cabana Conde und die es umgebenden Terrassenfelder; weitere 1000 Meter die tiefe Kluft des Río Colca dahinter! Der Weg fällt sehr steil ab und schlängelt sich an den mit Lupinenbüschen, blühenden Kakteen und scharlachroten Blüten des *Kantue*-Strauches bewachsenen Hängen ostwärts hinab, beschreibt dann einen großen Bogen nach Norden, um schließlich am Kanal zwischen mächtigen Eukalyptusbäumen und Terrassenfeldern noch einmal etwas ansteigend das Dorf **Cabana Conde** zu erreichen.

Lamaherde vor Nevado Ampato und Sabancaya, 5976 m.

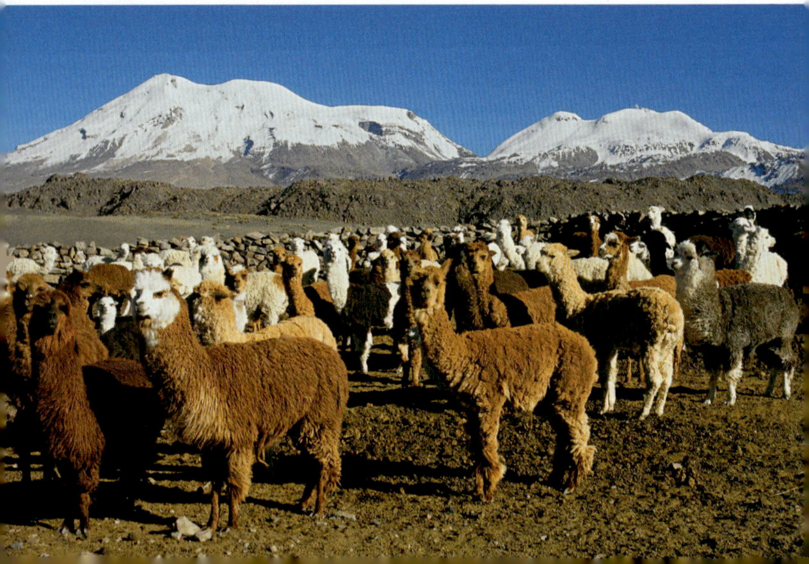

4.30 Std.

Zur Laguna Salinas 57

Ein (weißer) Salzsee und ein aktiver Vulkan mit Perus größtem Krater

Das Westufer des großen Salzsees liegt 40 km Luftlinie östlich von Arequipa in 4300 m Höhe und hat an seiner breitesten Stelle etwa 12 km Durchmesser. Nach Ende der Regenzeit trocknet der See nach und nach aus und wird zur schneeweißen harten Salzfläche. 20 km vom Ostufer der Laguna Salinas entfernt erhebt sich der 5675 m hohe und häufig rumorende Vulkan Ubinas; er war zuletzt von Mai 2006 bis 2009 stark aktiv sowie erneut 2014.

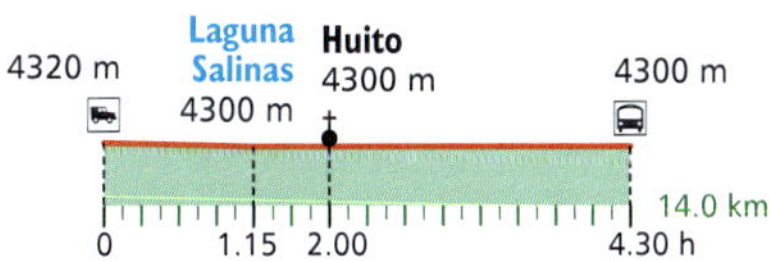

Ausgangspunkt: 3 km südlich einer Pisten-Abzweigung zum Vulkan Ubinas an der alten Straße von Arequipa nach Juliaca (nahe den Häusern von Atiñani), 4320 m. Anfahrt entweder frühmorgens mit dem Bus (allerdings nur bis zum Südufer des Salzsees) oder am besten in Arequipa einen Jeep samt ortskundigem Fahrer mieten.
Höhenunterschied: Kaum.
Anforderungen: Keine sportlichen, aber aride Wüstenlandschaft, große Höhe.
Einkehr: Keine.
Tipp: Besteigung des Vulkan Ubinas (Anfahrt von Arequipa entweder mit Bus zum Dorf Ubinas oder per Taxi): Für eine eventuelle Besteigung des Ubinas bietet sich seine Westflanke an, wo es eine Anstiegsroute durch eine Sandrinne zur niedrigsten Stelle des Kraterrandes gibt. Vom stark zerklüfteten Kraterrand, der an seiner tiefsten Einkerbung etwa 100 m niedriger ist als die genau gegenüberliegende höchste Erhebung, kann man zu einem tiefer gelegenen Sekundärkrater absteigen. Aus Fumarolen in seinem lotrechten Schlund steigen Rauchschwaden mit penetrantem Schwefelgeruch auf. Der gewaltige Krater hat ca. 800 m Durchmesser und bietet einen bedrohlichen und verlockenden Blick zugleich ins qualmende Erdinnere.
Karten: IGN-Karten 33-t Characato, 33-u Ichuña (Letztere für den Vulkan; beide 1:100.000); IGN-Übersichtskarte SE 19-1 Arequipa und Umgebung (1:250.000).

Schon die **Fahrt von Arequipa zum Salzsee** und eventuell weiter zum Vulkan und Dorf Ubinas ist ein Erlebnis: Nach den fruchtbaren Landstrichen bis **Chihuata**, das südlich des Vulkans Misti schon auf 2950 m Höhe liegt, steigt die Straße in schwindelerregenden Haarnadelkurven durch lebensfeindliche Sand- und Steinwüste erst richtig an. Von Arequipa 2000 Hm! Tief unterhalb der Straße liegt die Schlucht des Río Andamayo und darüber erhebt sich formvollendet der 5822 m hohe Kegel des Vulkan Misti. Nach 60 Straßenkilometern ist die große Laguna Salinas erreicht, über ihr grüßt der Vulkan Ubi-

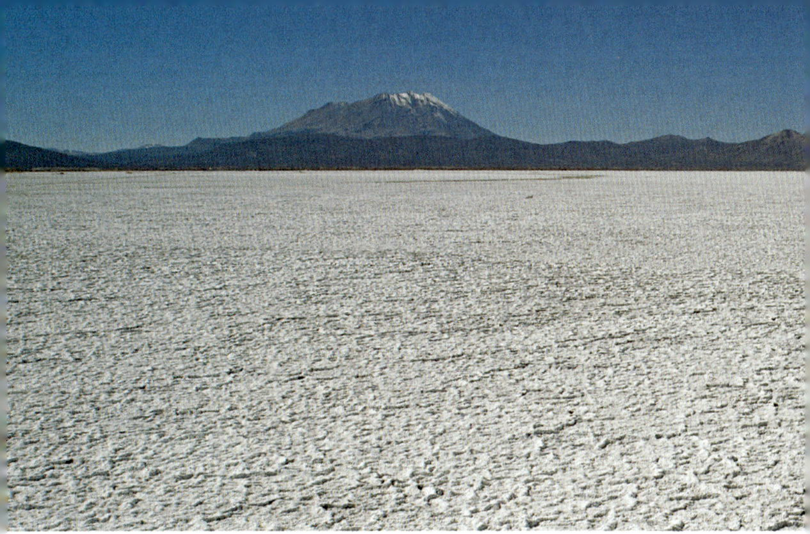

Laguna Salinas mit dem Vulkan Ubinas in der Trockenzeit.

nas. Der Bus fährt am Südufer des Sees zum Dorf Ubinas. Am Westufer entlang kommt man nach weiteren 20 km zu den Häusern von Atiñani, 4335 m, wo eine Sandpiste nach Südosten auf die Rückseite des Vulkans und ebenfalls in das 30 km entfernte Dorf Ubinas abzweigt. 15 km nach der Abzweigung von der Hauptstraße liegt in 4500 m Höhe am Fuße des Vulkans der fast verlandete kleine Piscococha.

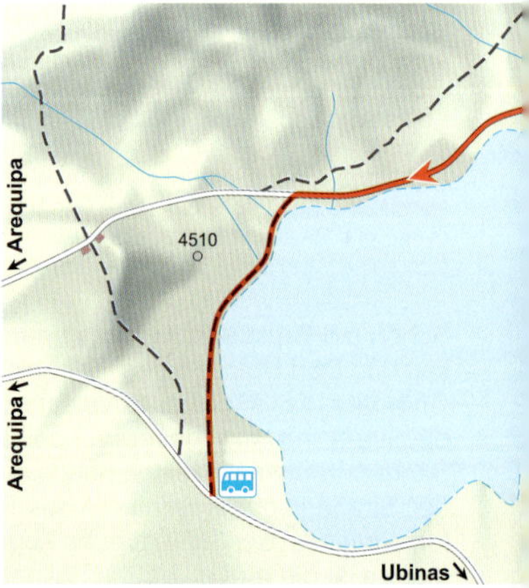

Wanderung am Salzsee: Wer nicht gleich den gesamten steinharten Salzsee zu Fuß durchqueren will, dem sei hier eine kurze, aber nicht minder schöne Alternative empfohlen: 3 km vor der Abzweigung zum Vulkan, kurz nach den Häusern von **Atiñani**, in 4335 m Höhe, zweigt von der Hauptstraße ein 4 km langer Fußpfad nach Süden zur Bucht am Nordufer des Salzsees ab. Vom Ufer der **Laguna Salinas** ist in südwestlicher Richtung die kleine Ka-

pelle von **Huito** 2 km entfernt auf der anderen Seeseite zu erspähen (etwa 2,5 km südlich der Häuser von Pucanillo an der Straße).
Dorthin gibt es einen Trampelpfad und sogar Autospuren, wenn die Salzfläche trocken und hart ist. Es ist ein einmaliges Erlebnis, über die verkrustete und knirschende schneeweiße Salzdecke der 4300 m hoch gelegenen Laguna Salinas zu laufen. Bei der Kapelle und dem angrenzenden kleinen Friedhof trifft man wieder die Straße. In diesem Bereich wird Salz und Borax abgebaut und kurz danach folgt eine an der Straße liegende bewachte Lagerstätte. Nach weiteren 8 km am Ufer ist die Abzweigung nach Ubinas am Südufer erreicht. Nachmittags gibt es einen Bus von Ubinas zurück nach Arequipa.

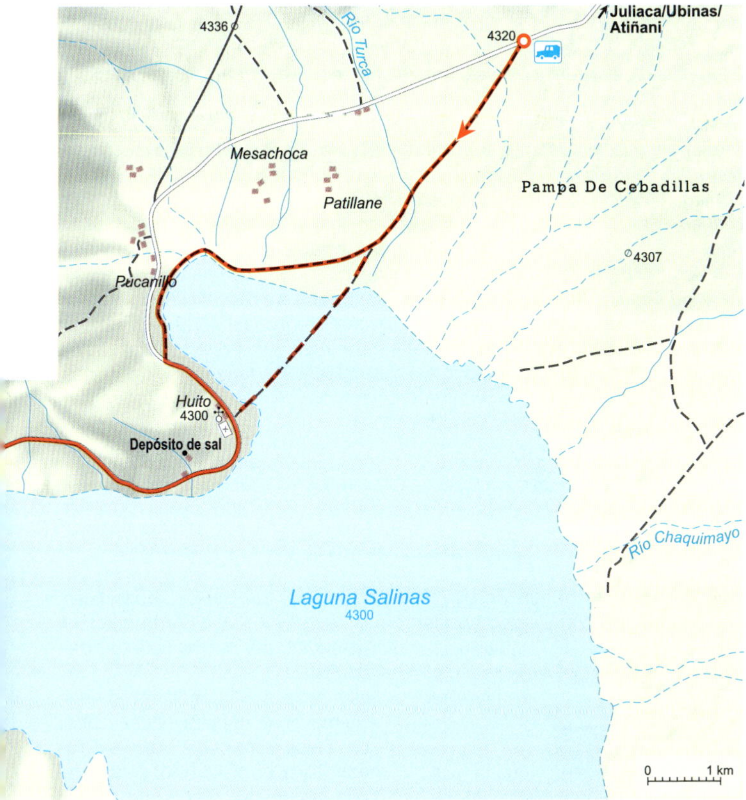

58 Cañón de Cotahuasi – Sipia-Wasserfall

1.00 Std.

Der Sipia-Wasserfall ist ein beliebtes Ausflugsziel der Einheimischen

Peru hat keinen Mangel an außergewöhnlich schönen Landschaften und eindrucksvollen Naturwundern. Doch mit dem noch kaum bekannten Cañón de Cotahuasi und den Schluchten seiner kurzen Nebenflüsse im Südwesten des Andenstaates im Dep. La Union gibt es ein landschaftliches Naturjuwel, das selbst den Cañón de Colca übertrumpft – den »tiefsten Canyon des Planeten«. (Peru hat somit zwei »tiefste Canyons ...«) Hier bildet das kurze Flussnetz im Oberlauf des Río Cotahuasi dieses Naturwunder. Das auf 2680 m Höhe liegende Cotahuasi ist zentraler und größter Ort am Fluss, es gibt mittlerweile einige ordentliche Unterkünfte und seit 2013 am westlichen Ortsrand einen Busbahnhof. Somit ist Cotahuasi auch Ausgangsort für alle Unternehmungen, aber nur in zwölfstündiger Nachtfahrt mit dem Bus von Arequipa zu erreichen. (Früher fuhren die Busse die 375 km tagsüber.) So wird diese Landesecke noch eine Weile vom Tourismus verschont bleiben. Auch die Infrastruktur entwickelt sich nur zaghaft. Die bisherige Touristeninformation im Rathaus gibt es nicht mehr. Manche Dörfer sind erst seit ein paar Jahren überhaupt per Straße erreichbar, andere bis heute immer noch nur zu Fuß. Die Verbindungsstraße von Arequipa ist nur bis Chuquibamba asphaltiert, sie zieht sich danach bis auf 4500 m Höhe, ganz nahe am 6425 m hohen Nevado Coropuna vorbei, und am Ende der Strecke wieder fast 2000 Höhenmeter abwärts. Die tiefste Stelle des Canyons misst nach peruanischer Messweise 3370 m und liegt nahe dem Dörfchen Quechualla. Es herrscht ein trockenes, warmes Klima vor, das alle Unternehmungen begünstigt, es gibt Thermalbäder, und sogar Wein (sehr süß) gedeiht hier.

Ausgangspunkt: Am Río Cotahuasi, 2000 m, 11 km flussabwärts von Cotahuasi (Bus am frühen Morgen gegen 6 Uhr, zurück um 10.30 Uhr).
Anforderungen: Einfacher Spaziergang.
Höhenunterschied: 20 m.
Einkehr: In Cotahuasi, am Weg keine.
Karten: IGN-Karte 31-q Cotahuasi (1:100.000); für eine größere Übersicht IGN-Karte SD 18-16 (1:250.000).

Einmal täglich am frühen Morgen fährt ein Kleinbus den Río Cotahuasi flussabwärts bis Quechualla und passiert dabei nach 11 km den Startpunkt zum Wasserfall, der nur zu Fuß zu erreichen ist.

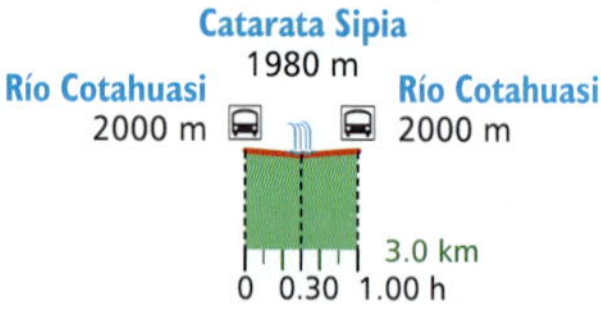

Nach etwa 30 Min. Busfahrt ist nach zweimaligem Seitenwechsel über den Fluss schon die Abzweigung nach **Toro** erreicht und gleich danach schon der Startpunkt für die

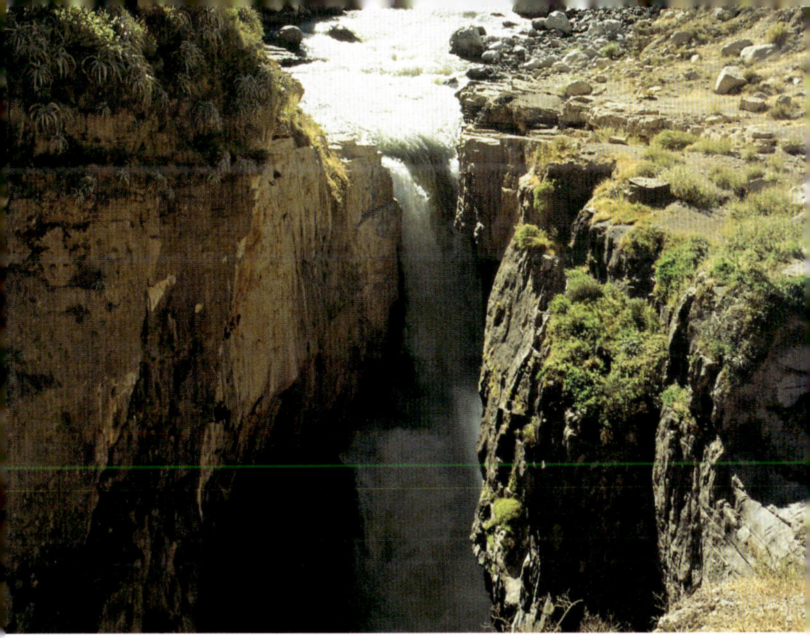

Sipia-Wasserfall.

kurze Wanderung am Río Cotahuasi entlang zum Sipia-Wasserfall auf nur noch 1980 m Höhe. Gelbe, braune, ockerfarbene und rötliche Felshänge schießen links und rechts des **Río Cotahuasi** gen Himmel.

Von der Straße am südlichen, linken Ufer geht es beim Wegweiser ein kleines Stück hinab zum Flussbett und durch stellenweise saftiges Grün gemächlich flussabwärts. Der Weg ist einfach und verläuft parallel zum Fluss. Nach 30 Min. Fußmarsch steigt er bei der Abbruchkante des Flusses ein wenig zu einem Mirador an, wo sich dann der Blick hinab auf den **Sipia-Wasserfall** bietet, und noch einige Meter höher steigend, auch in Gegenrichtung. Der Fluss stürzt hier etwa 80 m in die Tiefe. Schmetterlinge, Libellen und Wasservögel scheinen sich hier wohlzufühlen.

Zurück zur Straße geht es auf demselben Weg.

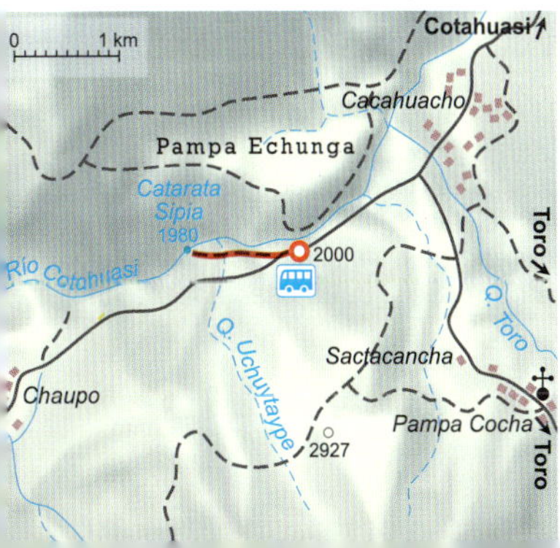

59 Quechualla

7.30 Std.

Ein von der Welt abgeschiedenes Dorf

Bis 2016 war Quechualla nur zu Fuß zu erreichen. Dann wurde am Südufer des Rio Cotahuasi bis Quechualla eine befahrbare Piste gebaut. Heftige Unwetter haben im März 2017 Wege, Straßen und mehrere Brücken in dem Gebiet zerstört, sodass Bereiche des bisherigen Fußwegs nicht mehr existieren. Nur einmal täglich (um 6 Uhr morgens) fährt ein Kleinbus die etwa 40 km lange Strecke von Cotahuasi nach Quechualla und wieder zurück. Den Rest des Tages gibt es hier keine Autos und man ist – auch auf der Piste – ziemlich alleine unterwegs. Die Lage des Dörfchens Quechualla im Cañón de Cotahuasi ist auch trotz Straßenanschluss einzigartig geblieben: Es liegt gut versteckt etwas erhöht nahe der tiefsten Stelle des engen Cañons. Das Dorf hat sich gänzlich dem Weinanbau verschrieben, obwohl dort nur noch etwa 20 meist ältere Menschen ständig leben.

Ausgangspunkt: Baranquilla (drei Hütten am früheren Ende der Straße), 1900 m; etwa 20 km flussabwärts von Cotahuasi. Bus siehe Tour 58.
Höhenunterschied: 200 m.

Anforderungen: Unschwierig, aber teilweise knöchelhoher Staub auf der Straße.
Einkehr und Unterkunft: In Velinga, ca. 30 Min. abseits.
Karte: IGN-Karte 31-b Pausa (1:100.000).

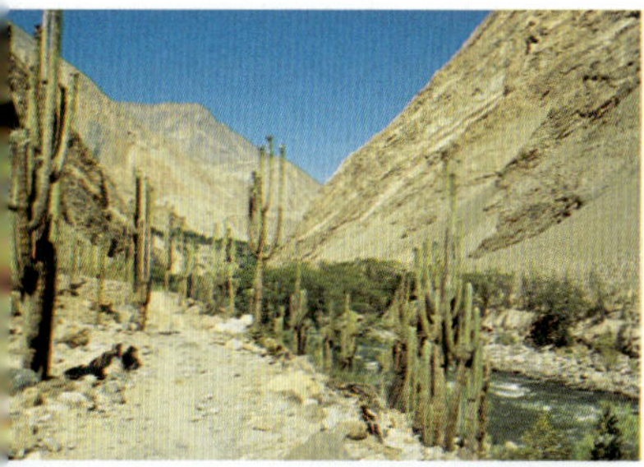

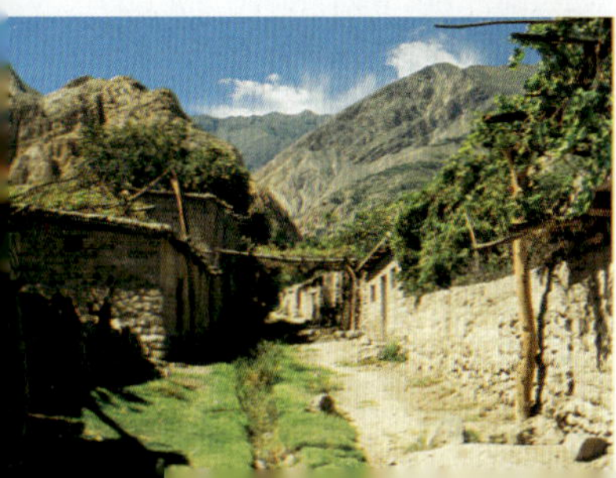

Ein etwa 30-minütiger Fußweg führt links hinauf nach Velinga, wo es einfache Übernachtungs- und Verpflegungsmöglichkeiten gibt. Die Wanderung verläuft auf der staubigen Piste und bleibt durchgehend nahe dem linken Flussufer, zunächst neben Zuckerrohrdickicht durchsetzt mit autogroßen Felsbrocken. Dann liegt links des Weges versteckt im Gestrüpp ein kleines natürliches Thermalbad, das die Einheimischen gerne nutzen. Nach etwa 1 Std. steigt die Piste im felsiger gewordenen Gelände etwas an, der Fußweg verlief früher anschließend auf der anderen Seite des Flusses, vorbei an

Oben: Río Cotahuasi.
Unten: Quechualla.

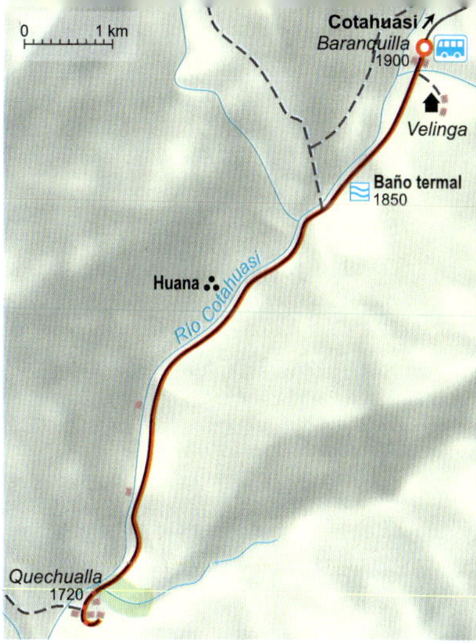

den weitläufigen Mauerresten von **Huana**, deren mittlerer Teil ein Gefängnis aus der Inkazeit gewesen sein soll. Vom jetzigen Weg auf der Piste immer nahe am Fluss sind die Ruinen ebenfalls sichtbar.

Kurz darauf durchquert man einen herrlichen, mit meterhohen Säulenkakteen gespickten Abschnitt (siehe Foto Seite 256). Immer spektakulärer wird die Schlucht, immer winziger, unbedeutender und eingezwängter kommt sich der Mensch hier vor. Der Höhenunterschied zu den manchmal frei einsehbaren Gipfeln über den immer steiler und hin und wieder auch farbiger werdenden Felswänden links und rechts des Flusses wird sichtbar. Vereinzelt stehen Häuschen zwischen von Cochinillas besetzten Opuntien; Feigen- und Papayabäumchen gedeihen zwischen kleineren Mais- und Quinoafeldern.

Schließlich wird das Grün wieder üppiger, über einem kleinen Zufluss mit urwaldähnlicher Vegetation sind die ersten Weinreben zu bestaunen, aber noch ist nichts von dem Dorf zu sehen (dieses liegt erhöht, versteckt und geschützt auf einem Plateau über der linken Flussseite). Hier endet bislang die Piste (Stand: 2017), eine Fortsetzung ist aber geplant. Wüsste man es nicht besser, nie und nimmer würde man hier in der Schlucht eine Siedlung vermuten. Eine Mauer schirmt das Dorf zum Fluss hin ab. Der Weg an der Mauer entlang ist mit Avocadobäumen gesäumt, steigt in einem Bogen nochmal etwas an und mündet schließlich in die Gassen des überraschend großen Dorfes **Quechualla**, die fast alle von Weinstöcken flankiert oder sogar überzogen sind.

Zurück zum Ausgangspunkt bzw. zur Übernachtung in Velinga geht es auf demselben Weg. Wer die gesamte 40 km lange Strecke von Cotahuasi wandern möchte, der findet zwischen der Abzweigung nach Toro und dem Wasserfall von Sipia einen freundlichen Einsiedler in schattigem Grün, bei dem man campieren darf.

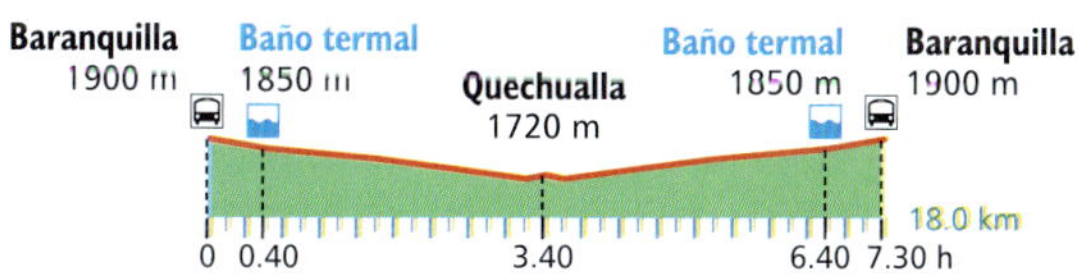

60 Mirador del Uscune bei Pampamarca

0.40 Std.

Ein überwältigender Tiefblick in die Schlucht des Río Mungui

Dieser Blick in die Schlucht des Río Mungui, eines kurzen Nebenflusses des Río Cotahuasi, macht sprachlos und auch schon die 29 Kilometer lange Fahrt von Cotahuasi hinauf ins Dorf Pampamarca übertrifft alle Vorstellungen.

Ausgangspunkt: Pampamarca, 3300 m, 29 km nördlich von Cotahuasi. Bus 1x am Tag, im Morgengrauen, zurück 13.00 Uhr.
Anforderungen: Keine.
Höhenunterschied: 20 m.
Einkehr: Kleiner Laden in Pampamarca.
Unterkunft: In Pampamarca einfache Übernachtungsmöglichkeit in Privathaus.
Tipp: Wer diesen Ausflug noch mit einem weiteren Stern auszeichnen möchte, der sollte auf der Rückfahrt kurz vor Erreichen des Tales aussteigen und die restliche Strecke nach Cotahuasi laufen (1,5 km). Ein kurzer Pfad führt zum zwischen den lotrechten gelben Felswänden eingezwängten Río Cotahuasi hinunter und überquert auf der 120 m langen Hängebrücke Puente Chayme den Fluss. Auf der anderen Seite geht es wieder etwas hoch und an Kakteen und Feldern vorbei in den Ort. Dieser Weg kürzt den Rest der Rückfahrt auf eine zusätzlich spektakuläre Weise erheblich ab und man ist fast genauso schnell in Cotahuasi wie der Bus, weil die Straße noch eine weite Schleife zieht.
Karten: IGN-Karte 31-q Cotahuasi (1:100.000); SD 18-16 (1:250.000).

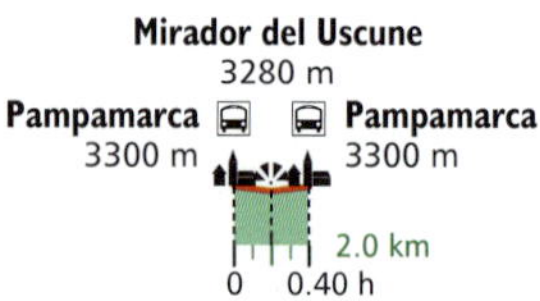

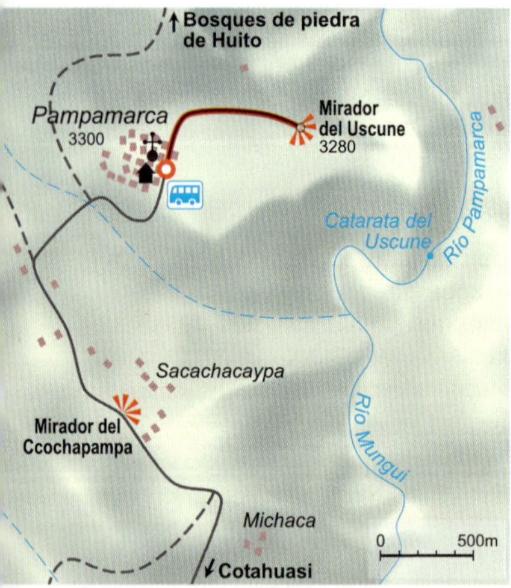

Bei dieser Tour ist schon die Anfahrt überwältigend (und nichts für schlechte Nerven!): Ein Kleinbus fährt im Morgengrauen die Straße von Cotahuasi nach Pampamarca hinauf, mit einem kurzen Abstecher ins Dorf Mungui unterwegs (14 km). Die Tiefblicke hinab in die kurze Schlucht des Río Mungui werden mit jedem Höhenmeter dramatischer. Beim **Mirador del Ccochapampa** wird über dem Tal zusätzlich sogar noch der Nevado Solimana sichtbar. Die Aussichten und Tiefblicke verschlagen einem schon jetzt die Sprache.
Nach 29 km kurvenreicher und steiler Auffahrt ist die große Plaza von

Pampamarca in 3300 m Höhe erreicht. Zwei mächtige Zedernbäume überragen die Kirche, dahinter ist im Süden der 6093 m hohe Nevado Solimana zu sehen. Das Dorf hatte einst einen guten Ruf für seine qualitativ hochwertigen Arbeiten aus Schaf-, Alpaka- und Lamawolle. Etwa 200 Hm über der letzten Kurve der Straße vor dem Dorf steht auf einem Bergkamm ein Steinwäldchen, die *Bosques de piedra de Huito*, erodierte Steinformationen, zu denen ein weit ausholender Pfad hinaufführt.

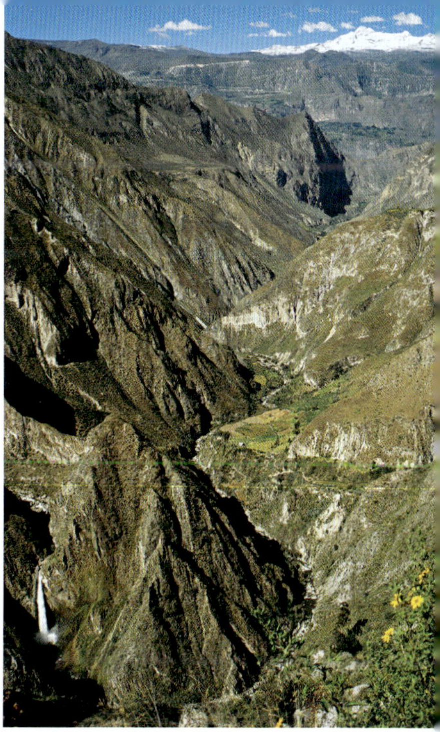

Der spektakuläre Blick vom Mirador, links unten der Uscune-Wasserfall, rechts oben der Nevado Solimana.

Direkt am Dorfplatz beginnt der ausgewiesene Weg zu einem der eindrucksvollsten Aussichtsplätze Perus! Praktisch ohne Höhenunterschied geht es auf einem guten, mit Kakteen und bunten Blumen gesäumten Feldweg in östliche Richtung. Rechts zur talabfallenden Seite breiten sich, einem weit geschwungenen Amphitheater gleich, bestellte Terrassenfelder aus und unterhalb, noch tiefer, die dunkle Schlucht des Río Mungui. Aber es kommt noch besser: Nach knapp 30 Min. Gehzeit ist hinter einem kleinen Hügel der **Mirador del Uscune** erreicht – ein einfacher, aus Eukalyptusbaumstämmen gezimmerter Aussichtsbalkon mit Überdachung und Sitzgelegenheit zwischen frischem Grün und bunten Blüten vor einem nicht enden wollenden Abgrund; Dimensionen, die sprachlos machen. Unten in der Schlucht ist jetzt auch der 90 m hohe Uscune-Wasserfall sichtbar geworden. Vor und hinter dem mächtigen, wasserreichen Wasserfall die eingezwängte, atemberaubende Schlucht des Río Mungui, der nur ein kurzer Nebenfluss (!) des Río Cotahuasi ist und darüber genau im Süden das Weiß des 6094 m hohen Nevado Solimana. Am Berghang im Osten liegt das Dörfchen Santa Rosa und dahinter der schneebedeckte 5350 m hohe Nevado Firura.
Zurück nach **Pampamarca** geht es auf demselben Weg.

61 Puyca – Inkaruinen von Maukallacta

1.45 Std.

Schlucht des Oberlaufs vom Río Cotahuasi

Eine ähnlich dramatische Landschaftsszenerie wie schon bei Tour 60, vor allem während der Anfahrt, doch die Erreichbarkeit ist zeitaufwendiger und beschwerlicher, denn ohne eine Übernachtung in Alca ist der Ausflug nicht möglich.

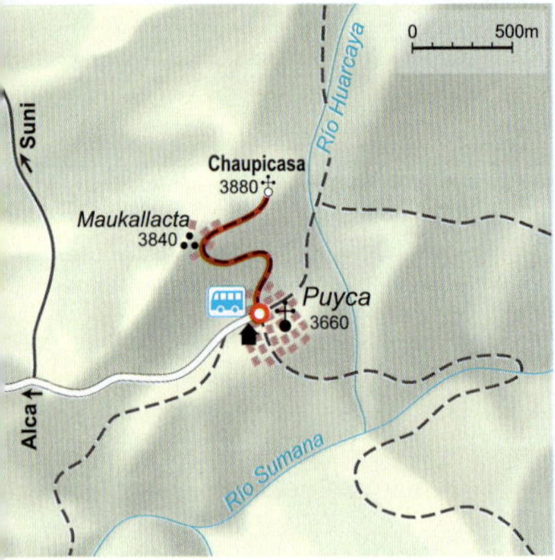

Ausgangspunkt: Puyca, 3660 m; 24 km von Alca (das 20 km nordöstlich von Cotahuasi liegt). Anfahrt und Busverbindung siehe unten.
Höhenunterschied: 220 m.
Anforderungen: Leichte Wanderung.
Einkehr: In Alca schlichte Unterkunft und Restaurants; in Puyca dürftig.
Karte: IGN-Karte 31-q Cotahuasi.

Dieser Ausflug beansprucht insgesamt mehr Zeit, denn Puyca ist nur von Alca aus zu erreichen, einem ruhigen Ort, der in stündlichem Buspendelverkehr mit Cotahuasi über Tomepampa, 2700 m (19 km), verbunden ist. Vier Kilometer vor Alca gibt es das Thermalbad von Lucha mit 38° C warmen Becken und nur einen Kilometer weiter über eine Hängebrücke auf der anderen Flussseite das etwas betagtere von Luicho mit 29 und 31° C. Von Alca fährt einmal täglich, noch bei Dunkelheit um 5.00 Uhr morgens, ein Kleinbus die 1000 Hm durch die enge Schlucht des Río Huarcaya, dem Oberlauf des Río Cotahuasi, hinauf bis Puyca. Die Straße schraubt sich unter senkrecht abfallenden Felswänden höher und höher. Auf der gegenüberliegenden Seite der Schlucht sind zwei etwa 70 und 100 m hohe Wasserfälle zu bewundern. Die spektakuläre Landschaftsszenerie lässt auch hier den Menschen unbedeutend werden und nur sprachlos staunen (siehe Foto Seite 237).

Etwas höher dann taucht auf der anderen Talseite das Dorf Pettcce auf. Die Serpentinen werden immer enger, bis die Steigung ein Ende hat. Die Straße verläuft auf der Zielgeraden sogar eben über landwirtschaftlich genützte Hänge in der typischen Terrassenbauweise. 1 km vor dem erstaunlich großen Ort Puyca zweigt eine befahrbare Piste in die noch entlegeneren Dörfer Suni und Churca ab, in die nur einmal wöchentlich ein Bus fährt. Ankunft ist nach 24 km Fahrt im noch weitgehend schlafenden Dorf **Puyca** in 3660 m Höhe und bei bitterer Kälte. (Um 13 Uhr fährt der einzige Bus wieder zurück.)

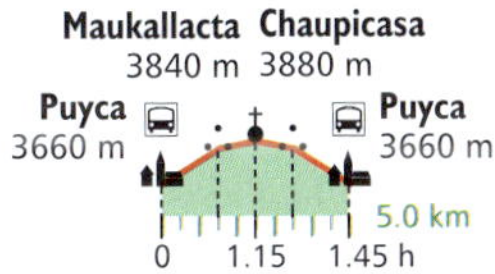

Eine recht steiler Anstieg, aber auf gutem Weg, führt knapp 200 Hm in ca. 50 Min. von der Bushaltestelle durch die noch im Schatten liegende Bergflanke zu den ummauerten, aber weitgehend verfallenen Inkaruinen von **Maukallacta** hinauf, die sich auf einer zum Río Huarcayo abfallenden Bergwiese ausbreiten. Ein weiterer Beweis, dass Inkabauwerke fast immer auf landschaftlich herausragenden Plätzen errichtet wurden. (Von der Dorfmitte führt ein weiterer Zugang zum Hauptweg, der jeweils beim Auf- und Abstieg einen schönen Blick hinunter auf Puyca bietet.)
Von der weitläufigen Ruinenanlage lässt sich in nordöstlicher Richtung in einiger Entfernung auf einem Bergkamm eine kleine Kapelle erspähen. Am rechten Rand der abfallenden Terrassenfelder führt ein Pfad von den Inkaruinen weg und ohne Höhenunterschied dorthin. Die schlichte Kapelle **Chaupicasa** liegt am Ende eines leicht ansteigenden Bergkamms direkt auf der Abbruchkante zum Río Huarcaya. Die letzten Meter zu diesem herrlichen Aussichtsplatz verwehrt eine hüfthohe Natursteinmauer.
Zurück ins Dorf geht es auf demselben Weg.

Maukallacta.

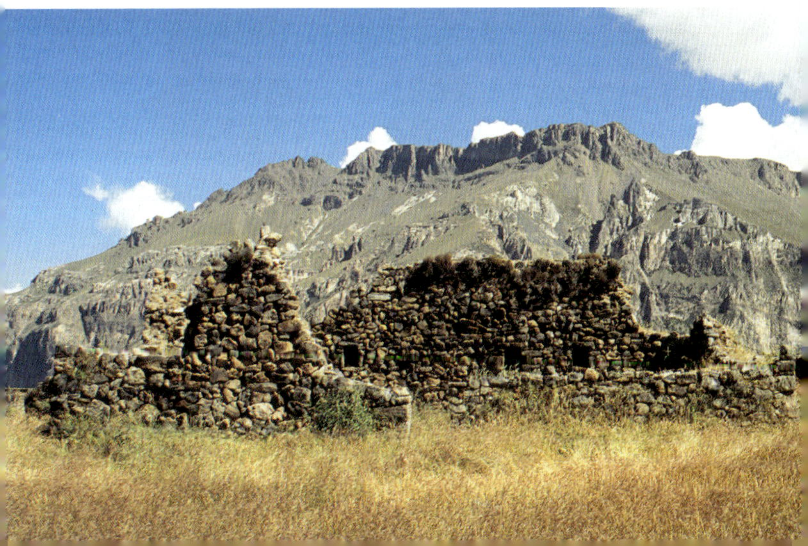

62 San José bei Nazca / Museum von Maria Reiche

0.45 Std.

Die letzte Ruhestätte von Maria Reiche bei »ihren« Geoglyphen

Die Deutsche hat fast ihr ganzes Leben dem Erforschen der Linien und Figuren von Nazca gewidmet. Die gebürtige Dresdnerin ist am 8. Mai 1998 im Alter von 95 Jahren gestorben und zusammen mit ihrer Schwester im Garten ihres einstigen, sehr spartanisch eingerichteten Wohn- und Arbeitshauses beerdigt. Daraus ist ein kleines, sehr persönliches Museum geworden, dessen Besuch sich mit einer kurzen und leichten Wanderung zum nahen Dorf San José verknüpfen lässt.

Ausgangspunkt: Straßenabzweigung nach Ingenio und San José, 440 m, 25 km nördlich von Nazca an der Strecke nach Pallpa (Busverbindung).

Höhenunterschied: Keiner.
Anforderungen: Keine.
Einkehr: In Nazca; am Weg keine.
Karte: IGN-Karte 30-n Nazca (1:100.000).

Die schwer beschädigte Kirche von San José.

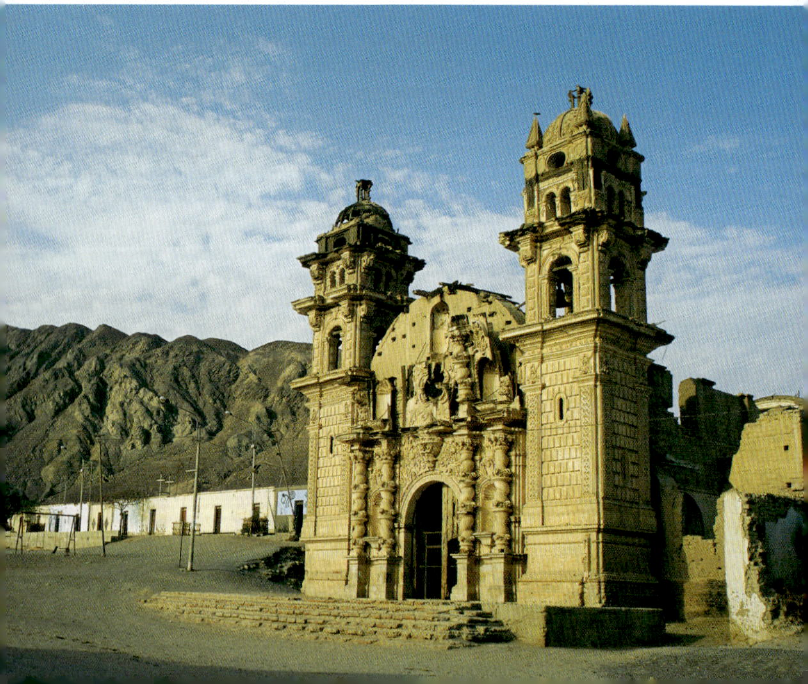

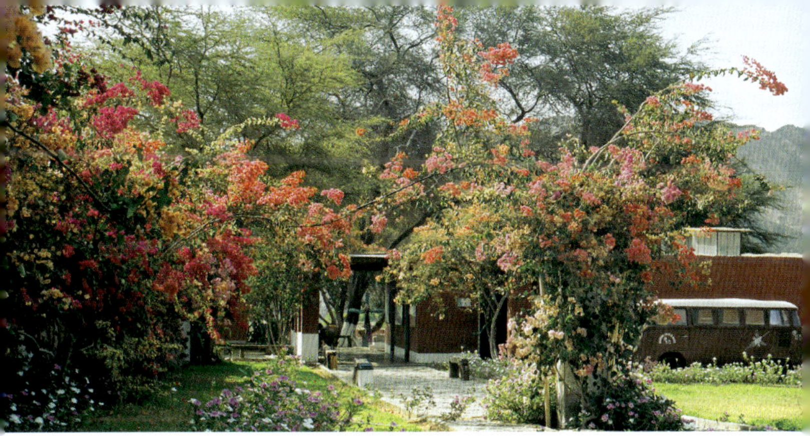

Das Museum Maria Reiche bei Nazca, im Garten steht noch der VW-Bus der Forscherin.

Das ehemalige Wohnhaus und heutige Museum der berühmten deutschen Forscherin ist problemlos mit den öffentlichen Bussen von Nazca nach Pallpa erreichbar. Es steht ein Stück vor der Abzweigung nach **Ingenio** direkt an der **Panamericana**. Die einstige »Traumstraße der Welt« durchschneidet die weite wüstenhafte Pampa zwischen Nazca und Pallpa mit ihren weltberühmt gewordenen Linien und Tierfiguren. Aussichtstürme stehen in diesem Abschnitt am Straßenrand. Die Dimensionen der Scharrbilder und Linien von Nazca sind zu groß, um sie vom Boden aus realisieren zu können. Deshalb werden in Nazca auch Rundflüge mit Kleinflugzeugen angeboten.

Schon 1 km nach der Abzweigung von der Panamericana nach rechts kommt das kleine Dorf San José mit seiner großen Kirche, die durch das Erdbeben von 1996 stark beschädigt wurde. Auf den umgebenden Feldern des Dorfes zur Panamericana hin gedeiht Baumwolle. Durch die Felder führen breite Fußwege zurück zu dem bereits sichtbaren Haus von Maria Reiche. Hier kann man wieder in den Bus einsteigen.

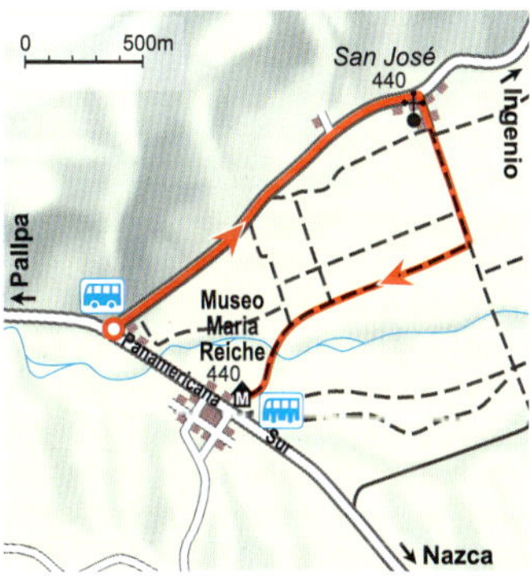

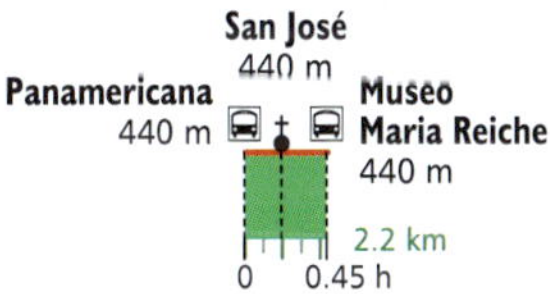

Kleines Spanisch-Wörterbuch

adobe	luftgetrocknete Lehmziegel
alojamiento	Unterkunft, Herberge
altiplano	Hochebene
andenes	andine Terrassenfelder
árbol	Baum
arriero	Viehtreiber
avenida, calle, jiron	Straße
agua (potable)	(Trink-)Wasser
agua caliente	heiße Quelle
baño	Bad, Toilette
baños termales	Thermalbad
bosque	Wald
caliente	heiß
camino	Weg, Straße, Piste
camión	Lkw
camioneta	Klein-Lkw, Lieferwagen, Pickup
campesino	Bauer
cañon	Schlucht, Canyon
carpa	Zelt
carretera	(Land-)Straße
casa	Haus
catarata	Wasserfall
cementerio	Friedhof
cerca	nah
cerro	Hügel, Berg
chico	klein
ciudad	Stadt
cocha (Quechua)	Bergsee, See
coche	Auto
colectivo	Sammeltaxi, Kleinbus
colegio	Schule
comida	Essen
crampones	Steigeisen
cumbre	Gipfel
dirección	Richtung
escalar	klettern
estación de ferrocarril	Bahnhof
este	Osten
ferrocarril	Eisenbahn
fiesta	Fest, Feier
frío	kalt
glaciar	Gletscher
grande, gran	groß
guía de montaña	Bergführer
hazienda	Gutshof, Bauernhaus
hostal	Pension, einfaches Hotel
laguna	See
lejos	weit
lluvia	Regen
mañana	morgen
mirador	Aussichtspunkt
mochila	Rucksack
montaña	Berg, Gebirge
municipalidad	Rathaus
mula	Maultier
nevado	schneebedeckt(er Gipfel)
niebla	Nebel
nieve	Schnee
norte	Norden
nube	Wolke
oeste	Westen
pampa	Ebene, großflächige Wiese
papel higiénico	Toilettenpapier
plaza	Platz, Hauptplatz
portada, pasaje, abra, punta, portachuelo	Pass, Übergang
pueblo	Dorf
puente	Brücke
quebrada	Schlucht, Tal
recreo	Erholungsort, Ausflugslokal
refugio	Berg-, Unterkunftshütte
refresco	(Erfrischungs-)Getränk
río	Fluss, Bach
roca	Fels
sendero	Pfad
sol	Sonne
sombra	Schatten
sur	Süden
terminal terrestre	Busbahnhof
tienda	Krämerladen
valle	Tal
vivaque	Biwak

Stichwortverzeichnis

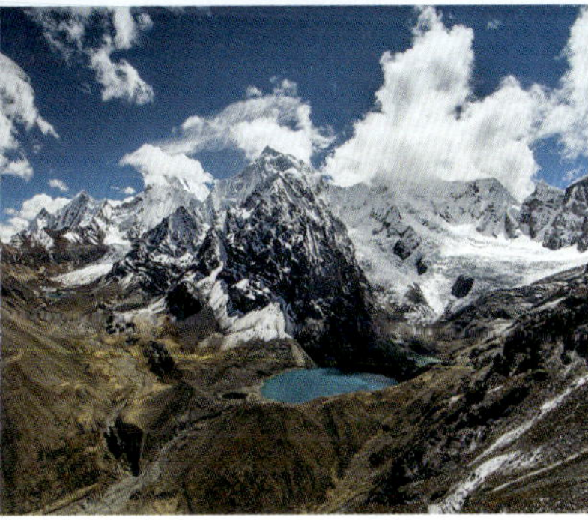

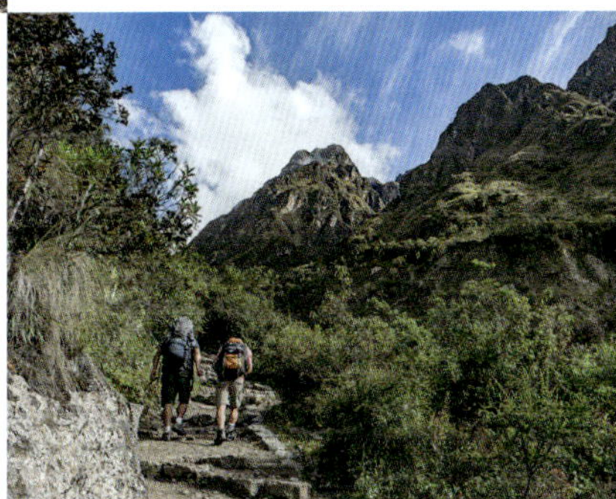

Umschlagbild:
Der erloschene Vulkan Ampato von Südwesten (Tour 56).

Bild im Innentitel:
Der Nevado Santa Cruz Grande auf dem Abstecher zum Yuraccocha (Tour 2).

Alle 147 Fotos stammen vom Autor.

Kartografie:
62 Wanderkärtchen im Maßstab
1:25.000, 1:50.000, 1:100.000, 1:150.000 und 1:200.000
sowie 2 Übersichtskarten im Maßstab
1:5.000.000 und 1:12.000.0000

(gezeichnet von Barbara Häring, Gröbenzell)

2., aktualisierte Auflage 2019

ISBN 978-3-7633-4422-2

Wir freuen uns über jeden Korrekturhinweis zu diesem Wanderführer!
Bitte per E-Mail an: leserzuschrift@rother.de

BERGVERLAG ROTHER · München
D-82041 Oberhaching · Keltenring 17 · Tel. +49 89 608669-0 · www.rother.de